llgemeines
raktisches

Santa Cruz
und Umgebung

Südosten

Südwesten

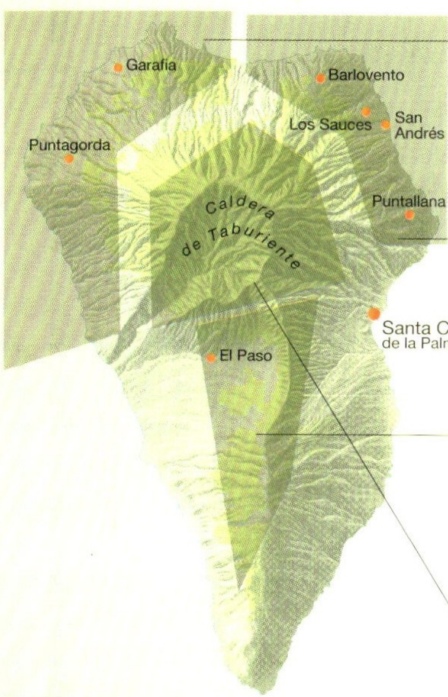

Nordwesten

Nordosten

Cumbres

Caldera de Taburiente

Text & Recherche: Irene Börjes, Hans-Peter Koch
Lektorat: Marietta Chrobot
Redaktion und Layout: Esther Steuding
Fotos: siehe Fotoverzeichnis unten
Karten: Hana Gundel, Judit Ladik, Matthias Patrzek
Covergestaltung: Karl Serwotka
Covermotive: oben: Wanderer auf dem Birigoyo (Margrit Zepf)
unten: Kapelle Pino de la Virgen (foto-presse timmermann)

Fotoverzeichnis

Alle Fotos von *Irene Börjes* und *Hans-Peter Koch*, außer
Ivan Egorov: 22, 24, 28, 34, 38, 46, 76, 112, 143, 149, 179, 191, 204
Eberhard Fohrer: 44
Ralf Adler: 12, 40, 86, 100, 104, 144, 173, 183, 199, 209, 247, 249, 251, 253
Margrit Zepf: 17, 19, 30, 35, 36, 49, 66, 68, 74, 79, 81, 84, 122, 165, 194, 207, 211, 213, 215, 223, 236
Annika Levell: 120

ISBN 978-3-89953-368-2

6. vollständig überarbeitete und aktualisierte Auflage 2007

LA PALMA

Irene Börjes
Hans-Peter Koch

INHALT

La Palma – die Schöne ... 8
La Palma – die Badeinsel ... 8
La Palma – die Wanderinsel ... 8
La Palma – die Touristeninsel? ... 9
La Palma im Überblick ... 10

Inselnatur ... 10
Klima und Reisezeit ... 10
Geologie ... 11
Flora ... 13
Fauna ... 18
Umwelt/Naturschutz ... 20

Geschichte ... 24
Die Urbevölkerung ... 24
Die spanische Zeit ... 26
Kleine Chronik ... 28

Wirtschaft ... 30

Typisch palmerisch ... 33
Fiestas ... 33
Folklore oder Polka ... 35
Handwerkskunst/Kunsthandwerk ... 37
Nahrungs- und Genussmittel ... 38
Architektur ... 39
Essen und Trinken ... 40

Anreise ... 46

Übernachten ... 48

Unterwegs auf La Palma ... 52
Öffentliche Verkehrsmittel ... 52
Mit dem Pkw ... 54
Motorräder ... 56
Fahrräder/Biken ... 56
Trampen ... 57
Wandern ... 58

Touren auf vier Rädern ... 60
I. Santa Cruz – Fuencaliente ... 61
II. Fuencaliente – Los Llanos ... 62
III. Los Llanos – Santa Cruz ... 63
IV. Los Llanos – Barlovento ... 64
V. Barlovento – Santa Cruz ... 64
VI. Santa Cruz – Los Llanos ... 65
VII. Kleine Nordumrundung von Los Llanos über den Roque de los Muchachos ... 67
Ruta del Vino ... 67

Wissenswertes von A bis Z ... 68
Apotheken ... 68
Ärztliche Versorgung ... 69
Ausländer ... 70
Baden ... 71
Bücher/Karten ... 72
Einreisebestimmungen ... 75
Feiertage ... 76
Fotografieren ... 76
Geld ... 77
Information/Internet ... 78
Jagdzeit ... 78
Kinder ... 78
Kleidung ... 79
Konsulate ... 80
Kriminalität ... 80
Ladenöffnungszeiten ... 80
Medien ... 82
Märkte ... 82
Post ... 83
Preise ... 83
Rauchverbote ... 83
Sport ... 83
Sprache ... 86
Strom ... 86
Telefonieren ... 86
Trinkgeld ... 87
Zeit ... 87
Zoll ... 87

Santa Cruz ... 88

Umgebung von Santa Cruz ... 100
Los Cancajos ... 103

Der Südosten

Von Las Breñas bis in die Südspitze ... 108
Breña Alta und Breña Baja ... 109
Mazo ... 112
Los Canarios/Fuencaliente ... 117

Der Südwesten

Von der Südspitze über Las Manchas nach Los Llanos, Puerto Naos und Tazacorte ... 128
Las Manchas ... 130
Das Sonnendreieck: Los Llanos, Puerto Naos, Tazacorte ... 134
Los Llanos de Aridane ... 135
Die Straße der Touristen: Los Llanos – Puerto Naos ... 143
Puerto Naos ... 145
Tazacorte ... 151
Spaziergang nach Puerto de Tazacorte ... 153
Puerto de Tazacorte ... 153

Der Nordwesten

Vom El Time nach Garafía und weiter in Richtung Barlovento ... 160
Tijarafe ... 164
Durch das Land der Dragos und Mandelblüten ... 169
Puntagorda ... 171
Rauer Norden ... 174
Garafía ... 178

Der Nordosten

Von Barlovento nach Puntallana ... 188
Barlovento ... 190
Baden/La Fajana ... 195
San Andrés y Sauces ... 195
Los Sauces ... 196
Los Tilos ... 197
Die Quellen Marcos y Corderos ... 201
San Andrés ... 204
Spaziergang entlang der Küste ... 205
Puerto Espindola ... 206
Lorbeerwald von La Galga ... 207
Spaziergang in die Schlucht ... 207
Puntallana ... 208

Die Cumbres ... 210

Cumbre Nueva ... 211
Cumbre Vieja ... 212
El Paso ... 215
Spaziergang von El Paso zu den Felsbildfunden La Fajana ... 220
In Richtung Los Llanos ... 221
In Richtung Cumbres ... 221
La Cumbrecita ... 222
Ermita Pino de la Virgen ... 224
Centro recrativo Refugio El Pilar ... 224

Caldera de Taburiente ... 234

Geologie der Caldera ... 237
Geschichte der Caldera ... 238
Ausflüge ... 240
Cumbrecita ... 240
Los Brecitos ... 240
Roque de los Muchachos ... 241

Register ... 253

Kartenverzeichnis

La Palma – Übersicht .... Umschlaginnenklappen

Caldera 235
El Paso und die Cumbres 210
El Paso 216
Garafía 178
Los Cancajos 106
Los Llanos 138/139
Naturschutzgebiete 23
Nordosten 189
Nordwesten 161
Puerto Naos 147
Santa Cruz 91
Santa Cruz und Los Cancajos 101
Spaziergang an der Cumbrecita 222
Spaziergang nach La Fajana 220
Südosten 108
Südwesten 129
Übersicht der empfohlenen Badeplätze 73
Villa de Mazo 113

Für die **GPS-kartierten Wanderungen**
gibt es Waypoint-Dateien zum Downloaden unter
www.michael-mueller-verlag.de/gps

Wanderkarten

Wanderung 1 103
Wanderung 2 & 3 125
Wanderung 4, 5 & 5a 158
Wanderung 6 & 7 163
Wanderung 8 167
Wanderung 9 177
Wanderung 10 & 11 .... 184/185
Wanderung 12 193
Wanderung 13 198
Wanderung 14 199
Wanderung 15 & 16 203
Wanderung 17 226
Wanderung 18 227
Wanderung 19 229
Wanderung 20 231
Wanderung 21 233
Wanderung 22 & 23 245
Wanderung 24 248

Zeichenerklärung für die Karten und Pläne

Hauptstraße	Wasserfall	Information
Nebenstraße	Felsen	Post
Asphaltstraße	Höhle	Bank/Geldautomat
Piste	Schutzhütte	Supermarkt
Wanderweg	Windmühle	Tankstelle
5 GPS-Wanderung	Leuchtturm	Parplatz
Berggipfel	Kirche/Kapelle	Autovermietung
Aussichtspunkt	Schloss/Festung	BUS Bushaltestelle
Campingplatz	Museum	TAXI Taxistandplatz
Badestrand	Sehenswürdigkeit	Flughafen/-platz

Siesta

Zwei Uhr mittags, und die Stadt wird still. Die Palmeros ziehen sich in ihre Häuser zurück, die Straßen sind leer, Geschäfte bleiben geschlossen. Nur wenige Alte rücken sich ihre längst reservierten Stühle auf der Plaza zurecht und dösen die nächsten zwei, drei Stunden vor sich hin.

Machen Sie es ihnen nach – unter den Lorbeerbäumen von Los Llanos, unter der Pergola von Tazacorte, den Markisen von Puerto Naos oder auf einem der vielen kleinen Plätze von Santa Cruz. Bestellen Sie sich am Kiosko, dem Cafèstand, den es auf fast jeder Plaza gibt, einen Cortado, den kleinen Espresso mit süßer Sahne, und träumen den Traum vom sorglosen Leben.

Tranquilidad nennen die Einheimischen dieses Lebensgefühl, sich über nichts und niemanden aufzuregen, vieles leicht und alles gelassen zu nehmen. Dass die Folklore-Vorstellung zwei Stunden später als angekündigt beginnt, die Zeitung von gestern erst übermorgen zu haben sein wird – „tranquilo", immer mit der Ruhe. Wer will sich schon aufregen, wenn die Sonnenstrahlen durch die Lorbeerzweige blinzeln, der Köter sich zu Ihren Füßen räkelt und der Kiosko-Wirt die Rechnung vergisst.

Da haben wir sie – die La-Palma-Urlaubsstimmung ...

Was haben Sie entdeckt?

Haben Sie *den* Strand La Palmas gefunden, ein freundliches Restaurant, eine Bar, ein nettes Hotel mit Atmosphäre oder einen schönen Wanderweg?

Wenn Sie Ergänzungen, Verbesserungsvorschläge oder Tipps zu diesem Buch haben, lassen Sie es uns bitte wissen! Wir freuen uns über jeden Brief.

Irene Börjes und Hans-Peter Koch
Stichwort „La Palma"
Michael Müller Verlag GmbH
Gerberei 19
91054 Erlangen
E-Mail: boerjes.koch@michael-mueller-verlag.de

La Palma – die Schöne

„Isla bonita", schöne Insel, ist der Beiname von La Palma. Nicht nur Lokalpatrioten, auch die Bewohner der anderen Kanarischen Inseln nennen sie so. „Isla verde", die grüne Insel, wird sie auch genannt. Westlich der Sahara, wo Wasser zum kostbaren Gut wird und Grün Fruchtbarkeit und Leben signalisiert, ragen La Palmas waldbedeckte Berge aus dem Atlantik, sprudeln seine Quellen ergiebiger als auf jeder anderen Insel des Archipels aus dem Fels.

Die Schönheit La Palmas – das ist die Ursprünglichkeit ihrer Städte und Dörfer, die vom Bauboom der Touristikindustrie in den letzten vierzig Jahren verschont geblieben sind, und das ist die Vielfalt ihrer Natur. Damit das auch so bleibt, hat die UNESCO auf Initiative der Inselregierung die gesamte Insel zu einem Weltbiosphärenreservat erklärt. Voraussetzung dafür war unter anderem, die Erhaltung und nachhaltige Entwicklung der natürlichen Ressourcen La Palmas.

La Palma – die Badeinsel

Weißer Sandstrand, gesäumt von Kokospalmen – das gibt es nicht: Der von Palmen umstandene Strand von Puerto Naos ist, wie alle Strände hier, schwarz. Was es aber gibt, sind zahlreiche Strandbuchten mit noch sauberem Atlantikwasser, dessen Temperatur selbst im Winter nicht unter 18 Grad Celsius sinkt.

La Palma – die Wanderinsel

Wohl kaum ein Flecken dieser Welt hat auf so kleiner Grundfläche (726 qkm) so viele verschiedene Landschaften zu bieten: alpine Gebirge, junge Vulkane, Steilküsten und Strände, Nebelurwälder und Wüsten. Ausgedehnte Bergtouren sind ebenso möglich wie lange Spaziergänge oder nur kurze Erkundungsgänge. La Palma bemüht sich um Wanderer und hat – einmalig auf den Kanaren – Wanderwege von insgesamt mehr als 850 km in allen Gemeinden ausgeschildert. La Palmas Hauptwandergebiete sind:

Caldera de Taburiente: Mit 28 km Umfang und bis zu fast 2500 m hohen Gipfeln zählt dieser Krater zu den größten der Welt. Eindrucksvoll sind die Felsformationen im Wechsel mit Kiefernwäldern, Wasserfällen und Quellen.

Cumbre Vieja: 120 Vulkane reihen sich wie Perlen auf einer Schnur auf dem Höhenzug im Südteil der Insel.

Vulkane San Antonio und Teneguía: An der Südspitze der Insel riecht es noch nach Schwefel, und wer mag, kann in den heißen Spalten des erst 1971 ausgebrochenen Vulkans Teneguía Spiegeleier braten.

Laurisilva: Die *Lorbeerurwälder* im Nordosten stehen größtenteils unter dem besonderen Schutz der UNESCO. Eine vergleichbare Vegetation hat sich nur an wenigen Orten der Welt erhalten können.

Im Norden: Zwischen Steilküste und wilden Schluchten, *Barrancos* genannt, finden sich Wohnhöhlen und Kultstätten der Ureinwohner, aber auch romantische Dörfer und *Dragos* – der Drachenbaum ist die typischste aller kanarischen Pflanzen.

Stille Wasser in der Caldera

La Palma – die Touristeninsel?

Zumindest für den Massentourismus ist die Insel bisher noch kein Anlaufpunkt. Aber immer auf der Suche nach neuen Reisezielen greifen selbstredend inzwischen auch die Urlaubsmultis nach dem viele Jahre übersehenen La Palma. Das Resultat sind ein erstes Großhotel und zwei Ferienkomplexe, die aber im Vergleich zu Urlauberhochburgen auf anderen Kanarischen Inseln fast idyllisch wirken. Trotz dieser Entwicklung sind sich alle Verantwortlichen darin einig, dass die Landschaft La Palmas nicht zerstört werden darf und dass vor allem die Betonsünden der Nachbarinseln verhindert werden müssen. Umworben werden daher nach wie vor solche Urlauber, denen Disco und Animation nicht das Wichtigste am Urlaub sind.

Aber seit die Zahl der Arbeitsplätze in der Landwirtschaft rückläufig ist, wird in einigen Gemeinden immer lauter über Herbergen für Luxusreisende nachgedacht, die mehr Geld auf der Insel lassen als Rucksackreisende und mehr Beschäftigung schaffen. Aus dem lautem Nachdenken ging die erste Hotelanlage bei Fuencaliente mit mehr als 1000 Betten und 10 Pools hervor. Andere ähnliche Hotels konnten durch den Einspruch von Umweltschützern verhindert werden, allerdings gibt es Pläne für zwei Golfhotels. Dennoch ist La Palma immer noch der kleine Tupfer am Rande Europas – ideal für Touristen, die Ferien ohne Anmache, Urlaub und Kommerz, dafür Natur pur erleben wollen.

La Palma im Überblick

San Miguel de la Palma ist der offizielle Name der Insel.

Lage: La Palma und El Hierro sind die westlichsten Kanaren und damit am weitesten vom afrikanischen Festland entfernt (445 km). La Gomera ist die nächste Nachbarinsel (65 km), Teneriffa liegt 85 km entfernt, das spanische Festland 1500 km und Deutschland mehr als 3000 km.

Größe: Mit 726 qkm ist La Palma die drittkleinste der Kanarischen Inseln. Die größte West-Ost-Entfernung beträgt 28 km, die in Nord-Süd-Richtung 47 km. Mit dem *Roque de los Muchachos* besitzt die Insel mit 2426 m ihre höchste Erhebung.

Bevölkerung: 87.000 Einwohner. Belegt ist eine Besiedelung seit 200 v. Chr.

Verwaltung: Die Kanarischen Inseln bilden eine autonome spanische Region, die sich in zwei Provinzen aufteilt. La Palma gehört mit La Gomera und El Hierro sowie der Hauptinsel Teneriffa zur Provinz Santa Cruz de Tenerife. Jede Insel wird von einem *Cabildo insular* verwaltet. Gemeinderat und -verwaltungen heißen *Ayuntamiento*.

Verkehr: Fast 1000 km ist La Palmas Straßennetz lang, und ständig wird weiter asphaltiert: Der Straßenzustand ist sehr gut. Fast jedes Inseldorf wird täglich von Linienbussen angefahren. Auch die Taxi-Versorgung entspricht mitteleuropäischem Standard. Auf dem Inselflughafen bei *Mazo* landen wöchentlich rund zwei Dutzend Chartermaschinen. Linienflüge und Fähren verbinden die Kanarischen Inseln untereinander und mit dem Festland.

Inselnatur

Klima und Reisezeit

„Absolutely no winter" – so warb 1908 das Humboldt-Kurhaus auf Teneriffa, ältestes Hotel der Kanarischen Inseln, um europäische Gäste. „Garantiert milde Sommer" – so werden heute die Touristen vom spanischen Festland umworben. „Inseln des ewigen Frühlings" nannten schon die alten Griechen diesen Archipel. Tatsache ist, dass auf den Kanaren stets frühsommerliche Temperaturen herrschen. La Palma ist somit wie die gesamte kanarische Inselgruppe ein Reiseziel für das ganze Jahr.

Das Geheimnis der konstant milden Hauptwetterlage heißt *Passatwind*, konkret: Nordostpassat. Aus dieser Himmelsrichtung nämlich trifft die segensreiche Luftströmung auf La Palma. Über dem Äquator entstanden, zieht der Passat auf immer derselben Bahn über den Atlantik und nimmt dabei Feuchtigkeit und Kühle auf, die La Palma zugute kommen. Je nach Jahreszeit führt der Passat auf einer Höhe zwischen 600–900 m (untere Höhe) und 1200–1500 m (obere Höhe) Wolken mit sich. Wenn sie auf ein Hindernis stoßen, geben sie Feuchtigkeit ab und versorgen so ihre Umgebung mit Wasser. Solche Barrieren bilden die Berge auf fünf der sieben Kana-

rischen Inseln, nur über die flachen Weiten von Lanzarote und Fuerteventura streichen die Wolken ungehindert dahin. La Palma profitiert mehr als ihre Schwesterinseln vom Passat. Die 40 km langen, ausreichend hohen Gebirgsketten (außer der Caldera noch die Höhenzüge der Cumbres) haben sie zur wasser- und waldreichsten, zur „grünen" Insel des kanarischen Archipels werden lassen.
Gebirgsketten wirken gleichzeitig als Wetterscheiden. So kann es passieren, dass der ewige Frühling auf La Palma sich zur selben Zeit an verschiedenen Inselorten ganz unterschiedlich zeigt. Wer seine Urlaubswochen optimal nutzen will, sollte die *Klimazonen* der Insel berücksichtigen. Grobes Raster: Die Westseite gilt als sonnenreicher und trockener, aber auch karger als die vom Passat gesegnete Ostseite.
Zwischen Oktober und April kann sich die Lage umkehren: Wenn atlantische Westwinde den Passat verdrängen, regnet es auf der Westseite, der Osten kann davon unbehelligt bleiben. Das dauert aber nie länger als ein paar Tage.

Noch eine Besonderheit ist das „Tiempo africano" – Afrika-Wetter, auch *Calima* genannt. Mehrmals im Jahr und immer nur für wenige Tage verdrängen Luftmassen aus der Sahara den Passat. Die Temperaturen steigen, unangenehm wird es aber erst, wenn ein heißer Wind aus der Sahara hinzukommt, der auf der Westseite als Fallwind die Cumbre hinunterstürzt.
Und auch das sollten Sie bei der Auswahl Ihres Urlaubsstandorts bedenken: Die zahlreichen Bergrücken bedingen Temperaturunterschiede. Als Faustregel gilt: 100 Höhenmeter bringen ein Grad Celsius Unterschied. Auf 600 m ist es im Schatten um sechs Grad kühler als in Meereshöhe. Bei Calima gilt diese Regel nicht.

Höchsttemperaturen/Jahresniederschlag im Durchschnitt

	Januar	Juli	Niederschlag
Santa Cruz (Osten, 10 m ü. d. M.)	21,5 °C	25,6 °C	507 mm
Tazacorte (Westen, 5 m ü. d. M.)	21,5 °C	25 °C	284 mm
Buenavista (Osten, 400 m ü. d. M.)	17 °C	21,9 °C	778 mm

Geologie

La Palma sei wie eine Birne mit herausgeschnittenem Kerngehäuse, meinte ein Geologe Ende des 19. Jh. Doch erst sechzig Jahre später haben die Wissenschaftler eine schlüssige Erklärung für die Entstehung dieser Insel gefunden: Vulkanausbrüche auf dem Meeresboden und Auffaltungen haben die Insel über die Wasseroberfläche geschoben. La Palma sitzt auf einem 4.000 m hohen Sockel, ist also tatsächlich mehr als 6.000 m hoch, wenn die Erhebungen über dem Meeresspiegel hinzugerechnet werden.

Als Beleg für die unterseeische Entstehung gelten die *Pillows* am Grunde der Caldera. Kissenlava, die dort zu finden ist, entsteht nur, wenn Lava im Meer erstarrt.

Die *Caldera de Taburiente*, der gewaltige Krater im Zentrum der Insel (das „herausgeschnittene Kerngehäuse") galt lange als typischer Einsturzkrater. *Caldera*

Über Pinienwälder und einen Vulkanfluss geht der Blick zur Caldera de Taburiente

(Kessel) ist gar zum Fachbegriff für Einsturzkrater geworden, obwohl zwischenzeitlich erwiesen ist, dass dieser 9 km breite, bis zu 1800 m tiefe Krater eben nicht durch Einsturz einer Kraterkuppel, sondern zum größten Teil durch Erosion entstanden ist und dass die Caldera de Taburiente nicht, wie der Augenschein vermuten lässt, der Krater eines einzigen Vulkans ist, sondern dass die Kesselwände aus drei zeitlich auseinander liegenden vulkanischen Phasen stammen.

Stück für Stück, aus immer neuen Ausbrüchen wuchs La Palma nach Süden – allein die *Cumbre Vieja* zählt über hundert Vulkane. Von den zwanzig kanarischen Eruptionen, die seit 1341 belegt sind, fanden allein sieben auf La Palma statt – der jüngste Vulkan *Teneguía* entstand 1971 an der Südspitze der Insel. Dabei handelte es sich ausschließlich um Aktivitäten an der Erdoberfläche. Doch auch am Meeresboden ist Bewegung, entstehen Risse und quillt Lava hervor.

An den Caldera-Wänden ist die geologische Struktur ablesbar: Bis ca. 800 m Höhe findet man den *Basalkomplex,* Teil des durch Beben gehobenen Inselsockels, und darüber *Cobertera,* abgelagerte Lavaströme mit zahlreichen Gesteinsgängen. Am Übergang von Cobertera zu den undurchlässigen Schichten des Basalkomplexes tritt das Wasser der zahlreichen Caldera-Quellen nach außen und macht die Caldera de Taburiente zum wichtigsten Wasserlieferanten. Die Kerbtäler in der Caldera-Außenwand, die *Barrancos,* sind durch Erosion entstanden.

Es gibt weitere geologische Begriffe, denen Sie auf Schritt und Tritt begegnen werden: *Malpaís* („schlechtes Land") sind schroffe, verbreiterte Lavaströme jüngeren Datums und noch ohne (oder mit spärlichem) Pflanzenbewuchs. *Roques* („Felsen") sind Schlotfüllungen bereits verwitterter Vulkane. Eindrucksvolle Exemplare sind der *Roque de Jedey* an der Westseite der Insel und der *Roque Teneguía* im Süden.

Die dokumentierten Vulkanausbrüche auf La Palma gehörten alle zum Typ *intermedio,* zu den gemäßigten, mit geringen Explosionen und langsam fließender Lava.

Nur deshalb kam es während der Ausbrüche nicht zu Todesopfern. Die Menschen in San Nicolás, über deren Dorf 1949 der Vulkan San Juan ausbrach (vgl. S. 213f.), verließen deshalb nicht etwa fluchtartig ihre Häuser, sondern richteten sich wegen der Einsturzgefahr durch Erdstöße daneben in Gruben ein und warteten auf das Herankriechen der Lavamassen. Alle stellten sich dabei die bange Frage: Bleibt unser Haus, unser Feld verschont, oder wird es unter der glühenden Masse begraben?

In langsamen Lavaflüssen entstehen *Vulkanröhren*, weil die Lava an der Luft erkaltet und erstarrt, während sie im Inneren des Flusses heiß bleibt und weiterläuft. Mehrere Kilometer Länge und Höhen bis 8 Meter erreichen diese Röhren. Sie sind für Geologen wie Biologen von höchstem Interesse. Ihre Wände dokumentieren den Ausbruchsverlauf und die Zusammensetzung der Gesteine auch unter der Oberfläche. In immerwährender Dunkelheit mutieren eingeschlossene Insekten und Kleinstlebewesen. Sie verlieren ihre frühere Farbe und Sehfähigkeit, ihr Gehör dagegen prägt sich weiter aus.

Im Zusammenhang mit dem verheerenden Tsunami Weihnachten 2004 in Südasien, wird in der Presse immer einmal wieder die These des Katastrophenforschers Dr. Simon Day an der Universität London publiziert, die aussagt, dass La Palma an der Cumbre Vieja auseinanderbrechen und einen weitaus größeren Tsunami mit den entsprechenden Folgen für alle Atlantikanrainer auslösen könnte. Der Autor Frank Schätzing beschreibt ein solches Szenario als Abschluss seines Bestsellerromans „Der Schwarm“. Die kanarischen Vulkanologen teilen diese Meinung nicht, planen aber dennoch besondere Messstationen für die Cumbre Vieja und den Teide (Teneriffa), der eine vergleichbare geologische Struktur aufweist. Vulkanische Inseln sind nie vor vulkanischen Aktivitäten und deren Folgen gefeit, aber selbst Dr. Day sieht in absehbarer Zeit keine Gefahr. Den nächsten Ausbruch auf den kanarischen Inseln erwarten die Geologen frühestens in einigen Jahrzehnten und der würde mit hoher Wahrscheinlichkeit, selbst wenn er an der Cumbre Vieja erfolgt, keinen Abrutsch der Insel bewirken.

Flora

Mehr als 700 verschiedene Pflanzenarten kennt man auf La Palma, darunter allein siebzig, die nur auf dieser Insel vorkommen (Inselendemiten). Andere findet man auch auf anderen Kanareninseln und im „makaronesischen Raum“, zu dem die anderen atlantischen Inseln vor Afrika, Madeira, die Azoren und die Kapverdischen Inseln gehören.

Grund für die Pflanzenvielfalt sind die ganz unterschiedlichen Klima- und Vegetationszonen. Die tieferen Gebiete sind nicht nur wärmer, sondern auch trockener als die höher gelegenen, weil die Feuchtigkeit des Passatwinds sich überwiegend in Höhen ab 600 m niederschlägt (vgl. „Klima“). Darunter können ohne künstliche Bewässerung nur Pflanzen überleben, die in der Lage sind, das wenige Wasser optimal zu nutzen. Sie geben kaum Feuchtigkeit ab, indem sie beispielsweise nur schmale Blätter bilden oder sich durch harte Schalen und frühe Verholzung schützen oder Wasser in Wolfsmilch umwandeln. So beherrschen vor allem drei Pflanzen das Bild in den trockenen Zonen. Sie wachsen im Süden und Westen bis auf ca. 600 m hinauf, im feuchteren Nordosten dagegen nur bis auf eine Höhe von etwa 300 m:

Säuleneuphorbie (Cardon cardenales, Wolfsmilchgewächs): Diese an Kakteen erinnernde Pflanze reckt ihre bis zu 2 m hohen, schmalen, fünfkantigen und säulenartigen

Äste nach oben. Feuchtigkeit wandelt sie zu einer dicken, weißen Flüssigkeit um (Vorsicht: ätzend) und speichert sie so.

Tabaiba (einheimisches Wolfsmilchgewächs): Wie ein Minidrachenbaum wirkt diese Pflanze. Aus einem Stamm verbreitert sie sich bis in eine Höhe von 1,5 m strauchartig. An ihren dicken Ästen befinden sich schmale Blätter, die sie im Sommer in trockeneren Gebieten abwirft. Der ätzende Saft wurde von der Urbevölkerung zum Fischfang genutzt, in flachen Gewässern betäubte man damit die Fische.

Feigenkaktus (Opuntie): Der bis zu 2 m hohe Kaktus, dessen große, ovale Blätter wie Hasenohren aussehen, stammt aus Mexiko. Seine essbaren Früchte sind ab September reif, sie schmecken ähnlich wie Kiwis, sind aber extrem stachelig. Vorsicht also bei der Ernte. Die Palmeros pflücken sie mit langen Holzzangen, sprühen sie mit einem scharfen Wasserstrahl ab, um die feinen Stacheln zu entfernen, und öffnen sie zur Sicherheit mit Messer und Gabel, um das Fruchtfleisch herauszuholen. Viele Feigenkakteen weisen schwarze Punkte in einem weißen Belag auf. Das sind Cochenilleläuse und ihr Gelege. Ihr einziger Lebensraum sind die Feigenkakteen. Um ihretwillen wurden die Opuntien auf den Kanaren angesiedelt. Aus den Gelegen der Läuse wird ein früher sehr begehrter karminroter Farbstoff gewonnen (siehe S. 219).

Oberhalb dieser trockenen Zone wandelt sich die Vegetation je nach Lage zum Passat erheblich. Im mit Feuchtigkeit kaum verwöhnten Süden und Westen schließen sich ab ungefähr 600 Höhenmeter die großen Pinienwälder an, die sich bis auf die Cumbres ziehen. Die wichtigsten Pflanzen dieser Wälder sind:

Kanarische Pinie: Die älteren Exemplare der einheimischen Pinie/Kiefer haben eine breitere Krone, mit der sie mehr als andere Bäume den Wolken die Feuchtigkeit entziehen können. Demselben Zweck dienen die überlangen, immer zu dritt gebündelten Nadeln der Pinie. Ihre vielfach geschichtete Rinde verhindert, dass die Flammen der häufigen Waldbrände in das Innere des Stamms vordringen, der ungewöhnlich harzreich ist und wie eine Fackel brennen würde. Und schließlich hat die Kanarische Pinie die Fähigkeit, direkt am Stamm auszuschlagen – ohne also zuvor Äste gebildet zu haben. All das macht diesen Baum zu einem wahren Überlebenskünstler.

Zistrose (Jara): Die meiste Zeit des Jahres wirkt diese Rosenart unattraktiv – trockene, niedrige Büsche, deren raue Blätter an Salbei denken lassen. Im Mai aber verwandeln ihre zartrosa Blüten den Boden in ein farbiges Meer.

Codeso: Ein dunkelgrüner Leguminosenstrauch. Im Frühjahr und Sommer blüht er leuchtend gelb; einzelne Büsche werden bis zu 2 m hoch.

Asphodeline: Die weißen Blüten dieser Lilienart – aus dem Mittelmeerraum stammend – beleben die Pinienwälder ab Januar.

Den vollkommenen Kontrast zu der trockenen Tiefzone mit ihrer nahezu wüstenartigen Vegetation bilden die *Lorbeerwälder* im Nordosten. Hier bringen die Passatwolken die Feuchtigkeit, die im Zusammenwirken mit der allzeit warmen Witterung eine auf der Welt nahezu einmalige Vegetation in subtropischen Urwäldern entstehen ließ. Ihre wichtigsten Vertreter sind auf S. 200 beschrieben.

An seinen oberen Grenzen vermischen sich Lorbeer- und Pinienwälder mit den Pflanzen der Fayal-Brezal-Zone. Ihr Name stammt von den beiden wichtigsten Pflanzen dieses Gebiets:

Brezo, Baumheide (Erica arborea): Diese Verwandte des Heidekrauts kann bis zu 12 m (!) hoch werden, meist erreicht sie als Strauch aber nur 2–3 m. Der Grund: Sie wird vorher geschlagen, weil ihre Zweige gerne als Stützstangen für die Bananenstauden verwendet werden.

Faya (Gagelbaum): Dieser niedrige Baum steht immer mit Brezo zusammen. Man erkennt ihn leicht an seinen dunkel glänzenden Blättern.

Zwei weitere Pflanzen sind unabhängig von den genannten Hauptvegetationszonen auffällig:

Drachenbaum (Drago): Dieser Inbegriff des kanarischen Baumes ist gar kein Baum, sondern ein Liliengewächs (neueste Forschungen vermuten eine Verwandtschaft mit Agaven). Die meisten Exemplare finden Sie im Norden der Insel.

Dickblattgewächse, Wurze (Aeonium): Vertreter dieser Gattung finden sich überall auf La Palma. Ihre dicken, zu Rosetten angeordneten Blätter schießen aus den Felswänden der Caldera ebenso wie aus den trockenen Böden der südlichen Küstenregion. Rund dreißig Arten soll es auf La Palma geben, darunter elf endemische.

Drago – Wappenpflanze der Kanaren

Die wichtigsten Kulturpflanzen

Auch die Kulturpflanzen bestimmen das Landschaftsbild der Insel, denn der Agrarexport ist noch immer die Haupteinnahmequelle La Palmas. Hier gedeiht einfach alles, und immerzu ist irgendwo irgendetwas reif.

Möglich wird das durch die Höhen- und Temperaturunterschiede. Faustregel: ein Grad minus pro 100 Höhenmeter. Konsequenz: In Meeresnähe ist das Klima subtropisch, ab 400 m mediterran (ohne Winter), ab 800 m mitteleuropäisch, allerdings mit milden Wintern und höchst seltenen Schneefällen.

Bananen: Wo immer der Anbau möglich ist, werden sie angepflanzt. Die Früchte kennen keine Jahreszeit, doch trägt jede Staude nur einmal. Bananen können Sie preiswert auf dem Markt und in jedem Supermarkt kaufen, Früchte aus den Stauden zu brechen sollte sich damit erledigen.

Papayas: In den tiefer gelegenen Gärten und inmitten der Bananen findet man die einzeln stehenden, zweiglosen Bäume. Die melonenartigen, erst grünen, später gelben Früchte hängen direkt unter den tief eingeschnittenen Blättern.

Avocados: Avocado-Fincas mit ihren großen, schattigen Bäumen sollten als Alternative zu Bananenplantagen La Palma von seiner landwirtschaftlichen Monokultur wegführen. Die gegenwärtige Subventionspolitik spricht aber eher dafür, die herrlichen Bäume abzuholzen und noch mehr Bananen anzupflanzen. Ab Herbst hängen die grünen Früchte wie Birnen an den Bäumen. Die grünen, glatten der Sorte *Fuertes* kommen dann bald auf den Markt. Im Frühjahr folgt die Sorte *Hass*, mit dunkler, pickeliger Schale und nussigem Geschmack.

Wein: Auf La Palma gibt es Weinfelder und keine Weinberge, denn die Sonne kommt überall hin, und die Reben werden selten hoch gebunden – am Boden sind die Trauben besser gegen den Wind geschützt und können mehr Wärme aufnehmen. Die jungvulkanischen Hänge der Cumbre Vieja bieten einen erstklassigen Boden für den Weinanbau. Mehrere Kellereien bringen Markenweine in den hiesigen Handel. Jeder Bauer und fast jeder Wirt produziert Wein für den Hausgebrauch. Allerdings ist bei einer solchen Weinprobe Vorsicht angezeigt, denn die hausgemachten Weine werden selten auf die handelsüblichen 12–13 Prozent verdünnt.

Mandelbäume: Der Nordwesten, insbesondere die Gegend um Puntagorda, ist das Hauptanbaugebiet für Mandeln – schier endlos erstrecken sich die Terrassen. Im Januar/Februar bietet sich ein zauberhafter Anblick, wenn die weiß-rosa Blütenwolken in den Bäumen hängen und Blütenteppiche die Felder bedecken. Da darf das *Mandelblütenfest* nicht fehlen – sein Termin wird Jahr für Jahr von der Gemeindeverwaltung neu festgelegt. Exportiert wie früher werden Mandeln heute nicht mehr, deshalb werden die Bäume häufig nicht abgeerntet. Aber noch immer essen die Palmeros ihre Mandeln selber, zum Beispiel in den köstlichen Desserts *Bien me sabe* oder *Queso de almendro*.

Oberhalb von 400 m wachsen dann die Mittelmeerfrüchte, allen voran **Zitronen** und **Apfelsinen**. Die *Naranjas del país*, die einheimischen Apfelsinen, sind nicht so leuchtend orange, im Geschmack aromatischer als die Orangen aus Valencia, dem Hauptanbaugebiet Spaniens. Zudem wachsen hier Pfirsiche und Aprikosen, dicke gelbe Pflaumen, Kirschen, Mandarinen, Pampelmusen, Granatäpfel, Guaven mit ihrer gelb-schrumpeligen Schale und Mispeln, hier Nisperos genannt, Feigen natürlich und die Früchte der Opuntie, des Feigenkaktus. Alles reift schön hintereinander, so dass es auf der Insel immer frische Früchte gibt.

Bananen –
La Palmas kostbarste Frucht

Über 800 Höhenmeter werden mit den Temperaturen auch die Früchte mitteleuropäisch: Äpfel, Birnen und Maronen gedeihen hier. Die Esskastanien werden ab Oktober geerntet – am Martinstag, wenn der junge Wein zum ersten Mal probiert wird, sind geröstete Maronen das „Beibrot".

Gemüse wächst auf La Palma in nahezu allen bekannten Varianten rund ums Jahr. Da es keinen Winter gibt, kann auf den Äckern mehrmals im Jahr geerntet werden. Dennoch überwiegt auch in den Gemüseabteilungen von La Palmas Supermärkten importiertes Obst und Gemüse aus aller Welt. Achten Sie deshalb auf die Herkunftsbezeichnung: *Del país* steht ebenso wie der Inselname für Früchte von La Palma. Nur aus der Umgebung kommen die Waren der *Mercadillos*, vergl. Stichwort „Märkte" S. 82.

Bougainvillea bei El Paso

Zierpflanzen

Viele der Zierpflanzen in den Gärten, Grünanlagen und Straßen sind von anderen Kontinenten, aus Mittel- und Südamerika, aus Afrika oder Asien eingeführt. Da auf La Palma fast jede Pflanze gedeiht, sind hier die schönsten der Welt versammelt.

Es fehlen eigentlich nur die Orchideen der tropischen Regenwälder. Die häufigsten und auffälligsten Gewächse bei den Stauden sind **Strelitzien**, auch Paradiesvogel- oder Papageienblumen genannt. Ihre Schönheit macht sie zu einem beliebten Werbesymbol auf den Kanaren, dabei stammen sie aus Südafrika.

Blütenreiche Sträucher setzen farbige Tupfer an Straßenrändern und selbstverständlich in Parks und Gärten. Mit ihren malvenartigen, fünfblättrigen Blüten in vielen Gelb-, Rot- und Rosatönen gehört der **Hibiskus** auf Platz 1 der Beliebheitsskala, zumal er das ganze Jahr über blüht. Höher hinauf schafft es der **Oleander**. In einer Seitenstraße von Los Llanos steht eine ganze Allee von rosa blühenden Oleanderbäumchen mit rund 5 m Höhe. Kein Wunder, hier muss die auch im übrigen Europa so beliebte Kübelpflanze im Winter nicht ins Haus geholt werden. Die niedlichen roten **Weihnachtssterne** aus dem adventlichen Blumentopf wachsen sich auf den Kanarischen Inseln zu Sträuchern von mehreren Metern Höhe aus. Im Sommer unscheinbar grün, bilden ihre riesigen knallroten Hochblätter (keine Blüten) ab Ende Oktober die herrlichsten Kontraste zu den dunklen Natursteinmauern oder weiß gekalkten Häuserwänden. Weihnachtssterne sind giftige Wolfsmilchgewächse aus Mexiko.

Kletterer wie die **Bougainvillea**, leuchten lila, karminrot, rosa und orange an Häuserwänden und Pergolen. Von Oktober bis März kandidiert die **Feuerbignonie** im Wettstreit um die schönste Pflanze. Aus dunkelgrünem Laub leuchten die kräftig orangefarbenen, schmal gebündelten Blütenblätter. Meterlang zieht sie sich an Häuserwänden hoch und überrankt Mauern. Ein fleißiger Ranker ist auch die **Passionsblume**. Aus ihren runden, aus vielen weißblauen oder rosa Blättern zusammengesetzten Blüten ragt ein Kranz von Samenfäden, der an die Dornenkrone und damit an die Passion Christi erinnert. Aus den Blüten entwickeln sich die Passionsfrüchte – als *Maracuja* in tropischen Saftmischungen bekannt. Auch die Passionsblume ist vom Ursprung her Südamerikanerin. In ländlichen Gegenden leuchten die großen, königsblauen Trichter der **Prunkwinde (Königswinde)**. Mühelos überwindet sie Zäune und Häuserwände. Die Prunkwinde kann zur Plage für die Pflanzen werden, die sie umschlingt.

Schönheiten sind auch die Straßenbäume:

Indischer Lorbeer: Keine Plaza ohne diesen Baum. Unter seiner riesigen Krone lassen sich selbst die heißesten Tage ohne Schweißausbruch verbringen. Blätter für die Suppe zu pflücken ist zwecklos (dafür nimmt man besser Azorischen Lorbeer), denn der Indische Lorbeer ist eigentlich ein Ficus, ein Feigengewächs also.

Jacaranda (Falscher Palisander): Was hier so tropisch-exotisch klingt, kommt aus Brasilien und ist einer der häufigsten Straßenbäume. Beliebt machen den Baum vor allem seine zartlila Blüten im Frühjahr. Manche Bäume tanzen aus der Reihe und blühen auch im Herbst. Blüht der Jacaranda nicht, erkennt man ihn an den doppelt gefiederten Blättern, junge Bäume an den weich gebogenen Ästen.

Flamboyant: Seinen feuerroten Blütenrispen im Sommer und Herbst verdankt „der Flammende" seinen Namen. Verwandt mit dem Jacaranda, hat auch er Hülsen und doppeltgefiederte Blätter. Wenn er gerade nicht blüht, lässt sich der Flamboyant leicht von seinen Brüdern und Schwestern durch seine schirmartige Krone unterscheiden.

Tulpenbaum: Sie werden ihn sofort erkennen, denn er trägt seine leuchtend roten, wie überdimensionale Tulpen aussehenden Blüten stolz nach oben gereckt. Dieser Baum stammt aus Afrika.

Araukarie: Wie ein sauber ausgeschnittener, ebenmäßiger Tannenbaum sieht sie aus, stammt aber nicht vom deutschen Weihnachtsmarkt, sondern hat ihre Heimat in Südchile. Nach den Araukanern, den südchilenischen Indianern, ist sie auch benannt.

Gummibaum: Denken Sie bitte nicht an Bürobegrünung. Mit dem dortigen Kümmerling hat er nur den Samen und das Blatt gemeinsam. Auf den Kanarischen Inseln wächst er sich zu stattlichen Exemplaren aus, die sich zu Recht Baum nennen dürfen.

Fauna

Ganz anders als La Palmas Flora ist die Fauna ausgesprochen artenarm. Es gibt keine wilden Großtiere. Die hier lebenden Säugetiere wurden als Nutztiere auf die Insel gebracht oder folgten den Menschen, wie z. B. die Mäuse. Einzige Ausnahme ist eine seltene Fledermausart, die es allein hierher geschafft hat.

Von den Menschen ausgesetzt sind auch die Tiere, auf die gern Jagd gemacht wird: *Kaninchen* und *Mufflons*, Mähnenschafe, setzte die Nationalparkverwaltung 1954 im Park der Caldera aus. Inzwischen möchte sie die großen Kletterer, die sich auch gern über geschützte Pflanzen hermachen, wieder verbannen, aber die Jagdlobby hält dagegen.

1) Hibiskus
2) Opuntienblüten
3) Lechugilla
4) Nisperos

1) Bejeque (Wurz)
2) Bananenstaude
3) Wilde Margeriten
4) Cardon-Säuleneuphorbie

La Palmas eigene Tierwelt hat Flügel, und darunter sind einige interessante Exemplare, die nur auf La Palma vorkommen. Dazu zählt die *Graja*, die Caldera-Krähe mit rotem Schnabel und roten Füßen. Die Graja ist allgegenwärtig – wann immer ein Krächzen ertönt, ist ein Graja-Schwarm unterwegs. Für Ornithologen hat La Palma manches zu bieten: Amseln, Blaumeisen, Bussarde, Falken, Sperber, Milane und Tauben in verschiedenen Arten, Eulen natürlich und den *Canario*, den Kanarienvogel. Der hat mit dem treuen Gast in Wohnstuben nicht mehr viel gemeinsam. Dem wurde im 19. Jh. in Tirol und im Harz sein gelbes Gefieder angezüchtet. Der kanarische Urvater singt zudem weniger fleißig als sein europäischer Namensvetter.

85 Prozent der Tierwelt stellen die *Insekten*. Ihre Vielfalt ist kaum zu beschreiben. Schmetterlinge sind natürlich ihre schönsten Vertreter; bei den Wanderungen wird Sie vermutlich ein Zitronenfalter oder Monarch ein Stückchen des Weges begleiten. Wichtig für Touristen ist, dass es nur wenige *Moskitos* gibt. Falls sich dennoch ein Exemplar in Ihr Schlafzimmer verirrt: Ihr Geräusch ist erheblich lästiger als der Stich.

Wo immer Sie gehen, raschelt es neben Ihnen im Gebüsch: Keine Angst, das sind nur Eidechsen. *Lagartos* heißen sie hier, das Weibchen grau mit gelb-braunen Seitenstreifen, das Männchen mit blauer Kehle. Nicht zu verwechseln mit den Insekten fressenden *Geckos*, die erst nach dem Dunkelwerden auftauchen und dann Motten und Mücken jagen. Machen Sie es wie die Einheimischen: Vertreiben Sie die Geckos nicht, sondern sehen Sie sie als Hausfreunde.

Gefährliche Tiere gibt es eigentlich nicht: Schlangen und Skorpione sind unbekannt. Einzige Ausnahme ist der Tausend(Hundert)füßler. Sein Biss kann für Kinder gefährlich sein, bei Erwachsenen kommt es nur zu einer schmerzhaften Schwellung. Aber der *Ciempies* ist selten, liebt Ruheplätze unter Steinen in trockenen Zonen. Normalerweise werden Sie ihn kaum zu Gesicht bekommen, nur wenn ein Sommer besonders heiß und trocken ist, kann er sich auf der Suche nach Kühlung ins Haus verirren. Selbst dann gilt: Er hat mehr Angst vor Ihnen, als Sie vor ihm haben müssen.

Man hört daneben immer wieder das Gerücht, auf La Palma gäbe es auch die *Schwarze Witwe* (eine sehr kleine, schwarze, giftige Spinne, die kein Netz spinnt). David Bramwell, Experte der kanarischen Fauna und Flora, schließt das allerdings aus. Gefährliche Zusammentreffen mit diesen unangenehmen Tierchen sind jedenfalls nicht bekannt geworden, aber für alle Fälle haben die Apotheken Mittelchen gegen den Biss des Ciempies und der Viuda negra.

Geradezu unüberschaubar ist auch die Vielfalt der *Meeresbewohner*. Meeresschildkröten verfangen sich bisweilen in Fischernetzen – auf Speisekarten finden sie sich glücklicherweise nicht. Da landen all jene Fische, die im Kapitel „Essen und Trinken" erwähnt werden.

Umwelt/Naturschutz

450 km vom nächsten Festland entfernt, und dort ist nur Wüste, bleibt La Palma von fremdem Schmutz verschont. Luft und Wasser zirkulieren über dem Atlantik, berühren kaum besiedelte Gegenden. 41 Prozent der Inseloberfläche sind bewaldet, diese grüne Lunge könnte weitaus größere Flächen mit Sauerstoff versorgen.

Auch das Meer ist hier sauberer als anderswo. Die Insel liegt nicht an einer Schifffahrtsroute, Teerklumpen am Strand haben deshalb Seltenheitswert. Selbst die Fische sind gesund, wenn sie den Fischern ins Netz gehen. Ihr Quecksilbergehalt ist minimal. Die gesunde Umwelt ist deshalb für viele Ausländer der Grund, sich hier niederzulassen. Die saubere Luft gab zudem den Ausschlag zum Bau des internationalen Observatoriums auf dem Roque de los Muchachos, dem höchsten Gipfel La Palmas. Nicht durch Staub behindert, lassen sich die Sterne besser beobachten.

Einzelne Pinien klammern sich bis hinauf an den Calderarand

Umweltschutz

Durch keine Umweltkatastrophen bedroht und die natürlichen Gegebenheiten verwöhnt, entwickelte sich nur allmählich der Gedanke an *Medio ambiente*, so Umwelt/Umweltschutz auf Spanisch. Pfandflaschen sind unbekannt, Plastikflaschen und -tüten die gängigsten Artikel im Supermarkt. Strom wird nur zu einem geringen Prozentsatz von Sonnenkollektoren und Windrädern erzeugt. Dabei wäre La Palma – mit viel Sonnenschein gesegnet und von beständigen Winden umsäuselt – der ideale Standort für alternative Energiegewinnung.

Doch es soll fast alles anders werden. Die kanarische Regierung hat erkannt, dass die einzigartige Natur der Inseln erhalten werden muss, und hat deshalb eine ganze Serie von Gesetzen verabschiedet. Große Teile La Palmas stehen seit 1987 unter Naturschutz, die Insel ist in ihrer Gesamtheit ein Weltbiosphärenreservat, die alternative Energie soll künftig Vorrang haben, Normen für Schadstoffe und

Naturschutzgebiete

Mit der „Deklaration über die geschützten Gebiete der Kanarischen Inseln" wurde 1987 fast ein Drittel der Fläche La Palmas zum Naturschutzgebiet erklärt. Seither sind neben der Caldera de Taburiente, die schon 1953 Nationalpark wurde, die jungvulkanischen Gebiete, große Teile der Kiefern- und Lorbeerwälder sowie die eindrucksvollsten Schluchten und Küstenstreifen geschützt.

Das Gesetz schreibt fünf verschiedene Schutzformen vor: Sie reichen von Gebieten, die nur von besonders autorisierten Personen betreten werden dürfen (wie einige Teile des Nationalparks), bis zu Zonen, deren Nutzung nicht ohne Zustimmung verändert werden darf. Immerhin waren große Teile der jetzigen Naturparks vor der Erklärung Bauernland oder schon von Straßen durchzogen. Dennoch sind die Naturschutzgebiete die reizvollsten Landschaftsteile La Palmas, in die sich ein Ausflug oder eine Wanderung immer lohnt. Nahezu alle in diesem Buch beschriebenen Wanderungen führen in solche geschützten Gebiete.

Abwässer wurden festgelegt, Umweltverträglichkeitsprüfungen eingeführt und gleichzeitig ein Strafenkatalog für Umweltsünder aufgelegt. Nachdem zunächst die Inseln selbst geschützt wurden, folgte als nächster Schritt die Schaffung von ozeanischen Schutzgebieten rund um die Inselgruppe. Seit dem 1.12.2006 ist jetzt auch die Passage von Öltankern in Kanarischen Gewässern untersagt.

Alljährliche Gefahr – Waldbrand über El Paso

Umwelttipps

Eigentlich gelten auf La Palma dieselben Ratschläge zur Umweltschonung wie daheim. Weil aber doch einiges anders ist, hier einige Hinweise:

Plastikmüll: Plastiktüten lassen sich durch mitgebrachte Beutel vermeiden, aber Sie müssen schnell sein. In größeren Supermärkten wird jegliche Ware nämlich von flinken Händen, eh man sich versieht, in kostenloses Plastik eingepackt. Wer viel eingekauft hat und mit dem Wagen unterwegs ist, sollte gleich an der Kasse um einen Karton bitten: „Un cartón, por favor".

Wasser: La Palma ist zwar die wasserreichste Insel der Kanaren, aber 90 Prozent des Wassers werden von der Landwirtschaft verbraucht, und der Grundwasserspiegel sinkt auch hier. Wassersparen ist also auch hier angesagt, z. B. durch die Benutzung eines Zahnputzbechers oder dadurch, dass man Wasserhahn und Dusche beim Einseifen schließt.

Brandgefahr: Fast alljährlich brennt im Sommer irgendwo auf den Kanaren der Wald. Die trockenen Kiefernnadeln am Boden erhöhen die Waldbrandgefahr erheblich. Seien Sie deshalb im Freien beim Umgang mit Feuer äußerst vorsichtig (zwischen Mai und September ist offenes Feuer verboten). Selbstverständlich ist, dass keine brennenden Kippen auf den Boden geworfen werden, kein zerbrochenes Glas, aber auch kein anderer Müll nach der Rast zurückbleiben.

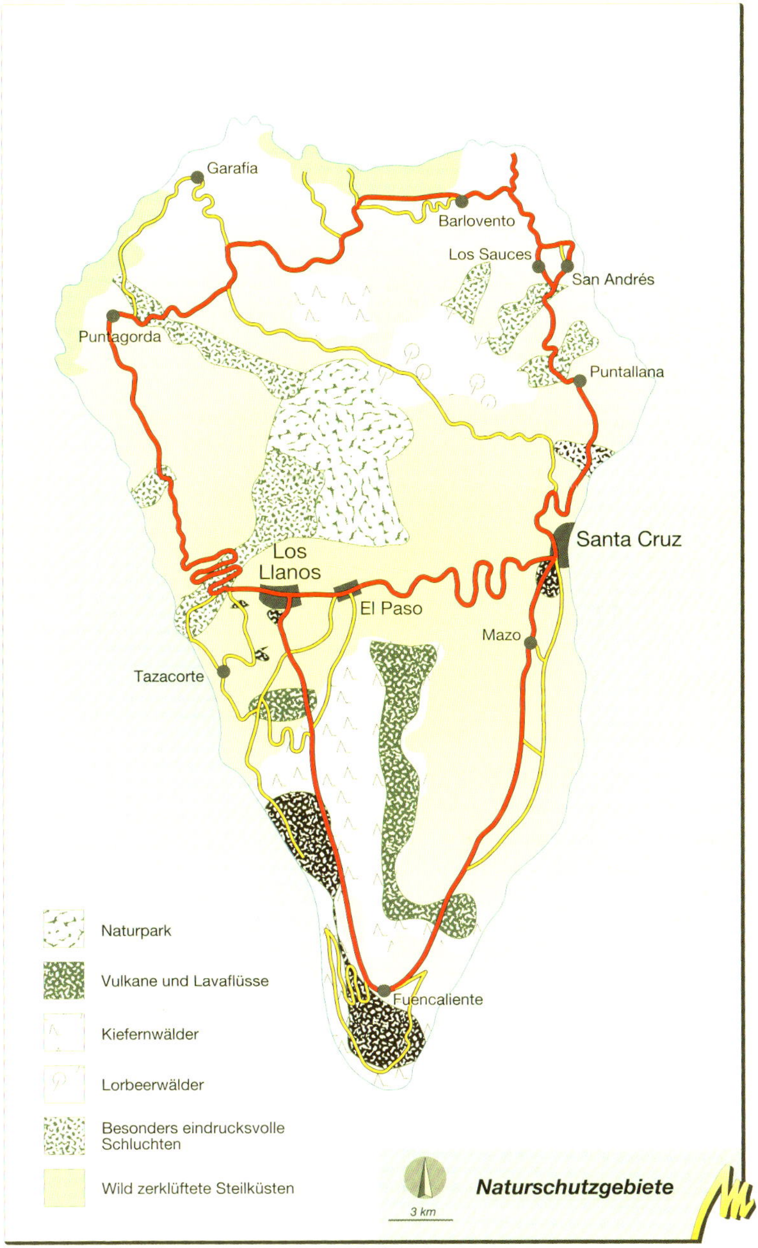

Naturschutzgebiete

Geschichte

Die Urbevölkerung

Sie müssen ein glückliches Volk gewesen sein, wenig Mühen mit Wind und Wetter, dazu eine überreiche Natur und ein Gesellschaftssystem, weit demokratischer als die meisten der damaligen Zeit. Sie sind ein geheimnisvolles Volk – bis auf den heutigen Tag.

Das beginnt mit dem Namen. *Guanchen* nannte sich die Urbevölkerung nur auf Teneriffa, „Sohn von Teneriffa", heißt es in ihrer Sprache. Der Einfachheit halber wird in der Fachliteratur die Urbevölkerung aller Kanaren als Guanchen bezeichnet. Von La Palma ist kein Eigenname bekannt. *Benahoare,* „mein Land", sollen sie geantwortet haben, als man sie nach dem Namen von Land und Leuten fragte. In den erst kürzlich eröffneten archäologischen Museen ist man dazu übergegangen, die palmerische Urbevölkerung nach diesem Begriff – allerdings in seiner Verkleinerungsform – *Benahoaritas* zu nennen.

Petroglyphen bei La Zarza

Aus ihrer Sprache sind nur Eigennamen und Ortsbezeichnungen geblieben wie Taburiente, Time, Tazacorte, Tijarafe, Tigalate oder Echentive und Idafe. Weitere Spuren, die sie der Nachwelt hinterlassen haben, sind *Petroglyphen,* Felszeichnungen, siehe dazu S. 181.

Derzeit gehen die kanarischen Wissenschaftler davon aus, dass die Guanchen von einem Berberstamm aus Nordafrika abstammten, der von den Römern aus seinem ursprünglichen Stammesgebiet vertrieben wurde. Stammen die Guanchen von ihnen ab, ließe sich damit auch erklären, warum es unter ihnen zur Überraschung der Eroberer nicht nur dunkelhaarige mediterrane, sondern auch hoch gewachsene blonde Menschen gab: Nachweislich war der blonde Cromagnon-Typus auch in Nordafrika vertreten.

Aber es ist gut möglich, dass Berber auf bewohnte Inseln übersetzten und es mehrere Einwanderungswellen gab. Noch weiß man wenig über die Urbevölkerung.

Auf La Palma lebten sie in Wohnhöhlen. Steinpferche baute man für Haustiere. Schafe, Ziegen und Hunde sicherten nicht nur die Fleischversorgung, aus ihrem Fell wurde auch Kleidung gefertigt. Zudem gewannen sie Milch, Käse und Butter durch die Tierhaltung. Meeresfrüchte waren selbstverständlicher Teil ihrer Nahrung: Küstenfische, Seeschnecken und Muscheln. Gofio, das Grundnahrungsmittel auf den Kanaren noch heute (siehe S. 43), gewannen sie aus einer stärkehaltigen Farnwurzel. Sie kannten weder Pflug noch Rad, noch Pfeil und Bogen; Gerätschaften und Waffen fabrizierten sie aus Holz, Stein, Knochen oder Gräten und aus Ton. Die Keramikherstellung, ohne Drehscheibe, in Aufbautechnik, war auf La Palma weiter entwickelt, die Keramik feiner als die der Nachbarinseln und mit Bandmustern verziert. Mit dieser Technik, mit den alten Formen und Mustern arbeiteten die palmerischen Töpfer bis ins letzte Jahrhundert. Heute fertigt die Keramikwerkstatt *El Molino* bei Mazo Arbeiten nach Originalvorlagen.

Auf La Palma lebten zwölf Sippen in Gemarkungen, die mit den heutigen Gemeindegrenzen fast übereinstimmen. Dem *Mencey*, dem Stammesführer, stand ein Beraterkreis zur Seite. Frauen waren als Priesterinnen und Medizinerinnen anerkannt. In der Ehe konnten sie wie der Mann die Scheidung beantragen. Im Kampf fochten sie Seite an Seite mit den Männern, und in der Religion galt die weibliche Gottheit ebenso viel wie die männliche.

Die Eroberung

Im Verlauf des 15. Jh. widerstanden die Bewohner La Palmas mehreren Invasionen, so auch der des jungen adeligen Heißsporns *Guillén de Peraza*. Er wollte seinem Vater, dem Grafen von Gomera, nacheifern und La Palma unterwerfen. Am Strand von Tazacorte landete er 1442 mit seinen Mannen. Seine Strategie, durch eine der tiefsten Schluchten direkt in das Herz der Insel, die Caldera de Taburiente, zu stürmen, schlug fehl. Seither trägt die Schlucht den Namen „Barranco de las Angustias“ – Schlucht der Todesängste. Sie könnte auch „Barranco de los Muertos“, Schlucht der Toten, heißen, denn nur einer der spanischen Soldaten soll die Schlacht überlebt haben.

50 Jahre später, am 29. September 1492, landete der Bezwinger La Palmas, Alonso de Lugo, ebenfalls am Strand von Tazacorte. Der erfahrene Haudegen war von der Krone zur Eroberung der letzten kanarischen Bastionen La Palma und Teneriffa entsandt worden. Er siegte, weil er mit seinen Soldaten auf weniger gefährlichem Gelände, immer in Küstennähe, zunächst nach Süden und dann um die Insel zog und so den Widerstand der vereinzelt kämpfenden Stämme brechen konnte. Unüberwindbar aber war für ihn das Gebiet des Stammes Acero in der Caldera de Taburiente, einer natürlichen Felsenfestung. Durch eine List, indem er den dortigen Führer Tanausú um ein Gespräch ohne Waffen bat, gelang es ihm, Tanausú und seine Hauptleute aus der Caldera zu locken und zu überwältigen. Die Eroberung war damit am 3. Mai 1493 vollendet. Die palmerischen Kämpfer wurden in Ketten gelegt und nach Spanien verschifft. Tanausú entzog sich der Gefangenschaft durch einen Hungerstreik bis zum Tode. Alonso de Lugo dagegen bezwang 1496 auch die sich heftig verteidigenden Guanchen von Teneriffa und wurde der erste Gouverneur der größten Kanareninsel. Tanausú aber ist bis auf den heutigen Tag der Held der Palmeros geblieben.

Tipp: Der Roman „Tanausú – der letzte König der Kanaren“ beschreibt den Eroberungsfeldzug aus der Sicht der Sieger und der Besiegten, vergl. S. 72.

Nach der spanischen Eroberung La Palmas wurde ein Teil der Inselbewohner als Sklaven verschleppt, andere, ihrer Gebiete beraubt, wurden Sklaven vor Ort. Ein Teil, in den abgelegenen Gebieten, konnte sein Leben wohl fortführen und vermischte sich im Laufe der Jahrhunderte mit den spanischen Eindringlingen.

Heute stehen die Guanchen auf den Kanaren hoch im Kurs. Sie haben das Image „edler Menschen", denen alle Tugenden zugesprochen werden. Viele Palmeros führen ihre Abstammung daher gern auf sie zurück. Seit die Vormachtstellung der katholische Kirche auch in den Dörfern gebrochen ist, sind Namen der Benahoares beliebt. Nirgendwo sonst heißen Mädchen Daida, Yaida oder Dacil.

Außerdem haben die Guanchen noch ein Erbe vermacht – *Lucha canaria*. Dieser Nationalsport der Canarios hat etwas vom Ringen und etwas vom Judo: Zwei Kämpfer reichen sich die Rechte, beide Hände führen sie gemeinsam in den Sand, während mit der Linken der zum Wulst aufgekrempelte Hosensaum des Gegners ergriffen wird. Dann wird geschoben und gehoben, gedrückt und geworfen und gerungen, bis einer den Boden „mit einem anderen Körperteil als den Füßen" berührt. Sieger ist, wer zwei von drei direkten Begegnungen für sich entschieden hat. Jede Mannschaft besteht aus zwölf Kämpfern. Lucha Canaria ist auf allen Inseln so populär, dass eine Profiliga entstand, deren Wettkämpfe im TV-Regionalprogramm übertragen werden.

Die spanische Zeit

Zuckerrohr, Wein, Tabak, Seide und schließlich bis auf den heutigen Tag Bananen. Die neuere Geschichte von San Miguel de La Palma ist eine Geschichte der Monokulturen. Zuerst Spanier und später Briten machten La Palma zum „Hoflieferanten" für profitable Agrarerzeugnisse.

Kaum hatte *Alonso de Lugo* 1493 die letzten Bastionen der Guanchen auf La Palma gestürmt, ging er an die wirtschaftliche Nutzung der Kolonie durch *Sklaverei* und *Zuckerrohranbau*. Zucker, damals Luxusartikel, ließ sich nur mit großem Kapitalaufwand – die von den Ureinwohnern unberührte Natur musste „kultiviert" werden – und gewaltigem Personaleinsatz anbauen. Landarbeiter und landlose Bauern aus Spanien wurden als Arbeitskräfte auf der Insel angesiedelt. Die Finanziers und Großhändler waren flämische Kaufleute, zu jener Zeit Untertanen der spanischen Krone. Ihr Einfluss auf Kultur und Architektur hat sich bis auf den heutigen Tag bewahrt, der Zuckerrohranbau nicht, denn Zucker lieferten die von schwarzafrikanischen Sklaven bewirtschafteten Plantagen auf den Karibikinseln bald billiger.

Anfang des 18. Jh. ließen soziale Unruhen auf Kuba die Karibikinsel als Tabaklieferanten des Madrider Hofes vorübergehend ausfallen – die Canarios ergriffen die Chance und bauten *Tabak* an. Bis heute zählen *Puros* gleichrangig mit Havannas zu den besten Zigarren der Welt. Damals aber entschied der Hof, den Tabakanbau für das spanische Weltreich auf Kuba zu monopolisieren – der Anbau auf La Palma brach zusammen. Die Palmeros probten erfolglos den Aufstand.

Und so löste eine Monokultur die nächste ab. Entscheidend war allein die Nachfrage auf dem Weltmarkt, so auch beim *Wein*. An den Lavahängen vor allem im Süden La Palmas gedeiht der *Malvasierwein* in besonderer Qualität. In feinen Kreisen überall in Europa zählte er über Jahrhunderte zu den weltbesten Dessertweinen. Kein Wunder also, dass 1665 von britischen Händlern eine Monopolgesellschaft gegründet wurde, die den Malvasier vermarktete, bis im 19. Jh. der Mehltau den

Lucha Canaria – nicht länger reiner Männersport

einstmals blühenden Wirtschaftszweig lahm legte. Die Folge war: Eine von vielen Auswanderungswellen schwappte über den Atlantik. Kuba und Venezuela waren die bevorzugten Exodus-Ziele der Palmeros.

Dabei hatten die Palmeros häufig die Chance zu mehr und größerer Eigenständigkeit. So zählte die Inselhauptstadt über zwei Jahrhunderte – nach Sevilla und Antwerpen – zu den bedeutendsten Häfen des spanischen Reiches. Alle aus Amerika heimkehrenden Schiffe des *Westindienhandels*, wie man beschönigend die Ausbeutung der Kolonien nannte, mussten nämlich Santa Cruz de La Palma anlaufen. Hier saß der Steuereintreiber der Handelskammer von Sevilla, an die jeder Kapitän seinen Obolus zu entrichten hatte.

Viele Vorteile ergaben sich daraus für La Palma – und ein furchtbarer Nachteil: Piraten und Freibeuter, denen die Schätze in der Karibik entwischt waren, kreuzten beutegierig vor La Palma. Die Absicht war klar: Entkamen die schwer beladenen Schiffe auch hier, hielt man sich an der Insel schadlos. Im Jahr 1553 brandschatzte der Korsar *Le Clerq*, „Holzbein" genannt, Santa Cruz, und noch 17 Jahre später trieb *Jacques de Soir* sein Unwesen vor Tazacorte. Die Insulaner befestigten daraufhin ihre Häfen, so dass bereits 1585 *Francis Drake* seinen Angriff auf Santa Cruz erfolglos abbrechen musste.

Die privilegierte Situation des Hafens wussten die Insulaner in einer Hinsicht langfristig für sich zu nutzen: Es entstand eine *Werftindustrie*, die bis gegen Ende des 19. Jh. erfolgreich war. Die Schattenseite: Der Schiffbau trug zur weiteren Reduzierung des Waldes bei. Dennoch gilt La Palma auch heute noch mit über 40 Prozent Waldbestand als die baumreichste Insel der Kanaren.

Auch die Zucht der *Cochenille* bot eine Chance zur Abnabelung von ausländischen Investoren. Auf dem aus Mexiko eingeführten Feigenkaktus, der noch heute auf der

Feigenkaktus – Wirtspflanze für Läuse

Insel wuchert, lassen sich die hier als *Cochinillas* bekannten Schildläuse züchten, aus deren Larven ein purpurroter Farbstoff gewonnen wird. Färberei war seit jeher ein ertragreicher Handwerkszweig, besonders im Zusammenhang mit der Seidenproduktion – nun bot dieser Naturfarbstoff die Gelegenheit zum großen Geschäft. Nach einem halben Jahrhundert war um 1880 der Traum ausgeträumt. Mit der Einführung der Anilinfarben brach auch dieser einst profitable Markt weitgehend zusammen.

Seit Ende des 19. Jh. werden, von Briten eingeführt, *Bananen* angebaut, die über Jahrzehnte den Markt weltweit kontrollierten. Doch seit Ende der 50er Jahre war klar, dass die kanarische Zwergbanane mit den Früchten aus Mittelamerika nicht konkurrieren kann (vgl. „Warum Zwergbananen kein Exportschlager waren", S. 31).

Die Kanarischen Inseln wurden im Laufe der Jahrhunderte immer wieder das Armenhaus Spaniens. Wobei das fruchtbare La Palma, dessen Selbstversorgung leidlich gesichert war, noch besser als die Nachbarinseln abschnitt. Das ist ein Grund, warum in den 1960er Jahren La Palma die Konzentration auf den Massentourismus, von dem die größeren Inseln heute wirtschaftlich abhängig sind, nicht mitmachte: Für die Palmeros war Tourismus ein Zusatzgeschäft und nicht ihr entscheidender Wirtschaftszweig. Und das gilt heute noch.

Kleine Chronik

2000 v. Chr. Vermutlich erste Besiedlung des Archipels; Zuwanderung wahrscheinlich in zwei Wellen, von denen zumindest eine aus Nordafrika kam.

Ca. 200 v. Chr. Erste nachweisbare Siedlung auf La Palma.

1405 n. Chr. *Jean de Béthencourt*, normannischer Ritter und Färbereibesitzer, der drei Jahre zuvor mit Lanzarote die erste Kanareninsel erobert hat, wird bei dem Versuch, La Palma zu erobern, zurückgeschlagen. Ebenso Guillén de Peraza einige Jahrzehnte später.

1492 *Alonso de Lugo* landet in Puerto de Tazacorte und erobert La Palma in weniger als einem Jahr.

1496 Lugo wird zum Gouverneur der spanischen Könige auf La Palma ernannt und beginnt im Valle Aridane mit dem Zuckerrohranbau.

1510 Die Zuckerrohrplantagen im Westen der Insel werden zunächst an das Augsburger Handelshaus der Welser, später an deutsch/flämische Kaufleute (Monteverde) verkauft.

1553 Der Korsar *Le Clerq*, „Holzbein" genannt, brandschatzt Santa Cruz.

1556 Erste öffentliche Schule in der Inselhauptstadt.

1585 Der englische Freibeuter *Francis Drake* wird vor Santa Cruz zurückgeschlagen.

1657 Der Inspektor der Handelskammer Sevilla, bei dem alle aus Amerika einlaufenden Schiffe ihre Abgaben zu entrichten haben, wird von La Palma nach Teneriffa versetzt. Der wirtschaftliche Niedergang von Santa Cruz setzt damit ein.

1665 Gründung einer englischen Monopolgesellschaft, die palmerischen Wein vermarktet.

1773 In Santa Cruz tagt der erste gewählte Gemeinderat Spaniens.

1852 Die Kanaren und damit La Palma werden zur Freihandelszone erklärt, was dem Archipel immer noch Zollvorteile verschafft.

1863 *El Time*, die erste Zeitung La Palmas, erscheint. Sieben Zeitschriften gibt es bis zum Ersten Weltkrieg auf der Insel. Heute erscheinen ein Anzeigenblatt, zwei Inselzeitungen und Lokalausgaben von in Teneriffa veröffentlichten Tageszeitungen.

1880 Der Tinerfeño *Pedro Reid* und der Brite *L. Jones* führen Bananen auf dem Archipel ein. Auf La Palma betreiben die englischen Gesellschaften *Elder* und *Fyttes* dieses Geschäft.

1912 *Cabildos insulares*, die Inselregierungen, werden eingeführt. Ihrer Abgeschiedenheit wegen hat jede Kanareninsel eine eigene Verwaltung.

1927 Die Kanarischen Inseln werden in zwei Provinzen aufgeteilt: La Palma zählt mit Teneriffa, El Hierro und La Gomera zur Provinz *Santa Cruz de Tenerife*.

1936 Der nach Teneriffa strafversetzte General *Francisco Franco Bahamonde* zettelt am 17. Juli 1936 den Spanischen Bürgerkrieg an. Auf La Palma verhalten sich die republikanischen Regierungsvertreter loyal, werden aber eine Woche nach Putschbeginn von faschistischen Truppen verjagt und ermordet. Widerstandsgruppen werden nach und nach aufgerieben. Erst 2006, nachdem einer der Mörder kurz vor seinem Tod den Ort preisgegeben hatte, wurden die sterblichen Überreste von 13 Republikanern aus Fuencaliente gefunden.

1978/1982 Die neue spanische Verfassung – nach dem Tod *Francos* und der Wiedereinführung der Monarchie 1976 – fasst die beiden kanarischen Provinzen in zwei Schritten zur „Autonomen Region Canarias" zusammen.

1986 Mit dem *EU-Beitritt* Spaniens erhalten die Kanaren einen Sonderstatus, der seither schrittweise abgebaut wird.

1999 Bei den Kommunalwahlen hat die unabhängige *Coalición Canarias* die Nase vorn. Auch in der kanarischen Regierung hat sie die zuvor regierende PSOE (sozialdemokratisch/sozialistisch) abgelöst. Bei den Wahlen 2003 wird dieses Ergebnis bestätigt.

Wirtschaft

Weniger als 90.000 Einwohner hat La Palma, von denen die Mehrzahl auf dem Land lebt. Nur zwei Städte gibt es: Die Hauptstadt Santa Cruz zählt einschließlich Umland wenig mehr als 18.000 Bewohner, die heimliche Hauptstadt Los Llanos bringt es auf gut 21.000 Einwohner im Gemeindegebiet, zu dem allerdings mehrere Dörfer zählen.

Die *Arbeitslosenquote* liegt mit rund 10 % relativ hoch. Deshalb hat die neue nationale PSOE-geführte Regierung umfangreiche Beschäftigungsprogramme aufgelegt, die die Quote senken werden. Ein knappes Drittel aller Beschäftigten arbeitet in der Landwirtschaft, überwiegend als selbstständige Landwirte, ein weiteres Drittel in Handel, Verwaltung und Tourismus, der Rest verteilt sich auf Handwerk und Baugewerbe – Letzteres mit stark steigender Tendenz: La Palma erlebt seit Jahren einen Bauboom, zunächst durch die allgemein kräftige Konjunktur in Spanien bedingt und danach durch EU-Projekte und den verstärkten Ausländerzuzug. Nach Schließung der Zigarettenfabrik bei El Paso gibt es keine nennenswerte Industrie mehr.

La Palma hat eine *negative Handelsbilanz*, es wird weit mehr ein- als ausgeführt. Selbst der Weinanbau vermag nicht, den Inselbedarf ohne Importe zu decken. Bei den ausgeführten Waren liegt die Banane weit in Führung.

In der Landwirtschaft ist fast alles Banane – *plátano* heißt das auf Spanisch. Ende des 19. Jh. wurde die Monokultur von Briten begonnen, und sie garantiert noch heute Arbeitsplätze. Der größte Teil der gelben Früchte wird aber in kleinen Fincas von weniger als 5000 qm im Nebenerwerb angebaut und bessert den Lohn aus anderen Tätigkeiten auf. Auf flachem Gelände oder dort, wo sich der Bau von Terrassen lohnt, von 400 m Höhe bis hinunter an die Küste, bestimmen das satte Grün der Bananenplantagen, ihre Windschutzmauern und die riesigen Bewässerungsbecken das Bild der Landschaft. Ein wenig schönes Element in optischer Hinsicht ist hinzugekommen: Immer mehr Plantagen verändern sich zu mit feinen Netzen bedeckten Gewächshäusern. Allerdings gibt es mehrere Gründe, die für diese Maßnahme sprechen. Die Netze verringern die Wasserverdunstung und helfen damit Wasser zu sparen, sie lassen weniger Insektensprühmittel in die Umwelt entweichen, sie verringern die Kraft des Windes ohne ihn auszuschließen (was mehr Insektenbefall zur Folge hätte) und reduzieren damit die Gefahr, dass die Stauden umstürzen. So können auch windempfindlichere, größere Sorten gepflanzt werden.

Immer frisch –
auf dem Bauernmarkt von Mazo

Warum Zwergbananen kein Exportschlager waren

José Camacho Pérez lebt von der Banane: morgens als Plantagenarbeiter, nachmittags als selbständiger Bauer. Doch mit beiden Einnahmequellen kann er seine fünfköpfige Familie nur mehr schlecht als recht ernähren. Ohne Gemüsegarten und Weinfeld, die beide ausschließlich der Selbstversorgung dienen, sähe es mager auf dem Tisch der Familie Pérez aus.
Josés Kollegen geht es kaum besser. Zu dritt beackern sie den Besitz einer der einflussreichsten Familien der Insel, die 26 Prozent des Anbaus, vor allem aber die Vermarktung der Bananen kontrolliert. Von der Familie schaut nur selten jemand vorbei.
Ihr Produkt, die kanarische Zwergbanane, ließ sich nur dank der Einfuhrbeschränkung für die „Dollarbanane" absetzen. Die „Bananenordnung" der Europäischen Union, von Deutschland bis auf den heutigen Tag bekämpft, ermöglicht der kanarischen Banane immerhin einen bescheidenen Export auf das Festland, nach Frankreich und Italien. Ohne solche Schutzbestimmungen wären die kleineren, kanarischen Bananen gegenüber den gestylten „Chiquitas" und „Tucas" aus Mittelamerika, mit den Werbemillionen nordamerikanischer Konzerne im Rücken, auf dem freien Markt nicht konkurrenzfähig. Die Gründe dafür sind:

1. Die Zwergbanane ist in der Herstellung schon teurer als die amerikanische Frucht. 1 € kostet den Canario das Kilo, mit 50 Cents kalkulieren die Mittelamerikaner. Gut ein Drittel der Kosten geht auf den Kanaren für Bewässerung drauf. Kosten, die im feucht-tropischen Costa Rica beispielsweise nicht anfallen, von den dort noch niedrigeren Löhnen ganz zu schweigen.

2. Ohne Vermarktungsorganisation und -strategie, ohne „Markenartikel-Philosophie" haben die kanarischen Bananenbauern keine Chance gegen die übermächtigen, längst etablierten US-Konzerne, die den mittelamerikanischen Bananenmarkt beherrschen.

Ihr relativer Erfolg in der EU hat die kanarischen Bananenbauern und ihre Lobby dennoch beflügelt. Sie wollen den Kampf um den europäischen Kunden aufnehmen. Ob sie dabei immer den richtigen Weg wählen, muss bezweifelt werden. Statt mit den besonderen Qualitäten der Zwergbananen zu werben, mit deren Duft und Aroma, halten die Vermarkter sich an amerikanische Produkte und fordern zum Pflanzen größerer Sorten auf. Angeblich verlangt das der europäische Markt. Mit Hilfe von Subventionen bauen sie vormals offene Terrassen zu Gewächshäusern um, eingerüstet mit feinen Netzen.

Der Bananenanbau und alle Themen, die damit zusammenhängen, lassen sich auf La Palma nur schwer diskutieren. Der Bananenexport wird als einzig profitabler, zukunftsträchtiger Wirtschaftszweig neben dem Tourismus gesehen. Es herrscht die Angst, bei einem Scheitern der palmerischen Landwirtschaft weiter auf den Ausbau des Tourismus setzen zu müssen. Und bei der Vorstellung, ähnlich wie die großen Nachbarinseln Teneriffa und Gran Canaria vom Tourismus abhängig zu werden, beschleicht die Palmeros der Horror. Dann doch lieber Bananenrepublik.

Tourismus

Rund 243 000 Urlauber besuchten La Palma 2006. Gemessen an den mehr als 4 Millionen Touristen auf Teneriffa, nimmt sich die Zahl geradezu idyllisch aus. Aber auch auf La Palma hat sich die Zahl der Besucher erhöht. Weniger, die der Ausländer, als die der Festlandspanier und der kanarischen Nachbarn. Brachten bisher die Monate Juli und August leere Betten in den Hotels, sind sie jetzt ausgebucht.

Bisher stützte sich der palmerische Tourismus vor allem auf deutsche Urlauber, in hohem Maße Individualtouristen, von denen nicht wenige in Ferienhäusern und Ferienapartments wohnten. Durch die Verbreiterung des Bettenangebotes in Hotels im Luxussegment, weitere Projekte mit Golfhotels sollen folgen, macht sich La Palma davon unabhängig.

Die wasserreiche und fruchtbare Insel ernährte seit jeher ihre Bewohner besser als es Gran Canaria oder Fuerteventura vermochten. Hier war der Tourismus bislang keine wirtschaftliche Notwendigkeit und deshalb wurde ihm auch nicht so viel Aufmerksamkeit gewidmet, wie auf den anderen Kanarischen Inseln. Aber das kann und wird sich ändern. Wenn die heimische Banane sich auf dem europäischen Markt nicht durchsetzen kann, braucht auch diese Insel eine wirtschaftliche Alternative. Was nicht heißen muss, dass dann auf La Palma die Bausünden der großen Nachbarinseln wiederholt werden.

Brandung bei Puerto Naos

Als einen ersten Schritt in Richtung Luxus und neue Urlaubergruppen lässt sich das bisher neueste und größte Hotel La Palmas mit 1250 Betten und einer mehr als 1000 qm großen Poollandschaft an der Küste bei Fuencaliente sehen (Beschreibung S. 118). Die Betreiber wollen damit in erster Linie Engländer, Festlandspanier und Italiener auf die Insel bringen. Um das im Juli 2004 eingeweihte Haus der Princessgruppe hat es umfangreiche Auseinandersetzungen und vielfältige Kritik von Einheimischen wie von ausländischen La-Palma-Fans gegeben. Kritisiert wurden die Unkorrektheiten bei der Genehmigung und der Charakter des Hotels, das als ein Haus des Massentourismus nicht in das Konzept eines naturnahen, grünen Tourismus für La Palma passt. Ohnehin sei das ganze Projekt für die kleine Insel völlig überdimensioniert.

Der Bürgermeister und seine politische Fraktion hielten dagegen, dass Fuencaliente, wie ganz La Palma, eine wirtschaftliche Alternative zum Weinanbau, der nur wenige Familien ernährt, und Bananenanbau, dessen Zukunft mehr als unsicher ist, brauche. Das Hotel liege nicht in einem Naturschutzgebiet und schaffe schon bei seiner Eröffnung, mit eingeschränktem Betrieb, mehr als 200 Arbeitsplätze. Allein die Tatsache, dass es den Betreibern gelungen ist, zusätzliche Charterflieger auf die Insel zu lenken, sei ein Gewinn, denn gerade die deutschen Fluggesellschaften hatten die Zahl der Flüge reduziert und ohne Flüge keine Urlauber – auch nicht für das schon bestehende Übernachtungsangebot.

Zu einer Insel des Massentourismus wird La Palma dennoch nicht werden. Es kann auch nicht mit strahlend weißen Stränden wie auf Fuerteventura oder goldgelben wie der von Maspalomas auf Gran Canaria werben.

Selbst wenn die Zahl der Urlauber auf 150 000 stiege, nähme die sich vergleichsweise bescheiden aus gegenüber den mehr als 4 Millionen Besuchern auf Teneriffa. Nur die kleineren Nachbarinseln El Hierro und La Gomera verzeichnen noch niedrigere Urlauberzahlen als La Palma.

La Palma hat eine gute Chance, weitere Besucherrekorde, wenn sie denn eintreten, leidlich unbeschadet zu überstehen.

Typisch palmerisch

Fiestas

Nicht an allen offiziellen Feiertagen wird gefeiert, die palmerischen Fiestas folgen ihren eigenen Regeln. Während der Sommermonate ist eigentlich immer irgendwo etwas los – meist nach derselben Dramaturgie; jeder Stadt, jedem Stadtteil und jedem Dorf ein Fest, meist in Verbindung mit dem Namenstag des Schutzpatrons. Kirchliche Feierlichkeiten sind heute nur noch Anlass, schmückendes Beiwerk. Auftakt ist meist ein Umzug an einem Samstagnachmittag mit geschmückten Wagen. Ab dem späten Abend wird auf der Plaza getanzt, bis Mitternacht bleibt es ruhig, voll wird es erst danach. Den Höhepunkt erreicht die Tanzerei ab 2 Uhr, und vor 5 Uhr kommt kaum jemand ins Bett. Eine Fiesta, die etwas auf sich hält, dauert neun bis zehn Tage – zwei Wochenenden und die dazwischen liegenden Tage. Damit man überhaupt Schlaf findet, geht es an den Arbeitstagen früher los mit Kinderprogramm, Theateraufführungen und Folklore. Achten Sie während der Sommermonate auf die weithin wahrnehmbaren Böllerschüsse – sie signalisieren den Start einer jeden Fiesta, und wenn Sie ein Feuerwerk am nächtlichen Himmel sehen, ist die Feier schon fortgeschritten. Da es für Auswärtige nahezu unmöglich ist, sich im palmerischen Festtagskalender zurechtzufinden, hier die wichtigsten örtlichen Besonderheiten:

- Beim Fronleichnamsfest in **Mazo** wird der Prozessionsweg mit Blumenteppichen geschmückt.
- Mittelpunkt der am 13. Juni in **San Antonio del Monte** (nahe Garafía) startenden Fiesta ist ein Viehmarkt, der mit einer Rinderprämierung endet.
- **Los Llanos** feiert sein Stadtfest (Virgen de los Remedios) zwei Wochen lang ab Mitte Juni mit einem Umzug, zu dem jede Inselgemeinde festlich geschmückte Motivwagen entsendet. Auch hier wird ein Viehmarkt abgehalten.

- Am 16. Juli ehren die Fischer in **Tazacorte** ihre Schutzheiligen mit abendlicher Bootsprozession und Feuerwerk über dem Meer.
- Alle drei Jahre (nächstes Mal 2009) wird am ersten oder zweiten Augustsonntag die **Virgen del Pino** – die Pinienjungfrau – von der Kapelle nach **El Paso** geführt. Die Bajada wird von Motivwagen begleitet. Wenn am 1. September die „Jungfrau" zurückkommt, wird im Wald hinter der Kirche gesungen und gefeiert. Zu dieser wie zu anderen Fiestas gehört ein Pferderennen, bei dem traditionell nur zwei Pferde antreten.

Wenn die Sardine beerdigt wird ...

Wie in allen traditionell katholischen Gegenden wird Karneval auch auf La Palma heftig gefeiert. Die Gemeinden stellen zur Geräuschdämpfung neuerdings Zelte auf, aber getrunken und getanzt wird immer auch auf den Straßen. Wie zu Hause gibt es auch hier Chöre, sogenannte Murgas, die in aktuellen Liedern lokalpolitische Begebenheiten aufs Korn nehmen. Und natürlich den Kinderkarneval. Damit erschöpfen sich die Gemeinsamkeiten aber auch schon, andere Bräuche sind uns fremd: Wer zum Beispiel während der tollen Tage nicht täglich mit Talkumpuder bestäubt wird (verzichten Sie deshalb auf Ihre neue Wildlederjacke oder andere edle Kleidung und schützen Sie Ihre Augen am besten mit einer Sonnenbrille), ist nicht dabei gewesen. Ein Höhepunkt ist der Rosenmontag, an dem die „Indianer" in Santa Cruz ankommen. Die Indianer sind hier die (häufig reich gewordenen und entsprechend arroganten) Rückkehrer aus Lateinamerika (Las Indias), die kräftig auf die Schippe genommen werden. Großfamilien und Betriebsgruppen treten in kolonialweißen Prachtgewändern auf, begleitet von ihren schuhcremeschwarzen Sklaven, die Schatz- und Geldtruhen schleppen. Wer nicht in Weiß gewandet auftritt, wird im Nu puderweiß bestäubt. Am Aschermittwoch wird dann unter Heulen und Klagen in einem Umzug die *Sardine beerdigt*. Manche Gemeinden feiern allerdings später, um der „Konkurrenz" der Nachbargemeinde zu entgehen. Wer also dem Lärm des rheinischen Karnevals entfliehen will, ist schlecht beraten: Auch hier ist zumindest in den Städten während der tollen Tage an einen Acht-Stunden-Schlaf nicht zu denken.

Mehr Rio als Köln: Karneval auf La Palma

- Ebenfalls alle drei Jahre im August, das nächste Mal 2009, feiert **Barlovento** seine **Virgen del Rosario** – Rosenkranzjungfrau – mit einem für Spanien typischen Moros-y-Cristianos-(Mauren-und-Christen-)Spektakel. Im Mittelpunkt der Feierlichkeiten steht die Seeschlacht von Lepanto, die allerdings auf dem Trockenen, im Barranco del Pilon, nachgespielt wird. Siegreich waren bei dieser Schlacht um die Vorherrschaft im Mittelmeer selbstverständlich die Christen.
- Das größte aller palmerischen Feste ist die **Bajada de la Virgen de Las Nieves** in der Inselhauptstadt **Santa Cruz**. Die Schutzpatronin der Insel, die Schneejungfrau, wird von ihrer Kirche in Las Nieves nach Santa Cruz gebracht und bleibt dort, bis sie zum Abschluss in einer Prozession zurückgebracht wird. Alle fünf Jahre (das nächste Mal im Jahre 2010) beginnt die Bajada Ende Juni und endet erst im August. Höhepunkt des Festes ist der „Tanz der Zwerge", bei dem verkleidete und geschnürte Tänzer eine Polka im Tripelschritt aufführen.
- Kein Fest, aber in jedem Jahr wieder anschauenswert, sind die **Krippen** – Bélen –, die nahezu jede Gemeinde aufstellt. Besonders schön ist die von Los Llanos. Jedes Jahr wird eine andere Insellandschaft mit Menschen und Tieren dargestellt, in der die Krippe fast gesucht werden muss.

Trachten aus dem Norden

Folklore oder Polka

Aus den Bars und Autoradios klingen die melancholischen oder heiteren Lieder La Palmas genauso häufig wie spanische und internationale Popmusik. Die Inselbewohner lieben ihre Musik, ihre Trachten und ihre Tänze. Zu sehen ist das bei jeder Fiesta. Zumindest am Eröffnungstag tragen die jungen Mädchen selbstbewusst die alten Trachten. Selbst Kleinkinder werden von ihren stolzen Eltern in der traditionellen Kleidung herausgeputzt.

Trachten: Jeder Inselteil hat seine eigene Tracht. Die der Frauen unterscheidet sich in Farbe, Material und Kopfbedeckung. Gemeinsam sind ihnen weite Röcke (häufig an den Seiten hoch geschürzt, damit der reich bestickte Unterrock hervorblitzt), weiße, bestickte Blusen und farbige Westen, in El Paso und Las Manchas mit üppigen Blumenstickereien versehen. Um den Kopf tragen sie ein Seidentuch, der Tuchknoten sitzt vielfach auf dem Scheitel und wird in einigen Gegenden mit putzigen, kleinen, schräg aufgesetzten Strohhütchen verdeckt. Im Norden tragen die Frauen schmale Kappen, die an der Seite einen praktischen Schmuck haben: drei Nähnadeln, umwickelt mit buntem Garn. So können kleine Reparaturen gleich an Ort und Stelle ausgeführt werden.

Bunt und schrill – Mariachi-Bläser aus Tazacorte

Die Trachtenfarben sind im Südwesten Schwarz, Weiß und Rot, im Norden Braun, in Puntallana Blau, Weiß und Dunkelrot. Doch die Trachten unterscheiden sich nicht nur in den Farben – wer genau hinschaut, kann erkennen, ob die Trägerin aus einer traditionell wasserreichen und damit begüterten oder einer trockeneren, meist ärmeren Gegend stammt. Je reicher die Gemeinde, umso mehr Seide wird verarbeitet. Die Frauen aus Las Manchas werten ihre einfachen Woll- und Baumwollstoffe mit aufwendigen, selbst angefertigten Stickereien auf; die Seidenjacquardwesten der Frauen in Puntallana benötigen solche Verschönerungen nicht. In Los Sauces sind selbst die weiten Röcke aus Seide. Sogar Seidenzylinder und vom Kopf bis auf den Rücken fallende Seidenumhänge – statt Strohhütchen und Kopftuch – kommen vor.
Die Männern lieben es etwas schlichter. Unter wadenlangen, weiten Hosen (bei Wärme und langen Wegen sorgen die für mehr Temperaturausgleich) schauen die bestickten Säume der Unterhosen hervor. Weißes Hemd, Weste und eine Kappe, deren Zipfel bis in den Nacken reicht und so vor der Sonne schützt, jetzt noch gestrickte Socken, schon ist der Palmero traditionell und praktisch ausstaffiert.

Musik, Lieder und Tänze: Wild und aufregend ist die palmerische Musik nicht; Flamenco darf man nicht erwarten, wenn man auf La Palma eine Folkloreveranstaltung besucht. Die Musik entspricht der bäuerlichen Tradition, der Landschaft, dem Klima, drückt aber auch die Sorgen der Menschen aus vielen Jahrhunderten aus. Natürlich haben Einwanderer aus Andalusien oder Portugal (aber auch Rückwanderer aus Südamerika) ihre Musik mitgebracht, und so manche einst modische Strömung wie zum Beispiel die Polka wurde integriert. Alltagsleben, Arbeit, Liebe zur Natur und Sehnsüchte nach einem besseren Leben spiegeln sich in den Liedern und Tänzen der Insel. Die Lieder sind von ruhigem Rhythmus, wenn sie zur Arbeit gesungen werden oder der Tanz die einzelnen Arbeitsschritte nachvollzieht; heiter

und lieblich, mit so manchem Tremolo, wenn sie die herrliche Landschaft besingen. Fröhliche, witzige und deftige Wechsel- und Rundgesänge sowie Reihentänze spielen beim Schäkern „auf dem Heiratsmarkt" eine Rolle oder wenn man sich gegenseitig verulkt. Melancholische Elemente sind Teil des maurischen Erbes. Gitarren und Timbeln (kleine, viersaitige Lauten), Trommeln, Flöten und Kastagnetten begleiten Sänger und Tänzer.
Selbst die moderne Musikszene folgt diesem Selbstverständnis: Die kanarischen Rock- und Popgruppen verbinden folkloristische mit modernen Rhythmen, setzen traditionelle Instrumente zusammen mit E-Gitarren ein.

Auch die traditionelle Volksmusik wird gepflegt. Jede Gemeinde hat ihre Musikgruppe, manche auch eine kombinierte Musik- und Tanzgruppe, die bei jeder Fiesta auftritt. Die meisten Gruppen brachten bereits Kassetten und CDs heraus, die in jedem Musikgeschäft und in vielen Bars verkauft werden. Als beste traditionelle Gesangsgruppe gilt ein Männerchor: *Los Arrieros*, die Eseltreiber. Etwas exotisch gibt sich das mexikanische *Mariachi-Orchester* aus Tazacorte, Erbe der Rückwanderer.

Ein **Tipp** für alle, die nicht auf die nächste Fiesta warten wollen: An jedem zweiten Freitagabend tritt die Musik- und Tanzgruppe *Cumbre Nueva* aus El Paso im Hotel Sol La Palma in Puerto Naos auf. Die Vorführung wird auf Deutsch und Spanisch erläutert (Eintritt frei). Eine gute Gelegenheit, zumindest für die Gäste der näheren Umgebung, die Folklore der Insel kennen zu lernen.

Handwerkskunst/Kunsthandwerk

Auf ihr traditionelles Kunsthandwerk sind die Palmeros ebenso stolz wie auf ihre Trachten und Musik – es zu pflegen, zu bewahren ist auch Ausdruck ihrer Eigenständigkeit und ihres Selbstbewusstseins. In Mazo gibt es eine Kunsthandwerksschule, die Kinder in alten Techniken unterrichtet. Und in jedem Jahr wird in wechselnden Orten eine *Feria de Artesanía* (Messe für das Kunsthandwerk) veranstaltet. Alles, was da zu sehen ist, kann auch gekauft werden und ist als Mitbringsel geeignet.

Schwarze Keramik: die besten Reproduktionen der feinen, verzierten Keramik der Benahoaritas (vgl. Geschichte) werden in der Mühle „El Molino" von Mazo hergestellt.

Handwebearbeiten: in feiner Flickenteppichmanier werden Stoffreste zu Decken, Taschen und Tisch- oder Bodenläufern verarbeitet.

Stickereien: Blumenmotive sind auf La Palma besonders beliebt. Sehr naturgetreu und plastisch gestickt, sind sie fester Bestandteil vieler Inseltrachten. Durchbruchstickereien und umstickte Blatt- und Fruchtmotive als Sets und Tischdecken werden häufig angeboten. In Mazo sind die schönsten Stücke in einem eigenen Museum ausgestellt.

Korbflechterei: Aus Weiden und aus langen gespänten Brombeerranken. Durch die helle und die dunkle Farbe entstehen verschiedene Muster.

Stroharbeiten: Stroh wird zu Streifen gebündelt und dann zu kleinen Zierkörben mit Durchbrüchen verarbeitet.

Palmstroharbeiten: Große Taschen und Matten mit farbigen Mustern sind die häufigsten Produkte aus diesem Material.

Schwarze Keramik: ohne Fuß, aber standhaft

Naturseide: Der ehemals wichtige Wirtschaftszweig der Seidenspinnerei erlebt seit einigen Jahren einen neuen Aufschwung, vor allem in El Paso, wo die meisten Maulbeerbäume stehen, deren Blätter den Seidenraupen als Nahrung dienen. Die Seide wird mit Naturfarbstoffen gefärbt und zu Krawatten und Tüchern verarbeitet. Im Seidenmuseum in El Paso kann man bei der Fertigung zuschauen.

Holzschnitzereien: Hergestellt werden Pfeifen, Löffel und Schalen, verziert mit eingebrannten Mustern.

Neue Kunst und neues Kunsthandwerk: Die Schönheit La Palmas hat viele in- und ausländische Künstler inspiriert und veranlasst, sich hier niederzulassen. Ihre Arbeiten gibt es auf den Märkten, in Kunsthandwerks- und Geschenkeläden, beispielsweise Lithografien von Ruth Königsberger, Seidenmalereien von Tina Seitz, Lavaschmuck von der Schweizerin Ann Keller oder Kunstfotos als Post- oder Briefkarten. Sehr schön sind die Arbeiten der Glasbläser in ihrer Werkstatt auf der Plaza Sotomayor in Argual. Schauen Sie mindestens bei einem Ihrer Flohmarktbesuche hinein!

Nahrungs- und Genussmittel

Puros: Kenner meinen, die palmerischen Zigarren stünden Havannas in nichts nach – außer im (niedrigeren) Preis. In der Gemeinde El Paso wird der Tabak angebaut; gedreht werden die Zigarren von Hand in Breña Alta und an einem Stand in der Flughafenhalle. Zigarrenpackungen gibt es in jedem Supermarkt zu kaufen. Die losen Puros sollen aber die besten sein.

Weine: Es gibt inzwischen 16 Bodegás, die Qualitätsweine herstellen, vergl. Ruta del Vino S. 67. Weißer, Roter und Rosé sind zu haben, dazu der *Malvasier*, ein fruchtiger Dessertwein. Er ist der teuerste Wein La Palmas. Achten Sie beim Einkauf darauf, dass *La Palma, Denominación de Origen,* auf dem Etikett steht. Nur dann können Sie sicher sein, dass der Wein auf La Palma auch geerntet und nicht nur abgefüllt wurde.

Wenn nicht gerade die Kunsthandwerksmesse stattfindet, kann man diese Produkte in Spezial-, Souvenir- und Kunsthandwerkergeschäften erwerben. Sie finden sie unter dem Stichwort „Einkaufen" in allen Ortsbeschreibungen. Alle „nahrhaften" Souvenirs finden Sie natürlich in jedem Mercado, auf den Bauernmärkten, Mercadillos, in Mazo und Puntagorda und in fast jedem Supermarkt.

Architektur

Die traditionelle kanarische Architektur – von Herrenhäusern bis hin zu Bauernkaten – hat ihren Ursprung in der maurischen Architektur Andalusiens und Portugals. Beide Teile der Iberischen Halbinsel waren über Jahrhunderte maurische, d. h. arabische Königreiche. Kunst, Architektur und Wissenschaften erlebten unter der Herrschaft der Mauren einen im übrigen Europa unerreicht hohen Standard. Nach der Rückeroberung des Gebietes durch die Spanier (Granada fiel als letztes maurisches Königreich 1492) hatten die maurischen Einwohner nur die Möglichkeit zu fliehen oder zum Christentum zu konvertieren. Andersgläubigen drohten in Spanien Folter und Tod durch die Inquisition.

Die getauften Mauren wurden *mudéjars* genannt. Ihre Architekten und Handwerker entwickelten auf der Grundlage der arabischen Bauweise den *Mudéjarstil,* der den klimatischen Verhältnissen auch der Kanarischen Inseln am besten entsprach. Die Eroberung und Besiedlung der westlichen Kanareninseln durch die Spanier und der Siegeszug des Mudéjar-Baustils fielen zusammen. Die ersten Baumeister und Handwerker auf den Kanaren waren vermutlich Mudéjars, die ältesten Gebäude entstanden zumindest unter dem Einfluss dieses Baustiles.

Merkmale der traditionellen Architektur im Mudéjarstil sind:

- dicke, in Trockenbauweise (d. h. ohne Mörtel) aufgeschichtete und verputzte Wände aus Bruchstein;
- schlichte Fassaden; bearbeitete Steine für die Hausecken und Portale bleiben als Schmuck vom Putz frei;
- der Grundriss größerer Häuser sieht einen Innenhof vor, um den sich die Stockwerke mit Galerien gruppieren;
- verzierte Holzarbeiten an Fenstern, Türen und umlaufenden Galeriegeländern;
- mit vielen geometrischen Elementen geschmückte Dachkonstruktionen; Holzdecken im Mudéjarstil gibt es auch in vielen Kirchen aus wesentlich späteren Epochen;
- große Schiebe- und Sprossenfenster zur Straße mit innen liegenden Fensterläden; im Inneren der Häuser befinden sich neben den Fenstern gemauerte Sitzgelegenheiten;
- farbige Boden- und Wandfliesen mit geometrischen Mustern;
- aus der Fassade ragende Balkone mit aufwändigem Holzgitterwerk.

Die natürlichen Baustoffe der Kanarischen Inseln boten Material für eigene, kanarische Stilelemente. Farbiger Vulkanstein wie roter Trachit wurde zum begehrten Schmuck für Portale; mit seinen glatten Brüchen bot sich der graue Phonolith als teure alternative Fassadenverkleidung an; gleichmäßige, vom Meer rund geschliffene Kiesel fügten kanarische Künstler zu Mosaikböden.

Typische Balkonhäuser an der Uferstraße von Santa Cruz

Im Laufe der folgenden Jahrhunderte entstanden in allen Orten Amtsgebäude, Kirchen und Wohnhäuser in den jeweiligen Stilrichtungen ihrer Epoche. Barock, Neoklassizismus und Moderne sieht man heute in den Innenstädten neben kanarisch-arabischen Klassikern. Als kanarisch gelten aber nur die Gebäude mit Mudéjar-Elementen. Sie werden liebevoll restauriert und gepflegt und ihre wesentlichen Züge in Neubauten kopiert.

Die schönsten Beispiele dieser Architektur finden Sie in Santa Cruz mit der *Casa Salazar* und in Argual, dem westlichsten Stadtteil von Los Llanos, mit der *Casa Massieu*. Diese Gebäude werden für Ausstellungen genutzt und können deshalb besichtigt werden.

Essen und Trinken

Ohne unhöflich zu sein: La Palma und seine Küche zählen nicht zu den Pilgerstätten internationaler Gourmets. Wer jedoch rustikal-deftige Speisen mag, wird sich immer gut bedient fühlen.

Fast alles wird gegrillt oder „a la plancha" auf der heißen Elektroplatte gegart – Fleisch wie Fisch. Geradezu schade ist, dass die hiesige Küche kaum Gemüsebeilagen kennt; Gemüse findet sich nur in Eintöpfen und Salaten. Allerdings verstehen sich die Palmeros auf eine ganze Reihe leckerer Desserts und anderer Süßigkeiten.

Wo über Jahrhunderte der Weinanbau eine derart zentrale Rolle spielte, da wundert es nicht, dass Weinfreunde auf ihre Kosten kommen. Und selbst das auf den Kanaren gebraute Bier – *Dorada* und *Tropical* heißen die Marken – kann Dortmunder oder Bremer Biertrinker zufrieden stellen. *Aguardiente*, ein Tresterschnaps ähnlich der italienischen Grappa, wird selten in Bars angeboten, da trinken die Palmeros Whisky oder zum Kaffee einen Brandy. Wer den Aguardiente probieren möchte, muss ausdrücklich danach fragen, dann zaubert der Wirt ihn unter der Theke hervor.

Lokale

Kiosko: ein Verkaufsstand, meist auf der Plaza, für Kaffee, Erfrischungen und höchstens mal ein Bocadillo, ein belegtes Brötchen. Hier treffen sich die Palmeros zum Schwätzchen beim Frühstück, zum Gläschen am Vormittag, nach der Siesta, eigentlich immer, genau wie in der Bar.

Bar: So etwas wie unsere heimische Kneipe, mitnichten hat sie etwas mit Nachtleben zu tun – diese Bars schließen üblicherweise gegen 23 Uhr. Fast alle Getränke sind hier zu haben, als Speisen werden aber *Tapas* angeboten, kleine Portionen von vorgefertigten Speisen, die aus einem Schaukasten ausgesucht werden können.

Tapa heißt „Deckel“, und entstanden ist dieser Name aus dem Brauch, das Weinglas mit dem Tellerchen abzudecken, um den wertvollen Trunk vor lästigen Fliegen zu schützen. Dann lag die Idee nahe, den Deckel mit Essbarem zu bestücken – die Tapa war geboren.

Restaurantes: sind sehr unterschiedlich. Der größte Teil der Palmeros geht nur am Sonntagmittag zum Essen aus und dann im Rahmen eines Familienausfluges und mit riesigen Portionen aus der deftigen palmerischen Küche. Zahlreiche Ausflugslokale sind darauf eingestellt, geöffnet haben sie aber auch an allen anderen Tagen, denn sie sind auch bei Urlaubern sehr beliebt. Restaurants nach europäischem Zuschnitt gibt es auch in den Städten. Die meisten eröffneten erst nach Einsetzen des Tourismus, viele werden von Ausländern geführt.

Öffnungszeiten In der Regel haben die Lokale auf La Palma täglich von 11–23 Uhr geöffnet.

Spezialitäten

Gofio: die kanarische Nationalspeise, der die bemerkenswerte Körperkraft der Einheimischen zugeschrieben wird. Dieses Mehl, zu Guanchen-Zeiten auf La Palma aus Farnwurzeln, auf den anderen Inseln damals bereits wie heute aus Getreide hergestellt, wird vor dem Mahlvorgang geröstet und ist damit bereits gegart. Gofio ist allgegenwärtig: Bauern tragen es in einem Säckchen aus Ziegenleder zur Brotzeit aufs Feld, andere benutzen es zum Andicken der Suppen, mit Speck oder Süßigkeiten angereichert, wird es als Beilage verwendet, und Kleinkindern wird es in die Milch gerührt.

Papas arrugadas con mojo: runzelige Kartoffeln mit Soße. Uninformierte Touristen erkennt man zum Beispiel daran, dass sie Papas arrugadas abpellen – falsch! Diese Kartoffeln werden gründlich gereinigt und mit der Schale in sehr stark gesalzenem Wasser gekocht. Nach dem Abgießen bestreut man sie noch einmal mit Salz, das sich dann auf der noch feuchten Schale absetzt und zu einer feinen Kruste trocknet. Und so werden Papas arrugadas auch serviert und mit Kruste und Schale gegessen. Meist mit *Mojo rojo*, der roten Soße, zu Fleisch, und *Mojo verde*, grüner Soße, zu Fisch. Es existieren so viele Mojo-Rezepte wie Palmeros, höchstens die Basis aus Öl, Knoblauch, Paprika oder Koriander ist dieselbe.

Fische und Meeresfrüchte

Um die Auswahl im Restaurant oder Supermarkt zu erleichtern, hier die häufigsten Fischarten. Nicht jeder Fisch ist immer zu bekommen und das Angebot kann im Winter schwankender sein als im Sommer, weil die Fischerboote bei stürmischer See seltener auslaufen können.

Ein Tipp noch für Reisende mit eigener Kochmöglichkeit: Sie bekommen frischen Fisch direkt vom Boot in Puerto de Tazacorte beispielsweise, aber auch im Mercado in Los Llanos und Santa Cruz oder in Fischfachgeschäften. Wenn Sie auf dem Land wohnen, können Sie bei einem der Fischhändler kaufen, die hupend und rufend durch die Straßen kutschieren und den Fisch direkt von der Ladefläche ihrer Autos verkaufen.

Merluza: Seehecht, Schellfisch-Unterfamilie. Der gemeine Merluza dient neben dem Kabeljau zur Stockfischbereitung. Gibt es manchmal frisch, aber immer filetiert und gefroren für wenig Geld in jedem Supermarkt. Ist als Kochfisch wie als Bratfisch gleichermaßen geeignet, allerdings kein Leckerbissen.

Morena Pintada: Muräne, langer, dem Aal ähnlicher, braun gefleckter Fisch. Sehr helles Fleisch. Schmeckt frittiert sehr gut.

Congrio: Der Meeresaal erreicht vor den Kanaren bis zu 30 kg. Er hat ein wohlschmeckendes, festes weißes Fleisch, ist allerdings sehr grätenreich.

Sama: Brassenart, auf La Palma wird meist die rosarote Unterart aus der Sama-Familie angeboten. Ein preiswerter Koch- und Bratfisch.

Sardina: Sardinen, kennt wohl jeder, einer der preiswertesten Fische.

Thunfisch: Atun: In kanarischen Gewässern von Februar bis Sommeranfang.
Bonito: Thunfischart/Wanderfisch. Erscheint hauptsächlich von Juni bis November/Dezember. Sehr wohlschmeckend.

Caballa: Makrelen, sehr verbreitet in Herbst und Sommer. Preiswert.

Cherne: Wrackbarsch, die zarten, weißen Filets werden Sie häufig auf Speisekarten finden.

Dorada: Goldbrasse.

Vieja: Seepapagei, auffällig ist seine tiefrote Farbe mit schwarzen und gelben Flecken. Gilt als örtlicher Leckerbissen der Kanaren, guter Kochfisch.

Lenguado: Der Edelfisch wird häufig angeboten und ist sehr viel preiswerter als in Deutschland. Kommen kleinere Exemplare auf den Teller, stammen sie eher aus der Tiefkühltruhe als vom am Morgen eingelaufenen Fischkutter.

Meeresfrüchte

Calamares: gibt's in allen Variationen, aber im Allgemeinen durchaus leckerer als zu Hause beim Griechen. Probieren Sie einmal den kleineren Verwandten Choco, er kommt im Ganzen gebraten auf den Tisch.

Langustinos: Die Nachfrage ist größer als der Fang, deshalb kommen Sie häufig von auswärts und aus der Kühltruhe. Mit viel Knoblauch gebraten, sind sie dennoch ein Genuss und viel preiswerter als zu Hause.

Mejillones: Miesmuscheln.

Lapas: Napfschnecken, finden Sie hauptsächlich auf den Angebotstafeln in Puerto de Tazacorte. Sie erinnern in Aussehen und Geschmack an Schnecken und schmecken hervorragend in Knoblauchsoße (die mitservierte Zitrone ist zum Säubern der Hände und nicht zum Würzen des Gerichts gedacht – Sie würden sonst den typischen Geschmack zerstören).

Suppen: Lecker sind auch die kräftigen Suppen. Probieren Sie mal *Sopa de garbanza* (Kichererbsensuppe) oder *Sopa picada*, eine Hühnerbouillon mit gehacktem Ei und gerösteten Brotwürfeln.

Nachspeisen: immer sehr süß und kalorienhaltigen. Das bekannteste Dessert *Bien me sabe* („Schmeckt mir gut“) besteht aus Mandeln und Honig, wahlweise auch mit Eiern und Biskuit.

Käse: *Queso blanco*, den köstlichen palmerischen Ziegenkäse, bekommen Sie auch geräuchert (ahumado). Dank einer Ausnahmeregelung der EU wird er immer noch aus Frischmilch hergestellt.

Fleischgerichte: *Carne de cerdo* wird oft angeboten. Mit etwas Glück erstehen Sie *Cabrita*, Zicklein (nur im Frühjahr), in Soße geschmort, oder *Conejo*, Kaninchen.

Palmerische Küche, selbst gemacht

Wem die palmerische Küche so gut geschmeckt hat, dass er sie zu Hause nachkochen will, findet im Folgenden einige Rezepte.

Der La-Palma-Erinnerungsabend zu Hause sollte allerdings schon auf der Insel vorbereitet werden. Nicht alle Zutaten sind außerhalb der Kanarischen Inseln zu bekommen; manche Gewürze und Kräuter wachsen auf der Insel und sind deshalb auf La Palma viel schmackhafter und auch noch billiger als die Ware, die man daheim bekommt.

Safran, azafran: So heißen hier auch die preiswerten Samenfäden der Färberdistel, die auf der Insel gesammelt werden und sich deshalb in vielen Rezepten der bäuerlichen Küche finden. Den Geschmack des Originals erreichen sie nicht, machen aber Fischgerichte und Suppen schön „geel“.

Lorbeerblätter von der Insel, mit intensivem Geschmack, gibt es ebenfalls in den Markthallen.

Getrocknete **Oreganoblüten** sollten Sie sich ebenfalls wegen ihres besonders intensiven Geschmacks mitnehmen; auch sie sind in den Markthallen zu bekommen.

Gofio finden Sie in jedem Supermarkt. Die Kilobeutel liegen gleich neben dem Mehl und sehen auch so ähnlich aus.

Roten und grünen Mojo kann man auch im Glas kaufen, aber selbst zubereitet ist er natürlich viel leckerer.

Alle Rezepte sind für vier Personen berechnet.

Roter Mojo, scharfe Soße zu Fleischgerichten

Jede palmerische Hausfrau und jeder Küchenchef hat natürlich eine besondere Geheimmixtur, hier deshalb nur das Grundrezept:

2 getrocknete, scharfe (picante) rote Paprikaschoten
1 Teelöffel Salz
8 durchgepresste Knoblauchzehen
1 kleine Tasse Öl
3 Esslöffel Essig

Die Paprikaschoten werden geviertelt und von Kernen, Rippen und Stiel befreit, zehn Minuten weich gekocht, danach klein geschnitten und mit Essig, Salz, Knoblauch und einigen Tropfen Kochwasser püriert. Das Öl langsam dazulaufen lassen.

Papas arrugadas – eine kanarische Spezialität

Wer zu Hause keinen scharfen roten Paprika findet, nimmt die normalen Schoten und bringt Schärfe mit einer zusätzlichen scharfen Peperoni hinein. Da sich diese Soße lange hält, können Sie auch gleich größere Portionen herstellen und nach und nach verbrauchen.

Grüner Mojo, milde Soße zu Fischgerichten

2 grüne Paprikaschoten
3 Esslöffel Essig
8 durchgepresste Knoblauchzehen
1 Teelöffel Salz
1 kleine Tasse Öl

Die klein geschnittenen Paprikaschoten werden mit Essig, Knoblauch, Salz und Öl (s. o.) püriert. Verfeinern lässt sich der Geschmack mit fein gehackten frischen, grünen Kräutern. Auf La Palma ist Koriander besonders beliebt, Sie können aber auch Petersilie nehmen. Cremiger wird der Mojo, wenn Sie etwas Avocado mit in den Mixer geben.

Papas arrugadas (Schrumpelkartoffeln mit Salzkruste)

1 kg kleine oder mittlere, auf jeden Fall aber gleichgroße Kartoffeln
10 Esslöffel grobes Meersalz

Die Kartoffeln gründlich waschen und sauber bürsten. Mit so viel Wasser in einem Topf kochen, dass die Kartoffeln gerade bedeckt sind. Salz und Kartoffeln in das kochende Wasser geben und garen. Wenn sie gar sind, das Wasser abgießen und sie noch einmal mit einer Hand voll Salz bestreuen, dann für ein paar Minuten auf kleine Flamme stellen bei geschlossenem Deckel mehrfach schwenken, damit sie von allen Seiten trocknen und runzeln. Danach sofort servieren. Damit die Salzkruste keine Feuchtigkeit anzieht und sich wieder ablöst, sollten die Kartoffeln in ein Tuch eingeschlagen serviert werden. Papas arrugadas werden mit der Schale gegessen, dazu serviert man roten oder grünen Mojo.

Das Rezept stammt von Fischern, die sich ihre Kartoffeln auf den Booten in Meerwasser kochen.

Fischpfanne

750 g Fisch
250 g Kartoffeln
2 Zwiebeln
2 Tomaten
2 Knoblauchzehen
1 Tasse Öl
Salz, Safran

In einer großen Pfanne erhitzen Sie das Öl und braten darin die fein gehackten Zwiebeln und geschälten Knoblauchzehen an. Dann werden der in Stücke geschnittene Fisch, die geviertelten Tomaten und die geschälten und in feine Scheiben geschnittenen Kartoffeln hinzugefügt. Geben Sie so viel Wasser in die Pfanne, dass alle Zutaten bedeckt sind. Lassen Sie alles 15 Minuten schmoren. Dann kommt der Safran hinzu, und es wird mit Salz abgeschmeckt.

Kaninchen in Soße

1 küchenfertiges Kaninchen
2 Zwiebeln
2 Tomaten
die durchgepressten Zehen einer Knoblauchknolle
1 Glas Weißwein
1/2 Glas Wasser
Thymian
Lorbeerblatt
schwarzer Pfeffer
Salz
2 Teelöffel roter Mojo
100 g geröstete und gemahlene Mandeln
2 Tassen Öl

Sie erhitzen das Öl in einer großen Pfanne und braten darin das in Stücke zerteilte Kaninchen an. Wenn es von allen Seiten fast goldbraun ist, geben Sie die durchgepressten Knoblauchzehen hinzu und füllen mit Wein und etwas Wasser auf, sobald der Knoblauch sich bräunt. Jetzt kommen auch Thymian und das Lorbeerblatt an das Gericht. Nach etwa 45 Minuten ist das Fleisch gar (je nach Größe etwas mehr oder weniger). Die Mandeln und die rote Mojo werden hinzugefügt, und mit Salz und Pfeffer wird abgeschmeckt.

Bien me sabe, sehr süßer Nachtisch (Grundrezept)

8 Esslöffel Honig
250 g gemahlene Mandeln
4 Eigelb

Den Honig in einem kleinen Topf erwärmen (nicht kochen!), die Mandeln unter ständigem Rühren dazugeben, zum Schluss das verrührte Eigelb unterziehen. Alles so lange bei geringer Hitze rühren, bis die Masse gut vermischt ist. In eine Schüssel füllen und abkühlen lassen.

Es gibt zahlreiche Varianten der beliebtesten palmerischen Nachspeise. Die Mandeln schmecken intensiver, wenn sie angeröstet werden. In einigen Restaurants werden Gofio oder fein zerbröckelte Biskuits hinzugefügt. Die Masse lässt sich auch mit Zucker statt mit Honig herstellen, dann müssen 250 Gramm Zucker in Wasser aufgelöst zu einem Sirup gekocht werden, bevor die weiteren Zutaten hinzukommen.

Viele Wege führen nach La Palma – selten so anstrengend wie dieser Sprung auf dem Caldera-Grat

Anreise

Mit dem Flugzeug

Charterflüge

Die einfachste und preiswerteste Variante. Von nahezu allen größeren deutschen Flughäfen starten Flieger. Auch Amsterdam steht im Flugplan.

Über Gran Canaria oder Teneriffa

Sollten Sie keinen direkten Charterflug bekommen, haben Sie immer noch die Chance, per Charter nach Gran Canaria oder Teneriffa zu jetten und von dort aus mit dem Linienflug nach La Palma zu gelangen. Mehrmals täglich gibt es Flüge der Gesellschaften *Binter* und *Islas Airways.* Einfacher ist Gran Canaria, weil Sie dort – anders als auf Teneriffa – nicht den Flughafen wechseln müssen.

Die Charterflieger auf Teneriffa landen, Ausnahmen bestätigen die Regel, im Süden auf dem Flughafen Reina Sofia. Die Flieger nach La Palma starten (mit einer Ausnahme) auf dem Flughafen Los Rodeos im Norden. Für die Verbindung stehen die grünen Linienbusse der Firma TITSA bereit, deren Haltestelle Sie vor der Flughafenhalle finden. Es gibt vier Direktverbindungen Flughafen Süd – Flughafen Nord täglich. Sollten diese Verbindungen zeitlich nicht passen, können Sie auf den Bus nach Santa Cruz ausweichen. Im dortigen zentralen Busbahnhof steigen Sie in den Bus „Puerto de La Cruz – directo“ um. Er hält nach einem Zwischenstopp am

Busbahnhof von La Laguna genau vor der Flughafenhalle. Für die reine Fahrtzeit von etwa 100 Minuten zahlen Sie insgesamt ca. 8 €. Wenn Sie es eilig haben, bleibt nur das Taxi: schneller und teurer (ca. 50 €).

▶ **Buchung**: Sie sollten den Weiterflug schon zu Hause buchen, denn die meist kleinen Maschinen sind oft ausgebucht, vor und nach wichtigen Feiertagen wie Ostern und Weihnachten/Neujahr bereits mehrere Wochen vorher. Der halbstündige Flug kann einfach ab Teneriffa 45 € kosten, ab Gran Canaria etwas mehr. Regelmäßig, insbesondere außerhalb der Ferienzeiten, gibt es preisgünstige Sonderaktionen (ab 15 €).

Von Teneriffa aus können Sie La Palma auch per Fähre erreichen, s. u.

Linienflüge

Wer Linienflüge vorzieht, muss entweder über die Nachbarinseln Gran Canaria bzw. Teneriffa (täglich) oder über Madrid (4-mal wöchentlich) fliegen. Sowohl *Lufthansa* als auch *Iberia* bieten außerhalb der Hauptsaison „Flieg-&-Spar"-Sonderangebote, deren Preise bei 480 € beginnen. Diese Tarife sind jedoch an bestimmte Konditionen gebunden.

Der **Flughafen** Santa Cruz de la Palma ist 2007 noch klein und hübsch, rundherum jedoch bereits eine Großbaustelle: La Palma will Anschluss an den internationalen Flugverkehr bekommen. Noch können Sie sich ganz einfach orientieren. Wenn Sie aus der Gepäckhalle kommen, finden Sie links die Touristeninformation mit kostenlosem Karten- und Infomaterial. Durch den Ausgang rechts von der Gepäckhalle erreichen Sie die Busse und wenn Sie dann links um die Gebäudeecke gehen, stehen Sie vor den Taxis. Vermeiden Sie den Hauptein-/-ausgang, links von der Gepäckhalle, dort herrscht meist Getümmel.

Mit der Fähre

Die Anreise mit dem Fährschiff dauert länger und ist teurer als der komfortable Flug. Sie lohnt sich höchstens, wenn Sie Ihren fahrbaren Untersatz mitnehmen und damit mehrere Monate auf den Inseln verbringen wollen. Auf Teneriffa müsssen Sie zudem die Fähre wechseln.

Die Fähre der Reederei Trasmediterránea legt derzeit (Frühjahr 2007) jeden Mittwoch um 15 Uhr im andalusischen Cádiz ab und läuft in der Nacht von Donnerstag auf Freitag im Hafen von Santa Cruz auf Teneriffa ein. Erst am folgenden Abend geht es ab Santa Cruz mit Lineas Naviera Armas oder ab Los Cristianos mit Lineas Fred Olsen weiter. Alles in allem drei bis vier Tage Anfahrt nach Andalusien (mit Benzinkosten, Autobahngebühren, Übernachtungen und Verpflegung) und dann noch 3 Tage auf den Fähren. Kostenpunkt bis Teneriffa ab 680 € für die einfache Fährfahrt (zwei Personen in der Kabine plus Kleinwagen), bis La Palma werden noch einmal mehr als 65 oder 110 € fällig. Ticketreservierungen sind insbesondere in den Sommermonaten und rund um die Vorosterwoche und Weihnachten notwendig. Die Fähre ist bequem mit allen entsprechenden Einrichtungen wie Kabinen, Cafetería, Bar, Liegedecks und Pool ausgestattet. Das Flair einer Kreuzfahrt verfliegt aber schnell, es gibt wenig zu sehen.

Information **Trasmediterránea**: www.trasmediterranea.es. **Lineas Fred Olsen**: www.fredolsen.es. **Lineas Navieras Armas**: www.navieraarmas.com.

- **Buchung**: Alle Fährbuchungen sind über Reisebüros mit DER Lizenz möglich. Der Generalagent der Trasmediterránea in der Bundesrepublik Deutschland ist „DERTRAFFIC-Service Center Fähren."

Adresse Emil-von-Behring-Straße 6, 60439 Frankfurt, ✆ 069/95885800, 95881769, www.ocean24.de, ocean24@dertour.de.

Fährverbindungen zwischen den Inseln

Inselhüpfen, wie zwischen den griechischen Inseln, bietet sich zwischen den Kanaren nur bei einem Urlaub von mehr als zwei Wochen an, denn jede Insel ist so groß und vielfältig, dass man ihr mehr als eine Woche gönnen sollte. Alle Inseln haben Fähranschluss, die kleineren aber meist nur Verbindung zur Hauptinsel Teneriffa oder Gran Canaria. So führen auch von La Palma fast alle Wege erst einmal dorthin und erst danach weiter.

Der **Fährhafen** auf La Palma ist Santa Cruz (und war 2006 auch Tazacorte, mit Lineas Navieras Armas. Möglicherweise wird diese Verbindung wieder aufgenommen). Dort können Sie außer zu Ferienzeiten und vor und nach Feiertagen/Wochenenden immer noch Tickets kaufen. Sicherer aber ist sie im Voraus zu besorgen. Bei Ankunft der Fähren warten Taxis, bei Ankunft der Fähre Benchijigua Express in Santa Cruz wartet zusätzlich der Bus Linie 1 nach Los Llanos. Der Fährhafen Santa Cruz liegt in unmittelbarer Nähe des Stadtzentrums und der zentralen Busstationen, vgl. Stadtplan.

Die schnelle Autofähre Benchijigua Express der **Lineas Fred Olsen** rauscht täglich in zwei Stunden von und nach Teneriffa. Ab Teneriffa, Fährhafen Los Cristianos, am Abend (Frühjahr 2007: 20.30 Uhr). Die einfache Passage kostet 44 €, ein Pkw ab 60 €, Sondertarife aber reduzieren den Preis, z. B. Paquete Ahorra für 2 Personen plus Pkw auf 110 €. www.fredolsen.es.

Langsamer, aber auch preisgünstiger geht es mit der Autofähre der **Lineas Naviera Armas**. Sie legt um Mitternacht von Mittwoch auf Donnerstag in Santa Cruz de Tenerife ab und erreicht Santa Cruz de La Palma am Donnerstag um 11 Uhr. Alternativ: Abfahrt am Freitag um 23 Uhr, Ankunft am Samstag um 13 Uhr. Preise: Die einfache Passage kostet 24,50 €, 2 Personen plus Pkw ab 63 €. 2007 nahm die Reederei 3x wöchentlich eine Direktverbindung nach Gomera auf. www.navieraarmas.com.

Übernachten

Wo wohnen auf La Palma – Kurzüberblick

Eine wichtige Grundlage für die Wahl des Urlaubsortes sollte das Mikroklima sein (siehe auch „Klima und Reisezeit"). Allgemein ist der Westen auch in den Wintermonaten sonnensicherer, wärmer und trockener, dafür aber auch karger als der Osten und der Norden.

- **Badeorte mit touristischer Infrastruktur** gibt es nur zwei:

Puerto Naos, im Westen. Hier liegt der größte Strand der Insel. Wie die gesamte Insel und ihr Tourismus wirkt Puerto Naos eher familiär. Auch die Einheimischen baden hier, wohnen hier, und viele haben in Puerto Naos eine Zweitwohnung für den Sommer oder das Wochenende. In unmittelbarer Nähe gibt es weitere Strände. Ein großes Hotel mit angeschlossener Apartmentanlage sowie viele mittlere und kleine Apartmenthäuser bieten eine ausreichende Zahl an Unterkünften.

Residentendomizil über Puerto Naos

Los Cancajos, im Osten mit Strand und mehreren kleinen Sandbuchten. Auch hier steht ein großes Hotel. Daneben gibt es, anders als in Puerto Naos, eine Anzahl von größeren Apartmentanlagen mit Gärten und Pools.

- **Urlaub mit urbaner Atmosphäre** kann man ebenfalls an zwei Orten machen:

Santa Cruz, die Hauptstadt im Osten, mit ihrem reizvollen, historischen Ambiente, direkt am Meer, bietet einige Hotels der gehobenen Mittelklasse. Es gibt mehrere Hotels und Pensionen, aber nur wenige Apartments als Unterkünfte.

Los Llanos, im Westen, bietet nicht so viel schöne Bausubstanz wie Santa Cruz und liegt auch nicht am Meer, ist aber quicklebendig und nah am Hauptwandergebiet, dem Nationalpark Caldera de Taburiente. Mehrere mittlere und kleinere Hotels, einige Pensionen und Apartmenthäuser.

- **Urlaub mitten in der Landschaft**: Bei La-Palma-Kennern sind die ruhig gelegenen Ferienhäuser und Apartments auf dem Lande beliebt. In vielen Ferienhäusern und familiären, kleinen Apartmentanlagen kann man in allen Regionen ruhig und komfortabel wohnen. Kleine Hotels und Pensionen ergänzen das Angebot.

Zusätzlich gibt es die Häuser des *Turismo rural*. In ländlichen Gemeinden wurden mehr als 60 alte Bauernhäuser stilgetreu renoviert. Ihre einheimischen Besitzer vermieten sie über zwei Agenturen, s. u. Auch diese Ferienhäuser liegen meist abseits der größeren Orte.

Pauschal oder individuell?

Hier unterscheiden sich La-Palma-Urlauber von den Urlaubern der großen Kanarischen Inseln. Viele buchen bei den Fluggesellschaften lediglich den Flug und suchen vor Ort, mit Hilfe einer auf La Palma spezialisierten Agentur oder des Reiseführers ihr Quartier. Die Übernachtungsmöglichkeiten entsprechen diesem Wunsch nach Individualität: Es gibt viele freistehende Ferienhäuser und kleine

Dieses Schild weist den Weg zu rustikalen Unterkünften

Pensionen und Apartmentanlagen auf dem Lande. Eine Reservierung ist insbesondere für einen Urlaub während der Saison, Oktober bis April, ratsam.

Diese **Reisebüros** haben sich auf Apartments und Ferienhäuser auf La Palma spezialisiert:

- *In Deutschland* **Karin Pflieger** Ferienhäuser auf der ganzen Insel und umfangreiches Angebot von Landhäusern des Turismo rural, Lohkoppelweg 26, 22529 Hamburg, ✆ 040/5604488, ℻ 5604487, www.la-palma-turismo-rural.de.

Elke Janke Reisen GmbH, Ferienhäuser auf der ganzen Insel. Klaustaler Str. 5, 13187 Berlin, ✆ 030/4743997, ℻ 4743996, www.janke-reisen.de.

- *Auf La Palma* **Contacto**, größter Anbieter vor Ort, Schwerpunkt Ferienhäuser auf der Westseite. Calle General Yagüe 13, 38760 Los Llanos, ✆ 922 463204, ℻ 922 461266, www.la-palma.de.

Infocenter La Palma, Ferienhäuser in und um El Paso sowie auf der Westseite bis hinunter nach Puerto Naos. An der LP2 in El Paso, ✆/℻ 922 497468, www.la-palma.com.

La Palma Hola, umfangreiches Angebot an Apartments in Puerto Naos sowie Ferienhäusern auf der Westseite. Preise ab 28 € für ein Studio und 59 € für ein Luxusapartment in der ersten Reihe zum Strand. Carretera General a Puerto Naos 438 (erstes Haus an der Ortseinfahrt), Öffnungszeiten Mo–Sa 10–13 und bei Ankunft der Gäste mit Reservierung. 38769 Los Llanos/Puerto Naos, ✆ 922 408220, www.lapalmahola.de.

Holidays, vermietet Ferienhäuser und Apartments auf der Westseite zwischen La Laguna und Las Manchas und zusätzlich auch Autos. Carretera a Puerto Naos 333, La Laguna, 38760 Los Llanos de Aridane, ✆ 922 462406, ℻ 462393, www.holidays-lapalma.de.

Asociación Turismo Rural – isla bonita, Landhäuser des Turismo rural, Schwerpunkt im Osten und im Norden. Büro in Santa Cruz, Calle O´Daly 39, ✆ 922 430625, ℻ 922 430308, www.islabonita.com.

Daneben gibt es örtliche Vermittlungsbüros, ihre Anschriften finden Sie in den jeweiligen Ortskapiteln.

- *Ausschließlich im Internet* **Casa Feria**, Ferienhäuser und Apartments auf der Westseite. www.casa-feria.de.

Ulrich Roth Reisen, Ferienhäuser und Apartments auf der gesamten Insel. www.ulrichrothreisen.de.

La Palma 24, Ferienhäuser und Apartments auf der ganzen Insel. www.la-palma24.de.

▶ **Zelten**: Den gesamten Urlaub per Zelt zu organisieren, bietet sich nur für Naturfreaks an. Es gibt kaum strandnahe Zeltplätze, wohl aber eigens ausgewiesene Zonen in den Naturschutzgebieten in den Bergen, in den Wintermonaten eine recht kühle Angelegenheit.

Bis auf eine Ausnahme sind alle Plätze öffentliche Einrichtungen. Sie liegen überwiegend an besonders schönen und geschützten Plätzen in den Bergen. Ihre Übernachtungskapazitäten werden bewusst niedrig gehalten, damit Zelten zum Naturerlebnis wird. Deshalb benötigt jeder eine schriftliche Erlaubnis, bevor er sein Zelt aufbauen kann (Anschriften unten). Für den Antrag ist eine Ausweiskopie des Antragstellers erforderlich sowie Namen und Ausweisnummern aller Begleitpersonen. Wer von zu Hause aus reservieren lässt, kann die Genehmigung frühestens eine Woche vorher, spätestens aber zwei Tage vor der ersten Übernachtung abholen. Sind auf dem gewünschten Platz noch ausreichend Stellplätze frei, und das ist meist der Fall, reicht es, sich in den genannten Büros mit dem Ausweis einzufinden. Nur während der spanischen Sommerferien (Mitte Juni bis Mitte September) und in der Karwoche kann es eng auf den Zeltplätzen werden. Dann hört man nachts statt Waldesrauschen schon mal Gläserklingen und Gesangseinlagen. In dieser Zeit gibt es besondere Beschränkungen bei der Anzahl der Übernachtungen, z. B. auf zwei oder drei Tage.

Offenes Feuer ist auf allen **Zeltplätzen** verboten, meist gibt es separate Kochstellen; Haustiere sind nicht gestattet.
Wildes Zelten ist nicht erlaubt.

Zeltplätze **Caldera de Taburiente** (Nationalpark), abgeschiedener Waldplatz, erst nach mehrstündiger Wanderung zu erreichen (vgl. Wanderung 22). Wasser gibt es aus einem sauberen Bach. Ein Servicegebäude bietet nicht nur Toiletten, sondern auch Informationen und kostenlose geführte Wanderungen.
Anmeldung im Informationszentrum der Parkverwaltung, zwischen -Tunnel und El Paso an der Abfahrt zur Cumbrecita gelegen.

Refugio El Pilar, ruhiger Waldplatz, mit dem Fahrzeug zu erreichen (vgl. Landschaftsteil „Cumbres", S. 226). Wasser, Toiletten und Grillplätze in Zeltplatznähe. Max. sechs Nächte.
Anmeldung über das Umweltamt (Medio Ambiente) in 37800 Santa Cruz, Plaza de la Constitución 2, ✆ 922 415750, Edificio multiple uso, neben der Post, in der 4. Etage.

Fuencaliente, neben dem oberen Sportplatz im Wald. Mit dem Fahrzeug oder per Bus und kleinem Fußmarsch zu erreichen. Keine Einrichtungen, aber im Ort Restaurants und Bars. Max. eine Nacht. Anmeldung siehe Refugio El Pilar.

San Antonio del Monte, Platz neben der Kirche. Mit dem Fahrzeug zu erreichen. Keine Einrichtungen. Max. eine Nacht. Anmeldung siehe Refugio El Pilar.

Zeltplatz La Fajana, bei den Naturschwimmbecken im Norden. Ein kleiner, schattenloser Platz. Mit dem Bus plus 30 Minuten Fußweg oder mit dem eigenen Fahrzeug zu erreichen. Wasser, Toiletten, Duschen und Restaurant in der Badeanlage (vgl. S. 194).
Verwaltet wird dieser Zeltplatz ebenso wie der Parque La Laguna de Barlovento vom Rathaus der Gemeinde Ayuntamiento Barlovento, ✆ 922 696023.

Parque La Laguna de Barlovento, im gleichnamigen Erholungsgebiet. Mit dem Bus plus 30 Minuten Fußmarsch oder dem eigenen Fahrzeug zu erreichen. Wasser, Toiletten, Grillplätze und Restaurant vorhanden. Man kann auch einfache Holzhäuser mieten, siehe Seite 191/192 Anmeldung auch vor Ort möglich. Uneingeschränkt nur im Sommer empfehlenswert, im Winter kann es kühl und feucht werden.

Centro de Naturaleza La Rosa, bei Puntagorda. Zeltplatz mit Trockenkompost-WC, Freiluftdusche und offener Küche. Wird von der Gruppe *Aire libre* betrieben, die auch Wanderungen organisiert und Mountainbikes verleiht. ✆ 922 440482 oder 922 491306, Anmeldung auch vor Ort im Büro. An der LP 1 kurz hinter Puntagorda (in Richtung Garafía) ausgeschildert.

Daneben gibt es einen privat betriebenen Campingplatz: **Camp La Laguna**, Gemeinde Los Llanos. Der Schweizer Hannes hat mitten in die Landschaft zwölf Miet-Wohnwagen mit unterschiedlichem Komfort und Größe gestellt und genug Platz für eigene Zelte oder Wohnwagen gelassen. Ungewöhnliche und teilweise sehr originelle, geflieste Freiluftbadezimmer mit heißem Wasser, Toiletten und Küche und eine Bar. 11 € pro Tag und Person im Mietwohnwagen, 8 € pro Person und Tag im Zelt. Eine Leserin war über Weihnachten dort, sie schreibt: „Hannes führt den Platz mit Schweizer Ruhe, ein wenig alternativ, sehr lieb und hilfsbereit."
Camino Cruz Chica 60, kein Hinweisschild weist auf den schmalen Pfad, der zwischen zwei Häusern zum Platz führt, er beginnt gegenüber dem Haus mit der Nr. 5. ✆ 922 401179, mobil: 669 416283, www.geocities.com/camp-la-laguna. Ein weiterer Platz bei Las Norias stand 2007 kurz vor der Eröffnung..

Unterwegs auf La Palma

Öffentliche Verkehrsmittel

- **Taxi**: Die weißen Taxis sind an dem kleinen Schild „SP“ (Servicio público) zu erkennen. Taxameter sind vorgeschrieben, daneben hat jedes Taxi eine Preisliste für längere Fahrten.

  • *Preisbeispiele*
  Flughafen–Santa Cruz: 7 €
  Flughafen–Los Llanos: 32 €

- **Busse**: Öffentliche Busse werden *Guaguas* genannt, ein Wort aus dem südamerikanischen Spanisch und von Auswanderern nach La Palma zurückgebracht. Der **Fahrplan** wird halbjährlich festgelegt. Er gibt nur die Abfahrtszeiten an den Startstationen an. Wenn Sie auf halber Strecke zusteigen wollen, müssen Sie die Ankunfts- oder Abfahrtszeit schätzen oder erfragen und sollten dann mindestens fünf Minuten vor der angegebenen Zeit dort sein. Die Busse fahren superpünktlich ab.
  Aktuelle Busfahrpläne (*horarios*) bekommen Sie entweder an der Rezeption Ihres Hotels, bei der Touristeninformation oder am zentralen Busbahnhof in Los Llanos. Die Infobroschüren *Tip* und *Magazin* veröffentlichen ebenfalls den aktuellen Busfahrplan.

Fahrplan der wichtigsten Linien, Stand Frühjahr 2007:
von – nach

Flughafen–Los Cancajos–Santa Cruz, Linie 8: Haltestelle rechts neben der Ankunftshalle. Mo–Fr ab 7.15 Uhr halbstündlich bis 23.15 Uhr danach 0.15 und 1.15 Uhr. Sa, So und feiertags stündlich auf 15.

Santa Cruz–Los Cancajos–Flughafen, Linie 8: Zwischen 6.45 und 20.45 Uhr halbstündlich, danach bis 0.45 stündlich. Sa, So und feiertags stündlich auf 45.

Sonderfahrten zur Fähre Los Llanos–El Paso – Hafen, 1,5 Stunden vor der Ankunft und Abfahrt der Fähre von Fred Olsen.

Sonderfahrt von der Fähre El Paso–Los Llanos, Linie 1: Abfahrt Hafen, wenn alle Passagiere die Fähre verlassen haben.

Los Llanos–El Paso–Santa Cruz, Linie 1 (durch den Tunnel, „por la cumbre"): 5 Uhr, 6.30–21.30 Uhr stündlich; zusätzlich als Linie 1A 9, 10, 11, 12, 13 und 14 Uhr nur bis El Paso. Sa, So und feiertags entfallen die zusätzlichen Fahrten.

Santa Cruz–El Paso–Los Llanos, Linie 1 (durch den Tunnel, „por la cumbre"): 6.15–20.15 Uhr stündlich sowie um 22.30 und zusätzlich ab El Paso als Linie 1A um 9.30, 10,30, 11,30, 12,30, 13,30, 14.30 und 22.15 Uhr; Sa, So und feiertags entfallen die zusätzlichen Fahrten, ab 7.15 zweistündlich.

Los Llanos–Puerto de Tazacorte, Linie 21: 6.30–20.30 Uhr stündlich, sonn- und feiertags ab 8.30 Uhr.

Puerto de Tazacorte–Los Llanos, Linie 21: 7–21 Uhr stündlich, sonn- und feiertags ab 9 Uhr.

Los Llanos–Fuencaliente–Santa Cruz, Linie 3: 6–20 Uhr zweistündlich. Sa, So und feiertags entfällt 6, 12, 14 und 16 Uhr.

Wichtig für Wanderungen und Ausflüge: Der Bus fährt jeweils 45 Minuten später von Fuencaliente in Richtung Santa Cruz.

Santa Cruz–Fuencaliente–Los Llanos, Linie 3: 6–18 Uhr zweistündlich, dann 20.15 und 22.30 (nur bis Mazo) Uhr. Sa, So und feiertags entfallen 6, 14 und 16 Uhr.

Wichtig für Wanderungen und Ausflüge: Der Bus fährt jeweils 45 Minuten später von Fuencaliente in Richtung Los Llanos.

Los Canarios–Las Indias–Cerca Vieja/Hotel–Faro/Leuchtturm, Linie 31: 7–19 Uhr zweistündlich (nicht 13 Uhr). Sa, So und feiertags ab 9Uhr.

Faro–Cerca Vieja/Hotel–Las Indias–Los Canarios, Linie 31: 9.45–19.45 Uhr zweistündlich, um 7.30 Uhr zusätzlich ab Hotel.

Los Llanos–Puerto Naos–Charco verde, Linie 4: 6.30–8.30 Uhr stündlich, danach bis 20.30 Uhr halbstündlich, an Sonn- und Feiertagen stündlich. Außer 9.30, 10.30, 11.30, 12.30 und 13.30 Uhr fahren nicht nach Charco verde.

Charco verde–Puerto Naos–Los Llanos, Linie 4: Ab 6.50, 7.50, 8.50 Uhr danach 9.20–14.20 stündlich danach ab 14.50–20.50 Uhr stündlich. Ab Puerto Naos durchgehend 7–9 Uhr und 15–21Uhr stündlich, in der Zwischenzeit halbstündlich. An Wochenenden und Feiertagen stündlich.

Nordrunde Los Llanos–Tijarafe–Puntagorda–Santo Domingo de Garafía–Franceses–Los Gallegos–Barlovento – Los Sauces–Puntallana–Santa Cruz, Linie 2: 6–16 Uhr zweistündlich, 18 Uhr bis Los Gallegos, 20 Uhr bis Puntagorda. An Sonn- und Feiertagen nur 8, 10, 14 und 18 Uhr. In Puntagorda gibt es eine Umsteigemöglichkeit nach Las Tricias–Garafa.

Nordrunde in umgekehrte Richtung Santa Cruz–Los Llanos, Linie 2: 6.15–16.15 Uhr zweistündlich, 18.15 bis Franceses, 20.15 und 22.30 Uhr bis Los Sauces.
An Sonn- und Feiertagen nur 7.15, 10.15, 14.15 und 18.15 Uhr.
In Puntagorda gibt es eine Umsteigemöglichkeit nach Las Tricias – Garafía.

Santa Cruz–Hospital, Linie 9: 7.20 Uhr, ab 8.30–21.30 Uhr stündlich, Sa, So und feiertags ab 8.30 Uhr zweistündlich.

Hospital–Santa Cruz, Linie 9: 8, 9.30, ab 10 –22 Uhr stündlich, an Wochenenden und Feiertagen zweistündlich.

Santa Cruz–Velhoco (über Las Nieves)–Buenavista–Hospital, Linie 10: 7.45–18.45 Uhr stündlich, sowie 20.15 und 21.30 Uhr. An Wochenenden und Feiertagen ab 8.45 Uhr zweistündlich und 21.30 Uhr.

Hospital–Buenavista–Velhoco (Las Nieves)–Santa Cruz, Linie 10: 7.15–19.15 Uhr stündlich, sowie 20.45 Uhr. Sa, So und feiertags keine Abfahrt um 7.15, 10.15, 11.15, 13.15, 14.15, 17.15 und 18.45Uhr.

Los Sauces–San Andrés–Puerto Espindola, Linie 12: 7.10, 9.10, 11.10, 12.10, 14.10, 17.10 Uhr. Der 1. und 4. Bus verkehren Sa, So und an Feiertagen nicht.

Puerto Espindola–San Andrés–Los Sauces, Linie 12: 7.30, 9.30, 11.30, 12.30, 14.30 und 17.30 Uhr. Der 1. und 4. Bus fahren Sa, So und an Feiertagen nicht.

Haltestellen unterwegs erkennt man zumindest an den Parkverbotsschildern mit einem weißen Aufdruck „Bus“. Die Zahl der schmucken Wartehäuschen nimmt zu, ist aber noch nicht komplett. Wenn Sie auf freier Strecke weder das eine noch das andere finden, müssen Sie fragen (*Dónde está la parada de guaguas?*). Leider halten nicht alle Busse, wenn man unterwegs ein Zeichen gibt.

Die Bushaltestelle in El Paso ist besonders hübsch

Gezahlt wird beim Busfahrer. Tarife zum Umsteigen gibt es nicht, Sie müssen also zweimal zahlen. Achtung: Kontrolleure gibt es auch auf dieser kleinen Insel.

• *Preisbeispiele*
Los Llanos–Puerto de Tazacorte: 1 €
Los Llanos–Puerto Naos: 1,50 €
Los Llanos–Santa Cruz: 3,95 €
Santa Cruz–Los Llanos 4,45€ (Die umgekehrte Richtung dauert wegen des anderen Tunnels länger.)
Santa Cruz–Los Cancajos: 1 €
Santa Cruz–Fuencaliente: 3,65 €
Santa Cruz–Los Sauces: 2,70 €

Tipp: Kostengünstiger fahren Sie mit dem **Bonobillete** (ca. 20 Prozent Ersparnis gegenüber dem Einzelfahrschein). Sie erhalten es zum Preis von 12 oder 30 € am ZOB in Los Llanos und im Büro der Busgesellschaft in Santa Cruz, Calle Pedro de las Casas 3 (sie geht hinter dem Castillo von der Avenida Maritima ab). Neben dem Busfahrer hängt ein Automat, der Ihr Billete entwertet, wenn Sie dem Fahrer sagen, wohin Sie möchten.

Mit dem Pkw

Der Zustand der Straßen ist erstaunlich gut und wird fortlaufend verbessert. Anders als die jüngeren lassen sich die älteren Palmeros davon nicht verführen, sie beherzigen auch beim Autofahren die „Tranquilidad" und lassen den Wagen einfach rollen. Erwähnenswert sind der fast 3 Kilometer lange Tunnel durch die Cumbre Nueva. Er verläuft nur in Fahrtrichtung von West nach Ost: Los Llanos/El Paso–Santa Cruz (der alte Tunnel, weiter oberhalb, ist nur zugelassen in Fahrtrichtung von Ost nach West: Santa Cruz–El Paso/Los Llanos) und die erst 2005 eingeweihte große Brücke über den Barranco del Agua an.

Das Tempolimit beträgt in Ortschaften 50 km/h, auf Landstraßen 80/90 km/h. Gewöhnungsbedürftig sind außer den vielen Kurven fehlende oder sehr schmale Seitenränder, insbesondere wenn danach kein Graben oder Feld folgt, sondern der Abhang. Wenn Lastwagenfahrer auf Landstraßen **blinken,** obwohl es keine Möglichkeit zum Abbiegen gibt, signalisieren sie damit den folgenden Fahrern, ob sie überholen können. Links blinken bedeutet Gegenverkehr, rechts, die Straße vor Ihnen ist frei. Aber sicherer ist selbstverständlich, auch selber zu schauen.

Achtung: Neben den Straßenhinweisschildern aus Metall stehen oft Richtungsschilder aus Holz. Diese sind nur für Wanderer gedacht.

▸ **Mietwagen**: Ein Mietwagen empfiehlt sich, wenn Sie die Gegenden kennen lernen möchten, die etwas abseits der großen Straßen liegen, also auf La Palma mindestens für ein paar Tage.
Das Preisniveau liegt erfreulicherweise unter dem vergleichbarer Urlaubsinseln. 2007 zahlte man pro Tag inklusive Steuer und Teilkasko ab 25 € für einen Kleinwagen. Günstiger sind die Wochenpreise: Kleinwagen ab 140 €.

Der Service ist gut. Bei Buchung vor Reiseantritt steht der Verleiher am Flughafen und holt Sie ab. Sollten Sie den Wagen für den ganzen Urlaub gebucht haben, übergeben Sie ihn nach Vereinbarung wieder am Flughafen.
Beim Autovermieter müssen dann der Ausweis und die Fahrerlaubnis vorgezeigt werden. Fahrberechtigt sind bis zu zwei Personen, deren Daten in den Mietvertrag aufgenommen werden. Der Mietvertrag muss unterwegs immer im Fahrzeug liegen

Hier einige lokale Verleiher, die Sie auch im Internet finden.

Hermosilla Rent a car, El Paso, ✆ 922 485741, auch Deutsch, www.hermosilla-car. de.

Autos NARKI, El Paso, ✆ 922 485335, www.autosnarki.com.

Autos Soyka, Los Llanos, ✆ 922 463390, auch Deutsch, www.autosoyka.com.

Autos Ferraz SL, Santa Cruz und Los Cancajos, ✆ 922 435139, La Cascada 33, www.ferraz.de.

Die Verkehrszeichen entsprechen dem internationalen Standard, dennoch gelten einige Besonderheiten:

- Es gilt keine generelle Vorfahrt im Kreisverkehr; achten Sie auf die Beschilderung.
- Es gibt an den vielen Kreuzungen keine Vorfahrtsschilder. Der Hinweis „Vorfahrt beachten" ist stattdessen mit weißer Farbe auf die Straße gemalt.
- Bei durchgezogener gelber Linie am Bordstein ist Parken verboten, eine durchbrochene Linie bedeutet eingeschränktes Parkverbot, eine blaue Linie erlaubt das Parken nur mit Parkschein.
- „Carretera cortada" heißt „Straße gesperrt".
- Gurtpflicht existiert auch in Spanien. Ins Auto gehören ein Lichtsatz, zwei Warndreiecke und mindestens eine Sicherheitsweste, die beim Verlassen des Wagens auf offener Strecke getragen werden muss. Die Promillegrenze liegt normalerweise bei 0,25 in der Atemluft, das entspricht 0,5 im Blut. Für Fahranfänger (in den ersten beiden Jahren) und Berufskraftfahrer gilt: 0,15 Promille in der Atemluft.

▸ **Tanken**: Benzin ist deutlich preiswerter als im übrigen Europa. 2007 kostete ein Liter bleifreies Benzin 0,69–0,72 €, Super98 0,73–0,77 €. In kleineren Orten machen auch Tankwarte Siesta und schließen an Sonn- und Feiertagen. Beim Tanken sollten Sie beachten, dass es üblicherweise keine Selbstbedienung gibt: Der Fahrer bleibt sitzen, reicht den Tankschlüssel dem Tankwart, sagt „lleno" (voll) oder nennt den Euro-Betrag, für den er tanken möchte.

La Palma zählt zu den Top-Revieren für Biker

▸ **Verkehrsstrafen**: Auch kleine Verkehrsübertretungen werden mit hohen Strafen belegt. Für falsches Parken können Sie mit einer Strafe von 130 € rechnen, die auch in Deutschland eingetrieben wird. Wenn Sie innerhalb von wenigen Tagen zahlen (Anschrift auf dem Strafzettel) bekommen Sie einen Rabatt von mindestens 20 Prozent. Entsprechend höher sind die Geldbußen für missachtete Vorfahrt und Geschwindigkeitsüberschreitungen, für Alkohol am Steuer oder Mängel am Wagen (defekte Scheinwerfer, abgefahrene Reifen, auch bei fehlenden Ersatzbirnen für die Scheinwerfer oder Rücklichter). Diskutieren oder scherzen Sie nicht mit einem Polizisten, wenn er Ihnen einen Strafzettel verpasst. Er könnte den Eindruck haben, Sie nähmen ihn nicht ernst, und dann seinen Ermessensspielraum bei der Höhe der Strafe bis zur oberen Grenze ausnutzen.

▸ Die **Straßenkarte**, die es an jeder Tankstelle und in manchen Schreibwarengeschäften gibt, ist für Autotouristen durchaus ausreichend, vgl. auch Seite 733.

Motorräder

Auf dem Motorrad erlebt man die Landschaft viel intensiver als in einem Wagen.

Motorräder verleiht *Auto Soyka* in Los Llanos (s. o.). 2007 zahlte man für eine Honda 650 Dominator je nach Leihdauer 45–60 €.

Einen besonderen Service bietet **Mototours** in Puntagorda. Dort kann man nicht nur Motorräder leihen, sondern auch an geführten Touren teilnehmen. Mehr Infos gibt es unter www.mototours.de.

Fahrräder/Biken

La Palma ist nicht nur eine herrliche Insel für Wanderer, auch Mountainbiker finden hier sehr gute Bedingungen. Die führende Fachzeitschrift „Bike" zählt La Palma zu den Top-Revieren. Es gibt ein weitverzweigtes Netz von Waldwegen und Naturstraßen. Sandige Lavapisten, Spaß und Nervenkitzel auf langen Downhills warten auf Radler aller Könnerstufen. Aber, die Insel bietet auch viel Abwechslung für Genussradler. Straßenfahrer finden 400 meist geteerte Kilometer vor, wobei die Hauptverkehrsachse Santa Cruz–Los Llanos gemieden werden sollte. Für Mountainbiker bietet die gebirgige Insel ohnehin unzählige Möglichkeiten. Die Chartergesellschaften transportieren nach vorheriger Anmeldung das eigene Bike als Sondergepäck. Von Gesellschaft zu Gesellschaft unterschiedlich müssen 30–60 € dafür bezahlt werden. Über die Bedingungen (Lenker und Pedale abknicken, Verpacken in Fahrrad-Packtaschen usw.) informieren die Fluggesellschaften und Reisebüros.

Man kann aber auch Mountainbikes auf der Insel leihen, Federgabelbike/Rennrad 9–15 € pro Tag, Discfully 19–24 €. Alle Verleiher bieten geführte Touren an, Kostenpunkt ab 40 €, einschließlich Leihgebühr fürs Bike, Transport zum Ausgangspunkt der Tour und Helm.

• *Verleiher und Preise* **Bike 'n Fun**, geführte Biketouren mit Shuttleservice in kleinen Gruppen, pro Person ab 40 €. Sie können auch einen kompletten Bike-Urlaub mit Flug, Unterkunft, Transfer, Leihwagen mit Biketräger, Bikes und Touren buchen. Mehrmals jährlich Events und Spezialangebote, siehe Website. Im Bike-Shop auch Reparaturwerkstatt und Zubehör. Los Llanos, Calle Calvo Sotelo 20, ✆ 922 401927, www.bikenfun.de.

Bike Station La Palma, geführte Touren mit Shuttleservice für Anfänger und Cracks ab 40 €, auf Wunsch auch Vermittlung von Unterkunft und Leihwagen oder Transferservice. Reparatur, Zubehör. Bikertreff. Öffnungszeiten täglich außer sonntags 10–13 und 18–20 Uhr. Puerto Naos, Avenida Cruz Roja 3, ✆/℻ 922 408355, www.bike-station.de.

• Einen kompletten Mountainbike-Urlaub kann man auch in Deutschland buchen bei: **Alps Mountain Bike Tours GmbH**, Morassistr. 8, 80469 München, ✆ 089/5427880, ℻ 54278840, www.alpsbiketours.de.

Wer ohne den Shuttleservice der o. g. Anbieter radeln möchte, sollte sich allerdings darüber im Klaren sein, dass auf La Palma das Treten äußerst anstrengend sein kann. Es gibt kaum Straßen ohne große Steigungen, die Insel ist überall gebirgig. Sich in Serpentinen über 2000 Höhenmeter zu schrauben, ist nur für gut durchtrainierte Biker mehr Spaß als Anstrengung.

• *Buchtipp* **Mountainbike Guide La Palma**, von Ralf Schanze und Siegmund Schüler, Hellblau Verlag Essen, Preis 16,90 €. 15 ausgewählte Touren, alle GPS-kartiert, stellen die beiden La-Palma-Kenner vor. Neben den Toureninfos wie Schwierigkeitsgrad, Höhendaten mit Profil und Tourenlänge informieren sie auch über Wissenswertes rund um die Tour und über die Insel.

Busse nehmen Fahrräder mit, wenn sie in den Gepäckraum passen.

Ob in der Gruppe oder allein, folgende Tipps von Radprofi Siegmund Schüler gelten für alle, die sich in den Sattel schwingen:

- In Spanien gilt Helmpflicht für Radler, die Bekleidung muss mit Reflektoren versehen sein.
- Der Nationalpark Caldera de Taburiente, die Gipfel der Cumbre Vieja (Ruta de los Volcanes) und die Südspitze sind für Radler gesperrt.
- Bleiben Sie auf gut erkennbaren Pisten und Wegen, damit Sie nicht, wie kürzlich geschehen, der Hubschrauber aus weglosem Terrain retten muss.
- Fahren Sie auf unbekannten Straßen keine Höchstgeschwindigkeiten, insbesondere nicht bergab. Der nächste Wagen kommt Ihnen bestimmt entgegen, vielleicht sogar auf Ihrer Spur!
- Unterschätzen Sie das Wetter nicht; nehmen Sie immer eine Windjacke und Sonnenschutz mit.
- Nehmen Sie immer ausreichend Wasser oder Mineralgetränke mit.
- Flickzeug, Luftpumpe und Handy nicht vergessen! Auch für Radler gilt, im Notfall 112 wählen.

Trampen

In besiedelten Gegenden und dort, wo häufig Busse verkehren, ist trampen nicht üblich. Abseits, wie im wenig erschlossenen Norden, kommen Sie meist gut voran.

Wandern

La Palma ist die Wanderinsel der Kanaren. Selbst Lauffaule werden zumindest den einen oder anderen kleinen Spaziergang unternehmen. Die schönsten Wandergebiete haben wir eingangs schon genannt, die schönsten Wanderungen, mit ganz unterschiedlicher Länge und ganz unterschiedlichen Anforderungen, beschreiben wir in den jeweiligen Ortskapiteln.

La Palma ist vulkanisch und gebirgig, darauf muss man sich vorbereiten:

- **Ausrüstung**: Tragen Sie richtige, knöchelhohe **Wanderstiefel** mit gutem Profil. Viele Wege sind gerÖllig, Sie können leicht ins Stolpern kommen. Andere wieder sind übersät mit langen Kiefernnadeln, die frühmorgens oder nach einem Schauer eher einer glitschigen Rampe gleichen; sehr leicht können Sie dann ins Rutschen kommen. Und wieder andere Wege sind mit feinem Lavasand bedeckt, so dass Sie sich in eine Dünenlandschaft versetzt fühlen; schnell sind Ihre Turnschuhe voller Sand.
- Sehr hilfreich sind Wanderstöcke. Sie entlasten die Gelenke, geben mehr Sicherheit bei steilen Abstiegen und Flussüberquerungen. Wanderer, die schon Knie- oder Hüftgelenksschäden haben, sollten erst recht nicht darauf verzichten.
- Sie wandern nicht in Europa. Die Sonne steht steiler am Himmel, die Temperaturen sind extremer, und der Wind auf diesem Atlantik-Eiland weht heftiger. **Sonnenschutz** für Haut und Kopf nicht vergessen, immer einen ausreichenden **Wasservorrat** mitnehmen, außerhalb der Sommermonate nie ohne **Anorak** losgehen. Das H**andy** kann im Notfall gute Dienste leisten. Auch an **Verpflegung** sollten Sie denken. Berghütten und Imbissbuden gibt es nicht. Wenn nicht ausdrücklich erwähnt, können Sie davon ausgehen, dass auf der gesamten Wanderung keine Einkehrmöglichkeiten bestehen.
- **Unfälle**, gerade in der Caldera, sind leider nicht selten. Darum sollten Sie nie alleine wandern. Wenn Sie ohne Partner sind, eine Trillerpfeife, eine Taschenlampe oder einen Handspiegel mitnehmen, um notfalls auf sich aufmerksam zu machen. Auch für Wanderer gilt der Notruf 112. In engen Schluchten bekommen Sie aber nicht immer eine Verbindung.
- Beginnen Sie eine Wanderung von mehr als drei Stunden nur vormittags. Die Möglichkeit, sich zu verlaufen oder die eigenen Fähigkeiten zu überschätzen, ist immer gegeben. Denn Wandern auf La Palma ist etwas anderes als ein ausgedehnter Spaziergang im Naherholungsgebiet. Manchmal trifft man bei einer Wanderung auf keinen Menschen. Bei einer am Nachmittag begonnenen Wanderung besteht insbesondere im Winterhalbjahr die Gefahr, in die **Dunkelheit** zu geraten; schon wenn die Sonne tief steht, lassen sich felsige Wege nur schlecht erkennen. Im Dunkeln sind fast alle Wege lebensgefährlich.

Die alten Verbindungswege sind heute beliebte Wanderpfade

- Nach und während starker **Regenfälle** sollten Sie nicht in engen Schluchten und keinesfalls in der Caldera de Taburiente wandern. Es besteht die Gefahr eines Steinschlags, und ein Rinnsal am Schluchtengrund kann sehr schnell zum reißenden Fluss anschwellen. 2002 ertranken so drei Wanderer im Nationalpark.
- Wandern Sie nicht nur nach **Karte**. Karten sagen kaum etwas über Dauer und Schwierigkeiten der Wanderung aus. Als Ergänzung zu diesem Buch empfehlen wir MM-Touring La Palma, einen Wanderführer mit exakten Beschreibungen, dessen Karten mit GPS aufgezeichnet wurden (siehe S. 72).
- Selbstverständlich ist es am sichersten, in einer **Wandergruppe** mit Führer zu wandern. **Tagestouren** z. B. werden von mehreren Veranstaltern angeboten. Informationen in den Hotels, die mit dem größten Veranstalter *Natour* zusammenarbeiten, im *Infocenter La Palma* in Cancajos und El Paso. Kostenpunkt je nach Tour, immer mit Transfer: 35–45 €.

▸ **Wegmarkierungen**: Die Inselverwaltung hat gemeinsam mit den Gemeinden bisher 850 km (es sollen insgesamt 1000 km werden) der alten Verbindungswege – Caminos reales – mit Holzhinweisschildern versehen und dem internationalen Standard gemäß markiert (siehe Grafik). Die Wanderwege sind mit Initialen und einer Nummer gekennzeichnet. Es lassen sich drei Haupttypen unterscheiden: GR (*Sendero de Gran Recorrido*) bezeichnet Wanderwege, auf denen man länger als einen Tag unterwegs ist. PR (*Sendero de Pequeño Recorrido*) steht für Wege, die man an einem Tag vollständig zurücklegen kann, und SL (*Sendero Local*) für Wanderstrecken von weniger als 10 km Länge.

Dazu gibt es in den Büros der Touristeninformation eine, allerdings kleine und ungenaue Karte. Wer das Naturerlebnis sucht, sollte auf den großen Verbindungswanderungen wie Santa Cruz – Tazacorte (27 km) die ortsnahen Streckenabschnitte möglichst auslassen, denn dort verlaufen die Wanderwege streckenweise auf viel befahrenen Landstraßen oder kreuzen sie häufig.

Einige der in diesem Buch beschriebenen Wanderungen folgen diesen Markierungen. Die Inselumrundung – Camino de la Costa – mit sechs oder dreizehn Etappen je nach Lust und Kondition, der Weg über alle Gebirgskämme – Ruta la Crestería – mit sechs Etappen sowie zahlreiche Rundwege sind in unserem Wanderführer MMTouring aufgenommen, siehe S. 72.

▸ **Wanderreisen**: Mehrere Reiseveranstalter bieten ein- oder zweiwöchige Wanderreisen auf La Palma an, z. B:

Wikinger-Reisen, Postfach 7464, 58125 Hagen, ☏ 02331/904-6, 📠 02331/904-740, www.wikinger-reisen.de.

Gomera Trekking Tours, Sandstraße 1a, 90443 Nürnberg, ☏ 0911/20787, 📠 0911/20799, www.trekkingreisen.de.

Tipp: Wer Wanderstiefel, Stöcke oder Anorak nicht eingepackt hat, kann sich in Los Llanos komplett mit Markenprodukten ausstatten bei: **Valle Verde-Outdoor**, Calle Calvo Sotelo 22.

Die Gipfel am Calderarand erreicht man nur per pedes

Touren auf vier Rädern

Am schönsten ist La Palma abseits der Städte und Urlaubsorte. Die ländlichen Gegenden lassen sich zwar auch per Bus erreichen, interessanter aber ist es, wenn man sie mit mehr Zeit und Stopps nach Lust und Laune im Mietwagen durchfährt. Unten sind die wichtigsten Straßenabschnitte und in der Nähe gelegene Sehenswürdigkeiten dargestellt, die Sie zu Touren unterschiedlicher Länge und Dauer vielfältig variieren können.

So ergibt beispielsweise die Kombination der Touren I, II und III eine Südumrundung ab Santa Cruz und die Kombination IV, V und VI eine Nordumrundung ab Los Llanos. Beides sind Tagestouren. In nur einem Tag, die ganze Insel zu umrunden, möchten wir Ihnen nicht empfehlen. Sie würden sich bei einem solchen „Gewalttrip" zahlreiche Sehenswürdigkeiten entgehen lassen. Weil vielen Urlaubern auch eine Süd- oder Nordumrundung zu lang sein werden, hier Vorschläge für die schönsten Ausflüge von einigen Stunden.

1. Zur **Cumbrecita** (vgl. S. 222ff.), die ideale Einsteigertour zum herrlichen Aussichtsplatz am Caldera-Rand: Vom Inselwesten (Los Llanos) mit Tour III bis zur Cumbrecita und zurück. Vom Inselosten (Santa Cruz) mit Tour VI bis zur Cumbrecita und durch den neuen Tunnel – geht schneller – oder dem Anschluss von III – ist schöner – wieder zurück.

2. Zu den **Vulkanen** bei Fuencaliente (vgl. S. 116ff.): Vom Westen mit Tour II in umgekehrter Richtung und zurück. Vom Osten mit Tour I und zurück.

3. In den Lorbeerwald von **Los Tilos** und nach **San Andrés** (vgl. S. 198ff.): Von Santa Cruz mit Tour V bis Los Tilos, San Andrés, Charco Azul und Puerto Espindola in umgekehrter Richtung und zurück. Von Los Llanos aus ist auch diese Tour eher ein

Tagesausflug, für den Sie nach Santa Cruz durch den neuen Tunnel fahren sollten, dann weiter mit Tour V wie oben, in umgekehrter Richtung und zurück.

4. In den Norden nach **Puntagorda** und **Garafía** (vgl. S. 170ff.): Von Los Llanos schon fast ein Tagesausflug. Mit Tour IV bis Garafía, Sie sollten auf dem Hinweg die untere Variante auf der LP 114 und auf dem Rückweg die obere über LP 114 und die LP 1 nehmen. Dort wieder angekommen lohnt sich noch ein Abstecher nach La Zarza. Danach geht es wieder zurück. Aus dem Inselosten ist dies eine sehr lange Tour, da lohnt sich dann eher die Nordumrundung.

5. Auf den **Roque de los Muchachos** (S. 243f.): Von Santa Cruz lohnt es sich den höchsten Gipfel direkt, mit einem Abschnitt Santa Cruz – Roque de los Muchachos von Tour VII, anzusteuern und auf dem selbem Weg zurückzufahren. Vom Inselwesten empfiehlt sich die kleine Nordroute VII gesamt.

6. Nach **Santa Cruz** (S. 87ff.) oder **Los Llanos** (S. 134ff.): Die schöne Inselhauptstadt sollte sich kein Urlauber entgehen lassen. Im Rahmen der Nordumrundung werden Sie für eine Stadtbesichtigung kaum Zeit und Kraft haben, deshalb lohnt eine eigene Tour dorthin. Wenn Sie im Westen Urlaub machen, können Sie statt auf dem direkten Weg mit Tour III hin- und Tour VI zurückfahren, dann haben Sie zusätzlich großartige Landschaftserlebnisse. Für Urlauber im Osten ist Los Llanos nicht ganz so spannend, aber ein Besuch der anderen Inselseite, mit Tour VI hin und III zurück und evtl. noch einem Abstecher zum Strand von Puerto Naos. Dieser lohnt sich vor allem, wenn es im Osten bewölkt ist, im Westen scheint dann trotzdem meist die Sonne.

Bei der **Fahrtdauer** kann man sich leicht verschätzen: 20 km können auf dieser Insel endlos sein. Entweder müssen Sie jede Schlucht ausfahren oder kommen über den zweiten Gang nicht hinaus. Wir geben deshalb außer den Kilometerzahlen auch Schätzungen zur Fahrtdauer ab.

I. Santa Cruz – Fuencaliente

28 km, reine Fahrtzeit 45 Minuten, vgl. Landschaftsbeschreibung „Südosten".

Wenn möglich, sollten Sie diese Tour auf einen Samstag oder Sonntag legen, dann findet von 15 bis 20 Uhr (samstags) und von 8 bis 13 Uhr (sonntags) in Mazo der Erzeuger- und Kunsthandwerkermarkt „Mercadillo" statt.

Santa Cruz wird in Richtung Süden verlassen. Sie folgen der Ausschilderung LP 2. Bald darauf geht es halb rechts hoch auf einen Verkehrskreisel und weiter in Richtung Fuencaliente (Los Canarios). *San Antonio* heißt der erste Ort dieser zersiedelten Gegend. An der Straßengabelung geht es mit der LP 206 nach rechts und dann geradeaus weiter bis nach Mazo. Am besten parken Sie in Mazo an der Landstraße im Ort und erkunden alle sehenswerten Punkte (vgl. Ortsbeschreibung) zu Fuß, denn sie Straßen innerhalb des Städtchens sind steil und mit Kopfstein gepflastert. Sie verlassen Mazo in Richtung Süden und nehmen gleich am Ortsende die Abfahrt nach links unten, in Richtung LP 2. Dort angekommen biegen Sie nach links (Norden), denn ein Abstecher zur *Töpferei El Molino* (siehe S. 115.) ist sehr lohnend. In der alten Mühle wird Keramik nach Vorlagen der Urbevölkerung geformt. Nach wenigen hundert Metern biegen Sie noch einmal nach links auf eine Betonpiste mit (kleinem) Hinweisschild.

In Los Llanos trifft man sich rund um die Plaza España

In Richtung Fuencaliente geht es danach weiter auf der LP 2 in südliche Richtung. Bald darauf erreichen Sie den Archäologischen Park *Cueva de Belmaco,* in und um eine Höhlenanlage der Ureinwohner gelegen (siehe S. 116). Einige Kilometer später vereinigt sich die LP 206 wieder mit der LP 2 und es geht weiter nach Süden. Spätestens bevor die Straße in den Pinienwald um Fuencaliente eintaucht, wagen Sie einen Blick über das Meer: Fast immer entdecken Sie den *Teide* auf Teneriffa, mit 3718 m Spaniens höchster Gipfel. Mit etwas Glück erblicken Sie rechts davon La Gomera und noch weiter rechts El Hierro. Kurz bevor Sie auf einer langen Geraden Fuencaliente erreichen, sollten Sie bei „Arte Quadrado" hereinschauen (siehe S. 117.).
In *Fuencaliente* sind Abstecher zu den *Vulkanen San Antonio* und *Teneguía* geradezu Pflicht (vgl. Spaziergänge und Wanderungen S. 119ff.). Der San Antonio ist ausgeschildert. Den jüngeren Vulkan Teneguía erreichen Sie per pedes oder per Auto über die LP 209 und LP 2091, kurz vor dem Ort Los Quemados müssen Sie dafür einer ausgeschilderten Piste nach links folgen.

II. Fuencaliente – Los Llanos

23 km, reine Fahrtzeit 45 Minuten, vgl. Landschaftsbeschreibungen „Südwesten" und „Westen".

Fast ohne Höhenunterschiede führt die Landstraße LP 2 von Fuencaliente nach Norden. Linker Hand befindet sich schon nach kurzer Zeit der *Mirador Las Indias* und bei El Charco ein weiterer Aussichtsplatz. Von dort öffnet sich ein unvergleichlicher Blick über die Westküste bis ins Aridane-Tal.
Die *Kirche Ermita Santa Cecilia* werden Sie wohl erst im Rückspiegel erspähen – sie liegt wenige Meter rechts oberhalb der Straße. Der untypische Kuppelbau soll 1939 aus Dankbarkeit für das Ende des Bürgerkriegs gestiftet worden sein. Weiter geht es nach *Las Manchas,* einem Gebiet aus vier Weilern. Zunächst durchfahren Sie den ersten, *Jedey.* Bevor Sie *San Nicolás* erreichen, lohnt ein Stopp im *Bodegón*

Tamanca, einer Höhlenkneipe mit Restaurant. An der nächsten (sehr steilen) Abfahrt nach links weist ein Symbolschild hinunter zu einem Abstecher auf die *Plaza La Glorieta*, einem aufwändig mit Mosaiken und Skulpturen gestalteten Platz, und das erst kürzlich eingeweihte Weinmuseum (S. 130f.). Diesen kleinen und hübschen Abstecher sollten Sie machen. Direkt hinter dem Platz nehmen Sie die Straße nach Norden, um gleich darauf nach rechts abzubiegen. Über diese Straße, die auf dem erstarrten Lavafluss des San Juan verläuft, kommen Sie zurück auf die LP 2, auf die Sie nach links einbiegen. Die LP 2 durchschneidet hier die Lava. Sie bleiben auf der LP 1 in Richtung Norden und Los Llanos. Vor der Stadt finden Sie noch Hinweise auf den *Palmex Kakteengarten* (vgl. S. 142), dann folgt schon *Los Llanos*, in dem sich ein Halt zum Stadtbummel, zum Einkaufen oder zum Kaffee auf der Plaza lohnt (siehe S. 135.).

III. Los Llanos – Santa Cruz

56 km, reine Fahrtzeit 1 ½ Stunden. Diese Variante gleicht in Teilen Tour V in umgekehrter Richtung, führt Sie aber nicht durch den Tunnel, sondern auf den Grat der Cumbre Nueva (1484 Höhenmeter) und in weiten Kurven wieder hinunter über San Isidro nach Santa Cruz.

Die kaum befahrene, aber gut ausgebaute Strecke über die Cumbre Nueva bietet Natur pur und herrliche Ausblicke, die Sie ungestört genießen können, denn nur an Sonn- und Feiertagen, wenn die Palmeros zu ihren beliebtesten Picknickplätzen fahren, herrscht hier nennenswerter Verkehr.

Sie nehmen in Los Llanos die Ortsausfahrt nach El Paso (LP 2, später wird sie zur LP 3) und passieren, immer der Beschilderung folgend, nach 8 km den Ort. Ohne Stopp geht es weiter geradeaus. Nach 4 km fällt links das Betongebirge der *Nationalparkverwaltung plus Informationszentrum* auf. Unmittelbar davor zweigt eine Straße (LP 302) zur *Cumbrecita*, einem der schönsten Aussichtspunkte, ebenfalls nach links ab. Ihr folgen Sie. Nach 8 km und 450 m Steigung erreichen Sie das Aussichtsplateau. Von hier haben Sie nicht nur einen der eindrucksvollsten Blicke in den Caldera-Kessel, Sie können auch auf einem kurzen oder längeren Spaziergang weitere Aussichtspunkte erkunden (vgl. S. 223ff.). Zurück auf der Landstraße lassen Sie die Tunneleinfahrt außer Acht, fahren also rechts daran vorbei. Knapp 2 km weiter führt die Straße, jetzt LP 301, nach rechts oben. Die Straße wird bald auf Teilstücken schmaler, ist aber immer gut asphaltiert. Sie durchquert einen Pinienwald und die weiten, schwarzen *Vulkanaschefelder von Llanos de Jable*. Bevor Sie oberhalb wieder in den Wald eintauchen, sollten Sie sich an einem kleinen Aussichtsplatz den Blick zurück gönnen. Bald ist der beliebteste *Waldrastplatz El Pilar* auf dem Grat der *Cumbre Nueva* erreicht. An Sonntagen bleibt kaum ein Grillplatz ungenutzt und kaum eine Bank frei. El Pilar ist auch Ausgangspunkt für verschiedene Wanderungen (vgl. ab S. 226). Es geht dem Straßenverlauf folgend weiter nach Osten, Sie durchfahren jetzt niedrige Baumheide- und Lorbeerwälder. Bei klarer Sicht haben Sie von diesem Streckenabschnitt wunderschöne Blicke auf *Teneriffa, La Gomera und El Hierro*. An einem Aussichtsplatz sollten Sie deshalb einen Halt einlegen. Bevor Sie die Landstraße nach Santa Cruz erreichen, werden die Häusergruppen von San Isidro durchfahren, wenige hundert Meter vor der Einmündung stehen in einer Linkskurve zwei der größten *Drachenbäume* der Insel. In die Landstraße biegen Sie nach links ein und erreichen der Beschilderung folgend Santa Cruz.

IV. Los Llanos – Barlovento

75 km, reine Fahrtzeit 3 ½ Stunden. Hinter El Time beginnt ein Ausflug ins abgeschiedene, ländliche La Palma.

Sie verlassen Los Llanos auf der LP 2 in Richtung *Tazacorte* (siehe Stadtplan), die Straße biegt in *Argual*, dem südlichsten Stadtteil von Los Llanos, der Ausschilderung folgend nach rechts ab in Richtung Puntagorda/Garafía. Der Abzweigung genau gegenüber liegt die Einfahrt zur *Plaza Sotomayor*, einem Platz, der von den ältesten Herrenhäusern der Westseite La Palmas umstanden ist. Eins der Häuser ist als Museum ausgebaut (siehe S. 141/142). Sie erreichen den Barranco-Grund nahe der *Kapelle Nuestra Señora de Las Angustias*: Der schmucke, weiße Bau inmitten der üppigen Bananenplantagen ist ein beliebtes Fotomotiv.
Fast 600 Höhenmeter windet sich die Straße serpentinenreich auf den Caldera-Rand hinauf zum *Mirador El Time*. Dieser landschaftlich grandiose, architektonisch jedoch kümmerliche Aussichtspunkt, lohnt einen Stopp. Über *Tijarafe* führt die Straße (LP 1) nach Puntagorda. Kurz vor *Puntagorda* sollten Sie am *Mirador Garomé*, mit Blick in die wilde Schlucht, und bei den *ehemaligen Zwillingsdrachenbäumen* je einen Stopp einplanen. Einen Zwilling hat der Sturm umgerissen, er wurde durch kleine Dragos ersetzt. Der verbliebene alte Drago ist urig anzuschauen, zudem hat man von diesem Standort einen schönen Blick in die liebliche Landschaft. Puntagorda lohnt einen Abstecher oder einen Ausflug (siehe S. 171).

Vor Las Tricias gabelt sich die Straße und bietet zwei Varianten zur Weiterfahrt. Beide Möglichkeiten sind schön. Die obere Verbindung auf der LP 1 führt durch Wälder und an Mandelbaumplantagen vorbei. Sie ist während der Blüte im Januar/Februar einfach hinreißend. Die untere Variante LP 114 und LP 112 über *Las Tricias – Garafía* (siehe S. 175) ist 13 km länger (davon entfallen 8 km auf den Abschnitt von Garafía zurück auf die Hauptverbindung) und weist einen Höhenunterschied von 500 m auf. Dieser Straßenabschnitt ist eine landschaftlich reizvolle Abwechslung. Näher an der Küste gelegen, bietet er eine vollkommen andere Vegetation, u. a. mit vielen Drachenbäumen.
Beide Straßen vereinigen sich bei Llano Negro zu der großzügig ausgebauten Schnellstraße LP 1. Sie führt an den Petroglyphen-Fundstellen von *La Zarza/La Zarzita* mit einem Informationszentrum zum Leben der Ureinwohner vorbei (siehe „Nordwesten", S. 180ff.) und passiert *Roque de Faro*. Ein besonderes Fahrerlebnis bietet hinter Roque de Faro die Nebenstrecke LP 109. Schmal schlängelt Sie sich hoch oben am Hang entlang durch den Wald und erreicht Barlovento, nachdem sie drei abenteuerlich anzusehende Tunnel passiert hat. Die Hauptverbindung aber führt als breite Straße durch ursprüngliche Weiler und am *Drachenbaumhain* von La Tosca vorbei, mit herrlichen Ausblicken auf die Nordküste nach *Barlovento*.

V. Barlovento – Santa Cruz

37 km, reine Fahrtzeit 1 1/4 Stunden.

Auch diese Straße ist in Teilabschnitten gebaut worden und erst jüngst fertig geworden. Leicht abfallend führt die Landstraße kurvenreich nach *Los Sauces*. Kurz vor diesem Ort zweigt links eine Straße (LP 104) nach *San Andrés, Puerto Espindola* und zum Naturschwimmbecken *Charco Azul* (vgl. „Nordosten", S. 207) ab. Ein schöner Abstecher, vor allem das malerische San Andrés ist eine Pause wert.

Patrizierhäuser umrahmen die Plaza España in Santa Cruz

Sie folgen der Straße in Richtung Süden und erreichen die LP 1 hinter Los Tilos und der neuesten und größten Brücke La Palmas. Nun müssen Sie noch einmal nach Norden schwenken, wenn Sie die Lorbeerwälder von Los Tilos nicht verpassen wollen.

Im Barranco del Agua führt eine ausgeschilderte Asphaltstraße (LP 107) hinauf nach *Los Tilos*. Selbst wer hier keine Wanderung oder nur einen Spaziergang eingeplant hat, darf diesen Abstecher in den *Lorbeerwald* nicht versäumen. Schon von den Stühlen des Restaurantgartens der *Casa Demetrius* oder von den Holzbänken des Refugios gewinnt man einen Eindruck von dieser einmaligen Vegetation (vgl. „Der Lorbeerurwald – Überlebender der Eiszeit“, S. 197).

Von Los Tilos geht es zurück auf die LP 1 und weiter nach Süden. Mehrere Tunnel werden durchfahren, verschiedene Weiler (in *La Galga* sollten Sie einen Abstecher nach links zum *Mirador San Bartolomé* einplanen), dann erreichen Sie *Puntallana*. Hier lohnt sich höchstens ein Abstecher ins kleine Museum *Casa Luján* (vgl. „Nordosten“, S. 210). Der letzte Abschnitt nach Santa Cruz ist eine breite Schnellstraße.

VI. Santa Cruz – Los Llanos

45 km, reine Fahrtzeit 1 Stunde, mit Abstechern 1,5 Stunden.

Sie verlassen die Inselhauptstadt auf der LP 2 in Richtung Süden und folgen bald darauf der Ausschilderung LP 1 nach halb rechts hoch auf einen Verkehrskreisel. In Richtung Los Llanos fahren Sie auf der LP 3 weiter. Sie führt die Cumbre Nueva hinauf. Wenn Sie vor der Unterführung (Breña Alta) der Abfahrt nach rechts folgen und dann immer wieder rechts abbiegen und in Richtung Kapelle fahren, bietet sich die Chance zu einer lohnenswerten Aussicht vom *Mirador de la Concepción* mit dem wohl besten Blick über Santa Cruz.

La Cascada – ein Wasserfall aus Wolken

Zurück auf der Hauptstraße, überqueren Sie nach knapp 1 km den ehemaligen Inselflughafen, der bis 1970 noch in Betrieb war. Oberhalb befindet sich das neue Inselkrankenhaus. Sie bleiben auf der LP 3, die nur in eine Fahrtrichtung die Cumbre hinaufführt. Bei guter Sicht reicht der Blick zum *Teide* auf Teneriffa, mit 3718 m der höchste Berg Spaniens. Nach 16 km Gesamtfahrt erreichen Sie den *Mirador de la Cumbre* mit Panoramablick über die Ostküste.

Die alte Tunneldurchfahrt unter der *Cumbre Nueva* gehört immer noch in die Rubrik „Autofahrers Abenteuer“: Es nieselt – selbst bei klarem Sonnenwetter – von Decke und Wänden. Bei der Tunnelausfahrt eröffnet sich ein phantastischer Blick auf die Caldera und das obere Aridanetal.

Bald nachdem Sie die Tunneleinfahrt passiert haben, steht unübersehbar rechts an der Straße das neue, mit reichlich Beton errichtete *Informationszentrum des Nationalparks Caldera de Taburiente* (siehe S. 222).

Nach einem Besuch biegen Sie wenige Meter weiter nach rechts zur *Cumbrecita*, ab (Steigung von 800 auf 1300 m). Der Bergsattel der *Cumbrecita* eröffnet einen grandiosen Einblick in die Caldera (vgl. S. 222).

Zurück auf der Landstraße biegen Sie rechts ab und gelangen immer der LP 3 folgend wenige Minuten später nach *El Paso*. Das schöne Städtchen offenbart seinen Reiz erst auf den zweiten Blick.

Zwei Strecken gibt es von El Paso nach Los Llanos: Sie können auf der LP 3 im weiten Bogen durch das Aridane-Tal Los Llanos anfahren oder die alte, enge und steile Abfahrt benutzen. Suchen Sie auf dem Ortsplan El Paso (S. 219) nur die Ausfahrt zu den Apartments Hermosilla, so kommen Sie nach 15 Minuten mit dem Auto (hinter einer abenteuerlichen Brückenunterführung biegen Sie links ab) zunächst in das Schulenviertel von *Los Llanos* und finden mit Hilfe unseres Stadtplans mühelos in den Ortskern.

VII. Kleine Nordumrundung von Los Llanos über den Roque de los Muchachos

116 km, reine Fahrtzeit 4 Stunden. Vgl. Landschaftsbeschreibung „Caldera".

Für Autofahrer, die Kurven lieben, ein Genuss. Über den zweiten Gang kommt der Mietwagen zwar selten hinaus, doch es lohnt sich, zwischendurch anzuhalten und die wunderschönen Aussichten auf La Palma und seine Nachbarinseln zu genießen. Sie fahren zunächst auf direktem Weg auf der LP 3 durch den neuen Tunnel nach Santa Cruz und verlassen Santa Cruz auf der Nordroute, also Richtung Barlovento. Gut 3 km hinter der Stadtgrenze zweigt bei Mirca die ausgeschilderte Straße (LP 4) zum *Roque de los Muchachos* samt Oberservatorium links ab. Die Straße ist sehr gut ausgebaut, kann aber im Winter infolge von Steinschlag oder Schneefall schon mal kurzfristig gesperrt sein. Schilder an der Zufahrt weisen Sie dann darauf hin („cerrado").

Die 34 km lange Auffahrt mit exakt 433 Kurven überwindet 2426 Höhenmeter. Knapp 1,5 km hinter *Mirca* bietet sich linker Hand in dem Restaurant *Los Braseros* eine herrliche Aussicht auf die Hauptstadt.

Nach gut 22 km, zwischendurch immer wieder herrliche Ausblicke auf die Ostseite der Insel, den Teide sowie La Gomera und El Hierro, passieren Sie die *Pista de las Nieves* (siehe Wanderung 24, S. 248) und nach 9 km den *Mirador Los Andenes* mit dem besten Einblick in den Caldera-Krater. Nur noch 3 km weiter und Sie erreichen, nachdem das Gelände des *Observatoriums* mit Kuppelbauten und Hubschrauberlandeplätzen durchquert ist, auf 2426 m den höchsten Punkt der Insel, den Roque de los Muchachos. Vom Parkplatz aus können Sie auf einem ausgebauten Weg einen Spaziergang am Rand der Caldera unternehmen. Sie erkennen von dort nicht nur den Caldera-Grund, selbst das Aridane-Tal und weite Teile der West- und Nordküste sind auszumachen – wolkenlose Sicht vorausgesetzt. Aber die Gipfel der Caldera liegen fast immer über den Wolken.

Der zweite Teil der Rundtour führt wieder über das Gelände des Observatoriums, dann aber nach links auf die LP 113 in Richtung Garafía. Sie erreichen nach 12 km die LP 1 und kehren nach links nach Los Llanos (vgl. Route IV in umgekehrter Richtung) zurück.

Ruta del Vino

Die Inselverwaltung hat gemeinsam mit der Vereinigung der Winzer eine Weinstraße ausgeschildert und mit Hinweisen auf die 16 größeren Bodegas – Winzerbetriebe und Kooperative – versehen. Die Route führt einmal um die Insel, sie entspricht damit den Touren I, II, IV – ab Roque de Faro über die LP 111 – und V. Regelmäßige Öffnungszeiten aber haben nur die Bodegas in Mazo, Fuencaliente, und Las Manchas, in Las Manchas steht auch das Weinmuseum. In den anderen Bodegas ist eine Voranmeldung sinnvoll. In den Touristeninformationen liegt ein Faltblatt mit allen Anschriften, Telefonnummern und Öffnungszeiten aus.

Wissenswertes von A bis Z

Apotheken ... 68
Ärztliche Versorgung ... 69
Ausländer ... 70
Baden ... 71
Bücher/Karten ... 72
Einreisebestimmungen ... 75
Feiertage ... 76
Fotografieren ... 76
Geld ... 77
Information/Internet ... 78
Jagdzeit ... 78
Kinder ... 78
Kleidung ... 79
Konsulate ... 80
Kriminalität ... 80
Ladenöffnungszeiten ... 80
Medien ... 82
Märkte ... 82
Post ... 83
Preise ... 83
Rauchen ... 83
Sport ... 83
Sprache ... 86
Strom ... 86
Telefonieren ... 86
Trinkgeld ... 87
Zeit ... 87
Zoll ... 87

Apotheken

In allen größeren Ortschaften gibt es Apotheken (*farmacias*). Der Bereitschaftsdienst ist ähnlich wie in Deutschland organisiert. Wer sich für ein vom Arzt verschriebenes Medikament eine Rechnung geben lässt, bekommt von seiner Krankenkasse die Kosten erstattet.

Medikamente sind preiswerter als zu Hause, und eine größere Anzahl ist rezeptfrei. Sie bekommen sämtliche, auch in Mitteleuropa handelsüblichen Medikamente, wenn auch häufig unter anderem Namen. Wenn Sie ein bestimmtes Medikament benötigen, nehmen Sie eine Medikamentenschachtel oder den Beipackzettel mit, dann kann der Apotheker anhand der Zusammensetzung das passende Medikament heraussuchen. In Ihrer *Reiseapotheke* benötigen Sie außer Ihren persönlichen Arzneien keine besonderen Mittel.

Ärztliche Versorgung

Die medizinische Versorgung in Spanien und insbesondere auf La Palma ist gut. Staatliche Gesundheitszentren (*Centro de Salud*) für ambulante Behandlungen gibt es in jeder Gemeinde (siehe Ortsbeschreibungen). Zumindest die großen Zentren, s. u., haben einen 24-Stunden-Notdienst (*urgencia*). Oberhalb von Santa Cruz liegt ein neues, modernes Krankenhaus. Daneben gibt es ein Netz von niedergelassenen Allgemein- und Fachärzten, die sowohl im Auftrag der Sozialversicherung als auch privat praktizieren. Zusätzlich praktizieren auch deutsche Ärzte vieler Fachrichtungen privat.
Trotz der guten Versorgung gibt es einige Unterschiede zum Standard, den man von zu Hause gewohnt ist. Es gibt z. B. mit der gesetzlichen Krankenversicherung keine freie Arztwahl. Im Centro de Salud wird ein Allgemeinmediziner zugewiesen, der notwendige Überweisungen zu Fachärzten vornimmt. Sie können nicht davon ausgehen, dass der Arzt Englisch oder gar Deutsch spricht. Zahnbehandlungen (außer Zahnentfernungen) werden nicht übernommen.

Die Formalitäten für die Behandlung akuter Erkrankungen von Mitgliedern der gesetzlichen Krankenkasse innerhalb der EU sind abgeschafft. Seit dem 1. Juli 2004 gilt statt des früher üblichen Auslandskrankenscheins E 111 die **Europäische Auslandskrankenversicherungskarte – EHIC** (European Health Insurance Card). Diese Karte muss vor Reiseantritt bei der Krankenkasse rechtzeitig bestellt werden. Sie berechtigt zur kostenlosen Konsultation und Behandlung akuter Beschwerden innerhalb des öffentlichen Gesundheitssystems. Es genügt, die Karte im Gesundheitszentrum vorzulegen.

Eine Alternative ist der Abschluss einer Urlaubskrankenversicherung, die z. B. im Gegensatz zu fast allen anderen Versicherungen auch medizinisch notwendige Krankenrücktransporte einschließt. Zu erhalten ist sie zu sehr günstigen Tarifen bei manchen Automobilclubs und bei fast allen Krankenversicherungen, natürlich auch für Mitglieder gesetzlicher Kassen. Damit haben Sie freie Arztwahl. Sie können selbstverständlich im Bedarfsfall vor Ort einfach zum Arzt gehen und dort bar zahlen. (Eine einfache Untersuchung mit Medikamentenverschreibung kostet etwa 60 €.) Wenn Sie sich eine Quittung (*recibo*) ausstellen lassen und diese dann daheim bei Ihrer Versicherung einreichen, wird Ihnen der Betrag häufig zurückerstattet. Verpflichtet ist Ihre Kasse dazu allerdings nicht, und es ist durchaus fraglich, ob die Kassen die bislang gängige Praxis nach der Einführung der oben erwähnten EHIG-Karte weitergeführt wird.

Der europäische Notruf 112, auch auf Deutsch, funktioniert sehr gut. Wenn erforderlich, steht nach kurzer Zeit ein Ambulanzwagen vor der Tür. Bei Notfällen oder nach 17 Uhr sowie an Sonn- und Feiertagen stehen in folgenden Gemeinden ambulante Notdienste (*urgencia*) im Centro de Salud zur Verfügung:

Santa Cruz, Los Sauces, Breñja Baja, Mazo, Fuencaliente, Los Llanos, El Paso und in Tijarafe.

• *Deutsche bzw. deutschsprechende Ärzte auf La Palma*

Dr. R. Klassert (Allgemeinmed.), San Antonio (nahe Santa Cruz), ✆ 922 181414. Sprechstunden: Mo–Fr 17–19 Uhr.

Dr. S. Kasper (Allgemeinmed.), Santa Cruz, Avenida El Puente 31, ✆ 922 413847 oder 922 428345. Sprechstunden: Mo–Fr 11–13.30 Uhr.

Dr. v. Prondzynski (Allgemeinmed.), El Paso, Avenida José Antonio 12, ✆ 922 497334. Notfall: ✆ 678 879334.

Norbert Zeeh (Gynäkologe), Los Llanos, Glez. del Yerro 13, ✆ 922 460657.

J. Barrios Reales (Gynäkologe), Santa Cruz, Avenida El Puente 36, Sprechstunden nur Mo und Fr am Nachmittag, ✆ 922 420169.

Dr. Johann (Hals-Nasen-Ohrenarzt), Los Llanos, Avda. Venezuela 9, 2. Etage, Tel 922 460636, mobil: 628 480699.

Dr. Voss (Internist und Feriendialyse), Tajuya/El Paso, Calle Espigon 20, ✆ 922 486028 und Tazacorte, Avda. De la Constitución 57, gegenüber der Shell-Tankstelle, Sprechstunden nach Vereinbarung, Notfall: ✆ 666 223482.

Dr. Schaar (Orthopäde), Los Llanos, Avda. Carlos Fco. Navarro 19, Tel: 922 402141, mobil: 661 706444.

Zahnärztezentrum Gingko, Los Llanos, Calle Diaz Pimienta 10, ✆ 922 401238.

Clinica Dental, L. Hötzel, Los Llanos, Avenida Venezuela 11, ✆ 922 460419.

Dos Palmas (deutsche Zahnärztepraxis mit Labor), El Paso, Carretera General Tayuja (LP 1). 22, unterhalb von El Paso ✆ 922 497324.

Ausländer

Die meisten Palmeros haben längst, wenn auch nicht nur aus Nächstenliebe, ihren Frieden mit den Extranjeros, den Ausländern, geschlossen.

Denn sie waren ja schon immer da: Die Festlandspanier zunächst, von waschechten Canarios noch heute als „Goten" geschmäht, dann flämische Kaufleute, die vom Handel mit La Palmas Zuckerrohr reich wurden, und schließlich Briten, die bis ins 19. Jh. die beliebten kanarischen Malvasierweine vermarkteten, um nach der Vernichtung der Reben durch Mehltau die Banane als neue Monokulturpflanze auf den Archipel zu bringen. Von allen diesen Völkern ist etwas auf der Insel geblieben, auch wenn es meist nur Namen sind – Männernamen wie Gines und Harvey oder Straßennamen wie O'Daly und Van Dale.

Deutsche waren da bislang von seltener Zurückhaltung, sieht man von bescheidenen Geländekäufen einmal ab (vgl. „Als die Deutschen La Palma kauften ...", S. 155). Sonntagmorgens auf dem Flohmarkt in Argual aber ist Deutsch fast schon Umgangssprache. Und das sind keineswegs nur Touristen, die da babbeln und schwäbeln, das sind auch auf La Palma lebenden Deutsche.

Wie viele Ausländer auf La Palma leben, ist nicht sicher. Korrekt angemeldet sind nur etwas mehr als 3000, viele – insbesondere Rentner – melden sich aber nicht an und behalten trotz Daueraufenthalt lieber ihren ersten Wohnsitz in der alten Heimat. Unüberhörbar ist, dass die Deutschen die größte Gruppe vor Niederländern, Schweizern und Briten stellen. La Palma ist Aussteiger- oder genauer Umsteigerparadies. Es ist weniger das süße Nichtstun angesagt als vielmehr eine Standortalternative. Deutsche Freiberufler vom Tischler bis zum Arzt, Restaurantbesitzer ebenso wie Wanderführer und Biobauern bieten ihre Dienste und Produkte an. Aber natürlich gibt es auch den Manager, der auf Anraten des Arztes mehr gesund als glücklich hier lebt, und das Pensionärsehepaar, das auf La Palma halbjährlich die Sonne und im zweiten Halbjahr den Wannsee genießt. Während der Wohntrend der Palmeros vom Dorf in die Stadt oder gar, der besseren beruflichen Möglichkeiten wegen, ganz weg von der Insel führt, verläuft der Zuzug der Ausländer umgekehrt: Für sie kann es gar nicht ruhig und ländlich genug sein. Seit einigen Jahren

Puerto Naos hat viele Strände – bleiben Sie nicht beim erstbesten

schon sitzen in vielen Schulklassen von Puntagorda oder Garafía im Norden genau so viele oder gar mehr ausländische als palmerische Kinder.
Unbestreitbar bleibt allerdings auch, dass manche Deutsche (die hier *cabezas cuadradas* = Quadratköpfe – Besserwisser – genannt werden) sich nur wenig anzupassen vermögen und heimische Gewohnheiten nach La Palma importieren.
Aber die Palmeros verdienen mit. Für Bauindustrie und Einzelhandel sind die Fremden ebenso zur entscheidenden Größe geworden wie für Taxifahrer und Kellner. Solcher Nutzen, gepaart mit der Friedfertigkeit der meisten Palmeros, ermöglicht Ausländern ein konfliktfreies Leben auf La Palma. Denn die meisten Palmeros haben längst erkannt: Diese Ausländer bringen Geld und beanspruchen kaum Fürsorge.
Unschöner Nebeneffekt, der dann jenen Palmeros sauer aufstößt, die nichts zu verkaufen haben: Die Preise, nicht nur für Immobilien, ziehen an. Für einen Durchschnittsverdiener ist es fast unmöglich, ein Grundstück auf seiner eigenen Insel zu kaufen. Kein Wunder also, dass die Deutschen nicht bei allen Einheimischen wohl gelitten sind.

Baden

La Palma gilt, anders als die meisten Nachbarinseln, nicht als ausgesprochene Badeinsel. Dennoch werden Sie viele größere und kleinere Badeplätze finden, an denen es sich lohnt, einen Urlaubstag zu verbringen. Die Insel verfügt mit den Stränden von Puerto Naos an der Westküste und von Los Cancajos an der Ostküste über zwei größere Strände mit Verleihservice von Liegen und Sonnenschirmen. Daneben liegen noch eine Vielzahl kleiner Sandbuchten abseits der Hotels und Eisbuden, die auf ihre Entdeckung warten. Aber nicht alles, was als „Playa" bezeichnet wird, ist ein schöner Badestrand. Playa heißt zwar Strand, aber nicht Sandstrand.

Alle empfehlenswerten Strände sind deshalb auf der Karte gegenüber verzeichnet. Eine Beschreibung finden Sie in den einzelnen Landschaftsabschnitten unter dem Stichwort „Baden".

Besonders reizvoll sind die mit Meerwasser gefüllten Naturschwimmbecken im Norden der Insel. Hier haben die Wellen in Millionen von Jahren große Becken in den Fels gegraben, die sich ständig mit frischem Meerwasser füllen. An zwei Stellen, *La Fajana* und *Charco Azul*, sind schöne Anlagen mit Terrassen und Restaurants um die Becken entstanden.

Sogar *FKK* wird toleriert, allerdings nur in einer Bucht in der Nähe von Puerto Naos, an der Playa de las Monjas, was witzigerweise „Nonnenstrand" bedeutet. An anderen Stränden werden Sie zwar nicht sofort von der Polizei vertrieben, wenn Sie oben ohne baden, aber die Palmeros schätzen solche Freizügigkeit nicht.

Hinweis Der Sand ist überall schwarz und deshalb gerade im Sommer sehr heiß. Wer nicht ins kühlende Nass und zurück auf das Badetuch sprinten will, sollte Badeschuhe tragen. Für schattenlose Buchten ist ein Sonnenschirm empfehlenswert.

Vorsicht ist insbesondere im Herbst und Winter angesagt. Der Atlantik hat seine Tücken: hohe, heftige Brandung und starke Strömung, besonders gefährlich sind Unterströmungen. Sie sollten deshalb an den unbewachten Stränden sehr aufmerksam sein und an keinem Strand an stürmischen Tagen ans Wasser gehen, auch nicht am Strand spazieren. Leider wurden in den letzten Jahren mehrfach Touristen, die solche Warnungen nicht beachteten, von plötzlich auftretenden Riesenwellen erfasst und ertranken. Im Frühjahr taucht sehr selten vor den Stränden der Süd- und Westküste die *Spanische Galeere* auf, eine Blasenquallenart, deren lange Nesselfäden schmerzhafte Verbrennungen hervorrufen. Seeigel sind selten, dennoch sind an Felsenküsten Badeschuhe angebracht.

Bücher/Karten

La Palma hat so manchen Autor zum Schreiben angeregt. Es gibt Kurzgeschichtenbände, ja sogar Romane über dieses doch relativ kleine Eiland – als Einstimmung auf den Urlaub nur zu empfehlen.

Wen erst auf La Palma die Leselust packt, der kann die Bücher auch auf der Insel erstehen. Die hier erwähnten Sachbücher beziehen sich nicht nur auf La Palma, sondern auf alle Kanarischen Inseln – aber immer mit nützlichen Informationen über diese Insel.

Romane/Kurzgeschichten

Tanausú – Der letzte König der Kanaren, Roman von Harald Braem, Zech-Verlag Tenerife 2004. Harald Braem, Professor für Kommunikation und Design in Wiesbaden, ist La-Palma-Kenner. Mehr noch, er hat TV-Filme und Fachbücher über die Frühkulturen der Kanaren veröffentlicht. Dieses Buch, sein dritter Roman, erzählt die Eroberungsgeschichte La Palmas durch die Spanier aus Sicht der Unterworfenen und setzt dabei Tanausú, La Palmas Freiheitskämpfer und noch heute verehrtem Helden, ein literarisches Denkmal.

Tazacorte, Roman von Udo Rabsch, Konkursbuchverlag Claudia Gehrke 1989. Der Roman des Stuttgarter Arztes Udo Rabsch spielt in Vergangenheit, Gegenwart und Zukunft. Er beschreibt das Los der Aussteiger: Die gestrandete Hauptperson will die Insel ebenso verlassen wie alle anderen, aber keiner schafft es.

Tod am Teide, Irene Börjes, Zech-Verlag Tenerife 2004. Auch die Autorin dieses Reiseführers ist unter die Krimischreiber gegangen. Ort der Handlung ist zwar nicht La Palma, sondern Teneriffa, aber in die

Übersicht der empfohlenen Badeplätze

Der Teide auf Teneriffa ist 85 km entfernt

Geschichte sind viele Informationen über die kanarische Geschichte und das kanarische Lebensgefühl einbezogen, die auch für La Palma Gültigkeit besitzen.

Noch ein verdammter Tag im Paradies, Kurzgeschichten von Harald Körke, Konkursbuchverlag Claudia Gehrke 1988. Das bekannteste Buch über La Palma hat dem Autor (außer dem Honorar) nicht viel Freude gemacht: Die humorig, selten freundlich, immer sarkastisch beschriebenen Hauptpersonen dieser originellen Storys waren nicht ausreichend kaschiert. Womöglich eine davon zündete dem Dichter das Haus an. Er verließ die Insel auf Dauer.

La Palma – Die Canarische Insel, Essays, herausgegeben von J. M. Castro, S. Eigen, W. Göbel, Konkursbuchverlag Claudia Gehrke. Der 1985 erschienene, zweisprachige Band erzählt Anekdoten aus dem Leben der Palmeros und der Ausländer auf der Insel. Die drei Herausgeber lebten auf La Palma, und das merkt man den Texten und Fotos an. Selbst kritische Anmerkungen entbehren nie der Sympathie für die Insel und ihre Bewohner.

Galerie der kanarischen Volksbräuche, ein Kunstband mit Bildern der naiven Malerin Ángeles Violán Acevedo und Texten des Schriftstellers Rafael Arozarena Doblado, Zech-Verlag Tenerife 2005. In 45 farbigen Bildern fängt die Malerin das vielerorts schon vergangene ländliche Leben der Canarios ein und setzt dabei insbesondere den kanarischen Frauen ein Denkmal. Die Texte erzählen Geschichten zu den Bildern.

Sachbücher

Geschichte der Entdeckung und Eroberung der Kanarischen Inseln. Herausgegeben von Gunter Wege, Benahoare Editiones Marburg/Lahn (nur noch antiquarisch erhältlich). Die erstmals 1777 erschienene Beschreibung der Conquista basiert auf einer spanischen Handschrift, die auf La Palma gefunden wurde. Sie beschreibt mit allem Aberwitz die Eroberung aus Sicht der brutalen neuen Herren.

Die Kanarischen Inseln und ihre Pflanzenwelt. Von Günther Kunkel, Gustav Fischer Verlag. Das Standardwerk ist mit einem Preis von ca. 24 € nicht eben billig, der Kauf lohnt sich insbesondere für botanisch Vorgebildete.

Pflanzen auf Teneriffa. Von Hermann Schmidt, Basilisken-Presse, Marburg an der Lahn 1992. Die Pflanzenwelt Teneriffas ist der La Palmas sehr ähnlich. Die gute Gliederung nach Vegetationszonen erleichtert die Bestimmung der Pflanzen. Die Aufmachung, wunderschöne Farbfotos in ansprechend übersichtlichem Layout, rechtfertigt den hohen Preis von mehr als 30 €.

Kosmos Naturführer Die Kanarenflora. Von Peter und Ingrid Schönfelder. Standardwerk aus der renommierten Kosmosreihe. 850 Arten der Kanarenflora und 48 tropische Ziergehölze werden vorgestellt und mit allen botanischen Eigenheiten beschrieben.

Vegetación y Flora de La Palma. Von Arnolo Santos, Editorial Interinsular Canarias S. A. 1983. Ein Nachschlagewerk (auf Spanisch) für den Botaniker, das, 1983 erschienen, nichts von seiner Gültigkeit verloren hat. Die Ausgabe von ca. 40 € lohnt sich für Experten.

Karten/Wandern

Mapa guía, Maßstab 1:50.000. Die 1997 erschienene Karte des nationalen Geografiezentrums besticht durch sehr gute Schummerung, die das Inselrelief deutlich machen. Neben den Straßen sind auch unbefestigte Fahrwege und Caminos reales aufgenommen.

Mapa de La Palma, Maßstab 1:50.000, auf La Palma an Tankstellen und im Buchhandel erhältlich, recht oberflächlich, aber für Autofahrten ausreichend. Zwei Stadtpläne und eine Karte des Nationalparks auf der Rückseite.

Kompass Auto- und Freizeitkarte, Maßstab 1:50.000, dazu gibt es ein kleines Begleitheft. Gute Karte für Autofahrer; Wanderern und Bikern gibt es zwar die Strecken an, kann aber keine Informationen über die Beschaffenheit und Schwierigkeiten der Wege bieten.

La Palma, Auto- und Freizeitkarte, Verlag Freytag und Berndt, 2005. Maßstab 1:30.000. Für Autofahrten etwas zu groß und damit in der Handhabung umständlich. Für Wanderer und Biker wegen fehlender Streckenbeschreibungen nur eingeschränkt zu verwenden.

MMTouring, aus der Reihe des Michael Müller Verlags, 2001. Von der Autorin dieses Reiseführers recherchiert. Tourenkarte mit zusätzlichen Hinweisen auf interessante Punkte. Dazu 30 mit GPS kartierte Wanderungen. Eine Neuauflage mit 35 Wanderungen wird 2008 erscheinen.

Einreisebestimmungen

Personalausweis, Identitätskarte oder Reisepass sollte man dabei haben, sie werden bei der Einreise aber nur noch in Ausnahmefällen geprüft. Beim Einchecken im Hotel oder wenn Sie einen Wagen mieten möchten, wird aber immer ein Ausweis zur Vorlage verlangt. Denken Sie daran, dass Ihre Ausweispapiere mindestens noch drei Monate gültig sein müssen.

Wer mit dem Auto (und Fähre) anreist, braucht neben den Zulassungspapieren die *grüne Versicherungskarte*. Dem Fahrer reicht der nationale Führerschein, wenn er nicht länger als sechs Monate auf der Insel bleibt.

Für Haustiere benötigen Sie einen speziellen EU Ausweis in dem ihr Tier beschrieben ist und in dem die erforderliche Tollwutimpfung vermerkt wurde. Hunde wie Katzen müssen mit einer Tätowierung oder einem unter der Haut injizierten Mikrochip indentifiziert werden können.

Übrigens: Schon mittelgroße Hunde benötigen eine nicht ganz billige Transportbox. Reisebüros bzw. Fluglinien werden Sie beraten.

> Tierschützer warnen ausdrücklich davor, Tiere mit in den Urlaub zu nehmen, denn eine Reise im Gepäckraum, wo es laut, dunkel und kalt ist, ist ein traumatisches Erlebnis, von dem sich ein Tier u. U. nie mehr ganz erholt. Am besten lassen Sie Ihr Tier zu Hause betreuen oder bei Freunden wohnen und ersparen Ihrem Liebling diese Qual.

Wer auf La Palma die vierbeinige Liebe findet (und das passiert vielen), benötigt für die Ausfuhr des Tieres die gleichen Papiere. Hilfreich sind die Organisatoren von *Tierschutz La Palma*, ✆ 922 490024 und 922 497109.

Nicht immer geht es so ruhig zu beim Karneval auf La Palma

Feiertage

Spanien kennt nationale, regionale und lokale Feiertage. Es kann Ihnen also passieren, dass Sie in einem Ort vor verschlossenen Ladentüren stehen und im Nachbarort normaler Geschäftsbetrieb herrscht. Hier alle inselweiten Feiertage:

1. Januar	Neujahr
6. Januar	Der Dreikönigstag ersetzt als „Geschenktag" den Hl. Abend.
19. März	San José (kath. Feiertag, Spaniens „Vatertag")
Bewegliche Feiertage	Karnevaldienstag, Gründonnerstag, Karfreitag, Ostern und Fronleichnam
1. Mai	Tag der Arbeit
30. Mai	Der „Día de Canarias" ist Regionalfeiertag.
25. Juli	Santiago, Spaniens Nationalheiliger
15. August	Mariä Himmelfahrt
12. Oktober	Der „Día de la Hispanidad" wird in allen spanischsprachigen Ländern als der Tag gefeiert, an dem Kolumbus 1492 die Neue Welt entdeckte.
1. November	Allerheiligen
6. Dezember	Verfassungstag
8. Dezember	Unbefleckte Empfängnis
25. Dezember	Weihnachten

Fällt ein Feiertag auf einen Montag oder Sonnabend, so gibt es eine Sonderöffnung der Einzelhandelsgeschäfte, meist an einem Vormittag, die per Aushang bekannt gegeben wird. Diese Regelung gilt auch für die Doppelfeiertage Gründonnerstag/Karfreitag.

Fotografieren

In dieser grandiosen Landschaft darf der Fotoapparat nie fehlen – aber auch der UV-Filter nicht. Filme kosten ab 3 € für 24 Papierbilder, ab 4,30 € für 36 Dias (im

Supermarkt). Sowohl in Los Llanos, Santa Cruz und El Paso gibt es Kodak- und Agfa-Expressdienste, die in einer Stunde entwickeln und Abzüge liefern oder die mit der Digitalkamera geschossenen Bilder auf eine CD brennen.

Adressen **Los Llanos** z. B. in der Calle Doctor Fleming und im Einkaufszentrum Tago Mago, in **Santa Cruz** z. B. bei Foto 3, Calle Apuron und Ecke Avenida El Puente und Calle O´Daly.

Tipp: Automatische Belichtungsmesser hellen auf, wenn Sie an den Vulkanen überwiegend schwarzen Sand vor sich haben. Justieren Sie dann an einer hellen Fläche, z. B. Ihrer Hand, und behalten Sie diesen Wert bei, gleichgültig, was der Belichtungsmesser anzeigt.

Geld

Die Kanarischen Inseln gehören zu Spanien und somit zur europäischen Währungsunion. Zahlungsmittel ist also der Euro.

Wechselkurs Schweizer Franken: 1 sFr = 0,63 €; 1 € = 1,59 sFr

Geldautomaten: sind meist zu erkennen am Logo „Telebanco". Mit Geheimnummer und Scheckkarte können in der Regel täglich 300–600 Euro abgehoben werden, zuzüglich 3 € Gebühr. Vorteil: Sie sind an keine Banköffnungszeiten gebunden und haben, wenn überhaupt, nur geringe Wartezeiten.

Reiseschecks: muss man schon vor der Abfahrt bei seiner Bank einkaufen, wobei ein Prozent des Werts als Gebühr erhoben wird. Beim Einlösen wird nochmals eine Gebühr fällig, die sogar noch höher ausfallen kann. Leser testeten mehrere Banken. Ergebnis: Am günstigsten war die BBVA in Tazacorte. Sie zahlten einmal 3 €, alle späteren Schecks wurden kostenlos eingelöst. Bei Verlust oder Diebstahl kann man die Schecks sperren lassen. Ersatz leisten viele große Banken, falls man die Kaufbestätigung für die Schecks vorzeigen kann. Ansonsten hilft ein spezieller Kurierdienst (Näheres beim Einkauf der Schecks). Kaufquittung und Schecks immer getrennt aufbewahren, außerdem die Nummern der Schecks notieren.

Kreditkarten: Die gängigen Karten wie *Eurocard, Visa, American Express* etc. werden auf La Palma von vielen Stellen akzeptiert. Achtung: *Tankstellen* akzeptieren die Cards nicht immer, deshalb zum Tanken immer Bargeld dabei haben.
In Verbindung mit dem Ausweis kann man per Kreditkarte bei Banken auch Geld abheben (mit PIN-Code auch vom Automaten), Höchstbetrag pro Tag ist je nach Karte verschieden. Allerdings sind die Gebühren der Kartenfirmen ziemlich hoch. Wichtig: Bei Verlust der Karte diese unbedingt sofort international sperren lassen, die Rufnummern erfahren Sie bei Ihrer Kreditkartenfirma oder Ihrer Hausbank.

Postbank: Die spanische Postbank ist in der BBVA aufgegangen. Die größte spanische Bank hat in Santa Cruz. und Los Llanos Filialen.

Öffnungszeiten der Banken: im Allgemeinen Mo–Sa 9–14 Uhr, gelegentlich auch bis 14.30 Uhr. In der Karnevalswoche schließen die Banken schon um 12.30 Uhr, und von Juni bis September sind sie samstags geschlossen.

Information/Internet

Wer sich vor Reiseantritt informieren möchte, kann sich von den spanischen Fremdenverkehrsämtern Material und Unterkunftsverzeichnisse schicken lassen.

- *Deutschland* Kurfürstendamm 180, 10707 **Berlin**, ✆ 030/8826543, 📠 8826036.
Grafenberger Allee 100, 40210 **Düsseldorf**, ✆ 0211/6803980, 📠 6803985.
Myliusstr. 14, 60323 **Frankfurt**, ✆ 069/173617, 📠 725313.
- *Österreich* Walfischgasse 8, 1010 **Wien**, ✆ 01/5129580, 📠 5129581.
- *Schweiz* Seefeldstr.19, 8008 **Zürich**, ✆ 01/2527930, 📠 2526204.

Vor Ort helfen die örtlichen Touristeninformationsbüros (Adressen immer bei den jeweiligen Ortsbeschreibungen) bei Fragen und Problemen weiter.

Internet: Bei Eingabe des Stichworts La Palma erscheinen in den bekannten Suchmaschinen wie Google seitenweise Web-Adressen zum Thema. Unter folgenden Adressen bekommen Sie allgemeine Informationen über La Palma. Agenturen, Vermieter, Verleiher und Veranstalter finden Sie unter den entsprechenden Stichworten und in den jeweiligen Ortskapiteln.

www.lapalmaturismo.com, Seiten der Touristeninformation Patronato de Turismo, auch auf Deutsch. Sehr informativ zu Inselnatur, Kultur und Brauchtum, mehrere Seiten voller Informationen auch zum Observatorium.

www.la-palma.de – eine private Infobörse von Contacto SL, der sich viele Geschäftsleute und Anbieter angeschlossen haben.

www.la-palma.com – Infocenter La Palma, eine weitere private Infobörse mit vielen Links.

www.la-palma-aktuell.de, eine Privatinitiative, mit vielen praktischen allgemeinen und aktuellen Infos und Tipps.

www.michael-mueller-verlag.de, mit Updates zu diesem Buch und einem Kanarenforum.

www.d-ocasion.net, die Seiten des La-Palma-Anzeigenblattes mit aktuellen Infos und vielen Links. Alles auch auf Deutsch.

www.inm.es/Spanien/LaPalma, das spanische Wetteramt zeigt u. a. die aktuelle Satellitenaufnahme des Archipels.

www.wetteronline.de/Spanien/LaPalma, u. a. mit der Vorhersage für drei Tage.

www.lapalmabiosfera.com, auf Spanisch, viele Informationen zu La Palma als Biosphärenreservat der UNESCO.

Internetcafés: haben sich in allen größeren Orten auf La Palma etabliert, in Los Llanos z. B. Amynetwork, Calle General Franco 30.

Satelliten-TV: Wer über einen eigenen Anschluss den Satelliten Astra digitalisiert empfangen kann, hat die Möglichkeit auch zu Hause den Canal Canarias zu empfangen. Er sendet Infos, Kurzfilme über Natur, Geschichte, Kultur und Urlaub auf allen Kanarischen Inseln, viele Beiträge sind auch auf Englisch.

Jagdzeit

Wenn es zwischen Anfang August und Ende November in den Bergen knallt, dann sind Jäger unterwegs. Mit Flinte und Hunden dürfen sie donnerstags und sonntags an der Cumbre Nueva Kaninchen nachstellen und mittwochs und sonntags auf dem Rand der Caldera de Taburiente den Mufflons, den eigens für die Jagd ausgesetzten Mähnenschafen. Die Jagdtage sind in den jeweiligen Gebieten keine guten Wandertage, es haben sich schon Kugeln verirrt.

Kinder

Ein Urlaub mit Kindern auf La Palma fordert von den Eltern etwas mehr Fantasie und Flexibilität als ein Urlaub auf einer dänischen Ferieninsel, vielleicht ist er auch etwas anstrengender. Für viele Kinder ist die Insel jedoch ein Erlebnis, das tiefe Eindrücke hinterlässt. Viele Großstadtkinder finden Eidechsen, Wohnhöhlen und Vulkanspalten, in denen man Eier braten kann, ungeheuer spannend.

Urlauber mit semmelblonden Kindern werden auch die Einheimischen ganz anders erleben. Mit den Kleinen flirtende Kassiererinnen oder Kellner, die bereitwillig jeden Schnuller aufheben, sind die Regel. Also ist Essengehen mit Kindern kein Problem, wenn Kinderstühle noch fehlen, improvisiert der Kellner schnell einen Hochsitz.

Die meisten Hotel- und Apartmentanlagen haben Kinderbetten, und die meisten Mietwagenbesitzer verfügen über Kindersitze. Man sollte diese allerdings rechtzeitig bestellen und auch gleich das Alter der Kinder angeben. Schwierig wird es allerdings, wenn die Kinder ungern Auto fahren und die Eltern sehr erlebnishungrig sind. Die viele Kurverei ist nicht für alle Kinder ein Vergnügen.

Die Badestrände La Palmas sind unterschiedlich gut für Kinder geeignet. Puerto Naos und Los Cancajos sind wegen ihrer Infrastruktur und der guten Erreichbarkeit vorzuziehen, aber auch Playa Zamora und Charco Verde mit ihrer sanften Brandung. Die Wanderungen zu den Wohnhöhlen von Buracas, in den Barranco de Agua, zu den Vulkanen San Antonio und Teneguía sind auch für Kinder gut geeignet und so abwechslungsreich, dass keine Langeweile aufkommt.

Solange die Kleinen noch nicht allzu viel Gewicht haben, sind für diese kürzeren, zwei- bis maximal dreistündigen Wanderungen Rückentragen sehr empfehlenswert. Für Buggys sind die Wege meist nicht geeignet, denn oft sind sie sehr uneben, meist steil.

Ein blonder Engel – Abuelas ganzer Stolz

• *Versorgung* Windeln sind etwas teurer, aber fast in jedem Supermarkt erhältlich, auch die allseits beliebten Bärchenwindeln. Der Preisvergleich lohnt sich.

Milchpulver und andere Babynahrung gibt es, ebenfalls etwas teurer als in Deutschland, in allen Apotheken (farmacias).

• *Anreise* Noch ein Tipp für die Buchung der Anreise. Es lohnt sich, die Flugpreise zu vergleichen. Je nach Alter der Kinder fliegen Sie entweder mit LTU oder mit Condor billiger.

Kleidung

Was im Koffer oder Rucksack nicht fehlen darf, ist der *Sonnenschutz* für Kopf und Haut. La Palma ist 3500 km von Mitteleuropa entfernt, und die Sonnenstrahlen

treffen den Kopf viel steiler als dort. Hinzu kommt die allzeit milde Brise, die Sie die Kraft der Sonne vergessen lässt. Also Sonnencreme mit hohem Lichtschutzfaktor nicht vergessen und einen Hut oder ein Tuch, um den Kopf zu schützen.
Außerdem *Badeschuhe:* Der feine, schwarze Lavastrand wird im Sommer von den Sonnenstrahlen aufgeheizt. Da sind Strandlatschen praktisch, wenn Sie nicht nur rennend das Meerwasser erreichen wollen.

Pullover oder Sweatshirt, denn im Winter können die Temperaturen abends bis auf zwölf Grad Celsius sinken. Außerdem einen *Regenschutz*: Zwischen November und April kann es schon mal regnen. Ein leichter Anorak ist ausreichend.

Tipps für Wanderer finden Sie auf Seite 58.

Zur *Kleiderordnung:* Nur in Kirchen, wo kurze Hosen und nackte Schultern nicht gern gesehen sind, kennt man so etwas wie eine Kleidervorschrift.

Konsulate

Nur die Bundesrepublik Deutschland unterhält ein Honorarkonsulat, alle anderen Konsulate befinden sich auf Teneriffa oder Gran Canaria.

- *Bundesrepublik Deutschland* Büro des Honorarkonsuls: Santa Cruz, Avenida Marítima 66, Mo–Do 10–13 Uhr, ✆ 922 420689, 📠 922 413278.
- *Österreich* Konsulat, Teneriffa, Santa Cruz de Tenerife, Calle Villalba Hervás 9, ✆ 922 243799 (Mo–Fr 10–12Uhr).
- *Schweiz* Konsulat, Gran Canaria, Las Palmas de Gran Canaria, Calle D. Rivero 2, ✆ 928 293450, 290070 (Mo–Fr 9–12 Uhr).

Kriminalität

Spanien und die Kanaren gelten als sicheres Urlaubsland, und das gilt in besonderem Maße für La Palma. Achten Sie deshalb auf Handtaschen, Geldbeutel und Wertgegenstände wie zu Hause auch. Wo Schilder der Gemeindeverwaltung davor warnen, Gepäckstücke im Auto liegen zu lassen, oder in Hotels die Nutzung der Safes empfohlen wird, sollten Sie solchen Ratschlägen auch folgen. Was aber nichts daran ändert, dass Sie auf La Palma sicher einen in jeder Hinsicht geruhsamen Urlaub verleben werden.

Ladenöffnungszeiten

Auf den Kanaren gibt es ein Ladenschlussgesetz. Es begrenzt die Ladenöffnungszeiten auf achtzig Stunden wöchentlich und die Sonn- und Feiertagsöffnung auf acht von der Regierung am Jahresbeginn festzulegende Tage. Für touristische Zonen wie Puerto Naos und Los Cancajos gibt es Sonderregelungen. Obwohl Spanien als Land der geheiligten *Siesta* (Mittagspause) bekannt ist, haben die großen Supermärkte in Santa Cruz, Los Llanos, El Paso und Puerto Naos montags bis samstags durchgehend von 8 bis 20/20.30 Uhr geöffnet. In allen anderen Branchen und in kleinen Lebensmittelgeschäften hält man sich mehr an die Tradition und gönnt Beschäftigten und Kunden ausgiebige Pausen und Sommerferien.

Folgende Öffnungszeiten gelten nur als Faustregel, denn die tatsächlichen Öffnungszeiten können sehr verschieden sein:

Vormittags von 8 oder 9 Uhr bis 13 oder 13.30 Uhr.

Nachmittags von 17 bis 19 Uhr, Supermärkte bis 20 Uhr.

Während der **Sommerzeit** (Juli bis September) öffnen die Läden mit Ausnahme der Supermärkte nachmittags nicht, schließen dafür mittags häufig erst um 14 Uhr.

Medien

Deutsche Zeitungen und Zeitschriften von der *Hamburger Morgenpost* bis zum *Spiegel* sind in aller Regel am Tag nach ihrem Erscheinen in Deutschland auch in Supermärkten und Papiergeschäften auf La Palma zu bekommen. Nur *Bild* ist in einer auf den Kanarischen Inseln erstellten Ausgabe am Erscheinungstag erhältlich.

In deutscher und spanischer Sprache erscheint das Anzeigenblatt *D'occasion* (14-tägig) sowie die Broschüren *TIP* und *Info Magazin* (halbjährlich), die kostenlos an zahlreichen Verkaufsstellen ausliegen.

Der lokale Radiosender *Radio Sol* bringt jeden Werktagabend ab 21 Uhr eine halbstündige Musik- und Informationssendung in deutscher Sprache auf 88,8 MHZ. Auf der Ostseite kann man das Programm von „Happy radio" empfangen. Dieser Sender auf Teneriffa sendet auf 98,7 MHZ und 99,7 MHZ.

Auf den Dächern der meisten Apartmentanlagen fängt eine Satellitenschüssel die Signale von Astra ein und bedient ihre Gäste mit mehr als 40 deutschsprachigen Fernsehprogrammen und noch mehr deutschen Radiosendern.

Auf La Palma, das einstmals eine reiche Medienlandschaft besaß (1863 erschien mit *El Time* die erste Tageszeitung, Anfang des 20. Jh. waren sieben Zeitschriften auf dem Markt), beginnt sich nach langer Pause die Medien-Insel-Welt wieder zu regen: Mit *La Voz* (die Stimme) und *La Isla* sind zwei Magazine im Zeitungsformat im Handel, die in Spanisch ausschließlich über Inselneuigkeiten berichten.

Märkte

Märkte auf La Palma sind Markthallen, und die gibt es nur in den Städten Santa Cruz und Los Llanos, vgl. Stadtpläne, Öffnungszeiten Mo–Sa 8–14 Uhr. Sie sollten einen Besuch nicht versäumen. Hier gibt es frisches Gemüse, Früchte „del país" (des Landes), je nach Jahreszeit garantiert auch immer etwas Ungewöhnliches wie Birnenmelone, Mango, Papaya, Guaven. Daneben gibt es Stände mit Fleisch und Fisch. Ein solcher Mercado hat natürlich auch viel mehr Atmosphäre als ein Supermarkt.

Eine immer größere Rolle spielen *Mercadillos*, Wochenendmärkte, auf denen die Erzeuger ihre Produkte selbst anbieten. Obst und Gemüse sind dort erheblich günstiger als im Supermarkt. Die Preisspanne wird jedes Wochenende neu festgelegt und ist an Tafeln nachzulesen. Im Angebot sind aber auch Brot, Kuchen, Fleisch, Wurst, Käse, selbst produzierte Weine, Liköre und die typischen Soßen (*mojos*). Auch die örtlichen Kunsthandwerker bieten ihre Produkte an.

Mazo: am Samstagnachmittag ab 15 Uhr und sonntags ab 8 Uhr in einer großen Markthalle.

Puntagorda: Hier ist für einen *Mercadillo* eine schöne Halle errichtet worden. Sie steht nördlich des Ortes, unterhalb des mit *El Fayal* ausgeschilderten Picknickplatzes. Samstags ab 15 Uhr, sonntags ab 11 Uhr.

Los Llanos: nur sonntags am Vormittag auf dem Platz rechts neben der Ortseinfahrt, von El Paso kommend.

Barlovento: ein Minimarkt im Kiosk vor dem Erholungsgebiet La Laguna, siehe dort.

Der Erfolg der Mercadillos lässt auch andere Gemeinden nicht ruhen; weitere Märkte sollen eingerichtet werden.

Rastro/Flohmarkt: Ausländer, vornehmlich Deutsche, haben auch die zunächst etwas befremdeten Palmeros auf den Geschmack am Flohmarktbummel gebracht. Jeden Sonntag von 10–14 Uhr in Los Llanos, auf der Plaza de Sotomayor, im Ortsteil Argual. In Santa Cruz sonntags 9–15 Uhr auf dem Parkplatz im Hafengelände.

Post

Correos (Postämter) finden sich in allen Ortschaften (vgl. die jeweiligen Stadtpläne). Auf dem Lande erledigt man meist im Dorfladen nebenbei auch die Postangelegenheiten. Den Service für die Postbank übernimmt die BBVA (vgl. Stichwort Geld).

Geöffnet sind die Postämter von 8 bis 14 Uhr, (die Post in Los Llanos auch am Nachmittag 16–20 Uhr), samstags nur bis 13 Uhr. Für die Postkarte und den Brief genügt die 58-Cent-Briefmarke („sello", sejo gesprochen).

Postlagerung ist bei dem Postamt jeder Gemeinde mit dem Vermerk „lista de correos" möglich. Drei Wochen wird die Post dort aufbewahrt; bei der Abholung müssen Sie sich ausweisen.

Achtung: Postämter bieten in Spanien keinen Telefonservice.

Preise

Spanien ist schon lange kein billiges Reiseland mehr. In der Europäischen Union gleichen sich die Preise an. Lebensmittel sind etwa genauso teuer, im Einzelfall auch teurer als im übrigen Europa. Bei den Genussmitteln gibt es allerdings einen gewaltigen Unterschied, denn die Kanarischen Inseln sind noch immer *Freihandelszone.* Amerikanische und deutsche Zigaretten kosten pro Stange etwa 15 €, spanische Zigaretten sogar nur die Hälfte, auch Spirituosen sind erheblich billiger. Für wenig mehr als 6,50 € können Sie einen ordentlichen spanischen Brandy bekommen. Auch Uhren, optische Geräte und Kosmetika einschließlich Parfüms sind meist billiger als auf dem Kontinent, genaue Preisvergleiche sind aber angebracht. Dienstleistungen sind ebenfalls preiswerter, denn die Löhne sind niedriger als im übrigen Europa:

- *Übernachten* Preise für ein DZ pro Übernachtung:
Pensionen: 15–30 €
Hotels (1–3 Sterne): 30–60 €
Apartments und Ferienhäuser (mittlerer/guter Standard): 35–60 €
- *Mietwagen* siehe S. 55.
- *Essen/Trinken* im Restaurant, mittlerer Standard:
Espresso: 0,50–1 €
Flasche Bier: 0,80–1,50 €
Flasche Inselwein: ab 7,50 €
Tapa: 1,50–4,50 €
Hauptgericht: 6–15 €

Rauchverbote

Spanien hat ein Schutzgesetz für Nichtraucher. Es untersagt das Rauchen in allen öffentlichen Gebäuden und an Arbeitsplätzen. Für Restaurants gelten folgende Regeln: Restaurants mit einer Größe von 100qm oder mehr müssen getrennte Zonen für Raucher und Nichtraucher einrichten; in Gastronomiebetrieben, in denen sich Kinder aufhalten, darf nicht geraucht werden; kleinere Lokale müssen sich entscheiden, ob geraucht werden darf oder nicht und dies als Aushang im Eingangsbereich bekannt geben.

Sport

Biken: siehe „Unterwegs auf La Palma".

Paraglider: Den folgenden Text schrieb ein vor Ort lebender, erfahrener Gleitschirmflieger.

Paragliders Landung in Puerto Naos

„Gleitschirmfliegen auf La Palma ist ein wundervolles Erlebnis, bedeutet aber äußerst anspruchvolles Fliegen und ist für Anfänger und Gelegenheitspiloten nicht geeignet. Diese Gruppe von Piloten sollte die Insel zum Fliegen nur mit einer guten Flugschule besuchen oder sich einem ortsansässigen Flugguide anvertrauen, s. u.

Flugsaison ist von Oktober bis April, im Sommer dagegen sind die Flugbedingungen wegen einer ausgeprägten Inversionsschicht (300 Meter) äußerst schlecht. Bedingt durch den konstant wehenden Nord-Ost-Passat fliegt man auf der Süd-West-Seite meistens im Lee. Von Osten durchbrechende Winde verändern die Wetterlage und die damit verbundenen Flugbedingungen innerhalb von Minuten. Es entstehen Turbulenzen, die sich teilweise so dramatisch entwickeln, dass fast jedes Jahr auch erfahrene Piloten verunglücken. Rückwärtsstart-Technik, 100%ige Schirmbeherrschung und Abstiegshilfen sind unerlässlich. Allen ortsfremden Piloten ist zu empfehlen, sich bei lokalen Piloten über die Fliegbarkeit und die Startmöglichkeiten aktuell zu informieren.

Ein Startplatz befindet sich auf der Ostseite (Puntallana, 600 m), alle weiteren auf der Westseite, auf der Steilküste oberhalb von Puerto Naos (dt. „die Kante“, 230 m), Campanario (900 m) und Gallo (1300 m) am Calderarand unterhalb des Feuerturms (1100 m). Mitfahrgelegenheit gegen Kostenbeteiligung bieten die örtlichen Piloten.“

Palmaclub, vertreten durch Javier Lopez, Javi genannt (✆ 610695750, www.palmaclub.com) hat die Startplätze eingerichtet und unterhält sie. Für Gastflieger beträgt die Startgebühr 10 Euro pro Woche. Javi führt auch traumhaft schöne und sichere Tandemflüge (für 90 €) durch: Man findet ihn in Puerto Naos am Kiosk „Playa Morena“. Dort erhalten interessierte Flieger alle Informationen. Ansprechpartner ist auch der deutsch, englisch, französisch und italienisch sprechende erfahrene Flugguide Roger Frey (✆ 638 809917, www.idafe.com).

Reiten: Unterricht und Ausritte für Anfänger und Fortgeschrittene bieten:

Circulo ManivasanHípico, Calle Cuesta de La Juliana 15, El Paso/Tacande, ☏ 699 629517, www.la-palma-reiten.com

Centro Hipico Montaña Colorada, an der LP 3 gegenüber dem Informationszentrums des Nationalparks, (☏ 629 718398).

Schnorcheln: lohnt vor allem in felsigen, kleinen Buchten. La Palma bietet zwar nicht die Unterwasserwelt der Karibik, aber ein paar schöne, bunte Fischchen kann man auch hier beobachten (vgl. Stichwort Baden, S. 71f.).

Tauchen: Zackenbarsche, Barrakudas, Trompetenfische, auch Mantas und Thunfische – und seltener Schildkröten lassen sich bei Sichtweiten von bis zu 40 m gut beobachten. Als Tauchgebiet vulkanischen Ursprungs gibt es hier nicht nur Riffe, die Unterwasserlandschaft beeindruckt auch mit Steilwänden, Canyons, bizarren Lavabögen und Grotten. Gute Tauchspots liegen vor allen Küsten. Allerdings machen die Wellen an der Nordküste das Tauchen schwierig.

Es gibt mehrere Tauchbasen, die Tauchsportler rundum versorgen. Von Kursen für Anfänger und Fortgeschrittene, immer nach den internationalen Standards von PADI oder SSI, bis zu Tauchgängen und Bootsausflügen reichen die Angebote. Selbstverständlich kann das Gerödel, wie Taucher ihre Ausrüstung nennen, vor Ort geliehen werden.

Preisbeispiel: Anfängerkurs einschl. 4–6 Tauchgänge 300–350 €, Einzeltauchgang mit Ausrüstung 25–35 €. In allen Tauchbasen wird Deutsch gesprochen.

• *Adressen* **Tauchpartner**, Puerto Naos, Doris und Axel haben ihr Büro in der Ladenzeile des Apartmenthauses Delphin gegenüber der Promenade. Auf Wunsch organisiert Tauchpartner für seine Kunden auch Unterkunft und Mietwagen. ☏ 922 408139, ☏ 922 401493, www.tauchpartner-la-palma.de.

La Palma Diving Center, Cancajos, im CC Cancajos, Local 227, ☏/☏ 922 181393, mobil 660 860240, www.la-palma-tauchen.de.

Buceo Sub, ebenfalls in Cancajos, in der Ladenzeile von Ap. Costa Salinas; (☏ 922 181113, www.buceos-sub.com.

Club Atlantic 28, Fuencaliente, Carretera General 106, ☏ 922 444047, mobil 608 013021, www.atlantic28.de.

Tennis: Die großen Hotels in Puerto Naos, Los Cancajos, Fuencaliente und Barlovento sowie folgende Apartmentanlagen haben eigene Plätze: Ap. Son Vida in Todoque, Apartamentos Jardin La Palma bei Los Llanos, Apartamentos Vista Bella in Breña Alta. Auf beiden Inselseiten gibt es neben den hoteleigenen Plätzen Tennisplätze, die auch von auswärtigen Gästen genutzt werden können (keine Trainerstunden, eigener Tennisschläger): auf der Westseite an der Straße zwischen Los Llanos und Puerto Naos kurz vor der Steilküste (☏ 922 480202). Auf der Ostseite in der Nähe von Santa Cruz, bei Mirca, steht ein öffentliches Sportzentrum mit Tennisplätzen: Polideportivo Miraflores. Information, Anmeldung und Karten im Verwaltungsgebäude in Santa Cruz, Avenida Marítima 3, 5. Etage, ☏ 922/413657.

Segeln/Windsurfen: Zwar bunkern Atlantiküberquerer in Santa Cruz vor ihrer Überfahrt in die Karibik Proviant, aber zum Schippern zwischen den Inseln oder zum Windsurfen sind die östlicher gelegenen Kanarischen Inseln besser geeignet. Segelboote und Surfboards werden auch nicht verliehen.

Wellenreiten: Der einzige Strand, an dem es sich lohnt, ist die Playa Nueva in der Nähe von Puerto Naos. Dort nutzen einheimische Surfer die lange Brandungswelle am nördlichen Strandabschnitt. Mit dem kleineren *Bodyboard* rutschen vor allem Kinder an allen Stränden auf dem Bauch liegend vor den Wellen her. Bodyboards gibt es ab ca. 35 € in allen Sportgeschäften.

Klönschnack ohne Endungs-S

Sprache

La Palma ist bisher vom Massentourismus noch verschont worden, und darum spricht man Spanisch, auch mit den Fremden. Ausnahmen bilden einige Beschäftigte in Hotels und Restaurants in den touristischen Zonen. Seit kurzem gibt es in den meisten Restaurants Speisekarten in mehreren Sprachen.

Wenn Sie die Insel kennen lernen wollen, müssen Sie sich um ein paar Brocken Spanisch bemühen. Doch auch wer Spanisch spricht, kann auf La Palma Überraschungen erleben. Auf Grund mehrerer Auswanderungswellen, insbesondere nach Kuba und Venezuela, haben viele Elemente des dortigen Spanisch Einzug in das kanarische Spanisch gefunden. Zum Beispiel heißt hier Kartoffel nicht patata, sondern papa. Das Endungs-S wird nicht mitgesprochen, und aus dem R kann ein L werden. Wer auf La Palma Spanisch lernen möchte, findet im spanisch-deutschen Anzeigenblatt *D´occasion* Anzeigen von Spanischlehrern/-lehrerinnen.

Strom

Bis auf Stromausfall ab und zu (die Leitungen sind vorwiegend überirdisch verlegt) ist alles wie gewohnt. Nur für Schukostecker benötigen Sie einen Adapter.

Telefonieren

Ferngespräche sind etwas teurer als zu Hause, in jedem Fall aber von öffentlichen Telefonen günstiger als aus dem Hotelzimmer. Für praktische *Telefonkarten* sind nahezu alle Telefonzellen ausgerüstet. Karten gibt es in vielen Supermärkten an der

Kasse (*tarjetas telefonicas*) im Wert von 10 oder 20 Euro. Einfach ist auch die Nutzung der *Teléfonos públicos*. Man erkennt sie an dem so beschrifteten Schild in Läden, Reisebüros oder Restaurants. Hier telefonieren Sie ungestört und zahlen im Anschluss entsprechend dem Zählerstand. Falls Sie lieber mit Münzen telefonieren, sollten es bei Ortsgesprächen mindestens 20 Cent sein. Übrigens, die Ortsvorwahl der Provinz Teneriffa – 922 – muss bei Gesprächen ins Festnetz innerhalb der Provinz, auch innerhalb eines Ortes, immer gewählt werden. Für Ferngespräche mindestens 2 € einwerfen.

Und so wird es gemacht: *Vorwahl* ins Ausland: 00; *Landesvorwahl* wählen: Deutschland 49, Österreich 43, Schweiz 41. Ohne weitere Pause jetzt die Ortsvorwahl ohne die 0, dann die Nummer des Anschlusses.
Von Deutschland aus erreichen Sie La Palma unter der Vorwahl ✆ 0034922.
Postämter bieten in Spanien keinen Telefonservice.

Handy Hauptanbieter ist movistar, aber auch Orange/Vodafon hat Läden in den Städten.

▸ **Notruf 112**, auch in deutscher Sprache. Von der Zentrale werden Sie ggf. weiterverbunden oder es werden sofort notwendige Maßnahmen (z. B. Krankenwagen) eingeleitet.

Trinkgeld

Runden Sie die Rechnung im Lokal auf, wie Sie es von zu Hause gewohnt sind, und lassen Sie den Betrag auf dem kleinen Abrechnungsteller oder direkt auf ihrem Tisch liegen. Man lässt Sie aber auch gehen, wenn Sie nichts dazugezahlt haben.

Zeit

Eine Stunde früher ist es auf den Kanaren. Diese Differenz zu Mitteleuropa gilt auch während der Sommerzeit, die auf den Kanaren gleichfalls eingeführt ist.

Zoll

Die Kanarischen Inseln sind immer noch *Freihandelszone*. Aus diesem Grund sind Spirituosen, Tabakwaren, Parfüms etc. hier meist billiger als selbst beim Duty-free-Verkauf im Flieger.
Zollfrei sind Gegenstände des persönlichen Gebrauchs, wie Schmuck, Fotoapparate, Musikinstrumente usw. Die *Einfuhrbeschränkungen* auch in EU-Ländern bestehen weiterhin, da die Kanaren noch nicht in jeder Hinsicht Vollmitglied in der EU sind.

Folgendes darf bei der Rückreise nach Deutschland mitgenommen werden: 200 Zigaretten oder 50 Zigarren oder 250 Gramm Tabak, 1 Liter Getränk über 15 Prozent Alkohol und 2 Liter bis 15 Prozent Alkohol sowie Geschenke bis zum Wert von 130 €. Devisen dürfen Touristen in beliebiger Menge ein- und ausführen.

So klein können Hauptstädte sein

Santa Cruz

Schon von fern ist sie schön. Strahlend weiß zieht sie sich vom blauen Atlantik den dunkelgrünen Berghang hoch. Scheinen noch von weitem Hochhäuser das Bild der Stadt zu bestimmen – beim Schlendern durch die Gassen geraten sie aus dem Blick. Santa Cruz, eine der am besten erhaltenen Städte im Archipel, nimmt jeden mit ihrem Charme gefangen mit ihren zahllosen historischen Gebäude, steingepflasterten Gassen, winkligen Treppen und den vielen, meist terrassenförmig angelegten, stimmungsvollen Plazas.

Santa Cruz: Hauptstadt, Sitz der Inselverwaltung (*Cabildo Insular*), der Vertretung der Kanarischen Regierung (*Delegación del Gobierno*), der Hafen-, der Zollbehörde, der Inselgarnison; es gibt zwei Museen, zwei Ausstellungsgebäude und zwei Theater. Mehr als 18.000 Einwohner zählt die Gemeinde, eine richtige Großstadt also für palmerische Verhältnisse.

Obwohl der Stadtkern erst 1990 unter Denkmalschutz gestellt wurde, stören nur wenige Gebäude neueren Datums das Gesamtbild. Hier hat sich die sprichwörtliche Ruhe der Palmeros, die nicht hektisch nach Neuem drängen, einmal mehr positiv ausgewirkt.

Dennoch ist Santa Cruz keine langweilige Museumsstadt, in der man die Sehenswürdigkeiten abhakt, um dann schnell wieder zu verschwinden. Im Gegenteil, die schattigen Plazas und hübschen Straßencafés verführen dazu, länger als geplant zu bleiben und den Menschen auf der Straße zuzuschauen, die ohne übertriebene Geschäftigkeit, ohne Hektik an dem Urlauber vorbeiziehen. Freundlich, unaufdringlich, lässig, sich Zeit lassend für das Leben, für sich, seine Familie und seine Freunde. Die Menschen, die die Stadt ausmachen, scheinen so zu sein, wie viele Mitteleuropäer gern sein möchten, wenigstens im Urlaub.

Leider nimmt auch in Santa Cruz der Autoverkehr zu und stört die Beschaulichkeit, zumindest auf der Uferstraße, der Avenida Marítima. Aber an einer Umgehungsstraße mit Parkhäusern, Zentralem Busbahnhof am Ortsrand und Tiefgaragen wird gebaut. Die Uferstraße soll dann mit Fußgängerbereich, Palmenallee und Strand ein besonderer Anziehungspunkt werden. Bislang nutzt man den dafür vorgesehenen Platz zwischen Atlantik und Uferstraße als Parkplatz.

Santa Cruz
Karte Seite 91

Stadtgeschichte

Wie kommt eine so kleine Stadt auf einer so kleinen, bisher kaum bekannten Insel zu derart interessanten Gebäuden? Diese Frage stellen sich viele Touristen, die erstaunt vor dem Rathaus, einer der großen Kirchen oder den Klöstern stehen. Die Antwort ist einfach: Santa Cruz de La Palma war nicht immer eine kleine Stadt auf einer unbekannten Insel. Santa Cruz war einmal eine der bedeutendsten Hafenstädte Europas, das Tor zur Neuen Welt und erste Station der voll beladenen Schiffe auf dem Weg aus den Kolonien zurück in die spanische Heimat. La Palma lag genau auf dem Weg von Europa zu den westlichen Kolonien der Spanier. Und die Eroberung La Palmas fand zeitgleich mit der entscheidenden Entdeckungsreise von Kolumbus statt.

Nachdem man die gewaltigen Möglichkeiten, die die Eroberung und Ausbeutung der Neuen Welt mit sich brachte, in Spanien erkannt hatte, war es nur ein kleiner Schritt zum Ausbau von Santa Cruz de La Palma. Man stelle sich die hektische Betriebsamkeit vor, die über diese kleine, wilde Insel, die von Menschen auf der Kulturstufe der Jungsteinzeit bewohnt war, hereingebrochen sein muss. Hier gab es vorher nichts und niemanden für den Bau von Palästen und Klöstern, Hafenanlagen und Verwaltungen. Dennoch stand nur wenige Jahre nach der Eroberung 1493 die Stadt. Alle Gebäude waren um 1510 schon einmal fertig gestellt.

Sie würden heute noch so stehen, wenn nicht auch andere an der fetten Beute, die aus Amerika in den Hafen einlief, hätten teilhaben wollen: Piraten und Freibeuter. Ihre Schiffe kreuzten vor den Kanarischen Inseln, um die spanischen Karavellen abzufangen, die ihnen in der Karibik entwischt waren. Gelang das nicht, holten sie sich ihre Beute an Land, indem sie die reichen Städte überfielen. 1553 brandschatzte der Korsar *Le Clerq*, genannt „Holzbein", Santa Cruz. Alles musste neu aufgebaut werden. Aus diesem Grunde tragen viele Gebäude das Datum 1560 und nicht mehr 1508. Bessere Befestigungsanlagen verhinderten später weitere Piratenüberfälle.

Ein Schlag, von dem Santa Cruz sich nicht wieder erholte, traf die Stadt 1657. Der Sitz des Inspektors der Handelskammer von Sevilla, bei dem alle aus Amerika einlaufenden Schiffe ihre Abgaben entrichten mussten und auch der Sitz des Juzgado Las Indias (Gericht für Indien – gemeint ist Amerika, für die Spanier war es damals Indien), vor dem alle Gerichtsverfahren, die Amerika betrafen verhandelt werden mussten, wurde nach Teneriffa verlegt. Aus war es mit dem schönen Leben als eine der wichtigsten Hafenstädte Europas. Aber sie steht noch, die Stadt, und sie ist noch immer schön ...

Information/Verbindungen

Information Die Touristeninformation befindet sich in einem Glaspavillon, mitten in der Grünzone der Plaza de la Constitución. Informationen über das Bettenangebot ebenso wie über die Gastronomie, Fiestas und traditionelles Handwerk sowie ein kunsthistorischer Führer durch die Inselhauptstadt sind erhältlich. Mo–Fr 9–19,30 Uhr, Sa 9–15 Uhr, So 9–14 Uhr. ✆ 922 412106.

• *Post* Im auffällig großen klassizistischen Bau an der Plaza de la Constitución.

• *Verbindungen* Zu den Busverbindungen vgl. S. 52f. Die **zentrale Busstation** finden Sie am südlichen Ortsanfang in der Carretera Bajamar unweit von Post und Plaza de la Constitución mit gläsernen Wartehäuschen. Hinweis: Die Stadt arbeitet an einer Umgehungsstraße, mehrere Tunnel waren 2007 bereits fertiggestellt. Nach der Fertigstellung ist geplant, die zentrale Busstation in einen Busbahnhof etwas außerhalb zu verlegen und einen Shuttelservice ins Stadtzentrum einzurichten. Wann diese Pläne Wirklichkeit werden, war bei Redaktionsschluss noch unklar. **Taxistände** befinden sich in der Avenida del Puente (✆ 922/411202) und in der Calle Alvarez de Abreu am kleinen Park sowie an der Plaza Alameda, Funktaxi von 7–23 Uhr ✆ 922 416007), von 23–7 Uhr ✆ 606 547954.

Einkaufen/Adressen

• *Einkaufen* **Mercado** (Markthalle), Avenida del Puente, Mo–Sa 6–14.30 Uhr, Obst, Gemüse, Ziegenkäse in allen Reifegraden, Fleisch und Fisch sind innen im Angebot, Blumen gibt es draußen..

Supermärkte gibt es mehrfach, z. B. den von Spar in der Avenida del Puente.

Bioladen, Herbolarío Hierbabuena, in der Calle Doctor Santos Abreu 2, neben dem Vollwertrestaurant Enriclai. Wenn Sie auf den Kanaren seltene Kräuter und Gewürze suchen, finden Sie sie hier am ehesten.

Bäckerei Los Cuñados, Avenida del Puente 11, gegenüber der Markthalle, immer dem Duft nach, hier gibt es besonders leckeres Kleingebäck.

Souvenirs/Geschenke Cosas, an der Placeta Borrero, ist immer für Souvenirs gut (die Besitzerin ist Deutsche).

Darüber hinaus gibt es in der Fußgängerzone **Calle O'Daly/Calle Peréz Brito** sowie in der **Avenida Marítima** zahlreiche Geschäfte, in denen Souvenirs, Kunsthandwerk und Kitsch angeboten werden.

Deutsche Zeitungen führen mehrere Buchhandlungen und Zeitungsläden auf der Avenida Marítima und in der Calle O'Daly.

Fotogeschäfte: **Foto 3**, Calle Simon Blas, mit Expressentwicklung in 30 Minuten.

Foto Moreno, Avenida Marítima 11, ebenfalls mit Expressdienst.

Den Service für die **Postbank** übernimmt die Bank **BBVA** auf der Avenida del Puente schräg gegenüber der Markthalle.

Weitere Hinweise im Stadtplan.

Internetcafé, Calle Pérez Brito 100, etwas unterhalb der Plaza Alameda.

Übernachten

Santa Cruz ist kein Urlauberort, dennoch finden diejenigen, die lieber unter Einheimischen als zwischen Touristen wohnen, ein ausreichendes Angebot.

• *Hotels* *****Aparthotel El Galeón (18)**, die neueste und schickste Unterkunft am Ort. Oberhalb des Hafens liegt das Hotel an einer verkehrsreichen Straße (an der Umgehungsstraße wird noch gebaut), gute Isolierung aber lässt diesen Umstand innen vergessen. Alle Apartments sind großzügig geschnitten und sehr komfortabel und schön ausgestattet. Sie verfügen über komplett eingerichtete Küchen und Balkon oder Terrasse. Garagenplätze sind im Übernachtungspreis enthalten. Als EZ 45 €, als DZ (plus Schlafsofa für 2 weitere Personen) 55 €. Apartment mit zwei Schlafzimmern für 4–6 Personen 75 €. Frühstücksbuffet 4 € pro Person. Calle El Galeón, ✆ 922 411000, ℻ 922 412826, www.elgaleon.info.

*****Aparthotel Castillete (5)**, an der Avenida Marítima. 42 Studios, Apartments und DZ – die meisten mit Blick aufs Meer, auf die Zimmer zum Lichtschacht sollten Sie verzichten. Komplett und hübsch eingerichtet. Preise für Einzelreisende ab 43 €, für zwei Personen ab 50 €; Frühstück 3,15 €. Avenida Marítima 78, ✆ 922 420054, ℻ 922 420067, www.aparthotelcastillete.com.

*****Hotel Marítimo (6)**, direkt neben dem Aparthotel Castillete, bietet in den Zimmern mit unverstellbarem Blick aufs Meer auch Verkehrsgeräusche. 96 Zimmer der Mittelklasse, alle mit Bad, Telefon, TV/Video, und ein Restaurant. 52 € für das EZ, 62 € für das DZ (Halbpension 14,50 €). Avenida Marítima 80, ✆ 922 420222, ℻ 922 414302, www.hotelmaritimo.com.

Santa Cruz
Karte Seite 91

„Cremetörtchen" nennen manche den Mauren-Kiosk in Santa Cruz

• *Hostals/Pensionen* ****Hostal Canarias (15)**, Doña María Nieves hat ihr Haus gut in Schuss. Die nicht gerade attraktive Fassade sollte niemanden abschrecken. Drinnen warten 14 geräumige Zimmer, blinkend vor Sauberkeit, mit palmerischen Bauernmöbeln eingerichtet und mit großzügigen Bädern ausgestattet. Einziger Nachteil: Im verwinkelten Bau haben manche Zimmer nur kleine Fenster. Der Preis ist günstig: 24 € zahlt eine Person; zwei Personen ab 32 €. Cabrera Pinto 27, ✆ 922 413182.

***Pensión La Cubana (16)**, in einem 160 Jahre alten kanarischen Haus mit acht Zimmern. Zwei davon sind als EZ ausgebaut, dazu gibt es zwei Bäder. Die Räume sind einfach, aber mit schweren Holzmöbeln eingerichtet. Die Pflanzen im Patio sorgen für Grün im stilvollen Haus. Den Gästen steht eine Kaffeeküche mit Kühlschrank zur Verfügung. 21 € (EZ) und 27 € (DZ). Calle O'Daly 24, ✆ 922 411354, ✆ 922 411354, www.la-fuente.com.

• *Apartments/Häuser*, (siehe auch Apartho-tels oben) **Apartamentos La Fuente (10)**, schönes Altstadthaus mit acht ausgebauten Apartments. Die Wohnungen sind gemütlich und komplett eingerichtet. Von Balkon und Terrassen schaut man über die Dächer der Altstadt aufs Meer. Wer ein Apartment ohne Balkon erwischt hat, kann es sich auf der Dachterrasse gemütlich machen. Die Preise sind gestaffelt nach Zimmergröße, Aussicht und ob mit oder ohne eigene Terrasse/Balkon. Preise zwischen 35 und 55 € pro Apartment. Calle Pérez Brito 49, ✆/✆ 922 415636, mobil: 619 160517, www.la-fuente.com. Schauen Sie sich mal die Websites an. Familie Schmid hat weitere interessante Angebote. z. B.:

Restaurierte historische Stadthäuser, für bis zu fünf Personen, in ruhigen Wohngebieten etwas oberhalb, die nicht teurer sind als die Apartments. Reservierung wie Ap. La Fuente, s. o. Besonders originell ist die **Wassermühle Remanente**, zwischen Las Nieves und Velhoco. Die restaurierte und zum Ferienhaus ausgebaute historische Mühle verfügt über zwei Wohneinheiten für je ein bis drei Personen im Mühlenturm. Preis 40 und 55 €. Reservierung über Ap. La Fuente.

Apartamentos Rocamar (3), ein mehrgeschossiger, moderner Bau etwas außerhalb der Stadt, fast könnte man sagen in einem Industriegebiet, zwischen der Landstraße nach Norden und dem Meer, das man aus den Fenstern in den oberen Stockwerken direkt vor Augen hat. Das ist nicht gerade der Urlaubshit, aber wenn es woanders voll belegt ist, geht es in Ordnung, und wenn man mit großer Familie kommt auch. Denn die Wohneinheiten bieten Platz für bis zu fünf Personen. Der Preis staffelt sich nach Personenzahl: eine Person 31,50 €, zwei Pers. 37,80 €, drei Pers. 44,10 €, vier Pers. 54,60 €, fünf Pers. 64 €. Die Rezeption findet man im ersten Stock. Abenguareme 12, ✆ 922 411946, ✆ 922 420606.

• *Außerhalb* Der **Preistipp**: **Apartamentos Chipi Chipi (2)**, im Anbau des gleichnamigen Restaurants außerhalb der Hauptstadt sind ein Dutzend unterschiedlich große, unterschiedlich schöne Wohnungen entstanden, die Platz für bis zu fünf Personen bieten. Die Preise: 24 € eine Person, jede weitere Person 7 € mehr. Carretera de Las Nieves, ✆ 922 411024, ✆ 922 416655.

Essen/Trinken (siehe Karte S. 91)

An jeder Ecke gibt es eine Bar, in der wenigstens Kleinigkeiten zu bekommen sind, für den großen Hunger finden Sie eine ausreichende Anzahl an Restaurants – von preiswert bis anspruchsvoll – und interessante Lokale in der Umgebung.

• *Für Tapas und kleine Gerichte* An der Uferstraße, Avenida Marítima, liegt eine Terrassenbar neben der anderen. Leider läuft der gesamte Durchgangsverkehr noch über die Avenida Marítima, was sehr störend sein kann. Am ruhigsten und auch windgeschützt sitzt man im **Bistro der Taberna Donostu (8)**. Dort gibt es kleine Spießchen (Pinchos) für 1 € und baskische Spezialitäten. Fast ausschließlich Arepas (gefüllte Maisteigtaschen, eine Spezialität aus Venezuela) serviert die **Cafetería Cosmos (7)**, auf Höhe des Castillo.

Längs der parallel verlaufenden Straßen und Plätze findet man ebenfalls Kioske und kleine Restaurants. Schön unter großen Lorbeerbäumen sitzt man am **Kiosko auf der Plaza Alameda (4)**, mit preiswerter Auswahl an Tapas. Draußen und drinnen findet man Platz im **Negrosco**, neben Ap. La Fuente (10), und im Bistro von **La Placeta (12)**, auf der Placeta de Borrero, überwiegend deutsches Publikum. Kleine Gerichte und Vollwertkost bringt auch das Minirestaurant **Enriclai (13)** auf den Tisch (s. u.). Sehr beliebt und häufig auch zur Mittagszeit vollbesetzt sind die folgenden Lokale:

La Bodeguita del Medio (17), in einem restaurierten Altstadthaus werden in vielen kleinen, rustikal eingerichteten Zimmern iberische Spezialitäten, Tapas und Tellergerichte serviert. Montaditos (Kleinigkeiten auf Brot gespießt) 1,20 €, Eintöpfe 4,50–10 €, Tellergerichte 6–11 €, von vielen Speisen können Sie auch mittlere oder kleine Portionen wählen. Calle Alvarez de Abreu 58.

Tasca La Herradura (19), schräg gegenüber der Bodeguita, im rustikalen Ambiente gibt es kleine Gerichte wie Tortilla oder Thunfischkroketten ab 3 €.

• *Eiscafés* **Heladomania (14)**, hier können Sie sich verwöhnen und ganz neue Geschmacksrichtungen auf der Zunge zergehen lassen. Von 10.30–14.30 Uhr und von 16.30–21.30 Uhr, Di geschlossen.

• *Restaurants* (siehe auch oben **La Bodeguita del Medio**),

La Balandra (20), an der Ortseinfahrt hat der Besitzer ein altes Lagerhaus mit dickem Mauerwerk, der Hafen liegt gleich gegenüber, restauriert. Herausgekommen ist dabei ein Restaurant mit großzügigem, gemütlichen Speisesaal, in dem man unter einer dicken Holzbalkendecke sitzt. Viele Vorspeisen von 6–12 €, nur wenige Hauptgerichte (ab 8 €) auf der Karte, aber es gibt ein Tagesmenü und all das, was der Koch aus den Tagesangeboten vom Markt zaubert. 13–23 Uhr, sonntagabends und montags geschlossen. Avenida Marítima zwischen der Tankstelle und der Busstation.

La Placeta (12), unten ein Bistro, im ersten Stock abends ab 19 Uhr ein gediegenes Restaurant, das gute kanarisch-internationale Varianten und vegetarische Gerichte serviert. Das stilsicher renovierte kanarische Haus hat eine deutsche Besitzerin. 13–1 Uhr, So geschlossen. Placeta de Borrero.

Pizzeria Paladar (11), nicht nur Pizza, sondern auch Pasta und mehr aus der italienischen Küche wird im schön restaurierten Altstadthaus mit Terrasse serviert. Pizza und Pasta ab 6 €, Fleisch- und Fischgerichte etwas teurer. Di–So 12.30–1.30 Uhr. Avenida Marítima 53.

Las Lonjas (9), im Innenhof eines wunderschön restaurierten kanarischen Altstadtkomplexes, in dem sich auch das Azotea

Calle O'Daly: Schatten für Fußgänger

(s. u.) befindet. Elegantes Mobiliar und schön gedeckte Tische. Gekocht wird typisch kanarisch mit internationalem Einschlag. Große Karte; Salate und Suppen ab 3 €, Vorspeisen ab 4 €, Hauptgerichte ab 9 €. Av. Marítima 54.

Donostu Maritima (8), im ersten Stock und auf der Dachterrasse eines alten kanarischen Hauses; unten ein Bistro mit Terrasse. Schön renoviertes Haus mit Innenhof. Baskische Küche, zu der auch Bacalao-(Stockfisch-)Varianten gehören. 13–23 Uhr geöffnet, Mo geschlossen. Av. Marítima 54.

Bodegón Enriclai (13), „klein, aber fein" lautet das Motto in der kleinsten Küche der Stadt, in der gar Köstliches gezaubert wird. Schön für Langschläfer, hier kommt das leckere Frühstück erst ab 10 Uhr auf den Tisch. Mo–Fr 10–15 Uhr. Mo und Mi 19–22 Uhr. Calle Doktor Santos Abreu 2.

• *In der Umgebung* **Las Tres Chimeneas**, steht für internationale Küche mit internationalen Preisen. Das Restaurant ist immer gut besucht, Tischvorbestellung ist angebracht. Es gilt als eines der besten Restaurants La Palmas und wurde bereits mit einer Medaille für seine Leistungen ausgezeichnet. Montagabend und Dienstag geschlossen. An der LP 3 auf dem Weg zur Cumbre, auf Höhe des Hospitals, ✆ 922 411284.

Parrilla Las Nieves, direkt neben der Wallfahrtskirche in Las Nieves. Groß, voller Grün, laut und luftig – typischer ist kein Lokal auf La Palma. Das finden die Einheimischen auch und stürmen das Ausflugslokal an Wochenenden im Großfamilienverband. Aber auch an Wochentagen sind die deftigen Fleischportionen üppig, leider seit kurzem auch die Preise. Nicht immer gibt es Zicklein, aber wenn Cabrita an der Tafel angeschlagen ist, sollten Sie hier zugreifen.

Chipi-Chipi (1), bei Velhoco, auch nach der Rundum-Renovierung noch tipico. Das Lokal liegt im Garten des gleichnamigen Apartmenthauses zwischen Pflanzen und Volieren. Die Chozas, die Holzhütten, die wie Séparées wirken, sind jetzt aus Stein. Im Winter kann es abends darin kalt werden. Auch für Palmeros hat Chipi-Chipi nach dem Umbau nicht an Attraktivität verloren, was sie Wochenende für Wochenende demonstrieren. Das Essen ist einfach lecker und preiswert: Huhn, Schwein, Zicklein, mit Glück auch Kaninchen, alle vom riesigen Grill, sind zu empfehlen. 12–17 Uhr und 19–23 Uhr, Mi geschlossen.

▸ **Nachtleben**: Viel los ist nicht, wenn es dunkel wird in Santa Cruz. Nur das Kino *Multicine* (mit drei Kinosälen) in der Avenida del Puente sorgt für Unterhaltung. Die beiden Theater dienen als Bühnen für Tourneetheater und -orchester. Eine Disco gibt es derzeit nicht. Im Sommer trifft sich die Jugend an der Avenida Marítima, auf dem Platz neben der Hafeneinfahrt zur Open-Air-Disco. Zum spätabendlichen/nächtlichen Bermudadreieck wurde 2006/7 die Calle Alvarez Abreu zwischen La Bodeguita del Medio/Tasca La Herradura und der Tasca Esquina.

Austoben kann man sich allerdings während des Karnevals und bei der einen oder anderen Fiesta, dann geht es um Mitternacht erst richtig los.

▸ **Baden**: Für einen Badeurlaub ist Santa Cruz nicht der richtige Ort, dennoch gibt es einen städtischen Strand. Er liegt gegenüber der Hafenmole und neben der Schnellstraße, die von Süden in die Stadt führt. Im Sommer ist er voll, in allen anderen Monaten geht – egal, wie heiß es ist – der Hauptstädter nicht zum Baden.

Sehenswertes

Kommen Sie mit auf einen Stadtrundgang? Bei einem zwei- oder dreistündigen Spaziergang kann man die interessantesten Plätze und Gebäude der kleinen Stadt kennenlernen und hat dabei viel Zeit zum Schauen.

Wer Lust auf einen längeren Stadtrundgang hat und auch die höher gelegenen Stadtviertel der Handwerker durchstreifen möchte, besorgt sich in der Touristeninformation, gleich der erste Besuchspunkt, einen kostenlosen kunstgeschichtlichen Führer, den gibt es auch auf Deutsch.

Beginnen wir also bei der Touristeninformation auf der Plaza de la Constitución.

Fußgängerzone und Casa Salazar

Sie gehen in Richtung Post und biegen dort nach rechts in die Fußgängerzone, allgemein Calle Real (Königstraße) genannt, offiziell heißt sie *Calle O'Daly.* Sie wurde nach einer Kaufmannsfamilie aus Irland benannt. Hier stehen die eindrucksvollsten Patrizierhäuser flämischer, irischer und spanischer Familien. Heute befinden sich hier Galerien und Geschäfte. Die Fassaden mögen noch relativ bescheiden wirken, aber dahinter verbergen sich meist Gebäudekomplexe, die einen ganzen Block einnehmen. Anschauen kann man das bei der **Casa Salazar** (17. Jh.), dem Haus mit der Nummer 22. Seine dunkle Vulkansteinfassade ist mit gedrehten Säulen geschmückt. Von außen wirkt das Gebäude eher unbedeutend und klein, aber innen erhebt sich ein prächtiger spanischer Klassiker über vier Stockwerke auf Steinsäulen. Sie tragen umlaufende Galerien. Das Gebäude wird als Zentrum und Ausstellungsort für das heimische Kunsthandwerk genutzt.

Öffnungszeiten Mo–Fr 9–15 Uhr, im Sommer bis 14 Uhr, Eintritt frei.

Standbild und Stadtkirche: Diaz und El Salvador

Jetzt geht es einige Schritte auf der Calle O'Daly zurück und am hübschen Jugendstilhaus, das eine Apotheke beherbergt, rechts um die Ecke und die Treppe hinauf. Vorbei an Altstadthäusern, gelangt man zur parallel verlaufenden Straße, in die man wiederum nach rechts einbiegt. Die linke Straßenseite wird von einer Mauer begrenzt, die schon zum nächsten Besuchspunkt gehört, der über eine Treppe nach links erreicht wird.

Plaza, Kloster und Kirche Santo Domingo

Die Anlage gehört zu den ältesten der Stadt. Ihr Bau begann im 16. Jh. Auffällig ist eine weitere, sehr breite Treppe vor der Kirche und dem Klostergebäude, nur mit vielen Treppen konnten auf dem steilen Gelände der Stadt ebene Flächen für Plazas und Gebäude geschaffen werden. Beachtenswert sind die Steinverzierungen am Portal aus rotem Trachit. Ihre Verbundenheit mit der katholischen Hierarchie demonstrierten die Dominikaner mit einem Wappen, das die Kopfbedeckungen von Papst, Kardinal und Bischof darstellt.

Die Kirche beherbergt neben kunstvollen Holzdecken die reichhaltigste Sammlung von Arbeiten flämischer Maler des 16. Jh., die es auf den Kanarischen Inseln gibt.

Öffnungszeiten nur Sa 16–17 Uhr.

Im Kloster nebenan ist das Gymnasium *Alonso Perez Diaz* untergebracht, benannt nach einem bekannten palmerischen Abgeordneten der Zweiten Republik Spaniens.

Mädchen aus Fuerteventura – zu großen Fiestas kommen Trachtengruppen auch von anderen Inseln

Wenn Zwerge Polka tanzen

Seit über 300 Jahren feiern die Palmeros sie in Santa Cruz: die „Bajada„. Korrekt und vollständig: *Bajada de la Virgen de Las Nieves*. Dieses neben dem Karneval größte Fest des Archipels beginnt alle fünf Jahre Ende Juni (das nächste Mal im Jahr 2005) und dauert bis August. Auf Monate hinaus sind Flug- und Schiffspassagen ausgebucht (die nach Südamerika ausgewanderten Palmeros feiern dann für einige Wochen Familientreffen), das Fernsehen überträgt live, die Stadt, ja die ganze Insel gleicht tatsächlich einem Tollhaus.

Da tanzen nicht nur die Zwerge, obschon die „Danza de Enanos" unzweifelhaft der Höhepunkt der Fiesta ist. Seit Jahren und Jahrzehnten werden immer denselben Tänzern die Beine von den Knien aufwärts zusammengebunden. Über den Körper wird ein Kostüm gestülpt, das in einem riesigen Dreispitz endet. So verschnürt tanzen die Verkleideten eine Polka im Trippelschritt. Und das mehr als ein Dutzend Mal auf verschiedenen Plätzen der Stadt bis in den frühen Morgen. Sie haben das Zwergenmotiv sicherlich schon häufig gesehen. Während der Fiesta spielt übrigens auch die *Santa Maria*, das Kolumbus-Schiff an der Plaza de la Alameda, eine Hauptrolle: Im „Dialog zwischen Festung und Schiff" wird in seit Jahrzehnten gleichen Reimen per Megaphon ein Zwiegespräch zwischen Schiffsplanken und Festungszinnen – auf der anderen Seite der Schlucht – simuliert. Es geht um den Einlass der Heiligen Jungfrau in die Stadt.

Den Rahmen dieses Dialogs bildet die Herabführungs-Prozession, die der Fiesta auch den Namen gibt: Da wird in einem gewaltigen Umzug, an dem auch Trachten- und Musikgruppen der Nachbarinseln teilnehmen, die Terrakottafigur der „Heiligen Jungfrau vom Schnee" von Las Nieves nach Santa Cruz geleitet. Doch das alles sind nur die offiziellen kulturellen Höhepunkte, daneben gibt es Feuerwerke und Theatervorstellungen und weitere Umzüge und andere Tanzveranstaltungen und, und, und. Und (fast) alle Palmeros tanzen, klatschen und singen mit.

Plaza España, Rathaus und Kirche El Salvador

Sie verlassen die Plaza Santa Domingo, die Treppe hinunter, wie Sie gekommen sind, und gehen weiter geradeaus. An einer Einmündung halten Sie sich rechts und folgen dem Straßenverlauf. Das eindrucksvolle Gebäude mit der auffälligen Holztreppe auf der linken Straßenseite gehört der kulturellen Gesellschaft „La Cosmologica“, die mehr als 20.000 Dokumente der Inselgeschichte gesammelt hat. Die ältesten stammen noch aus den Zeiten der Eroberung, aus dem 15. Jh. Schräg gegenüber geht es jetzt einen Treppengang hinunter, und Sie schauen auf die hübsche, stimmungsvolle **Plaza España**. Wiederum wurden mit vielen Treppen verschiedene Ebenen geschaffen, auf denen immer reges Treiben herrscht, denn diese Plaza ist der Dreh- und Angelpunkt der Stadt.

Santa Cruz Karte Seite 91

Die Kirche **El Salvador** (Erlöserkirche) entstand ebenfalls Mitte des 16. Jh. neu auf den Resten der Grundmauern ihrer Vorgängerin – nur sie waren nach der Zerstörung durch den Piratenüberfall 1553 noch erhalten. Der massive, festungsartige Glockenturm könnte durchaus als Fluchtturm für weitere Piratenüberfälle gebaut worden sein. In der Fassade neben dem Portal fallen garstige, die Zunge herausstreckende Figuren auf. Sie werden als Zeichen für Verleumder gedeutet, die draußen bleiben sollen. Der Renaissancebau besteht aus drei Schiffen, die mit reich gegliederten Decken im Mudéjarstil abschließen.

Der Mudéjarstil: Dieser spanisch-maurische Stil hat sich nach der Unterwerfung der Mauren auf der Iberischen Halbinsel behauptet. Auf den Kanaren wurden Verzierungen und Konstruktionen allerdings nicht aus Stein, sondern aus Pinienholz gefertigt. Auffällig sind die kunstvollen geometrischen Ornamente; den maurischen Künstlern waren aus religiösen Gründen figürliche Darstellungen verboten (vgl. auch S. 39f.).

Das Altarbild der größeren Kapelle stammt vom andalusischen Maler *Esquivel* (1837), dessen Bilder auch im Madrider Prado ausgestellt sind. Die Orgel auf der Empore wurde 1823 vom Hamburger Orgelbauer Geyckes gebaut.
Öffnungszeiten täglich 9.30–13 Uhr und 17.30–19.30 Uhr.

Vor der Kirche erhebt sich übrigens das *Standbild* eines wehrhaften Pfarrers: *Manuel Díaz*, liberaler Seelenhirte der Kirche El Salvador zur Zeit der Befreiung Spaniens von der Herrschaft Napoleons, setzte sich 1820 mutig für eine fortschrittliche Verfassung ein. Die Kirchenoberen verbannten ihn daraufhin, was die rührige Freimaurerloge dennoch nicht hinderte, ihm 70 Jahre später dieses Denkmal zu setzen.

Gegenüber liegt das **Rathaus**. Der jetzige Bau wurde um 1560 vollendet, sein Vorgänger fiel dem Piratenüberfall 1553 zum Opfer. In die Renaissancefassade sind die Wappen La Palmas und *Philipps II.* eingelassen – während seiner Regentschaft als spanischer König wurde das Rathaus vollendet. In der Regierungszeit seines Vaters *Carlos I.*, der als *Karl V.* Kaiser des Heiligen Römischen Reiches war, hat die Hauptstadt 1541 ihren jetzigen Namen erhalten. Davor hieß sie Villa de Arupon – den Namen hatte ihr *Alonso de Lugo*, Conquistador La Palmas, bei der Gründung 1493 gegeben. Das Rathaus war im 16. Jh. Bischofssitz. Die Decken und das Treppenhaus sind aus Tea, dem inneren Holz der Pinie, das von besonders schöner, rotbrauner Färbung und dank des hohen Harzgehalts vor Ungeziefer geschützt ist. Die Wandgemälde des Treppenhauses, sie entstanden um 1930, zeigen die harte Arbeit der

Palmeros in den letzten Jahrhunderten und illustrieren die verschiedenen Auswanderungswellen. Eine Marmortafel weist darauf hin, dass in diesem Rathaus 1773 das erste demokratisch gewählte spanische Stadtparlament tagte. Dieser Wahl vorausgegangen war ein zwei Jahre langer Gerichtsprozess der Herren O'Daly und Peréz de Brito (nach beiden ist der wichtigste Straßenzug der Stadt benannt), die für eine Amtsperiode statt lebenslanger Regentschaft fochten.

Öffnungszeiten Werktags bis 14 Uhr.

Rechts neben dem Rathaus befand sich von 1568 bis 1657 der Juzgado Las Indias, das für amerikanische Angelegenheiten zuständige Gericht. Laut Phillip II. war La Palma (und damit Santa Cruz) die wichtigste Insel Spaniens für Amerika (Las Indias), vgl. Stadtgeschichte.

Sie setzen Ihren Weg auf der Calle O'Daly fort bis zur nächsten Straßenkreuzung, überqueren die Avenida del Puente und gehen dann links hinauf. Erst erreichen Sie das *Teatro Chico*, das kleine Theater, und dann direkt daneben den Mercado.

Markthalle/Mercado: Wenn Sie geöffnet ist, schauen Sie hinein, auch wenn Sie nichts einkaufen möchten. Allein der Anblick von frischen, zu Pyramiden aufgestapelten Früchten, Ziegenkäse in allen Reifestufen und einheimischem Wein wird Ihren Appetit anregen. Frisch geschlachtete Kaninchen und Fisch gibt es in einer separaten Abteilung.

Öffnungszeiten Werktags 6–14.30 Uhr.

Nach dem Verlassen der Markthalle geht es wieder ein paar Schritte zurück, in die nächste Gasse nach links, dann nach rechts, und auf Höhe der kleinen Plaza Van Dale stoßen Sie auf die Verlängerung der Calle O'Daly, die jetzt Calle Peréz de Brito heißt. Der Plaza Van Dale gegenüber stehen etwas weiter links (Nr. 9 und Nr. 15) prächtige Patrizierhäuser (heute Clubs der feinen Gesellschaft). Die Straße erweitert sich bald zu einer hübschen Miniplaza, der **Placeta de Borrero**, mit Brunnen, Terrassencafé und schönen Geschäften. 200 m weiter, am Gerichtsgebäude vorbei, an dem eine bronzene Schulbank darin erinnert, dass hier einmal die erste Schule stand, erreichen Sie wieder eine Erweiterung mit Miniplaza, auf die das Café Negrosco seine Tische gestellt hat, auch hier gibt es schöne Läden. Kurz danach biegen Sie nach links in eine ganz schmale Gasse, die Callejon del Reyes. Sie erweitert sich zu einer Treppe und führt im Zickzack an alten, noch nicht restaurierten Gemäuern vorbei nach oben auf eine Straße, in die Sie nach rechts einbiegen, um direkt auf das nächste Besuchsziel zu treffen.

Plaza, Kirche und Konvent San Francisco (Inselmuseum)

Dieses herrliche Ensemble kanarischer Baukunst wurde ab 1508 angelegt. Den Platz zieren ein Brunnen und Tulpenbäume, deren orangefarbene Blüten sich wunderschön gegen das strenge Schwarz-weiß von Platz und Gebäuden abheben. Wenn im ersten Gebäude gleich rechts das große Holztor geöffnet ist, schauen Sie hinein. Hier stellen palmerische Heimarbeiter/innen ihre kunsthandwerklichen Produkte aus und verkaufen sie auch.

Öffnungszeiten Mo–Sa 8–14 Uhr.

Kirche San Francisco: leider sehr unregelmäßig geöffnet. Das Gotteshaus bildet im Grundriss ein lateinisches Kreuz mit einem Mittelschiff und zwei ungleichen Kapellen, die die Seitenflügel bilden. Im Inneren ist die reich verzierte Täfelung mit Renaissance-Kassetten kunstgeschichtlich besonders interessant. Zu den Schätzen

der ansonsten eher düster wirkenden Kirche gehört eine gotisch-flämische Skulpturengruppe des 16. Jh. Sie zeigt Maria mit dem Kind und die heilige Anna.
Öffnungszeiten täglich 18–19 Uhr.

Konvent San Francisco/Inselmuseum: Heute versteckt sich in der sehr schön restaurierten, reizvollen Anlage das offizielle Inselmuseum. Den Eingang finden Sie im Glockenturm. Vier Themen präsentiert das Museum ständig:

Archäologie, mit Mumien, Werkzeugen und anderen Funden aus der Zeit der Altkanaren sowie einigen gelungenen Rekonstruktionen, die das Leben vor 500 und mehr Jahren anschaulich machen.

Bildende Kunst, mit zahlreichen flämischen Ölgemälden aus dem 16. Jh., aber auch aus Realismus, Impressionismus und Expressionismus. Und ein Franco-Porträt.

Heimatkunde, mit Beispielen des örtlichen Kunsthandwerks und Gegenständen aus der bäuerlichen Tradition der Insel.

Naturgeschichte, mit präparierten Vögeln und Fischen aus aller Welt.

Selbst wenn Sie sich für Museen weniger interessieren, sollten Sie hineingehen und sich das prächtige Gebäude anschauen. Es ist ein wunderbares Beispiel mittelalterlicher spanischer Architektur. Achten Sie aber auch auf den Garten, denn dort haben Europas gekrönte und ungekrönte Häupter anlässlich der Eröffnung des Observatoriums auf dem Kamm der Caldera 1985 ihre Bäumchen gepflanzt. Auch der damalige deutsche Bundespräsident Richard von Weizsäcker war hier fleißig.
Öffnungszeiten **Museo Insular**, Mo–Fr 9.30–13.50 Uhr und 16–18.20 Uhr, im Sommer nur 9–14 Uhr. Eintritt 2 €, Kinder frei.

Nach Besuch und Besichtigung geht es durch eine hübsche, steingepflasterte Gasse weiter in nördliche Richtung (geradeaus) zur **Plaza Alameda** mit maurisch anmutendem Kiosko. An ihrem Zugang wurde anlässlich des 400. Jahrestages der Eroberung 1892 ein Kreuz errichtet. Seine Inschrift ehrt die spanischen Soldaten ebenso wie die Guanchen, die vorspanische Bevölkerung: „Spanier und Guanchen ließen ihr Blut für ihr Vaterland".
Die verkehrsfreie Plaza sollten Sie sich für Ihren Pausenkaffee vormerken, denn man sitzt im Schatten und nicht nur unter Touristen wie an der Placeta de Borrero. Am Kiosk bekommt man sogar gute Tapas zu günstigen Preisen.

Schifffahrtsmuseum „Santa Maria"

Die Nachbildung der *Santa Maria*, des Flaggschiffs von *Kolumbus* auf seiner ersten Entdeckungsreise in die Neue Welt vor 500 Jahren, ist nicht etwa aus Holz, wie man Sie glauben machen will, sondern aus Beton. Tatsache ist auch: Kolumbus (der in Spanien Colón heißt) war nie auf La Palma. Er startete sein Abenteuer vom spanischen Festlandshafen Palos und machte eine längere Station auf der Nachbarinsel Gomera, bevor er auf den Atlantik hinausfuhr.
Immerhin vermittelt der Nachbau einen Eindruck davon, mit welchen Nussschalen früher Seefahrt betrieben wurde. Im Schiffsbauch finden Sie ein Schifffahrtsmuseum mit alten Dokumenten und Gerätschaften.

• *Öffnungszeiten* Mo–Do von 9.30–14 Uhr sowie von 16–19 Uhr, Fr 9.30–14.30 Uhr, Sa/So und an Festtagen 10–13 und 17–19.30 Uhr, im Sommer nur vormittags von 10–13 Uhr geöffnet. Eintritt von 1,50 € zahlen nur über 14-Jährige. Dafür gibt es als Billett einen Katalog auch in deutscher Sprache

Direkt hinter dem Schiff biegen Sie nach rechts in Richtung Uferstraße.

Santa Cruz
Karte Seite 91

Traditionelle Häuser im Schmuck vieler frischer Farben

Uferstraße und Balkonhäuser

Nun wird es Zeit für den Rückweg, und den sollten Sie zumindest streckenweise über die Uferstraße nehmen. Von der Seeseite aus (Vorsicht, manchmal schlagen die Wellen über die Mauer) haben Sie den besten Blick auf das **Castillo de la Luz**, das Santa Cruz vor weiteren Überfällen bewahrte (nicht geöffnet), und auf eine geschlossene Zeile der farbig gestrichenen **Balkonhäuser** – ein sehr beliebtes Fotomotiv. Hölzerne Balkons an den Fassaden gehen auf die maurische Baukunst zurück. Die Häuser an der Avenida Marítima weisen vielfältige Abwandlungen auf, die u. a. auf portugiesische Einwanderer zurückzuführen sind, so z. B. Balustraden und Wintergärten sowie mit Sprossenfenstern verglaste Balkons.
Über die Uferstraße kommen Sie auch zurück zum Ausgangspunkt.

Umgebung von Santa Cruz

In der näheren Umgebung der Inselhauptstadt bieten sich insbesondere drei Ausflüge an.

Las Nieves: Der Wallfahrtsort nördlich oberhalb der Hauptstadt ist Heimat der Insel-Schutzheiligen *Nuestra Señora de las Nieves* – Heilige Jungfrau vom Schnee. Hier startet alle fünf Jahre die größte Prozession hinunter nach Santa Cruz, wenn während der *Bajada* die Madonna in die Hauptstadt geleitet wird. Sehenswert ist die Kirche wegen der Kreuzigungsgruppe, ebenfalls von flämischen Künstlern des 16. Jh. geschaffen, und wegen der zahlreichen Votivtafeln, meist Danksagungen für die Rettung aus Seenot, die große Flächen der Kirchenwände bedecken. Schön ist auch der steingepflasterte Platz vor der Kirche, insbesondere, wenn im Frühjahr und Sommer der Jacaranda violett blüht. Gegenüber der Kirche steht die *Casa de Rome-*

Umgebung von Santa Cruz
Karte Seite 101

ros, das Pilgerhaus, in dem die Kirchenschätze untergebracht sind. Es ist nur nach vorheriger Anmeldung im Pfarrhaus zu besichtigen (Parroquia, ✆ 922/416337).

Anfahrt Sie erreichen Las Nieves mit dem Fahrzeug, wenn Sie am nördlichen Ende der Avenida Marítima den Straßenschildern folgen.

Maroparque, Botanischer Garten und Tierpark: Eng an eine steile Schluchtwand geschmiegt, liegt dieser abwechslungsreiche, kleine Privatpark direkt oberhalb von Santa Cruz. Die vormals karge Schlucht ist jetzt eine von Flüsschen und Wasserfällen durchzogene, subtropisch-tropische Landschaft. Über viele Stege und Treppen geht es hinunter und hinauf, hinter jeder Kurve und auf jeder Etage hat eine andere Tierfamilie Platz. Vögel stellen mit weitem Abstand die Mehrzahl der Parkbewohner: Papageien, Sittiche, ja sogar Geier. Am eindrucksvollsten aber sind die Tukane mit ihren riesigen, bunten Schnäbeln. Die Vögel, die in der Natur in Scharen leben, finden auch hier Artgenossen in mehreren großen, mit Netzen abgeteilten

Freiflugrevieren, die die Besucher durch Schleusen betreten können. Ein Höhlensystem bietet schattigen Platz für Aquarien und Reptilien in Terrarien. Auch Affen, Emus und Kängurus lassen sich beobachten.

• *Adresse* Camino Real La Cuesta 28, ✆ 922 417782.

• *Anfahrt* **Mit dem Pkw**, von der Landstraße Santa Cruz – Los Llanos ab Abfahrt Las Nieves den Hinweisschildern folgen.
Mit dem Bus Linie 6 ab Santa Cruz. Bitte dem Fahrer sagen, dass Sie zum Maroparque wollen, er hält dann ganz in der Nähe. Man kann den Park auch mit Wanderung 1 erreichen (s. u.).

• *Öffnungszeiten* Mo–Fr 10–17 Uhr und Sa/So 10–16 Uhr. Erwachsene 10,50 €, Kinder 4,90 €.

Mirador de la Concepción: Ein Tipp, nicht nur für Fotofans: Von diesem Aussichtspunkt lassen sich die besten Panoramabilder von Santa Cruz, dem Hafen und der gesamten Nordostküste machen.

• *Anfahrt* Sie erreichen den Mirador zum einen von Las Nieves aus. Folgen Sie der Straße, die Sie von Santa Cruz heraufgeführt hat, bis zu deren Ende, dann rechts abbiegen. An der nächsten Einmündung (fast gegenüber) dem Hinweisschild folgen. Oder Sie kommen direkt von Santa Cruz. Auf der LP 3 nach Los Llanos fahren Sie nach wenigen Kilometern vor der Unterführung rechts hoch, gleich wieder rechts und kurz darauf erneut rechts dem Wegweiser folgen.
Mit dem öffentlichen Bus über die Cumbre nach Los Llanos erreichen Sie den Aussichtspunkt ebenfalls. Steigen Sie an der Kreuzung Breña Alta/Las Nieves aus. Sie sehen von dort aus schon die am Aussichtspunkt stehende Kirche.

Wenn Sie allerdings den steilen Weg zu Fuß bewältigen möchten, finden Sie die Wegbeschreibung dazu unter Wanderung 1.

Wanderung 1: Über der Inselhauptstadt

Von der Plaza España auf den Mirador de la Concepción und zurück

7 km, +/– 400 m, 2,5 Stunden. Die Wanderung ist Teil des Inselrundweges GR 130, manchmal ausgeschildert und rot-weiß markiert.
Sie fordert beim Aufstieg viel Kondition. Es geht fast ständig und ohne Serpentinen steil nach oben, erst auf den letzten 700 m verläuft der Weg eben. Wer sich die schweißtreibende Steigerei ersparen möchte, ohne auf diesen reizvollen Weg zu verzichten, kann mit dem Bus bis in die Nähe des Mirador de La Concepción fahren (s. o.) und nur den Rückweg nehmen.
Der Weg führt in die höher gelegenen Stadtteile von Santa Cruz, die Straßen und Gassen der kleinen Leute. Trotzdem schiebt sich dann und wann eine prächtige Villa ins Bild. Eine großartige Aussicht auf die Stadt und die Küste hat man schon nach den ersten Steigungen.

Ausgangspunkt ist die Plaza España im Herzen der Stadt. **Wegbeschreibung**: Sie steigen die Treppe zwischen Kirche und Brunnen nach oben und erreichen die Calle Vandewale, gegenüber steht das schöne Gebäude der kulturellen Gesellschaft „La Cosmologica". Halten Sie sich hier links und folgen Sie dem Straßenverlauf nach rechts und weiter geradeaus; die Straße heißt jetzt San Sebastian. Sie bleiben auf dieser Straße, passieren die Kapelle San Sebastian und erreichen weiter geradeaus die hübsche Altstadtplaza Dornajos. Geradeaus über die Plaza führt Ihr Weg in eine Gasse, die in die Calle Montecristo mündet. Diese nach links und dann immer weiter hoch gehen, auch wenn sie von anderen Straßen gekreuzt wird. Bald überquert man einen weiteren Platz, an dem rechter Hand ein Aussichtspunkt mit

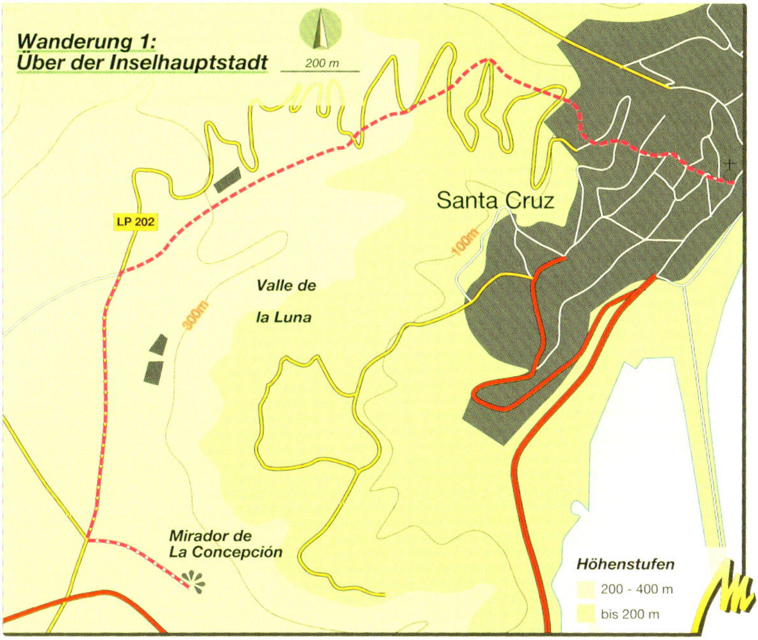

einer schön bewachsenen Pergola liegt. Hier trifft die Landstraße LP 202 auf den Wanderweg. Im weiteren Verlauf geschieht das noch mehrfach, den Anschluss an die Wanderung finden Sie aber immer gegenüber oder etwas versetzt auf der anderen Straßenseite wieder.

Sie folgen jetzt der Landstraße etwa 100 m hinauf, um den Weg zu finden, der nach rechts oben abzweigt. Von da ab geht es immer nach oben, von einigen Schlenkern, die die Landstraße erforderlich macht, abgesehen. Im letzten Teil der Steigung passieren Sie den Eingang zum Maroparque (s. o.), für den Sie im Moment vielleicht keine Luft haben, aber möglicherweise auf dem Rückweg.

Wenn Sie danach auf die Landstraße stoßen, schwenken Sie nach links, und auf der Landstraße geht es jetzt vollkommen eben 600 m geradeaus. Dann zweigt links die Straße zum Mirador ab; gegenüber steht ein Haus mit schöner Holzveranda. Sanft nach oben, an einer Kapelle vorbei, sind es jetzt noch 100 m zum Aussichtspunkt Mirador de la Concepción, der einen prächtigen Blick über Santa Cruz eröffnet. Zurück geht es auf demselben Weg, jetzt aber wesentlich schneller.

Los Cancajos

Gar so touristisch wie vom Flugzeug aus wirkt Los Cancajos nicht, wenn man als Fußgänger durch dieses erste Urlauber-Retortendorf La Palmas schlendert. Verglichen mit Anlagen auf anderen Inseln, kann man Cancajos durchaus als geschmacklich gelungen bezeichnen.

Um eine stillgelegte Saline herum ist auf einem schmalen Küstenstreifen zwischen Flughafen und Hauptstadt einer der beiden Touristenorte La Palmas entstanden:

Hotels, Apartmenthäuser, Restaurants und Supermärkte – meist im traditionellen kanarischen Baustil und hübsch bunt gestrichen, immer aber modern und funktional. Die Investoren scheinen zufrieden zu sein, denn in den letzten zwei, drei Jahren entstanden neue Apartmentanlagen in Los Cancajos' Süden, zogen Restaurants und Geschäfte in die dortigen Passagen. Der Strand, von dem die Anlage ihren Namen hat, ist durch Wellenbrecher aus Beton gesichert: nicht schön, aber wirkungsvoll und familienfreundlich. Feiner Sand, Felsen und Süßwasserduschen finden sich hier. Liegen und Sonnenschirme können gemietet werden. Außerdem gibt es ein einfaches Lokal nahebei, in dem Fisch gegrillt und Salat angerichtet wird.

Nicht alle Häuser und Apartments sind zu mieten, viele Palmeros haben sich hier selbst eingekauft und genießen die Frische des Meeres. Es ist tatsächlich nur wenige Meter entfernt – während eines Spaziergangs auf der Promenade können Sie das hautnah erleben: Direkt unter Ihnen, in kleinen, aus Vulkangestein geformten Grotten wühlen die Wellen, schlägt die Gischt bei stürmischem Wetter sogar um Ihre Füße. Die Investoren dieser Siedlung haben keine Kosten gescheut – die Promenade, der „Paseo", eingefasst in behauene Vulkanquader, lohnt einen Spaziergang wirklich.

Bei aller Skepsis gegenüber auf dem Reißbrett entstandenen Touristenorten: Es gibt Apartmentanlagen in Los Cancajos, die komfortabel sind, dennoch kein bisschen nach Massentourismus aussehen und auch noch Ausstrahlung besitzen (aber auch andere, die an Einfallslosigkeit kaum zu überbieten sind, z. B. das Centro Cancajos). Wer nur abschalten möchte und ausreichend bei Kasse ist, fühlt sich sicher gut aufgehoben. Hier liegt alles dicht beisammen: Strand, Restaurants, Kneipen, Cafeterías für den kleinen Drink am Nachmittag, Bushaltestellen und viele Gleichgesinnte. Allerdings gibt es auch mehr als eine tote Ecke. Im Centro Comercial Cancajos stehen viele Läden leer.

Sehenswert sind die schönen Balkons an der Uferstraße

Trotz der Busverbindung nach Santa Cruz kommt um einen Mietwagen nicht herum, wer ein wenig mehr von La Palma sehen will. Denn man verliert viel Zeit, wenn man erst nach Santa Cruz hineinfahren und dort noch umsteigen muss. Santa Cruz kann man auch in einer guten halben Stunde zu Fuß erreichen. Man folgt der Straße nach Norden und dann geht es nur noch geradeaus, im ersten und letzten Wegabschnitt am Meer entlang.

Information/Verbindungen/Einkaufen/Adressen

- *Information* Das Büro der Touristeninformation befindet sich auf der Promenade auf Höhe des Strandes. Dort bekommen Sie neben Inselkarten und Material über La Palma auch den aktuellen Veranstaltungskalender. Öffnungszeiten: Mo–Fr. 9–14 Uhr und 16–19 Uhr, Sa 9.30–13.30 Uhr und 16–19 Uhr, So 9.30–13.30 Uhr. ✆ 922 181354.
- *Centro Médico* ein privates Ärztezentrum, in dem neben Allgemeinmedizinern, Fachärzte und auch ein Kinderarzt arbeiten. Es gibt einen Notdienst, Hausbesuche werden gemacht. Centro Comercial Cancajos, Lokal 307/8. ✆ 922 434211, Notdienst 653 813158.
- *Busse* halbstündliche Busverbindungen von und nach Santa Cruz (Fahrtdauer 15 Minuten), vgl. S. 52.
- *Mietwagen* Mehrere vor Ort, z. B. **Oasis** im Centro Cancajos, **Auto Ferraz** im Block von Ap. La Cascada. Mieten kann man auch über die Rezeptionen der Apartmentanlagen.
- *Einkaufen* Cancajos hat mit dem **Centro Comercial Cancajos** so etwas wie ein Geschäftszentrum. Hier im nördlichen Teil des Ortes finden Sie die meisten Restaurants, Autovermieter, Supermarkt und Geschäfte, die Strandbedarf oder Souvenirs und Kunsthandwerk anbieten. Einen weiteren Supermarkt finden Sie neben der Anlage Costa Salinas. Im neuen südlichen Bereich haben sich gute Restaurants und Kneipen eingerichtet. Schicke Bekleidung mit einer großen Auswahl an eleganten Leinenkleidern, originellen Lavaschmuck und viele andere hübsche Kleinigkeiten bietet Ina Ruch in ihrem Laden im *Infocenter La Palma* an (in der Ladenzeile Las Olas im südlichen Ortsteil).
- *Telefonieren und Internetcafé* Telefonieren, ohne ständig Münzen einwerfen zu müssen, Ihre Handykarte aufladen oder im Internet surfen können Sie im Centro Comercial Cancajos, Lokal 306.
- *Adressen* Es gibt für alle genannten Einrichtungen nur eine Einheitsadresse: Playa de Los Cancajos, 38712 Breña Baja.

Übernachten

Los Cancajos ist ein reiner Urlaubsort. Mit wenigen Ausnahmen gehören alle Hotels und Apartmentanlagen großen Hotelketten und haben einen international hohen oder guten Standard. Alle Häuser können über die deutschen Urlaubskataloge von Neckermann, TUI, usw. gebucht werden.

****Hotel Taburiente Playa**, Edelhotel an der Promenade mit 300 perfekt eingerichteten Zimmern inmitten üppigen Grüns. Dem internationalen Standard des Klasse-Hotels entsprechen die Außenanlagen mit Pools, Sauna, Tennisplätzen, Fitnessraum und zwei Restaurants. Preise pro Person mit Frühstück je nach Saison 66–105 €. Im Internet häufig Sonderangebote. ✆ 922 181277, ✆ 922 181285, www.h10.es.

Ap. Costa Salinas, gleich nebenan. Das Haus gehört zur selben Kette wie das Hotel und hat einen vergleichbar hohen Standard. Natürlich mit Pool und anderem Komfort – überraschend geräumige und schön eingerichtete Studios und Apartments. Preise: Studios je nach Saison 49–104 €, Apartments 62–118 €. Im Internet häufig Sonderangebote. ✆ 922 434348, ✆ 922 434510, www.h10.es.

Ap. Hacienda San Jorge: „Ein Kunstwerk am Meer" nennt der unabhängige Besitzer seine Anlage. Und die ist, als eine der ersten im hübsch farbig gestrichenen kanarischen Stil gehalten, wirklich schön. Geboten werden 164 Apartments inmitten einer Gartenanlage, Pool, Fitnessraum, Restaurant und Snackbar, Autovermietung, Supermarkt, Tagungsräume, TV-Salon mit Videoanlage und dreisprachige Betreuung rund um die Uhr an der Rezeption. Preise pro Apartment 72,50–85 €, Frühstück am großen

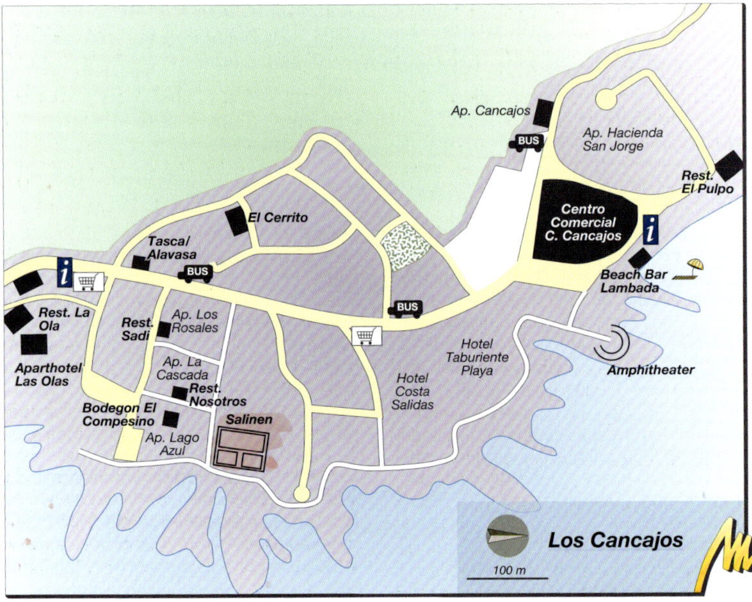

Büfett 6 €. ✆ 922 181066, 📠 922 434528, www. hsanjorge.com.

Ap. Cancajos, das andere Programm in Cancajos: Individuell, in schönen, rustikal mexikanisch gestylten Apartments wohnen und gleichzeitig die Infrastruktur des Badeortes nutzen, das ist hier möglich. Alle Einheiten sind größer als üblich (60–100 qm) und verfügen über eine eigene Terrasse mit Meerblick. Zusätzlich gibt es noch einen Pool, von dem aus man bis nach Santa Cruz schauen kann. Ein Studio, vier kleinere und zwei große Apartments mit zwei Schlafzimmern sind vorhanden. Einziger Nachteil: Zum Strand muss man über die Straße gehen. Rezeption: täglich von 9–13.30 und 16–19 Uhr besetzt. Preise pro Apartment und Tag je nach Größe und Saison 45-63 €. ✆ 922 435452, 📠 922 415871, www.apartamentoscancajos.com.

Aparthotel Las Olas, eine der neuen, großen Anlage im südlichen Ortsbereich. Großzügig geschnittene und gut eingerichtete Räume, Pool, Terrassen und Liegewiesen, Freizeitangebote, Restaurant und Bars bietet das Las Olas. Die Gästeapartments sind auf mehrere Häuser verteilt, je näher das Haus am Meer liegt, um so angenehmer der Aufenthalt. Preise pro Apartment und Nacht je nach Saison 65–85€, Abendbuffet 15 € pro Person. ✆ 922 434052, 📠 922 434085, www.caledonia.com.

Ap. El Cerrito, mit 250 m Entfernung zum Meer, liegt diese Anlage für hiesige Verhältnisse schon der letzten Reihe. Der etwas erhöhte Standort verschafft ihr aber dennoch Meerblick. Das vorläufig neueste Haus am Platz, ebenfalls mit Pool und Liegeterrassen. Preise je nach Große und Saison 45 - 85. ✆ 922 434985 und 922 433176, www.elcerrito-lapalma.com (Anfang 2007 noch nicht im Netz).

Essen/Nachtleben

Lokale von Norden nach Süden

El pulpo, der Kiosko típico am Strand. Frischen gebratenen Fisch, aber auch Grillfleisch gibt es in der rustikalen Holzhütte zu jeder Zeit. Gewöhnungsbedürftig – aber für Kioske typisch – die Preisgestaltung. Fisch oder Fleisch (ab 6 €) kommen solo, wenn man Kartoffeln und Mojo extra bestellt, macht es noch einmal rund 3,50 € zusätzlich. Dafür sitzt und isst man woanders zwar komfortabler, aber nicht so urig. Öffnungszeiten 13–23 Uhr, Mi geschlossen.

Beach Bar Lambada, Kleinigkeiten, Tapas und Eis gibt es hier. Sehr beliebt und fast immer voll. Auch ein Treffpunkt am Abend. Öffnungszeiten 12–24 Uhr. An der Promenade.

El Lagar, Pflanzen und helle Holztische schaffen eine freundliche Wintergartenatmosphäre, davor liegt eine Terrasse. Hier kann man sich täglich von 18–23 Uhr mit Blick auf Santa Cruz an Steak und Pizzas erfreuen. Pizza ab 5,50 €, Filets ab 11 €. Positive Leserberichte. Am Centro Comercial Cancajos.

Bodegón El Campesino, nettes, einfaches Speiselokal mit kanarischer Küche und großen Portionen zu günstigen Preisen. Geöffnet 16–24 Uhr. Im Ladenkomplex von Lago Azul.

Tasca Alavasca, im neuen südlichen Ortsteil konnte sich diese nette Kneipe schnell einen guten Namen machen. Neben einem wechselnden Tagesgericht zum Preis von 5–6 € gibt es kleine, noch preiswertere Leckereien. Besonders beliebt sind die Spieße (1,50 €) und Canapés für 1 €, auf der Karte steht auch eine große Salatauswahl. Mi und Fr ab 20.30 Uhr Livemusik. In der Ladenzeile von Oasis de San Antonio.

La Ola, bei Feinschmeckern eindeutig das Lieblingsrestaurant in Los Cancajos. Das deutsch-spanische Besitzerpaar zaubert in der Küche kreative Gerichte, die die Grenzen verschiedener Esskulturen überschreiten. Typische spanische, italienische, französische und orientalische Zutaten und Gerichte werden kombiniert. Das Ergebnis ist immer gut. Man sitzt entweder innen mit Aussicht auf das Meer oder genießt von der Terrasse den fantastischen Blick. Die Preise halten sich gemessen an der Qualität in Grenzen. Vorspeisen und Suppen gibt es ab 3 €, Hauptgerichte kosten 9–24 €. Öffnungszeiten: Di–Sa 13–22.30 Uhr, So 13–17 Uhr. Das Restaurant liegt zwar im Eingangsgebäude des Aparthotels Las Olas, ist aber davon unabhängig.

• *Nachtleben* Viel ist nicht los im Urlaubsort. Die einzige Disco konnte sich nicht halten, und so trifft man sich in der **Beach Bar Lambada**, mit Livemusik bis 24 Uhr, oder in der **Tasca Alavasca** (s. o.).

• *In der Umgebung* **Casa Goyo**, extrem einfache Bauweise wie in der Umgebung. Ein Besuch lohnt sich vor allem, wenn man draußen in einem der mit Palmwedeln gedeckten Freiluftseparées sitzen kann. Typisch palmerische Küche mit Salaten und frischem Fisch vom Grill, niedrige Preise. In der Strandsiedlung direkt südlich vom Flughafen.

Tipp: An das Lokal Casa Goyo sollten Sie sich am Abflugtag erinnern, wenn Sie noch ausreichend Zeit bis zum Start Ihrer Maschine haben und Sie diese nicht im sterilen Flughafenrestaurant zubringen möchten. Einfach in ca. 7 Minuten an Flughafen und Landebahn vorbei in Richtung Süden gehen.

Sport

• *Wandern und Biken* **Infocenter La Palma/La Palma Trekking**, der Laden von Ina Ruch hat sich zum Zentrum all derer entwickelt, die etwas unternehmen wollen. Im Angebot sind:

– Geführte Wanderungen in kleinen Gruppen, Wanderstiefel kann man sich notfalls hier leihen.

– Jeeptouren auch in Kombination mit Wanderungen.

Im Laden kann man nicht nur flotte Kleider und Schmuck kaufen, sondern auch palmerisches Kunsthandwerk, Reise- und Wanderführer kaufen. In der Geschäftszeile von Las Olas, im südliche Ortsteil. ✆ 922 433548, E-Mail: kanaren@la-palma-aktiv.com.

• *Tauchen* (siehe auch S. 85 unter „Sport"), **La Palma Diving Center,** deutschsprachig, im CC Cancajos, Local 227, ✆/📠 922/181393, mobil: 660 860240, www.la-palma-tauchen.de und www.la-palma-diving.com..

Buceo Sub, zweite Tauchbasis vor Ort, in der Ladenzeile von Ap. Costa Salinas. ✆ 922 181113, www.buceos-sub.com.

Umgebung von Santa Cruz
Karte Seite 101

Der Südosten

Von Las Breñas bis in die Südspitze

Von der Inselhauptstadt nach Süden dehnt sich die Landschaft üppig grün aus, keine tiefen Schluchten zerfurchen die sanft gewellten Hänge, lieblich wirkt diese Region.

Das war wohl auch für viele Hauptstädter der Grund, sich gerade hier anzusiedeln – und ihre Villen mit den schönen Gärten bestimmen inzwischen die Landschaft. Man kann es auch so ausdrücken: Hier ist die Insel zersiedelter als anderswo.

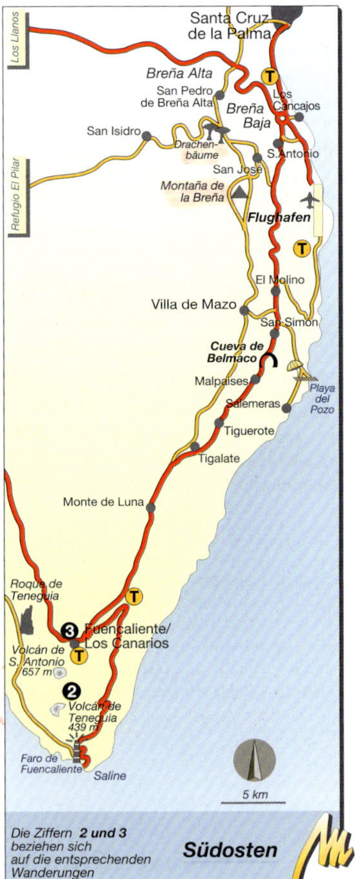

Die Ziffern **2 und 3** beziehen sich auf die entsprechenden Wanderungen

Begrenzt wird das Gebiet nach Westen vom Höhenzug der beiden Cumbres, im Osten von der zerklüfteten Atlantikküste. Die landwirtschaftliche Nutzung der Region ist vielfältig. Direkt oberhalb der Küste erstrecken sich Bananenplantagen, Sie haben sie schon beim Anflug gesehen. Rund um die Dörfer gedeihen Obst, Gemüse und Avocados. Noch neu ist die Blumenzucht; mehrere Züchter haben sich auf Proteas spezialisiert. In Richtung Süden rund um Mazo und Fuencaliente befinden sich La Palmas beste Weinlagen; eine Weinprobe in den Kellereien sollten Sie auf keinen Fall versäumen.

Fast 40 Prozent der Gemeindeflächen sind bewaldet. Wenn Sie auf der LP 3, welche die Ost- und Westküste verbindet, von Santa Cruz durch den Cumbre-Tunnel nach El Paso fahren, ziehen die Vegetationsstufen am Straßenrand vorüber: Zunächst die trocken-warme Zone mit Tabaiba und Säuleneuphorbien, daran schließt sich die vom Passat gesegnete, zum Obst- und Gemüseanbau genutzte Zone an, abgelöst von einem Mischwald aus Lorbeerbäumen und Fayal-Brezal (Baumheide), der im unteren Bereich noch mit Kastanien durchsetzt ist. Im Spätherbst können Sie hier Esskastanien sammeln, Maronen, die man geröstet zum jungen Wein knabbert. Die Vegetationsstufe der Kanarischen Kiefer werden Sie erst weiter südlich antreffen.

Im Süden treffen Sie auch auf eine der eindrucksvollsten Landschaft der Insel: Vulkankrater mit vergleichsweise jungen Lavafeldern. Das beginnt mit *Malpaíses* („schlechtes Land"), einem flächenhaft verbreiterten Lavastrom, der diesem Ortsteil von Mazo auch den Namen gegeben hat. Weiter südlich, zwischen den Ortsteilen *Tiguerote* und *Tigalate*, stoßen Sie auf einen erstarrten Lavastrom, der sich hier beim Ausbruch des *Duraznero* ins Meer ergoss.

Weit atemberaubender noch als diese Lavaflächen sind an der Südspitze der Insel bei Fuencaliente („heiße Quelle") die beiden Vulkane San Antonio (bei seinem Ausbruch wurde 1677 die Heilquelle, die dem Ort den Namen gab, verschüttet) und *Teneguía*. Dieser 1971 eruptierte Vulkan ist der jüngste des kanarischen Archipels, in seinen backofenheißen Spalten kann man noch Spiegeleier braten. Im Krater des San Antonio wachsen bereits Pinien, man kann auf seinem Rand spazieren und dabei auf den Teneguía hinunter schauen – dieser Ausblick sucht seinesgleichen. Ganz unten an der Küste der Südspitze erheben sich neben einer Saline zwei *Faros*, Leuchttürme, modern und in Betrieb der eine, längst außer Dienst und heute ein Informationszentrum der andere. Dazwischen die Lavafelder – die über 300 Jahre alten Lagen des San Antonio, auf denen Wein gedeiht, neben den schwarzen Mondlandschaften des Teneguía, aus denen an einigen Stellen schon jetzt, etwas mehr als vierzig Jahre nach der Feuerglut, erstes saftiges Grün sprießt.

Breña Alta und Breña Baja

Direkt südlich von Santa Cruz liegen zwei Gemeinden mit fast identischem Namen am Cumbre-Hang, was im gesamten spanischen Sprachraum nicht ungewöhnlich ist. Die beiden Breñas bezeichnen keine Orte, sondern jeweils eine Flächengemeinde aus mehreren kleineren Ortschaften.

Die am Berg gelegene Gemeinde bekommt den Zusatz „alto/a", die im Tal oder zur Küste hin gelegene „bajo/a". Und wenn man dann noch weiß, dass „Breña" ein mit Gestrüpp bewachsenes, felsiges Gelände meint, hat man schon eine gewisse Vorstellung.

Um nahezu 25 Prozent wuchs die Einwohnerzahl beider Gemeinden in den letzten Jahren. Kein Wunder, denn Las Breñas sind so etwas wie die Pendlervororte von Santa Cruz geworden. Wer es sich als Hauptstädter leisten kann, zieht ins Grüne. Sehr gepflegt wirken die Wohnviertel, in die sich mehrere Apartmentanlagen für Urlauber einfügen. Verwaltungstechnisch gehört auch die Ferienanlage Los Cancajos (vgl. S. 103) zu Breña Baja. Von den ca. 9500 Einwohnern der 17 Ortsteile umfassenden Gemeinden beschäftigen sich dann auch nicht mehr viele mit Ackerbau und Viehzucht. Handwerk hat da schon mehr Tradition: Zigarren und Körbe, in Heimarbeit gedreht und geflochten. Mit etwas Glück können Sie den Handwerkern über die Schulter schauen, z. B. in der Tabakmanufaktur von San Pedro (Ortsteil von Breña Alta), Calle del 30 de Mayo Nr. 10.

Übernachten

**** **Hotel Parador de La Palma**, etwas abseits, aber dafür ruhig und mit weitem Blick über Santa Cruz und die Ostküste liegt der palmerische Ableger der staatlichen Nobelhotelkette. Anders als an vielen Orten Spaniens ist er weder in einer ehemaligen Burg noch in einem Schloss untergebracht, sondern in einem im kanarischen Stil gehaltenen Neubaukomplex. Gleich hinter der Rezeption ein stimmungsvoller Patio mit Brunnen und Pflanzen, daran schließen sich die mit Antiquitäten eingerichteten Gesellschaftsräume, Restaurant und Bar an. Selbstverständlich haben die stilvoll eingerichteten DZ allen Komfort, den man in dieser Klasse erwarten kann, sowie Balkon bzw. Terrasse. Außenanlagen mit Pool und Spielplatz gehören selbstverständlich dazu. Die offiziellen Tagespreise betragen für das DZ 135 € und davon 20 % Rabatt für das EZ; aber diese Preise zahlen Sie selten, denn es gibt viele Sonderaktionen. Schon mit der „cinco días tarjeta", der 5-Tage-Karte, zahlen Sie 25 % weniger. El Zumacal, 38720 Breña Baja, ✆ 922 435828, ℻ 922 435999, www. parador.es.

Apartamentos Miranda (man spricht Deutsch), acht Apartments, alle mit Balkon oder geräumiger Terrasse, liegen inmitten eines schönen Gartens, der sich zum Meer hin öffnet. Es gibt ein Schwimmbad in der Anlage. Die jeweils 52 qm großen Wohnungen bestehen aus einem geschmackvoll eingerichteten Wohn- und Schlafraum mit separater Küche und separatem Bad. Sie sind durchweg für zwei Personen ausgelegt (Zustellbett möglich) und kosten je nach Saison 30–45 € pro Tag und Wohnung, für 2 Personen, für eine 3. Person werden 10 € extra fällig. Cuatro Caminos, San José, 38710 Breña Alta, ✆/℻ 922 434295, www.apartmentsmiranda.com. Das Büro ist Mo–Fr von 9–11 Uhr besetzt.

Apartamentos Vista Bella, neun Apartments/Studios befinden sich in zwei getrennten, in kanarischer Bauweise errichteten Häusern. Im Innern setzt sich der Stil mit klassischem Holzmobiliar fort. Alle Apartments/Studios sind üppig ausgestattet und verfügen über Balkon oder Terrasse zum palmenreichen, sehr schönen Garten, wo Pool und Liegeterrassen einen faulen Badetag auch fern vom Strand komfortabel machen. Die Preise sind nach Größe und Personenzahl gestaffelt und betragen 39 € bei ein bis zwei Personen, 49 € für 2–3 Personen und 59 € für große Apartments für bis zu max.. fünf Personen. Deutsche Leitung. Etwas unterhalb von San José an der LP 202, La Polvacera 312, 38712 Brenja Baja, ✆/℻ 922 434975, www.la-palma.de/vistabella.

Apartamentos Mayosa, die obere Etage eines zweistöckigen Hauses ist zu vier netten, einfachen Wohnungen ausgebaut. Bad, Küchenzeile, Essbar, Sitzecke mit zusätzlicher Schlafcouch. Von der Dachterrasse hat man einen tollen Ausblick auf Meer und Nachbarinseln. Preise je nach Apartmentgröße 30–35 €. An der LP 2 zwischen San Antonio und Mazo, Vista Allegre 340, 38712 Breña Baja, ✆ 922 434594.

• *Turismo rural* In den Breñas gibt es mehrere Land- und Bauernhäuser, die im Rahmen des Projektes Turismo rural hervorragend restauriert worden sind. Anschriften von Vermietern siehe S. 49/50.

Essen/Trinken

La Mocanera, im restaurierten altkanarischen Haus mit Garten und Terrasse serviert man palmerische Küche. Mittlere Preise. 12.30–16.30 und 19–23 Uhr, am Mittwoch ist Ruhetag. An der Landstraße von San Antonio nach San Pedro.

Casa Pancho, einfaches Lokal mit typisch palmerischer Küche und günstigen Preisen. La Polvacera 273, an der LP 2 zwischen San Antonio und San José.

▶ **San Pedro**: Der Gemeindesitz von Breña Alta verfügt nicht nur über eine Plaza mit Kiosko, Bar und angepflanzten Drachenbäumen, sondern mit der Pfarrkirche *San Pedro Apostol* auch über eine der ältesten Kirchen der Insel – 1539 erstmals urkundlich erwähnt. Der Innenausbau allerdings stammt aus dem Barock.

Wer noch keine *Zigarrenanfertigung* per Hand gesehen hat, kann das hier nachholen, denn San Pedro ist ein Zentrum der Tabakverarbeitung. Auf der Hauptstraße finden Sie eine der Zigarrenmanufakturen, meist Ein-Mann-Betriebe, in der Sie an Ort und Stelle frisch gerollte Zigarren kaufen können (Calle 30 de Mayo Nr. 10). Für Besucher geöffnet ist auch die *Destiladera*. In einer von der Stadt geförderten Werkstatt wird das traditionelle Handwerk gepflegt. Man kann beim Zigarrendrehen, Weben und Sticken zuschauen und die Produkte kaufen.

Öffnungszeiten Mo–Fr 8–15 Uhr. Calle Benahoare 4, unterhalb der Kirche in Richtung Ortsausgang, dann ausgeschildert.

Baden: Kaum zu glauben, aber San Pedro verfügt mit dem **Baltavida** über ein richtig großes öffentliches Bade-/Freizeit-/Fitnesszentrum. Es gibt eine verwirrende

Vielzahl an Preisen und Sonderpreisen. Wer nur baden und saunen möchte, zahlt 6 €.

Öffnungszeiten Mo–Fr 7–23 Uhr, Sa 8–20 Uhr und So 9–13 Uhr.

▸ **San José**: Die Kirche im Hauptort von Breña Baja ist noch älter als die in San Pedro. 1505 soll mit ihrem Bau begonnen worden sein. Sie entstand also nur etwa zwölf Jahre nach der Eroberung La Palmas durch Alonso de Lugo, was bezeichnend für die Machtposition der Katholischen Kirche auch bei dieser Conquista ist. In einem niedlichen, winzigen, alten kanarischen Haus ist in der ehemaligen Schlachterei, *Carnisería*, ein Minizentrum für Kunsthandwerk untergebracht.

Öffnungszeiten Täglich 10–13 und 16–20 Uhr. Anfahrt über die Dorfstraße weiter nach Norden, kurz hinter dem Dorf auf der linken Seite, ausgeschildert.

▸ **San Isidro**: Sehenswert sind die *Zwillingsdrachenbäume* von San Isidro. Sie gehören zu den ältesten Dragos der Insel. Das genaue Alter lässt sich aber nicht feststellen – Schätzungen schwanken zwischen 100 und 400 Jahren.

Anfahrt Auf der Straße von San Pedro in Richtung Mazo die erste Straße nach rechts oben nehmen. Nach ca. 200 m in einer Kurve auf der linken Seite erreichen Sie eine kleine Gartenanlage, die zu den urigen Gewächsen führt.

Säuleneuphorbien finden selbst an Felswänden Halt und Nahrung

Sehenswert ist auch die Tabakplantage *Finca tabaquera El Sitio*. Alle Schritte von der Pflanzung des Tabaks bis zur Herstellung von palmerischen Zigarren, den *puros*, können auf einem Rundgang beobachtet werden. Wer blauen Dunst liebt, kann die Zigarren auch an Ort und Stelle erwerben.

Öffnungszeiten Mo–Fr 9–13 Uhr, Breña Alta, Camino la Cueva 19, Anfahrt, bei o. g. Drachenbäumen weiter hochfahren, vor San Isidro geht es nach links.

▸ **Aussichtsberg Montaña de La Breña**: Unter Bäumen können Sie am Fuß eines perfekt geformten Vulkankegels picknicken. Rustikale Tische und Bänke stehen bereit. Wenn Sie sich ausreichend gestärkt fühlen, lohnt sich ein Aufstieg zum Aussichtspunkt. Von oben haben Sie einen Panoramablick auf den Südosten der Insel. Der Vulkan ist schon lange erloschen und mit Bäumen bewachsen.

Anfahrt südlich vom Weiler La Rosa führt eine nicht ausgeschilderte Straße nach oben. Sie fahren danach in Richtung Norden bis ans Ziel.

Wohnen in Mazo: schlichtes Haus, üppige Pflanzen

Mazo

13 Ansiedlungen gehören zu der Gemeinde zwischen Breña Baja und Los Canarios und natürlich Mazo selbst, der Hauptort der Gemeinde. Korrekt heißt er „Villa de Mazo", ist also eine Ortschaft, die in historischen Zeiten mit dem Stadtrecht ausgezeichnet wurde. Für die Einheimischen heißt sie trotzdem nur „El Pueblo" – das Dorf.

Dreieinhalb Straßenzüge wirken tatsächlich etwas städtisch. Ein Teil der Carretera General (LP 206) etwa, der Landstraße, die Mazo von oben begrenzt, mit Post, Banken, Restaurant und Kaserne der Guardia Civil. Hier vor der Post (correos) sollten Sie parken und die Hauptstraße General Mola hinuntergehen. Ein bisschen hier umherzulaufen macht Spaß, denn Autofahrer meiden die steile, gepflasterte Straße. Rechts liegt an einer hübschen blumengeschmückte Plaza das Rathaus in der auch ein Informationsbüro untergebracht ist. Auch an einigen reichen Bürgerhäusern merkt man, dass in Mazo einst Geld verdient wurde. Dahinter aber zerfransen die Straßen sofort in der Landschaft.

Die Straße führt hinunter zur *Kirche San Blas*, dem ältesten Gebäude am Ort. Den Grundstein legte man schon im Jahre 1512. Im Inneren Statuen flämischer Künstler aus dem 16. Jh. Flandern gehörte zu dem Zeitpunkt zur spanischen Krone, deshalb sind Arbeiten von Künstlern dieser Region und Zeit so häufig auf den Kanaren zu finden.

Das bekannteste kirchliche, zugleich folkloristisch und künstlerisch interessanteste Ereignis in Mazo findet im Juni statt. Wenn Sie zufälligerweise über *Fronleichnam* auf La Palma sind, müssen Sie unbedingt die mit Teppichen aus Blumen, Samen, Moosen und Lavasand geschmückten Straßen anschauen. Es sind die aufwändigsten Schmuckteppiche der Insel, und sie werden einige Tage gezeigt, bevor die Prozession darüber geht und die Pracht zertritt. Wer an Fronleichnam nicht in Mazo sein kann, sollte sich die Nachbildungen und Fotos der Straßenteppiche in der *Casa Roja* anschauen (s. u.).

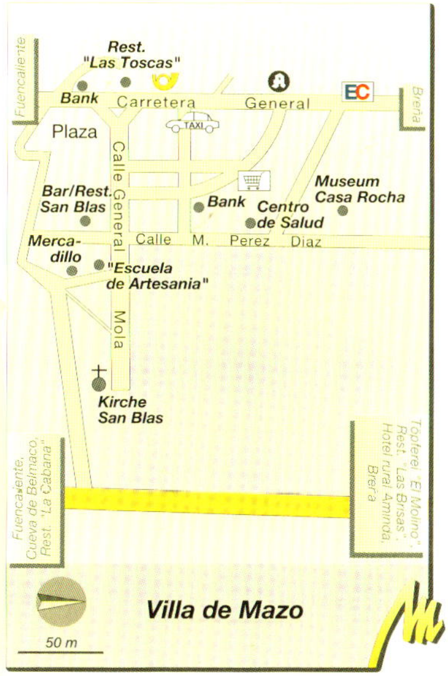

Mazo gilt als Zentrum des palmerischen Kunsthandwerks. Hier steht die *Escuela de Artesanía*, die Kunsthandwerksschule, die nicht besichtigt werden kann, und das *Museo Casa Roja* (s. u.). Außerdem hat sich hier mit *El Molino* eine Töpferei zur künstlerisch bedeutendsten Werkstatt der Insel entwickelt (siehe S. 115).

Kunsthandwerk spielt auch an jedem Wochenende eine große Rolle in Mazo, die Hauptrolle spielen allerdings Obst und Gemüse: Jeden Samstag um 15 Uhr und Sonntag ab 8 Uhr öffnet der Erzeugermarkt, der *Mercadillo*, seine Pforten. Bauern und Kunsthandwerker der Gemeinde, die sich in einer Kooperative zusammengeschlossen haben, bieten ihre Waren im Direktverkauf an. Zur Orientierung, der Mercadillo ist im größten Gebäude, einer zweistöckigen Halle, untergebracht.

Unten können Sie Obst und Gemüse kaufen. Je nach Jahreszeit Mangos und Maracujas, Avocados oder Aprikosen – alles preiswerter als anderswo, denn der Zwischenhandel entfällt. Die Minimal- und Maximalpreise werden vorher festgelegt und auf einer großen Tafel neben dem Eingang für alle sichtbar notiert. Daneben gibt es aber auch vieles aus eigener Herstellung: Mojo, Wein, Essig, Marmeladen und Liköre, aber auch Brot, Gebäck, Quark, Käse und Kräuter von den Bio-Fincas in der Umgebung. Selbstverständlich hat auch die Winzerkooperative von Mazo, die ihren guten, kräftig roten Wein unter dem Namen *Hoyo de Mazo* anbietet, ihren Probierstand dort. Sie finden ihn in der Nebenhalle, in der auch Blumen, Fisch und Fleisch verkauft werden (ansonsten können Sie die *Bodegas El Hoyo*, in der Calle Los Callejones 90, ✆ 922 440616, besuchen). Fisch und Fleisch werden wohl nicht immer angeboten, wie uns Leser schrieben.

In der oberen Halle bieten die Frauen von Mazo Stickereien und Webarbeiten an, auch Korbwaren sind im Sortiment. Vor der Halle stehen die Tische der Ortsfremden, die sich dem allgemeinen geschäftigen Treiben anschließen. Das beste Geschäft von allen macht ein Churros-Kiosk. Die typisch spanischen, in Öl ausgebackenen Teigschlangen sind, noch warm, sehr lecker und sehr begehrt.

Öffnungszeiten Sa 15–20 Uhr, So 8–13 Uhr.

Übernachten

• *Übernachten* **Hotel Rural Arminda**, das kleine Familienhotel von Doña Arminda ist so hübsch, dass es viele Jahre die Titelseite des offiziellen Unterkunftsverzeichnisses schmückt. Die Herausgeber hätten kein besseres Motiv finden können als die-

Der Südosten
Karte Seite 108

ses edel restaurierte kanarische Landhaus in einem wunderschönen, neu angelegten Garten mit Liegeterrassen und Pool. Nur fünf ganz unterschiedliche Wohnbereiche haben Platz im Haus. Es ist mit Innenhof, dunklen, massiven Holzdecken und Fußböden ein echtes Schmuckstück. Auch die Einrichtung der Zimmer stammt großteils noch aus dem 19. Jh., wo es nötig war (z. B. Bäder), stilvoll ergänzt. Alles ist sehr gepflegt. Alle Wohnbereiche haben mindestens ein Schlafzimmer, manchmal auch ein Wohnzimmer, Bad, Balkon/Terrasse. Buchen kann man über TUI. Wer vor Ort ein Zimmer mieten möchte: Das Haus hat kein Schild und keine Hausnummer, es liegt in Hoyo de Mazo, wenn man aus Santa Cruz kommt, kurz vor dem Restaurant Las Brasas auf der linken Straßenseite. Preise: je nach Personenzahl und Saison mit Frühstück zwischen 50 € (EZ im Sommer) und 90 € für das DZ im Winter. Ladero 181, 38730 Mazo, ✆ 922 428432.

Finca Casa Carmen, Lesertipp: Zwei liebevoll ausgestattete Apartments in Alleinlage mitten in einem Botanischen Garten mit Pool, Terrassen und Liegewiese. Sehr persönliche Betreuung durch die deutsche Besitzerin. Für die gute Ausstattung und Leistung recht niedriger Preis von 31–35€ pro Tag. Playa Pocito, 38730 Mazo, ✆/℻ 922 440602.

Casa El Molino, direkt auf dem Gelände der Kunstwerkstatt (s. u.) wohnen – „Turismo rural" macht es möglich. Das einstöckige Landhaus verfügt über zwei DZ und ein EZ, natürlich über Küche und Bad, aber auch über TV und einen Kamin. Einziger Nachteil: Des Besucherandrangs wegen lebt man nicht ganz ungestört für ab 350 € pro Woche. Monte Pueblo 27, Vermietung über Asociación Turismo rural, siehe S. 49f.

• *Turismo rural* In und um Mazo gibt es Land- und Bauernhäuser, die im Rahmen des Projektes Turismo rural hervorragend restauriert worden sind, Anschriften der Vermieter siehe S. 49/50.

Essen/Trinken (siehe Karte S. 113)

Bar/Restaurant San Blas, hier kann man oben und unten, drinnen und draußen gut essen. Auf der Karte stehen Italienisches mit Spaghettigerichten und Spanisches mit Fleisch und Fisch. Das Pollo Limon (Zitronenhähnchen) hat uns geschmeckt, Kostenpunkt 6,50 €. Nur abends gibt es am offenen Kamin zubereitetes Grillfleisch. 12–23 Uhr, So abends und Mo geschlossen. Calle Maximiliano Pérez Dias 7 in Mazo.

Restaurant Las Toscas, ein liebenswerter Familienbetrieb mit der typischen La-Palma-Küche. Der Gastraum ist hübsch eingerichtet und dekoriert. Moderate Preise. Neben der Post auf der oberen Hauptstraße in Mazo.

Bar Restaurant Las Brisas, das Lokal bietet typisch palmerische Hausmannskost: Grillfleisch mit Papas und Mojo rojo. Als Spezialität werden Schweinshaxen aus dem Ofen (piernas de cerdo al horno) angeboten. Gut ist der hauseigene Wein. Wenn der Wirt Zeit und Lust hat, greift er schon mal zur Gitarre und gibt kanarische Folklore zum Besten. Warme Küche von 13–16 und 19–23 Uhr; Do geschlossen. Hoyo de Mazo. An der LP 2.

Las Costoneras, gemütlich-gediegen eingerichteter Gastraum mit offenem Grillkamin und große Terrasse mit weitem Blick über die Küste. Kanarische Küche mit Eigenkreationen, Spezialitäten sind bei den Vorspeisen käsegefüllte Pfefferschoten und bei den Hauptspeisen Fleischfondues. Gute Küche und sehr guter Service, gehobene Preise. An der unteren Landstraße (LP 2) auf Höhe von San Simon, ✆ 922 428327.

▸ **Strand:** 4 km unterhalb von Mazo liegt der „Schwedenstrand", wie die *Playa del Pozo* auch genannt wird, seit schwedische Aussteiger sich dort schon vor rund 30 Jahren vorübergehend niedergelassen hatten. Er ist wie die meisten kleineren Strände mit palmerischen Wochenend-Strandhütten umstanden. Bei Flut wird er ziemlich schmal. Schutzmauern sind in Planung, doch solange sie nicht gebaut sind, gilt er wegen der Strömungen als gefährlich. Wenn Sie baden wollen, sind Sie in Cancajos auf der sicheren Seite. Es gibt in unmittelbarer Nähe noch mehrere kleine Sand-Stein-Buchten.

Anfahrt Siehe unter „Sehenswertes", „Salemera".

Sehenswertes

Casa Roja: Museum für die Traditionen rund um Corpus Christi und für Stickerei, Calle Maximiliano Pérez Díaz, im Zentrum von Mazo. Durch seine rote Fassade ist es nicht zu übersehen.

Die Casa Roja ist eines der prächtigsten Gebäude im Ort. Anfang des 19. Jh. gab es ein Geschäftsmann, der in Venezuela reich geworden war, in Auftrag. Das Erdgeschoss ist den Kunstwerken gewidmet, die jedes Jahr zu Corpus Christi (Fronleichnam) die Straßen von Mazo schmücken. Fotos zur Geschichte dieses schönen Brauchtums und Teile von Straßenteppichen sind ausgestellt.

Im Obergeschoss findet sich eine große Anzahl von besonders schönen Stickereien. Tischwäsche, Bekleidung und Kirchenzierrat wurden und werden mit der aufwändigen Handarbeit verschönt. Gearbeitet wird hauptsächlich mit drei verschiedenen Sticktechniken, der „Rechi" genannten Richelieu-Stickerei, der Relief- und der verdeckten Stickerei. Daneben finden sich aber auch Sticharten, wie Kreuzstich, Ähren- oder Knopflochstich.

Öffnungszeiten Mo–Fr 10–14 Uhr und 15–18 Uhr, Sa 11–18 Uhr, So 10–14 Uhr. Eintritt 2 €, Kinder 0,75 €.

El Molino: Keramikwerkstatt, unterhalb vom Ortskern, in Hoyo de Mazo gelegen. In der alten Mühle betreiben die Kunsthandwerker Ramón und Vina Rodriguez die bekannteste *Keramikwerkstatt* der Kanaren. Ihre Arbeiten waren u. a. 1992 im spanischem Pavillon der Weltausstellung in Sevilla zu sehen. Sie fertigen Reproduktionen der prähistorischen Keramik La Palmas an. Die vorspanische Töpferei der Insel ist, obwohl ohne Drehscheibe angefertigt, außerordentlich fein und mit geometrischen Mustern reich verziert, zudem unterscheidet sie sich durch ihren schwarz gebrannten Ton von den Stücken der anderen Inseln. Bevor das kreative Ehepaar mit dieser Arbeit begann, hat es sämtliche Keramikfunde der Insel unter die Lupe genommen und Scherben zusammengefügt. Viele der ehemaligen Bruchstücke können jetzt in der Werkstatt als zum Teil komplett rekonstruierte Schüsseln besichtigt werden. Das Alter kann man nur schätzen, mindestens aber 500 Jahre, das ist gesichert. Einige Stücke sind wahrscheinlich auch 800 bis 900 Jahre alt. Sie wurden an alten Holzkohlefeuern gefunden, und nur am Holz, nicht am Ton lässt sich das Alter bestimmen.

In der Töpferwerkstatt El Molino

165 verschiedene Formen und Muster haben die beiden auf Schablonen übertragen, nach denen sie jetzt arbeiten. Die größten Schüsseln besitzen einen Durchmesser von fast 40 cm, die kleinsten sehen aus wie ein Fingerhut. Gearbeitet wird heute mit den gleichen Werkzeugen wie damals: mit den Händen zum Formen des Tons, einem Stein zum Glätten und einem Holzspachtel zum Einritzen der Muster. Man kann den Künstlern zuschauen, und wer etwas Spanisch versteht, dem erzählen sie auch gern von ihrer Arbeit.

Selbstverständlich stehen die Produkte auch zum Verkauf, verständlicherweise ist bei soviel Handarbeit der Preis nicht eben niedrig. In den Verkaufsräumen gibt es neben der eigenen Keramik auch Arbeiten von den anderen Inseln und aus Südamerika sowie Souvenirs aus aller Welt.

Botanisch interessierte Besucher werden mit großem Vergnügen den Garten der Anlage anschauen. Er ist fast ausschließlich mit palmerischen Wildpflanzen angelegt.

- *Öffnungszeiten* Mo–Sa 9–13 Uhr und 15–19 Uhr.
- *Anfahrt* Die restaurierte Mühle ist nicht zu übersehen, zusätzlich weist ein Schild an der LP 2 die Piste hinauf. Bei Anfahrt mit dem Bus Linie 7, an der Station Hoyo de Mazo aussteigen.

Archäologiepark Cueva de Belmaco: rund um die *Königshöhle* der Ureinwohner (Benahoaritas/Altkanaren) vom Stamm Tigalate. In der Höhle von Belmaco wurden vor 250 Jahren Felszeichnungen der vorspanischen Bewohner La Palmas gefunden. Die geräumige Haupthöhle, heute durch diverse Abbrüche eigentlich nur noch ein riesiger Felsüberhang, liegt direkt im Talschluss. Neun weitere Höhlen gehören zu der Anlage, um die herum ein informativer Archäologiepark angelegt ist. Er beginnt hinter dem Eingang mit einem Museum, das über das Leben der Benahoaritas informiert sowie Werkzeuge und Keramikfunde ausstellt. Dann geht es auf einem Rundweg zunächst zur Höhle und den Felsplatten mit Steingravierungen. Die gut erhaltenen Muster zeigen Wellenlinien und Spiralen, manche wurden auch als Tier- und Menschenfratzen oder Tintenfische gedeutet. Über insgesamt zwölf Stationen führt der Weg vorbei an weiteren Höhlen, aber auch an Drachenbäumen, Palmen und Pflanzen, die als Nahrungsmittel genutzt wurden. Denkt man sich die Straße weg, wird deutlich, dass dies der beste natürliche Wohnort in der Umgebung war. Der gemauerte Herd in der Höhle stammt allem Anschein nach von neuzeitlichen Ziegenhirten.

Dem Museum gegenüber ist ein Kunstgewerbegeschäft in ein altes Bauernhaus gezogen.

- *Öffnungszeiten* Mo–Sa 10–18 Uhr, So 10–14 Uhr. Eintritt 2 €, Kinder 0,75 €.
- *Anfahrt* Untere Landstraße LP 2 von Mazo nach Süden, ausgeschildert, Parkplatz. Bei Anfahrt mit dem Bus Linie 7, ausdrücklich „Cueva de Belmaco" sagen, sonst fahren Sie bis in den nächsten Ort.

Salemera: Der futuristisch anmutende Leuchtturm am Strand unterhalb Mazos ist das Wahrzeichen dieser kleinen Strandsiedlung, die auf den ersten Blick so gar nichts zu bieten hat – keine Bar, einen kleinen Laden, kaum Bademöglichkeiten am kleinen Strand. Doch am Ufer oder auf den nahen Felsen finden sich unzählige Plätzchen für ein gemütliches Picknick mit schönem Blick auf die zerklüftete Felsküste Richtung Fuencaliente. Wer solche Ruhe am Meer mag, sollte den Ausflug nach Salemera nicht scheuen. Die Anfahrt ist allerdings etwas mühsam. Möglicherweise ist es bald nicht mehr ganz so ruhig, denn es gibt Pläne, die Playa del Pozo nebenan zu verschönern und zu sichern, um dann dort eine Apartmentanlage bauen zu können.

Der Teneguía ist La Palmas jüngster Vulkan

Anfahrt Sie erreichen die Strände über eine abenteuerliche Piste, die, von Santa Cruz kommend, vor San Simon zum Meer hin abbiegt. Mit blauer Farbe hat jemand „Salemera" an die Eckmauer geschrieben. Auf der LP 2 von Los Canarios kommend, biegen Sie kurz hinter dem Restaurant La Cabaña rechts in den Camino de Salemera ein. Zunächst ist die Straße noch asphaltiert, an einer Pistenkreuzung geht es geradeaus. Auch hier ist der Weg noch betoniert, kurz darauf aber völlig unbefestigt. Es geht immer der Nase nach, vorbei an einer Bio-Finca, an der Wegkreuzung danach ist der mittlere Weg richtig. Kurz darauf sieht man unten die Landzunge mit den Sommerhäuschen und Stränden. Die Playa del Pozo ist der nördlichste Strand. In Kurven geht es hinunter und kurz bevor man unten angekommen ist, scharf nach rechts. Wer nach Salemera weiter möchte, muss noch ein paar Kilometer weiter geradeaus fahren und sich immer am Leuchtturm orientieren. Die Piste wird immer schlechter. Linker Hand, kurz bevor Sie Salemera erreichen, sehen Sie eine kleine Villensiedlung und dann den Leuchtturm.

Los Canarios/Fuencaliente

So könnte es auf dem Mond sein: kilometerweite Lavaflächen und zwei schwarze Krater zwischen Himmel und Meer, im Zipfel der Insel. Den Kontrast bilden die sanften Cumbre-Hänge oberhalb von Fuencaliente, dicht begrünt von hohen Pinien. La Palmas südlichster Ort, dessen schmucke weiße Fassaden kontrastreich das Schwarz der Lava betonen, liegt spektakulär zwischen Vulkan und Wald.

Die Gemeinde heißt nach wie vor Fuencaliente, der Ort aber taufte sich in Los Canarios um, und so ist die Südspitze auch zumeist ausgeschildert. Fuencaliente gehört zum Pflichtprogramm des La-Palma-Besuchers. Gründe gibt es genug: der jüngste, 1971 ausgebrochene Vulkan des Archipels, der „Teneguía" (ausgesprochen:

Einmal gepflanzt vermehren sich die schönen Brutblätter rasant

Tenegia), die größte palmerische Weinkellerei namens „Teneguía" und eine der eindrucksvollsten Fundstellen altkanarischer Felszeichnungen, der „Roque de Teneguía".

Zunächst die Vulkane: Der *San Antonio*, ganze 657 m hoch, verschüttete bei seinem letzten Ausbruch 1677 (neueste Forschungen lassen vermuten, dass der Vulkan schon 3.000 Jahre alt ist) die heiße, heilkräftige und damit bei den Altkanariern heilige Quelle, der Fuencaliente den Namen verdankt. Einige Jahre hat man die Quelle gesucht und gegraben und wurde 2005 endlich fündig. Was mit ihr weiter geschehen soll, ist noch nicht entschieden. Es gibt die Idee Fuencaliente zu einem Kurzentrum zu machen. Praktisch dabei wäre, dass der Fundort in der Nähe von La Palmas größtem Hotel liegt.

Unterhalb des Vulkan San Antonio liegt der 1971 entstandene Vulkan *Teneguía*, der damals 23 Tage lang Lava und Asche ausspie. Die ursprünglich sechs Öffnungen vereinigten sich später zu einem Krater, aus dessen backofenheißen Spalten noch heute heiße Schwefeldämpfe entweichen.

Gut 1 km nordwestlich befindet sich davon dann der *Roque de Teneguía*. Hier soll damals die Heilquelle gesprudelt haben. Nur noch 20 m ragt der gelbe Phonolithfelsen des Heiligtums der Altkanarier aus der schwarzen Lava hervor. Auch er wurde beim Ausbruch des San Antonio verschüttet und von Erdstößen zerbrochen. Die Petroglyphen, Steinzeichnungen der Altkanaren, die ihn bedecken, sind leider schon sehr verwittert und zertrampelt, so dass man ein wenig suchen muss, um sie zu entdecken.

Und schließlich das *Dorf*: Sieht man einmal von der Durchgangsstraße ab, verteilen sich die gepflegten Wohnhäuser von Gärten umgeben, locker im Gelände. Das am höchsten gelegene Gebäude ist die Kirche San Antonio Abad, deren

Grundstein schon im 16. Jh. gelegt wurde. Besuchenswert sind in jedem Fall die *Bodegas Llanovid*, die Weinkooperative, im Süden des Ortes, auf dem Weg zu den Vulkanen. Die Weinkooperative produziert 1,5 Millionen Liter Wein pro Jahr – roten, weißen und rosado, Malvasier dulce und seco (süß und trocken). Der Malvasier war vor 300 Jahren der bevorzugte Tafelwein in Europas Fürstenhäusern. Sein Anbau verschaffte den palmerischen Winzern, vor allem aber den englischen Vertreibern ein halbes Jahrhundert satter Gewinne. Heute läuft der nach Westeuropa geplante Export höchst schleppend, auf der Insel gibt es ohnehin genug Abnehmer (vgl. Sehenswertes).

Verbindungen

Mit dem **Pkw** ganz einfach: Los Canarios liegt an der Landstraße LP 2, sie umrundet den Süden der Insel.

Mit dem öffentlichen **Bus**, Linie 3, Santa Cruz – Fuencaliente/Los Canarios – Los Llanos, alle 2 Stunden (siehe S. 53). Fahrtzeit: Santa Cruz–Los Canarios 45 Minuten, Los Llanos–Los Canarios 40 Minuten. Die Linie 31 wurde nach der Eröffnung des Princesshotels (s. u.) eingerichtet. Sie führt vom Dorf über Las Indias zum Hotel und jeder zweite Bus über den Faro (Leuchtturm) wieder zurück.

Taxi: Eine Familie betreibt den Taxiservice. Wenn am Stand gegenüber dem Buswartehäuschen kein Taxi steht, klingeln Sie ruhig am grünen Haus gegenüber dem Kulturhaus. Ansonsten ✆ 922 444043.

Autovermietung Eva, im Gebäude von Ap. Colón (s. u.).

Übernachten

Los Volcanes, ein Teil der Zimmer sind als Pensionsräume, ein anderer Teil als Apartments eingerichtet. Alle Pensionszimmer haben Bad, die Apartments sind Studios (Wohn-/Schlafraum mit Küchenzeile und separatem Bad). Die Einheiten sind relativ klein, aber freundlich und hell eingerichtet (sogar TV). Die Apartments kosten 35 € pro Tag, bei Aufenthalt von mehr als fünf Tagen gibt es einen Rabatt von zehn Prozent. Die Pensionszimmer, mit Minieisschrank, kommen auf 20–22 €. Wer nicht gerade extrem knapp bei Kasse ist, sollte sich für ein Apartment entscheiden – es gibt mehr Bewegungsfreiheit und einen Balkon. Haupt- und Durchgangsstraße im Dorf, Los Canarios 86 (LP 2, ✆/℻ 922 444164. Der Besitzer hat zwei Landhäuser in der Umgebung zu Ferienhäusern umgebaut, die er ebenfalls vermietet, Wochenpreis 215 €.

Apartamentos Eva und Colón, am Ortseingang von Los Quemados, einem Dorf unterhalb von Fuencaliente. 14 Apartments in zwei kleinen Anlagen mit Garten, Pool und Restaurant. Alle Apartments haben Meerblick und liegen in unmittelbarer Nähe zu den Vulkanen. Komfortabel im kanarischen Stil eingerichtet, mit SAT/TV, hier wurde nicht gespart. Pro Apartment für zwei Personen ab 36 €. ✆ 922 444155 und mobil 616 589206, www.apartamentoscolon.es.

****** Hotel La Palma Princess und Teneguía Princess**, an der Küste zwischen den Playas Zamora und Echentive liegt das bisher neueste, mit 1250 Betten größte und umstrittenste Hotel (siehe S. 32) La Palmas. Um es gleich zu sagen, ein Klotz ist es nicht, und hässlich ist es auch nicht, eher im Gegenteil. Die Gesellschaftsräume, wie Eingangshalle, Bars, Restaurants und Aufenthaltsräume/-terrassen, sind in einem Komplex im klassisch kanarischen Kolonialstil sehr aufwändig und mit edlen Materialien gebaut. Hohe Holzdecken, umlaufende Holzgalerien innen und außen, typische Ziergitter, massive Mauern, natürlich wirkende Fliesen. Einwenden könnte man, dass der Bau von seiner Größe her, den Rahmen der kanarischen Architektur und den Rahmen, den La Palma bietet, sprengt. Den Übergang zu den Wohn- und Freizeitbereichen bildet eine Plaza mit Geschäften und Terrassencafés auf der Abendunterhaltung und Kulturprogramme stattfinden sollen. Die Zimmer sind auf mehrere zwei- bis dreistöckige Häuserzeilen im Gelände verteilt. Zur Küste erstreckt sich eine Badelandschaft aus zehn unterschiedlich geformten, ineinander übergehenden Pools.

Der Südosten
Karte Seite 108

Die Karawane startet am Vulkan San Antonio

Sie werden von Brücken überspannt, Bars und Restaurants bilden Inseln. Auch der Wellness- und Sportbereich entspricht dem Standard u. a. gibt es sechs Tennisplätze. Die Anlage ist (sicher mit Absicht) so gestaltet, dass der Urlauber alles vor Ort findet und, außer zu einem (organisierten) Ausflug, das Hotelgelände nicht verlassen muss. Hier liegt auch das Problem, das Urlauber in dieser Anlage haben werden: Sie können sie kaum verlassen, es sei denn, sie mieten einen Leihwagen oder nehmen die neu eingerichtete Buslinie 31, die 6 x am Tag nach Fuencaliente fährt. Das Hotel liegt abseits jeder Behausung, in der Umgebung gibt es nur schwarze Vulkanfelsen und Bananenplantagen, nicht einmal die Küste in unmittelbarer Umgebung ist zugänglich. Preise bei individueller Buchung: pro Person im DZ mit Halbpension je nach Saison 51–71 €, Suite pro Tag +30 €, Vollpension +11 €, als EZ 20 % Rabatt, Kinderermäßigung 25 %. Carretera La Costa Cerca Vieja 10, 38740 Las Indias/Fuencaliente, ✆ 901 888099 und 922 425511, www.princess-hotels.com.

• *Turismo rural* In und um Fuencaliente gibt es mehr als ein Dutzend Land- und Bauernhäuser, die im Rahmen des Projektes Turismo rural hervorragend restauriert worden sind, Anschriften der Vermieter siehe S. 49/50.

Essen/Trinken

Patio del Vino, das Restaurant bei der Weinkooperative, ausgeschildert. Ein großes, gepflegtes Speiselokal, das trotz rustikaler Tische und Bänke etwas kahl wirkt. Auf der Karte stehen viele typisch kanarische Gerichte und selbstverständlich die hier produzierten Weine. Relativ günstige Preise: Fleischgerichte schon ab 5,50 €. Öffnungszeiten Di–Sa 12–16 Uhr, So 12–16 Uhr.

La Era, in grüner, bäuerlicher Umgebung kann man hier auf der Terrasse, im Garten und in einem Wintergarten gemütlich sitzen und typisch kanarische Gerichte zu sich nehmen. Auch die Preise sind in Ordnung. Öffnungszeiten 12–23 Uhr, Mi geschlossen. Carretera Antonio Paz 6, an der Straße zum Vulkan ausgeschildert.

Puesta del Sol, in der Apartmentanlage Colon im Ortsteil Quemados. Als Aussichtsrestaurant gestaltet mit Blick aufs Meer und den Sonnenuntergang, denn das heißt Puesta del Sol, und die Vulkane. Fischgerichte sowie kanarische und internationale Küche. Günstiges Tagesangebot, es gab bei unserem Besuch Dorade mit Beilagen für 6,50 €, die anderen Hauptgerichte um 10 €.

Sehenswertes

Vulkan San Antonio: Den Vulkan San Antonio können Sie in Fuencaliente nicht verfehlen. Sobald man nach Süden hinunterschaut, hat man ihn unweigerlich im Blick. Egal, ob Sie zu Fuß sind oder per Fahrzeug kommen, Sie wählen im Ortszentrum an der Hauptstraße eine der zur Küste hinunterführenden Straßen (alle Straßen laufen zusammen) und gelangen nach wenigen Minuten an das Hinweisschild „Volcán San Antonio", das Sie nach links zum Parkplatz leitet. Am Parkplatz werden erst einmal 3,50 € pro Person fällig. Sie sind gleichzeitig der Eintritt in das Naturschutzgebiet und in das Besucherzentrum. Sie finden es rechts unterhalb des Parkplatzes in einem schönen, in die Vulkanlandschaft eingepassten Bau.

Centro de Visitantes Volcán San Antonio: Alles über den Vulkanismus La Palmas erfahren Sie hier, insbesondere natürlich über die letzten Ausbrüche direkt vor der Tür. Schautafeln und Modelle gibt es, und mehrfach täglich läuft ein Film (auch auf Deutsch) mit Bildern vom Ausbruch des Teneguía. Im Zentrum gibt es eine Cafetería, Speisen und Getränke können auf die Terrasse getragen und dort in jungvulkanischer Umgebung verzehrt werden.

Öffnungszeiten täglich 9–18 Uhr, Juli–Sept bis 17.30 Uhr.Im Sommer täglich 9–20 Uhr, im Winter täglich 8.30–18.30 Uhr.

Neben dem Parkplatz startet eine Kamelkarawane für zahlende Gäste (15 Minuten für 13 € pro Kamel, auf dem zwei Personen sitzen können). Montags dürfen die Tierchen auf der Weide bleiben.

Von hier aus lässt sich der Kraterrand fast ebenerdig betreten, Kraxeleien sind nicht erforderlich. Der Weg ist breit und bis auf eine felsige Stelle mit Vulkanasche bedeckt. Links geht der Blick in den erloschenen Krater, in dem sich schon Kiefern angesiedelt haben, rechts sieht man über die Weinfelder auf die Ortsteile *Los Quemados* und *Las Indias*. In Richtung Süden ist der durch die Lava markant geformte Küstenstreifen zu erkennen.

Nach der Hälfte des Weges haben Sie freien Blick auf die Sensation von Fuencaliente, den erst 1971 ausgebrochenen *Vulkan Teneguía*. Deutlich heben sich die beiden aneinander grenzenden Vulkanfelder ab. Die weichen, schwarzen Sandfelder des älteren Vulkans, schon mit Weinstöcken bepflanzt, und die bizarren, harten und scharfkantigen Schlackenfelder des Teneguía. Bei klarem Wetter können Sie an dieser Stelle auch alle drei Nachbarinseln sehen, von links nach rechts: Teneriffa, La Gomera und El Hierro. Der Parkplatz ist auch Ausgangspunkt für Wanderungen in dieser Mondlandschaft (Beschreibung ab S. 123).

Teneguía, der jüngste Vulkan im Archipel: Den Vulkan Teneguía erreichen Sie per pedes ab Parkplatz San Antonio (siehe Wanderung 3) oder per Auto oder Rad über die Straße nach *Las Indias* – vom Parkplatz zurück auf die Landstraße und dann nach links. Kurz vor dem Ort Los Quemados einer ausgeschilderten Piste nach links folgen. Sie führt zu einem Parkplatz kurz vor dem Teneguía. Je nach Lust, Schuhwerk und Kletterlust können Sie einfach an den Krater herangehen und die warme, schwefelhaltige Luft schnuppern, am Kraterrand ein Stück hinuntersteigen und an mehreren Spalten die von unten hoch drängende, heiße Luft spüren oder auf den Kraterrand steigen. Für diesen Gang sollten Sie auf jeden Fall festes Schuhwerk tragen, auch wenn vor Ihnen Touristen in Badelatschen hinaufsteigen. Die Schlacken liegen z. T. lose auf dem Fels, und weiter oben wird der Trampelpfad eng, steil und fällt auf einer Seite senkrecht ab. Oben angekommen, hat man einen

Karte Seite 108

Bizarre Formen entstehen, wenn Lava erkaltet

fantastischen Blick auf die gesamte jungvulkanische Zone und, wenn man den Aschenberg bis nach vorn geht, auf die Südwestküste. Vermutlich wird aber die häufig rücksichtslose Kraxelei (gegen die eigene Sicherheit und gegen den Vulkan) bald dazu führen, dass der Aufstieg beschränkt oder ganz untersagt wird.

Vom Parkplatz aus führt ein etwa 1,5-stündiger Rundweg zum Roque Teneguía (siehe Wanderung 2). Sie können sich hier aber auch in die Wanderung 3 einklinken, die dann nur noch 2,5 Stunden dauert.

Taller y Venta de Artesanía: Kunsthandwerk, an der Carretera General del Sur. Neben der Bar Imperial hat die Gemeinde diese Werkstatt und den Verkaufsraum eingerichtet. Die Männer und Frauen arbeiten hier auf eigene Rechnung. Es wird gestickt und geklöppelt, geschmiedet und manchmal auch an einem der vielen alten Webstühle gearbeitet.
Öffnungszeiten Mo–Fr 9.30–12 und 15–18 Uhr.

Bodega LLanovid (s. o.), unterhalb der Carretera General del Sur. Das große, kompakte Gebäude der Weinkellerei ist gut ausgeschildert und leicht zu erkennen. Direkt über den Weintanks (leider keine alten Fässer) stehend, können Sie ein Schlückchen von jeder der sechs Sorten probieren und an Ort und Stelle auch den Wein Ihrer Wahl kaufen, ob frisch und trocken, weich oder fruchtig-süß. Preiswerter als im Supermarkt ist der Einkauf allerdings nicht.
Öffnungszeiten Mo–Fr 8–18 Uhr, Sa/So 9–14 Uhr.

Bodegas Carballo: schräg gegenüber der Einfahrt zum Vulkan San Antonio. Die kleine private Weinkellerei bietet je nach Ergebnis der Lese vier bis acht verschiedene Weine an. Ihre Produktionsmenge ist niedriger als die der Kooperative, aber keinesfalls die Qualität. Die Weine der Bodega haben schon auf internationalen Messen Preise gewonnen. Für den weichen, samtigen Roten muss man mehr als 5 € hinlegen, aber es lohnt sich.
Weinprobe/Verkauf täglich 11–19 Uhr. Carretera de las Indias 44.

Arte Cuadrado: Etwas außerhalb, an der LP 2 in Richtung Santa Cruz, führt eine Hamburgerin die einzige Kachelmanufaktur, die noch mit traditioneller Technik arbeitet. Sie produziert Kacheln mit neuen, von Künstlerhand geschaffenen und alten Jugendstilmustern. Wer nicht gerade einen kompletten Kachelteppich bestellen möchte, freut sich vielleicht, ein besonders schönes Einzelexemplar, gerahmt als Wandschmuck oder Untersetzer, erstehen zu können. Der Manufaktur angeschlossen sind zwei originelle Elemente: das „Versorgungslager für freie Entscheidung" mit urigem Outdoorzubehör vom Sturmfeuerzeug bis zum Feldbett sowie eine Nebenstelle der Hamburger Künstlergruppe „Elternhaus". Diese Gruppe bringt nachdenkliche und plakative politische Texte auf Bekleidung und Taschen auf den Weg. Kurz und prägnant z. B. „Geist ist geil".

Öffnungszeiten Mo–Fr 14–17 Uhr, Sa 11–17 Uhr, Carretera General 2, www.la-palma.de/artecuadrado.

▸ Siehe auch „In der Umgebung" Seite 126

Wanderung 2: Jüngster Vulkan und heiliger Fels

Rundweg vom Vulkan Teneguía zum Roque Teneguía

+/– 50 m, mit Aufstieg zum Teneguía +/– 100 m, 1–1,5 Stunden. Keine besonderen Anforderungen, wegen des weichen Vulkansandes sind feste, geschlossene Schuhe empfehlenswert.

Ausgangspunkt: Parkplatz Vulkan Teneguía, Anfahrt siehe unter „Sehenswertes".

Wegbeschreibung: Zunächst gehen Sie zum vor Ihnen liegenden Vulkan Teneguía, wo Sie in den mit roter und gelber Schlacke bedeckten Krater schauen können. Sportliche Naturen schließen einen Aufstieg an (schlechte Wegstrecke, festes Schuhwerk erforderlich). Der Blick von oben ist besonders schön, für den Abstieg sollten sie aber schwindelfrei sein. Der Spaziergang führt nun zurück zum Parkplatz und auf einem gut erkennbaren Weg nach links. Auf Höhe eines Wasserbassins wird ein Betonkanal überquert, auf der anderen Seite geht es nach links am Rand des Kanals weiter. Vor dem dritten Wasserhäuschen führt ein kaum erkennbarer Pfad halb rechts hoch (wer den Pfad verpasst und weiter geradeaus entlang der Wasserleitung geht, kommt auch ans Ziel, muss aber am Roque Teneguía ein wenig klettern) und weiter nach Norden. Bald ist der auffällig gelbe Phonolitfelsen Roque Teneguía erreicht. Bei genauem Hinschauen sieht man noch zahlreiche spiralförmige Steingravuren der Benahoaritas/Altkanaren. Leider sind sie stark verwittert. Ein markierter Weg führt vom Roque nach oben zur Fahrpiste, dort angekommen geht es nach rechts zurück zum Ausgangspunkt.

Wanderung 3: Vom Kraterrand zum Fischerstrand

Vom San Antonio über den Vulkan Teneguía zur Küste

9 km, -600 m, reine Wanderzeit hin und zurück 5 Stunden, kürzere Varianten möglich. Die Wanderung stellt keine besonderen Anforderungen, ist aber wegen des weichen Vulkansandes, ihrer Länge und des Aufstiegs auf dem Rückweg anstrengend. Unterwegs treffen Sie mehrfach auf die Ausschilderung des Wanderweges GR 131 und auf rot-weiße Markierungen. Richten Sie sich aber nach dieser Beschreibung und nicht nach der Ausschilderung, sonst verpassen Sie die Höhepunkte der Tour.

Wenn Sie den Weg nicht wieder hinaufsteigen möchten, informieren Sie sich an der Bushaltestelle über die Abfahrtzeiten der Linie 31 vom Faro/Leuchtturm.

Wanderstiefel, Kopfbedeckung und gut gefüllte Wasserflasche sind dringend zu empfehlen.

Der Weg bietet viele **Varianten**:

1. Sie gehen nur bis zum Teneguía hinunter, dann halbieren sich Höhendifferenz und Zeitangabe.

2. Sie beginnen den Weg am Vulkan Teneguía (Anfahrt s. o.), dann halbiert er sich ebenfalls, und der steilste Teil des Aufstiegs während des Rückwegs bleibt Ihnen erspart.

3. Sie machen es wie ein Leserbriefschreiber und beginnen unten am Parkplatz beim Leuchtturm. Dann haben Sie den Aufstieg und den Blick in die Vulkanlandschaft am Anfang der Wanderung und die Strandkneipe ganz am Ende.

Anfahrt: Beginn und Ende der Wanderung ist der Parkplatz vor dem Vulkan San Antonio, eine Anfahrtsbeschreibung finden Sie unter „Sehenswertes", S. 119.

Wegbeschreibung: Am Beginn der Wanderung steht ein Gang auf dem Kraterrand, um einen Blick in den Krater, auf die Westküste und den Vulkan Teneguía zu werfen. Zurück auf dem Parkplatz, folgen Sie dem ausgeschilderten, in steilen Kehren nach unten führenden Weg.
Er mündet auf die Piste von Los Quemados, der Sie nach links folgen. Nach 15 Minuten sehen Sie rechts unter sich den Roque de Teneguía. Folgen Sie einem gut erkennbaren Weg hinab an den Fuß des Felsens. Sie verlassen den Felsen über einen Pfad, direkt vor dem Felsen, in Richtung Vulkan Teneguía und hinunter zur Wasserleitung. Neben dem nur teilweise überdeckten Wasserkanal gehen Sie bis vor einen Wassertank, hier wird die Wasserleitung überquert, und es geht auf einem Weg zum Autoabstellplatz am Teneguía-Vulkan und weiter zum Krater des Vulkans.
Am Kraterloch wird es merklich wärmer, innen am Rand finden sich noch heiße Spalten. Links führt ein schmaler, felsiger Pfad am Kraterrand entlang den Teneguía hinauf, über einen Sattel zum höchsten Punkt, den eine Vermessungssäule krönt. Von oben hat man einen besonders schönen Blick auf die Küste und die Nachbarinseln El Hierro und La Gomera – klare Sicht und gutes Wetter vorausgesetzt.
Es geht wieder zurück und vor dem Autoabstellplatz nach rechts. Folgen Sie der markierten Trittspur durch den Lavastrom. Den kleinen Vulkankrater lassen Sie links liegen und gehen an Steinmännchen vorbei durch die immer dunkler werdende Lava hinunter. Nach ca. 200 m mündet die Trittspur auf einen breiten Weg, dem Sie rechts nach unten folgen. Ab hier geht es immer den Ausschilderungen nach durch schwarze Sandebenen und schroffe, erstarrte Vulkanflüsse. Mehrfach wird die Straße hinunter gequert.

Bald sehen Sie den Leuchtturm und in der Bucht daneben eine typisch palmerische Strandsiedlung, nicht besonders hübsche, unverputzte Strandhäuschen, eng an den Felsen gebaut. Am Ende des offiziellen Wanderweges gehen Sie den gut ausgebauten Weg zum Strand hinunter. Die Fischbude, vor wenigen Jahren noch ein Geheimtipp, erfreut sich inzwischen großer Beliebtheit, allerdings ist es hier nicht mehr preiswerter als im Restaurant (Mittwoch Ruhetag). Ein Leserpaar hat sich wahrscheinlich hier eine Bakterieninfektion geholt. Spezialität: Fischkroketten. Am kleinen, steinigen Strand können Sie, wenn die Brandung nicht allzu stark ist, mit aller Vorsicht baden.

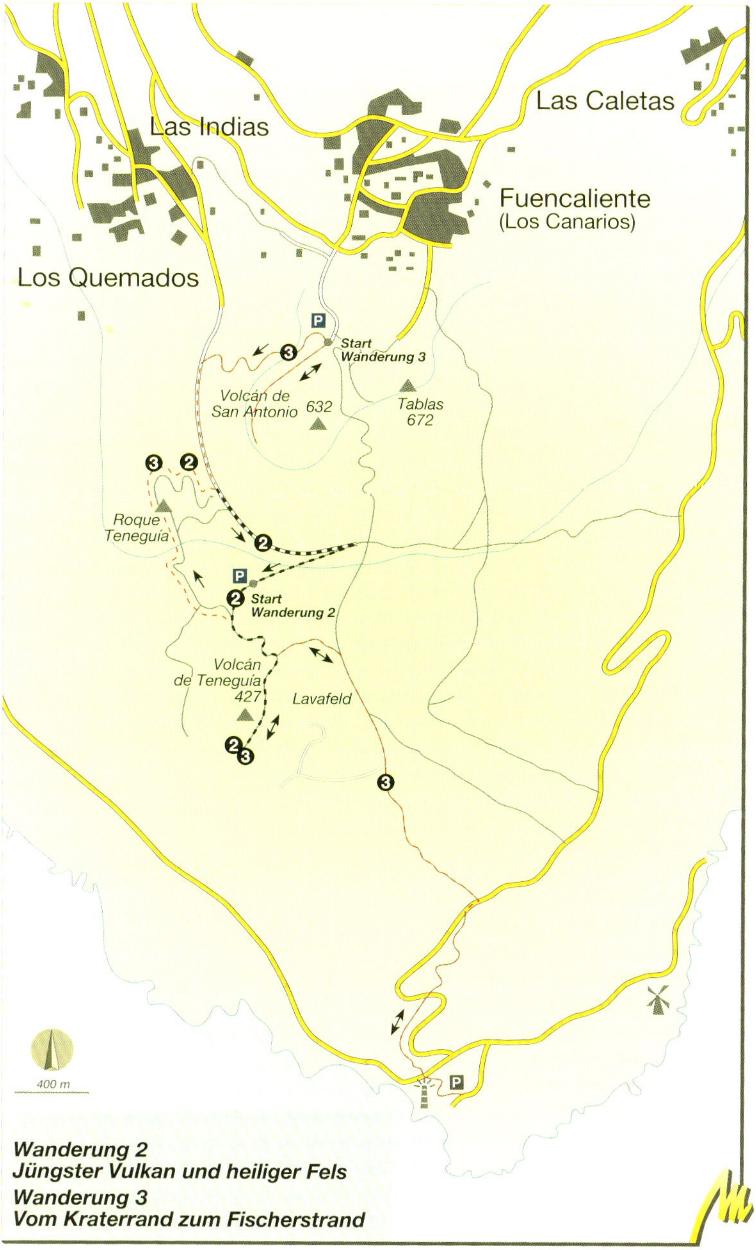
Las Indias
Las Caletas
Fuencaliente
(Los Canarios)
Los Quemados
Start
Wanderung 3
Volcán de
San Antonio
632
Tablas
672
Roque
Teneguía
Start
Wanderung 2
Volcán
de Teneguía
427
Lavafeld
400 m
Wanderung 2
Jüngster Vulkan und heiliger Fels
Wanderung 3
Vom Kraterrand zum Fischerstrand

Sie können auf demselben Weg zurückgehen , nicht ohne Reiz, denn bergauf haben Sie einen völlig anderen Blickwinkel. Schweißtreibend wird's allemal. Vergessen Sie darum nicht, vorher Ihre Wasservorräte aufzufüllen. Als Alternative gibt es den Bus 31 der 3 x täglich etwas oberhalb des Leuchtturms nach Los Canarios fährt. Vor der Rückkehr sollten Sie noch in das Informationszentrum zum Meeresschutzgebiet im alten Leuchtturm schauen (s. u.).

Sehenswertes in der Umgebung/Ausflug/Baden

Zur Küste der versteckten Strände: Dieser Ausflug ist nur mit dem Mietfahrzeug möglich. Die Strandbuchten sind schattenlos; wer also mal ohne Sonne sein möchte, muss den Sonnenschirm mitbringen. Ideal sind die relativ flachen, geschützten Buchten mit ihrem feinen Sand übrigens auch für Kinder (siehe Karte S. 127).

An der alten Tankstelle in Fuencaliente biegen Sie nach unten ab (Hinweisschild „Faro" = Leuchtturm). Immer kurvig und steil geht es hinunter, zunächst noch durch dünn besiedeltes Gebiet, dann aber nur noch über schwarze Lava, auf der hier und da die ersten Pflanzen gedeihen, sich grün und vom dunklen Grund fast grell leuchtend abhebend. Bis hierher haben die Vulkane San Antonio und Teneguía ihren Ascheregen geschickt. Unten befinden sich dann die letzte *Saline* La Palmas und zwei *Leuchttürme*: der aus Steinquadern gemauerte alte Leuchtturm und direkt daneben der rot-weiße neue. Dem Schild „Playa de las Cabras" folgt nur eine Runde zu den Windrädern und zu einem unattraktiven, steinigen Strand, man muss diesen Abstecher also nicht machen.

Saline Tenegíua, mit ihren quadratischen schwarz-weißen Salzfeldern und weißen Salzbergen wirkt die Saline im Südzipfel wie ein Teil der Landschaft und nicht wie ein Fremdkörper. Trotz oder gerade wegen des Gegensatzes zur Umgebung mit ihren schwarzen Schlackefeldern. Das Salz wird hier vollkommen natürlich gewonnen, es ist reich an Spurenelementen, kommt ohne Zusätze unter dem Namen „Sal Teneguía" in die Lebensmittelgeschäfte und wird sehr preiswert verkauft.

Wegen des großen Interesses der Urlauber öffnen die Besitzer die Saline für Besucher – aber nur, wenn dort gearbeitet wird – von Mai–Oktober, werktags 8–17 Uhr. Bitte lassen Sie den Wagen vor dem Eingangstor und bleiben Sie auf den Wegen. Im Sommer 2007 soll eine Informationstafel aufgestellt und ein Rundweg angelegt werden. Ebenfalls in Planung ist ein Besucherzentrum mit angeschlossenem Verkaufsraum und Restaurant.

Ein kleiner Spaziergang unten am Meer entlang lohnt sich vor dem nächsten Besuchspunkt. Selten sieht man so bizarre Schlackefelsen im Meer. Die zähflüssige Lava hat in der plötzlichen Erstarrung Brücken und andere seltsame Figuren geformt.

Centro de Interpretación de la Reserva Marina, im alten Leuchtturm wurde 2006 das Besucherzentrum des Meeresschutzgebietes eröffnet. Bei Redaktionsschluss waren erst wenige Räume ausgestattet, aber das sollte sich bald ändern. Schwerpunkt der Ausstellung ist die Verschmutzung des Meeres im Schutzgebiet. Spannend ist der Raum, in dem sich der Besucher wie bei einem Tauchgang fühlt und dabei die Verschmutzung des Meeresgrundes (in konzentrierter Form) anschauen kann. Es gab bei unserem Besuch noch keine festen Öffnungszeiten, aber auch das wird sich bald ändern.

Rechts neben den Leuchttürmen befindet sich der erste Strand, die **Playa del Faro**. Hier stehen die Geräteschuppen der Fischer, liegen ihre Boote auf dem Strand. Der kleine Strand ist mit Steinen durchsetzt und zum Baden nicht ideal, denn Sie befinden sich direkt an der Südspitze der Insel – die Strömung ist gewaltig. Eine Strandbar bietet kleine Fischgerichte an. Die Autorin hat dort häufig mit Vergnügen gegessen. Ein Leserpaar ist sich sicher, sich dort eine Bakterieninfektion geholt zu haben.

Am Zamora-Strand ist die Brandung meist friedlich

Weiter geht es ein Stück zurück auf der Straße und dann in nördliche Richtung. Ein hölzernes Hinweisschild kündigt den nächsten Strand an: Vielen ist die einsame **Playa Echentive**, auch **Playa Nueva** genannt, zum Lieblingsstrand geworden – lang und an manchen Stellen feinsandig. Anderen wieder ist er zu kahl, bietet zu wenig fürs Auge.

Das ist bei **Punta Larga** etwas weiter nördlich (Hinweisschild beachten) ganz anders. Auf dem Weg dorthin passieren Sie die Grabungsstelle der Quelle, vgl. oben. In Punta Larga gibt es zwar keinen Sandstrand, man steigt über die flachen Felsen ins Meer, aber die von Felsen geschützte Bucht wirkt auf jeden romantisch. Auch bei den Einheimischen ist sie beliebt, wie die vielen Sommer- und Wochenendhäuschen zeigen. Hier gibt es auch eine kleine Strandkneipe, in der man unter Palmblattdächern, die Füße im Sand, sogar komplette Fischgerichte bekommen kann.

Und weiter an der Küste in Richtung Norden, vorbei an bizarr geformten Vulkanküsten und Bananenplantagen, taucht unvermittelt La Palmas größtes Hotel auf, das La Palma Princess (Beschreibung s. o.). Es geht weiter nach Norden. Bald darauf steht links an der Straße eine Informationstafel zum Meeresnaturpark Reserva Marina. Hier biegen Sie links ab und parken in der Nähe des Holzhäuschens. Unterhalb liegt eine der hübschesten kleinen Sandstrandbuchten der Insel, die Playa Chica. Sie ist die kleinere der beiden **Zamora-Strände**, die Sie über Treppen erreichen (die zur etwas größeren Playa befinden sich etwas weiter rechts von der Infotafel). Die beiden Buchten sind zu Wasser wie zu Land von mächtigen Felsbarrieren umgeben. Sie schützen vor stürmischer Brandung, vor zu heftiger Strömung und halten überdies die dicken Steine fern, die einem sonst schon mal die Knöchel aufschlagen. Räumen Sie einfach die trockenen Tangfelder beiseite, und machen Sie es sich für einen geruhsamen Strandtag bequem. An der Playa Chica gibt es einen Kiosk, an dem Getränke verkauft und kleine Speisen zubereitet werden.

Die Straße nach Norden bricht kurz hinter **Zamora** ab. Wer nicht denselben Weg zurückfahren möchte, wählt die aufwärts führende Straße über Las Indias. Dafür müssen Sie ein Stück zurückfahren.

Der Südwesten

Von der Südspitze über Las Manchas nach Los Llanos, Puerto Naos und Tazacorte

Die kurvenreiche Straße an La Palmas Westküste von Fuencaliente nach Las Manchas teilt gleichsam die Landschaft: rechts die Kiefernwälder der Cumbre Vieja, links zunächst noch Gärten und mit Wein bepflanzte Terrassen, dann Steilküste so weit das Auge reicht.

Der Südwesten ist nicht nur geografisch, sondern auch klimatisch das genaue Gegenstück zum Nordosten. Durch die Wetterscheide der Cumbres vom Passat nur selten erreicht, bekommt dieser Landstrich am wenigsten Feuchtigkeit. Wir sind in der trockensten und wärmsten Zone der Insel. Wo nicht künstlich bewässert wird, da bestimmt die natürliche Vegetation das Bild. Oben Pinien, unten Kakteen, Opuntien und Tabaiba – alles Pflanzen, die das wenige Nass geschickt nutzen können. Die grünen Flächen sind immer wieder von Lavaströmen durchzogen, die sich von den Gipfeln der Cumbre ins Meer ergossen haben.
Unten auf dem flachen Küstenstreifen unter dem Steilhang ziehen sich dann Bananenplantagen hin. Gesteinsbrocken im Meer lassen romantische Felsenbuchten vermuten, und tatsächlich verbergen sich zwischen den Bananenplantagen einige der schönsten und ruhigsten Badebuchten, zum Beispiel *Playa del Faro*, *Playa Echentive* (früher bekannt als *Playa Nueva*), *Punta Larga* und *Playas de la Zamora*, auch *Playas Chicas* genannt. Ein Ausflug dorthin führt über Fuencaliente (siehe dort).

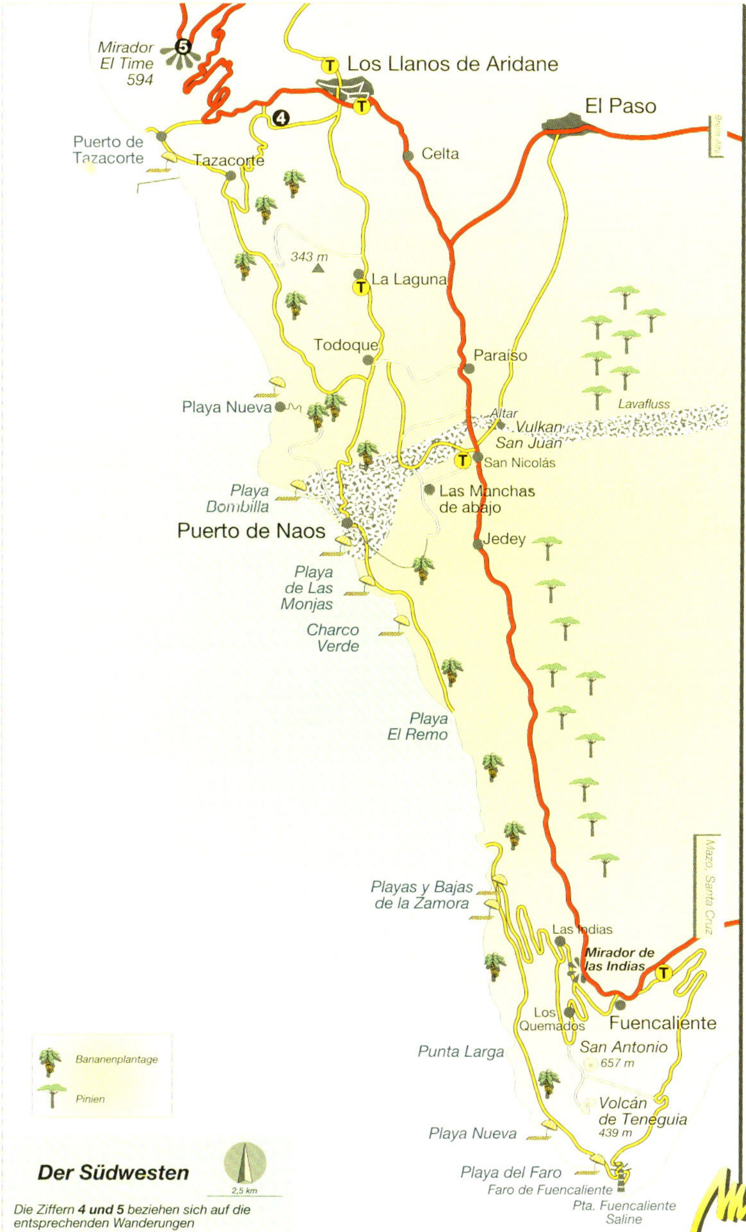
Mirador
El Time
594
5
Los Llanos de Aridane
El Paso
4
Puerto de
Tazacorte
Tazacorte
Celta
343 m
La Laguna
Todoque
Paraíso
Lavafluss
Playa Nueva
Altar
Vulkan
San Juan
San Nicolás
Playa
Bombilla
Las Manchas
de abajo
Puerto de Naos
Jedey
Playa
de Las
Monjas
Charco
Verde
Playa
El Remo
Playas y Bajas
de la Zamora
Mazo, Santa Cruz
Las Indias
Mirador de
las Indias
Los
Quemados
Fuencaliente
Punta Larga
San Antonio
657 m
Volcán
de Teneguia
439 m
Playa Nueva
Playa del Faro
Faro de Fuencaliente
Pta. Fuencaliente
Saline
Bananenplantage
Pinien
Der Südwesten
2,5 km
Die Ziffern 4 und 5 beziehen sich auf die entsprechenden Wanderungen

Längs der Straße liegen immer wieder kleine Aussichtspunkte. Sie bieten einen weiten Blick über die Südwestküste bis hin zu den Hängen der Caldera de Taburiente. Sie sehen Los Llanos, das städtische Zentrum des Westens in der Ferne, und unter sich die Hotel- und Appartementanlagen von Puerto Naos, das Touristenzentrum dieser Inselseite.

Las Manchas

Las Manchas, auf einigen Karten fälschlich als Ort eingezeichnet, heißt „die Flecken" und ist eine Region mit den Dörfern und Ortsteilen Jedey, San Nicolás, Las Manchas de abajo und Paraíso.

Beiderseits der Straße reiht sich Weinfeld an Weinfeld, in dieser Gegend wird ein kräftiger Rosé für den Hausgebrauch produziert. *Jedey*, ein hübsches Straßendorf, das durch seine besonders schönen Vorgärten auffällt, wird als Erstes durchfahren. Wenn Sie schon Postkarten mit alten Bauernhäusern im Schmuck blühender Geranien, Margeriten und zahlloser anderer Pflanzen gekauft haben, dann wissen Sie jetzt, wo der Fotograf sein Motiv fand.

Unmittelbar vor San Nicolás fällt ein Vulkanhügel mit mehreren Eingängen auf, die Bodega und der *Bodegón Tamanca*. Stollen und Höhlen durchziehen den Hügel und bilden das gut temperierte Lager für Wein, der unter diesem Namen auf dem Markt kommt und hier gekauft werden kann, sowie das gleichnamige, sehr empfehlenswerte Restaurant (s. u.). Wenn Sie hier nicht essen möchten, schauen Sie trotzdem auf einen Kaffee oder Vino hinein oder genießen Sie die Spezialität des Hauses, ein Tellerchen mit Ziegenkäse und Jamon serrano, luftgetrocknetem Schinken. Kenner werden begeistert sein, dass es hier auch Jamon pata negra gibt. Er wird vergleichsweise günstig auch außer Haus verkauft. Das auch bei den Einheimischen beliebte Höhlenlokal ist mit den über der Bar hängenden Schinkenreihen und den Dutzenden von Holzfässern sehenswert.

Nur wenige hundert Meter hinter dem Bodegón Tamanca biegt hinter einem Haus, vor dem eine auffällige Zypresse steht, eine steile Straße nach unten ab, ein mit „Sehenswürdigkeit" ausgeschilderter Abstecher bietet sich an, siehe unten.

Verbindungen/Übernachten

• *Verbindungen* Mit öffentlichen Verkehrsmitteln erreichen Sie den Südwesten mit der Buslinie Santa Cruz–Fuencaliente–Los Llanos, Linie 3; alle zwei Stunden geht es in beide Richtungen.

• *Übernachten* Las Manchas ist eine ruhige, ländliche Gegend ohne Hotels und große Apartmentanlagen, hier wohnt man beschaulich in alten, restaurierten Bauern- oder neuen Ferienhäusern, die Sie auch über Agenturen buchen können, siehe S. 49f.

Essen/Trinken

Bodegón Tamanca, auf der LP 2 von Jedey kommend stoßen Sie kurz vor San Nicolás in einer großen Kurve auf dieses Lokal: Genau 3,06 m ist der Hinkelstein vorm Eingang hoch – beileibe nicht die einzige Attraktion dieses wohl urigsten Restaurants der Insel. Der hintere Teil des mit Lavaplatten ausgekleideten Stollens dient noch immer zur Weinlagerung. Viel wichtiger ist aber inzwischen der Restaurantbetrieb geworden. Unter bulligen Weinfässern kann man allerlei Spezialitäten probieren, z. B. als Vorspeise den luftgetrockneten Schinken der Insel, *Jamón serrano*, der mit Ziegenkäse serviert wird. Als Hauptgericht sind die Fleischgerichte zu empfehlen. Für *Morcilla* (süße Blutwurst) oder die *Platte des Hauses* sollte man sich nur entscheiden, wenn man gerne Schlachtplatte isst. Als Nachspeise müssen Sie unbedingt *Bien me sabe* („schmeckt mir gut" probieren – eine Kalorienbombe. Der erste Löffel ist nur süß, aber dann entfalten die Mandeln ihren vollen Geschmack. Das Lokal ist sehr beliebt, und wenn es so richtig voll ist, „hat die Bedienung wenig Zeit für die Gäste", wie ein Leser bemängelte.

Das Preis-Leistungs-Verhältnis des Bodegón Tamanca stimmt. Noch ein Tipp: Wenn es im Winter einmal kühl und feucht ist, brauchen Sie im Bodegón Tamanca bestimmt einen Pullover und eine Jacke. Geöffnet Di–So 11–23 Uhr, Karneval feiert die Belegschaft ohne die Gäste, man steht also vor verschlossenen Toren. ✆ 922 494155.

El Secadero, auf den ersten Blick werden Sie dieses Grillrestaurant mit Bar kaum erkennen können, sich allenfalls über die interessante Metallskulptur am Straßenrand wundern. Der kreisrunde Bau ist mit Natursteinen bedeckt und kaum von seiner Umgebung zu unterscheiden. Innen eine große runde Bar und kleine Tische, auf denen die Grillspezialitäten, bunte Salate und originelle Kartoffelspeisen serviert werden. Hier bekommen Sie als Beilage nicht nur die allgegenwärtigen Papas arrugadas, sondern auch Brühkartoffeln oder Süßkartoffeln. Anspruchsvoller in Ambiente, Küche und Service, deshalb auch höhere Preise als z. B. im Bodegón Tamanca. Öffnungszeiten: 12–23 Uhr, So 12–18 Uhr, Mi geschlossen. an der Straße auf dem Lavastrom (LP 211) in Richtung Todoque. ✆ 922 497392.

• *Auf halbem Weg nach Los Llanos* **Il Giardino**, zur Abwechslung ganz italienisch und unter deutsch-italienischer Leitung. Pasta, Salate und Suppen, Filet und Fisch. Empfehlenswert ist das täglich wechselnde Menü. Di geschlossen, Mi–So 12–23 Uhr. An der LP 2, kurz hinter der Abzweigung nach El Paso. ✆ 922 485506.

Franchipani, eines der anspruchsvollen Restaurants, mit internationalen und vegetarischen Spezialitäten, gutem Service, elegantem Ambiente. Preise im oberen Drittel. Do und Fr und im Juni und Juli geschlossen, an den anderen Tagen ab 13 Uhr geöffnet. An der LP 2 am Eingang zum Wohngebiet Celta, auf der rechten Seite gelegen. ✆ 922 402305.

Bodega und Bodegón

Anders als in deutschen Städten, in denen sich hinter dem Namen „Bodega" eine spanische Kneipe versteckt, ist eine Bodega in Spanien zunächst lediglich der Ort, wo Wein gekeltert und gelagert wird. Weil auf La Palma nahezu jede Familie auf dem Lande ein Weinfeld für den eigenen Bedarf besitzt, und weil Bodegas, selbst ohne Weinfeld, für die Stadtbewohner so etwas wie ein Prestigeobjekt geworden sind, gibt es tausende von Bodegas, meist Natursteinhäuschen, inmitten oder am Rand des Weinfeldes. Neben der Presse, dem *Lagar*, häufig noch aus altem Pinienkernholz, *Tea* genannt, stehen dort seit Generationen die alten Weinfässer und, wenn genug Platz bleibt, auch ein rustikaler, möglichst großer Holztisch und Bänke. Tisch und Bänke sind der Hinweis darauf, dass in der Bodega nicht nur Wein gelagert, sondern auch genossen wird. Wann immer sich die Gelegenheit ergibt, wird am Wochenende der Picknickkorb gepackt, und die Großfamilie zieht mit Freunden zur Bodega. Dort wird dann bis zum Abend gegessen, getrunken, geschwatzt und gespielt. Will Mann unter Männern sein, sitzt er mit seinen Freunden abends in der Bodega. Streit mit den Eltern wegen zu lauter Musik entfällt, wenn die Fete von vornherein in der Bodega stattfindet. Einen festen Termin gibt es in jeder Bodega: Am Martinstag, dem 11. November, wird der junge Wein von vielen geschulten Zungen getestet. Die Bodega ist gleichzeitig Kellerei, Wochenendhaus und Partykeller für die ganze Familie.

Wenn nun Antonio aus seiner Bodega eine kleine Kneipe macht, in der er auch etwas zu essen anbietet, nennt er sie womöglich Bodega Antonio, obwohl dann aus der Bodega ein Bodegón geworden ist.

Fiesta in Las Manchas

Sehenswertes

Ausgerechnet für das abgelegene **Las Manchas de abajo** erhielt der palmerische Künstler *Luis Morera* einen seiner größten Aufträge, die Anlage und Gestaltung einer neuen Plaza, der **Plaza La Glorieta**. Der Schüler des bekanntesten kanarischen Künstlers César Manrique (Lanzarote) kam dieser Aufgabe mit einer Üppigkeit nach, die Spanienkenner eher an die Gartenanlagen von Gaudí in Barcelona erinnert. Der Boden ist mit schönen, die Kanarenflora darstellenden, farbigen Mosaiken belegt, die Sitzbänke sind aus Beton gegossen und kunstvoll mit Blattmotiven umrankt. Wolkenartige Elemente und bizarr geformte Lavaplatten verzieren Pflanzenbecken und Wände. Die einen begeistert es, sogar ein Video wurde über den Entstehungsprozess gedreht, die anderen finden so viel Dekoration überladen. Sehenswert ist die neue Plaza aber auf jeden Fall. Für den Stadtpark von Los Llanos hat Luis Morera schon einen Folgeauftrag bekommen.

Die Rentner aus dem Dorf haben die Bauarbeiten von ihrem Stammplatz auf der anderen Straßenseite aus mit Interesse verfolgt. Nach der Einweihung sahen sie aber keinen Grund hinüberzuziehen und das Prachtstück zu nutzen. Und so sitzen sie immer noch, keine 10 m weiter, an der Kreuzung. Von dort lässt sich die Lage eben besser überblicken und beratschen.

Museo del Vino – Weinmuseum, im schönen kanarischen Haus keine 20 m von der Plaza La Glorieta entfernt und umgeben von Weinfeldern. Die Geschichte des Weinanbaus auf La Palma wird vorgestellt. Der jährliche Arbeitszyklus der Weinbauern kann mit Hilfe von Schaukästen und in der Praxis auf dem kleinen Weinfeld hinter dem Museum nachvollzogen werden. Zum Praxistest gehört auf Wunsch auch eine Weinprobe, der auf La Palma angebauten Rebensorten.

Öffnungszeiten Mo–Fr 9.30–13.30 Uhr und 16–18.30 Uhr, Sa 9.30–14 Uhr, Eintritt 1,50 €, Kinder unter 12 Jahren frei.

Feuer!

Nachmittags bricht das Feuer los. Schon eine halbe Stunde später steht eine Feuersäule über der Südspitze; Rauchschwaden verhüllen den jüngsten Vulkan. Der Levante, der glühend heiße Sturm aus der Sahara, facht die Brunst zusätzlich an. Immer neue Brandherde schießen aus dem Pinienwald; das Prasseln der Flammen ist kilometerweit zu hören.

Dreißig Stunden später haben 500 Soldaten, Forstleute und Freiwillige den Brand unter Kontrolle – ein Helfer umgekommen, zwei Katen abgebrannt, 2000 Hektar Wald verkohlt. Noch tagelang wird ein Ascheteppich rund um die Insel auf dem Meer tanzen.

„Der Wind ist der verlässlichste Spießgeselle des Feuers", sagt Pepe Camacho, Chef eines Löschtrupps. Wenn er als Sturm aus Osten kommt, schickt er manchmal tagelang heiße Luft aus der 450 km entfernten Sahara herüber. Und häufig wird die Wirkung des Sturms noch von Fallwinden verstärkt, die sich von den über fast 2000 m hohen Felswänden herabstürzen und Boden, Bäume und Unterholz ausdörren und geradezu für das Feuer aufbereiten. Hubschrauber, Löschflugzeuge und Bulldozer – selbst modernstes Gerät ist gegen solche Feuergewalt machtlos, denn dort, wo die großen Brände wüten, immer in den hoch gelegenen Wäldern und nicht in den besiedelten Gegenden, erschweren steile Hänge und fehlende Verkehrswege die Löscharbeiten. „Wir schlagen Brandschneisen und stoppen damit die Feuerwand – irgendwann."

58 Prozent der Brände sind unmittelbar von Menschen verursacht. So die Statistik. Mutwillige Brandstiftung ist selten. Als häufigste Brandursache gelten das Verbrennen von Gartenabfällen auf hoch gelegenen Weinfeldern und nicht gelöschte Grillfeuer. „Kippen-Schnippen" steht ebenso unter Strafe wie offenes Feuer im Sommer, aber das sorgt einige Leute wohl nur, wenn Hubschrauber zur Kontrolle über der Insel kreisen. In wenigen Minuten können sie jeden Brandherd und häufig auch seinen Verursacher lokalisieren und erreichen.

Übrigens: Die Kanarische Pinie übersteht solche Brände; schon wenige Jahre später erinnert nur noch schwarze Borke unter frischem Grün daran (vgl. S. 14).

Zurück auf der Landstraße geht es durch **San Nicolás**. Gleich hinter dem Dorf wurde die Straße metertief in den Lavastrom des San Juan gegraben. Er ist sicher der eindrucksvollste der Insel: Vom Hang der Cumbre bis zur Küste zerschneidet die 1949 ausgespiene Lava die Westseite der Insel, mal nur wenige Dutzend Meter breit wie am Cumbre-Hang, dann kilometerbreit wie an der Küste, wo die Lava die flache Küstenzone bei Puerto Naos erheblich verbreitert hat. Das Zentrum des Dorfes San Nicolás wurde 1949 von der heißen Lava verschont, nur wenige Häuser fielen der Glut zum Opfer. Anders im tiefer gelegenen Las Manchas de abajo, in dem insgesamt 22 Häuser verschüttet wurden. Die Einwohner waren durch Erdstöße schon Wochen vorher gewarnt worden. Abend für Abend fanden sich damals Hunderte von Schaulustigen ein, um sich dieses Schauspiel nicht entgehen zu lassen, die der rot glühende, sich langsam zur Küste wälzende Lavastrom bot. Die mitgerissenen Strom- und Telefonmasten sollen regelrecht auf der Lava getanzt haben, bevor der heiße Fluss sie verschlang. Der Lavastrom machte damals geradezu

Südwesten
Karte Seite 129

Gasse in Los Llanos

einen Bogen um den Ortskern und ließ Kirche, Plaza und die Mehrzahl der Häuser unberührt. Die dankbaren Dorfbewohner von San Nicolás errichteten oberhalb des Ortes einen weithin sichtbaren *Marienaltar* (ausgeschildert als Fatima) – noch heute Ziel der jährlichen Prozession zu Beginn der Dorf-Fiesta im September. Dort oben findet nicht nur der Dankgottesdienst statt, sondern auch ein gemeinsamer Dorfschmaus, zu dem jeder Ortsbewohner seinen Teil an Fleisch, Wein und Gofio beisteuert.

Nutzen Sie die Gelegenheit zu einem Gang über den Vulkan. Vorsicht bei noch glasscharfen Gesteinsrändern. Sie entdecken verschiedenartig erstarrte Lavaformationen und hier und da schon erstes Grün. Der San Juan steht allerdings unter Naturschutz, also bitte keine Lavabrocken herausbrechen. Die besten „Einstiege" in das Lavafeld finden Sie oben am Marienaltar und längs der Straße von San Nicolás nach El Paso (Tacande) oder an der Straße zwischen San Nicolás und Todoque. Direkt hinter dem Ortsausgang von San Nicolás – Sie haben gerade den Straßeneinschnitt in den Lavastrom passiert – führt die Straße auf dem Lavastrom links nach Todoque und Puerto Naos. Geradeaus geht es weiter nach Los Llanos.

Das Sonnendreieck

Los Llanos, Puerto Naos, Tazacorte

Vor dem blauen Meer ein grünes Meer. Soweit das Auge reicht Bananenplantagen. Einige versteckt hinter Windschutzmauern oder unter Plastiknetzen, viele aber stehen offen an der Straße, so dass man den unterschiedlichen Reifegrad der Früchte schon im Vorbeifahren erkennen kann. Dazwischen riesige Wasserbecken, die zur Bewässerung der durstigen Pflanzen dienen.

Dem Kenner sagt dieses Landschaftsbild einiges über das Klima. Hier ist es beständig warm, deshalb die Bananenplantagen, hier bläst der Wind weniger als anderswo, deshalb kann vielerorts auf Windschutzmauern verzichtet werden, und deshalb sind die Pflanzenblätter auch seltener zerzaust. Und hier regnet es wenig, deshalb die vielen großen Wasserbecken. Tatsächlich wird dem Dreieck Los Llanos/Puerto Naos/Tazacorte das beständigste, wärmste und regenärmste Wetter der Insel nachgesagt. „La Palmas Sonnenseite" oder „beste Klimazone der Insel" – diese Beschreibungen in Inseraten für Ferienwohnungen weisen fast immer auf eine Lage in diesem Gebiet hin.

Nicht nur Besitzer von Ferienhäusern haben erkannt, dass das Klima hier ideal für Urlauber ist, sondern auch die Touristikmanager; zumal das Sonnendreieck mit Puerto Naos auch über den größten Strand der Insel verfügt. Selbst die kleineren Strände in diesem Gebiet, wie der von Tazacorte oder Charco Verde, sind größer als die Strände von Los Cancajos auf der anderen Inselseite. Und folgerichtig ist die Gemeinde Los Llanos, zu der auch Puerto Naos gehört, das Urlaubergebiet Nummer 1.

Los Llanos de Aridane

Die Bananenplantagen reichen bis in die Hinterhöfe – die Gipfel der Caldera de Taburiente lugen über die Dächer – das Wetter ist immer ein wenig besser als anderswo: Kein Zweifel, wir sind in Los Llanos, dem Zentrum des Valle Aridane (Los Llanos heißt „die Ebenen", Valle Tal, und Aridane ist das Wort der Urbevölkerung für Ziegen), seit jeher das fruchtbarste Tal der Insel.

Die heimliche Inselhauptstadt wird sie genannt, eine für hiesige Verhältnisse boomende City ist sie sicher. Seit 1950 hat sich die Einwohnerzahl der Gemeinde – zu der allerdings auch der Badeort Puerto Naos und mehrere Dörfer gehören – auf über 22.000 erhöht und damit mehr als verdoppelt. Zum Vergleich: Die Hauptstadt Santa Cruz zählt 4000 Menschen weniger. Vor 15 Jahren gab es noch keine Ampel in Los Llanos – heute müssen Parkhäuser gebaut werden.

Das fruchtbare Tal, das günstige Klima und das reichlich fließende Quellwasser der Caldera de Taburiente hat Los Llanos immer schon zu einem reichen Ort gemacht. In Argual, dem ältesten Ortsteil, wurde bald nach der Eroberung Zuckerrohr angebaut, heute bestimmen Bananenplantagen das Bild (40 Prozent der Anbauflächen entfallen auf das Gemeindegebiet), und vor einigen Jahren kam der Tourismus als weiterer Wirtschaftsfaktor hinzu. Die Pensionen und kleinen Hotels füllen sich, neue Hotels und Apartmentanlagen entstehen. Zahlreiche Restaurants wurden in den letzten Jahren neu eröffnet.

Trotz der Moderne, die Los Llanos auf seiner Durchgangsstraße von der Inselhauptstadt unterscheidet, strahlt das Zentrum von Los Llanos noch immer das Flair einer geruhsamen, kanarischen Kleinstadt aus. Die **Plaza España** ist Muse- und Mittelpunkt des Städtchens. Zwischen der Gemeindeverwaltung, einem altkanarischen Bau mit schönen Holzbalkonen, und der **Pfarrkirche Nuestra Señora de los Remedios** haben die Kinder ausreichend Platz zum Spielen. In den Sommermonaten wird hier häufig eine Bühne aufgebaut, und die Bewohner versammeln sich zu Konzerten oder Theateraufführungen oder um ihre Fiestas im Salsaschritt zu feiern. Der Grundstein für die Hauptkirche wurde im 17. Jh. gelegt, noch älter sind ihre wichtigsten Kirchenschätze, zwei Skulpturen flämischer Künstler des 16. Jh. Unter den schattenspendenden westindischen Lorbeerbäumen (eine Ficusart) der Plaza genießen Einheimische und Gäste in Terrassencafés das Ambiente oder die Ruhe nach dem Einkauf. Am malerischen Kiosko treffen sich die Palmeros zum kleinen Kaffee oder zum Plaudern, und so manches gute Geschäft soll da schon im Stehen vereinbart worden sein.

Von der Plaza hat man einen guten Blick auf das an der Häuserwand über der Post prangende Wandbild „Volcán-Torre de Babel – Turmvulkan zu Babel" und auf das Wandbild links gegenüber „Hay mil vientos possibles – Es gibt tausend mögliche Winde". Beide Objekte sind Teil eines Kulturprojektes unter dem Titel „La Ciudad en el Museo" frei übersetzt „Die Stadt ist das Museum". Neue Kunstwerke werden

Südwesten
Karte Seite 129

Romantische Ecke auf der Plaza España

in Los Llanos nicht in Museen versteckt, sondern für jeden jederzeit sichtbar auf die Häuserwände gemalt oder als Skulpturen an belebten Punkten aufgestellt. In der Touristeninformation liegt ein Prospekt zu allen bisher fertiggestellten Werken aus, 25 sollen es insgesamt werden.

Hinter der Kirche liegt eine lauschige, hübsche Placeta, offiziell benannt nach dem Arzt und Naturforscher *Elias Santos Abreu*, dessen Geburtshaus hier steht. Dennoch nennt jeder den kleinen Platz **Plaza Chica**, kleiner Platz eben. Jetzt ein paar Schritte nach rechts, und Sie schlendern durch die winkligen Gassen der Altstadt mit ihren hübschen, farbig gestrichenen Häusern.

Westlich der Plaza säumen indische Lorbeerbäume den Innenstreifen der *Avenida Doctor Fleming*, geradeaus flankieren Jacaranda und Tulpenbäume die *Avenida Tanausu* mit herrschaftlichen Villen. Am Straßenende erhebt sich links die Kaserne der *Guardia civil*, wie immer an eine kleine Festung erinnernd, rechts die katholische Privatschule und dahinter in einem von Bäumen umstandenen Atriumbau der **Mercado**, die Markthalle. Hier können jeden Vormittag (außer sonntags) bis 14 Uhr nicht nur die frischen Früchte der Insel gekauft werden, sondern auch Fleisch, frischer Fisch, Brot, einheimischer Ziegenkäse und was sonst noch auf den Tisch gehört.

Von der Plaza aus nach Osten hat die Stadt fast alle Altstadtstraßen in schön gestaltete Fußgängerzonen umgewandelt. Sie sind von hübsch farbig gestrichenen Häuschen gesäumt. Die wichtigste Einkaufsstraße heißt immer noch General Franco. Über sie und die nach rechts führende Calle Benigno Carballo gelangt man zum neuesten öffentlichen Gebäude, dem **Archäologischen Museum**, auf einer ebenfalls neu angelegten Plaza. Die Einweihung von Museum und Platz soll erst nach Redaktionsschluss im Mai 2007 erfolgen. Die Vorabinformationen waren äußerst spärlich, nur soviel ist sicher: Dies soll das größte archäologische Museum La Palmas werden.

Ebenfalls bei Redaktionsschluss noch nicht abgeschlossen war die Neugestaltung des **botanischen Gartens/Stadtparks**. Künstlerischer Leiter des Vorhabens ist der bekannte Künstler *Luis Morera*. Wer die von ihm gestaltete Plaza Glorieta in Las Manchas abajo gesehen hat, weiß, auf welches Feuerwerk der Ideen man sich auch in Los Llanos freuen kann. Der Park liegt an der Straße nach Puerto Naos.

Los Llanos ist der ideale Stützpunkt für Wanderer, denn die Caldera de Taburiente als Hauptwandergebiet liegt direkt vor der Haustür, und vom modernen Busbahnhof verkehren Linienbusse in alle Himmelsrichtungen.

Information/Telefonnummern

Die **Touristeninformation** der Gemeinde Los Llanos liegt unweit der Plaza in der Calle Doctor Fleming (auf dem Mittelstreifen), der Eingang befindet sich neben dem neuen Uhrturm. Viel Infomaterial liegt hier aus, Insel- und Stadtpläne können kostenlos mitgenommen werden. Öffnungszeiten: Mo–Fr 8.30–19 Uhr, Sa 9–14 Uhr. Tel: 922 40528/83. Infos über die Gemeinde bekommen Sie unter: www.aridane.org.

Auch das **Patronato de Turismo**, der Fremdenverkehrsverband, unterhält ein Informationsbüro für Touristen in der Stadt. Zentral ist es nicht gelegen, dafür aber umso hübscher untergebracht. In der mit EU-Mitteln restaurierten Casa Massieu in Llano de Argual (Plaza de Sotomayor) finden Sie es neben einer Mischung aus Kunst- und Verkaufsausstellung für palmerisches Kunsthandwerk. Mo–Fr 8–15 Uhr, die Wegbeschreibung finden Sie unter *Sehenswertes* außerhalb des Ortszentrums.

Im Zentrum von Los Llanos liegt **Contacto**, ein privates Servicebüro für Urlauber. Hier kann man Karten und Bücher über die Insel kaufen und sich Nachschub an Urlaubskrimis besorgen (es gibt auch ein deutsches modernes Antiquariat). Man kann Ferienhäuser mieten oder kaufen und sich an der Pinnwand über Sprachkurse, Verkaufsangebote oder Mitwohngelegenheiten informieren. Von April bis Oktober 9.30–13.30 Uhr und 16–19 Uhr, am Samstag nur vormittags, von Mai bis September Mo–Do 9.30–17 Uhr, Fr 9.30–13.30 Uhr und 16–19 Uhr, Sa nur am Vormittag. General Yagüe 13, Los Llanos de Aridane, ✆ 922 463204, www.la-palma.de.

• *Wichtige Telefonnummern* Allgemeiner **Notruf**, auch in deutscher Sprache, für Polizei, Feuerwehr und Notarzt: 112, **Taxiruf**: ✆ 922 403540.

Anfahrt/Verbindungen

Der **Busbahnhof** versteckt sich hinter einer Häuserzeile unterhalb des Mercados, Calle Ramon Pol. Die Stadt ist, mit Ausnahme des Nordostens, mit jedem Ort der Insel durch öffentliche Busse direkt verbunden. Busfahrplan siehe S. 52/53.

Parken: Obwohl die Gemeinde mehrere große Parkplätze angelegt hat, ist es nach 10.30 Uhr schwierig, einen freien Platz zu ergattern. Ersparen Sie sich die Sucherei und steuern Sie eine der Tiefgaragen der SPAR-Supermärkte an, die sind bei den Einheimischen, weil sehr eng, wie auch Leser feststellten, nicht beliebt. Falls Sie einen Parkschein ziehen müssen (sehr selten), kaufen Sie nach Abschluss ihres Ausflugs eine Kleinigkeit und lassen den Schein abstempeln.

Übernachten (siehe Karte S. 138/139)

Das touristische Angebot ist vielfältig. Es reicht vom luxuriösen, kleinen Hotel bis zur sehr einfachen und preiswerten Pension und praktischen Apartments.

• *Exklusiv* **Hotel Amberes (13)** Alt-kanarisches Stadthaus mit Innenhof, perfekt restauriert und stilvoll eingerichtet. Ein feines, kleines Hotel mit angeschlossenem Restaurant (s. u.). Es liegt zentral in einer Fußgängerzone, also ruhig. Preise: EZ 60 €, DZ 98 €, Suite 120 €. Calle Gral. Franco 13, ✆ 922 401040, ℻ 922 402441, www.hotel-amberes.com.

****Hotel Trocadero Plaza (22)**, das erst im Dezember 2006 eröffnete Hotel hat derzeit nur 2 Sterne, aber die Direktion erwartet in

Südwesten
Karte Seite 129

Kürze mindestens einen 3. und hofft auf einen 4. Stern. Für einen 4. Stern wären die Zimmer allerdings etwas klein. Modernes Haus mit viel Komfort (Klimaanlage, SAT-TV) und sehr schön eingerichteten Zimmern und Bad, alle mit Balkon zur neuen Plaza und zum ebenfalls neuen archäologischen Museum. Dachterrasse, Garage, Cyperraum. Im Preis sind Frühstück und Garagenplatz enthalten. EZ 59 €, DZ 76 €. Calle Adelfas 12, ✆ 922 403013, 📠 922 402903, www.hoteltrocaderoplaza.com.

*****Hotel Valle Aridane (19)**, hinter der unscheinbaren, zur Straße hin schmalen Fassade zieht sich ein mit 42 DZ relativ großes und gut ausgestattetes Hotel den Berg hoch. Alle Zimmer sind geräumig und bequem eingerichtet, sie verfügen über TV, Telefon und Vollbad. Das Hotel hat Sonnen- und Aussichtsterrassen mit Bar und Billard. Am reichhaltigen Frühstücksbüfett kann man sich für 3,50 € bedienen. Hotelmanager Ramon spricht fließend Englisch, eine der Assistentinnen an der Rezeption spricht Deutsch. Preise: DZ 39 €, Nutzung als EZ 33 €, Zustellbett 12 €. Glorieta Castilo de Olivares 3, ✆ 922 462600, 📠 922 401019, www.hotelvallearidane.com.

***Hotel Edén (10)**, an der Plaza liegt dieses Hotel, und damit wohnen Sie direkt im lebhaften Zentrum. Jedes der hübschen 13 DZ hat ein eigenes Bad, Balkon und Telefon. Die sechs EZ teilen sich fünf WC/Badezimmer. Die EZ sind etwas klein geraten. Wer möchte, kann sich für 4 € ein Frühstück aus der Bar Edén im Parterre auf das Zimmer kommen lassen. Preise: DZ 35 €, EZ mit Bad und Balkon 30 €, EZ ohne Bad und Balkon 20 €. Calle Angel, direkt an der Plaza, ✆ 922 460104 oder mobil 637 443439, www.hoteledenlapalma.com.

El Porvenir (3), durch ein schweres Holztor kommt man auf einen alten Hof voller Pflanzen und mit künstlerischem Anspruch restaurierten kleinen, alten Kanarenhäuschen. El Porvenir versteht sich als Kunst- und Kulturgemeinschaft, die auch Zimmer vermietet. Zur Anlage gehören ein Café mit Kleinkunstbühne, eine Küche, die von den Gästen genutzt werden kann und ein Dachgarten. Vermietet werden 2 EZ und 3 DZ, alle klein, aber renoviert und liebevoll dekoriert, mit insgesamt 2 Bädern und 2 Toiletten. Preise je nach Zimmergröße 25–30 €. Calle Fernandez Taño 33, ✆ 922 461649, www.el-porvenir.info.

• *Apartments* **Doña Paquita (23)**, im Zentrum, aber in der zweiten Reihe. 25 Apartments mit einem oder zwei Schlafzimmern, Wohnraum mit Küchenzeile, Balkon, Duschbad und TV. Zum Haus gehört ein Internetcafé. Preise je nach Aufenthaltsdauer und Personenzahl (1–4), immer mit Frühstück 37–82 €. Calle Gonzalez del Yerro 8, ✆ 922 402000, 📠 922 460948, www.paquitalapalma.com.

Apartamentos Adjovimar (24), Apartmenthaus mit 22 Studios und Apartments. Alle komplett und freundlich eingerichtet mit SAT-TV und Balkon oder Terrasse. Für ein Stadthaus eher ungewöhnlich ist der tropische Garten mit Fruchtbäumen und Kräutern, aus dem sich die Gäste bedienen dürfen. Zudem gibt es einen Pool und Liege-

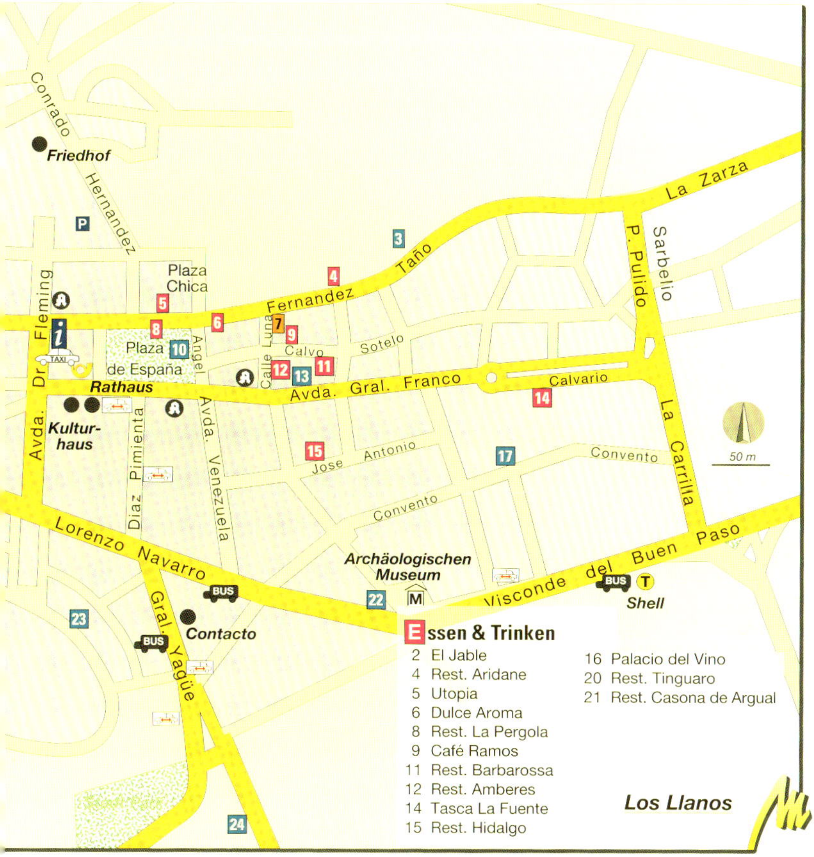

Südwesten
Karte Seite 129

wiesen im Außenbereich. Nehmen Sie ein Apartment zum Garten oder Pool, die sind ruhiger und schöner. Preise zwischen 26 und 31 € für eine Person im Studio und 32–38 € bei zwei Personen im Apartment, vier Personen zahlen 40–57 €. Rezeption 9–14 und 16–20 Uhr. Calle Pedro M. Hdez. Camacho 52, ✆ 922/401941, www.adjovimar.com.

El Patio (17), zentral in ruhiger Nebenstraße. Kleines Haus mit sieben praktisch eingerichteten Studios und Apartments. Kleiner Pool und Aufenthaltsbereich im Innenhof. Preise ab 21 € für eine Person im Studio und ab 33 € für zwei Personen im Apartment. Calle Convento, mobil 616 589206, ✆ 922 461500, www.elpatio-lapalma.com.

Essen/Trinken

Auch in kulinarischer Hinsicht macht die „heimliche Hauptstadt" von sich reden. Neben Lokalen, die inseltypische Gerichte anbieten, haben sich ausländische Gastronomen niedergelassen.

• *Empfehlenswerte Lokale im Stadtzentrum* **Amberes (12)**, internationale, biologische und vegetarische Kochkunst bietet der belgische Besitzer seinen Kunden. Hier stimmt einfach alles: Ambiente (üppig begrünter Innenhof, aber auch drinnen piekfein restauriert), wechselnde Speisekarte (klein, aber fein), Service (unaufdringlich, aber effektiv). Sicherlich eines der besten Restaurants der Insel. Selbstverständlich etwas höhere Preise, Hauptgerichte um 12 €. Öffnungszeiten: 19–22 Uhr, Mi und Do Ruhetag. Calle Luna 2, ✆ 922 401040.

Barbarossa (11), Jan, ein Flame, und seine Frau Uschi, Hamburgerin, hat es nach La Palma verschlagen. In dem schön eingerichteten Restaurant gibt es gutbürgerliche Küche mit Pfiff zu Preisen leicht über dem Durchschnitt. Ab 19 Uhr geöffnet, Di ist Ruhetag. Calle Calvo Sotelo 24, ✆ 922 462812.

El Hidalgo (15), in einem restaurierten, kanarischen Haus mit besonders hübschem Innenhof und Wintergarten. Monika bedient, ihr Mann kocht – mit und ohne Fleisch. Öffnungszeiten 13–16 Uhr und 19–23 Uhr, Mi geschlossen. Calle La Salud 21, ✆ 922 463124.

La Pergola (8), reines Terrassenrestaurant neben der Kirche auf der Plaza. Tagsüber bestes Plätzchen in der Stadt, um das Plazaleben zu beobachten. Abends kann es zu kühl werden. Kanarische Küche, hauptsächlich Tellergerichte. Kulinarisch kein Knüller, aber der Standort ist hier der Pluspunkt. 10–22 Uhr, Mo geschlossen.

• *Preiswert und palmerisch* **Aridane (4)**, Das frühere Vereinslokal des Fußballclubs ist eine schlichte kanarische Alternative mit Innenhof, offenem Grill und typischen Familienseparées. Deftige Gerichte kommen auf den Tisch. Calle Fernandez Taño 29. Geöffnet 12–16 Uhr und 18–23 Uhr, Mo Ruhetag.

Restaurant Tinguaro (20), vorn ist es etwas dunkel und plüschig, aber wenn man ganz durchgeht, kommt man in einen hellen Wintergarten. Große Karte, reichliche Portionen und niedrige Preise. Täglich 12.30–1 Uhr, Do Ruhetag. Acerina 10.

• *Kleine Gerichte und besondere Atmosphäre* **Arepera El Jable (2)**, kleiner Pavillon und großer Garten. Unter Avocadobäumen sitzt man angenehm. Venezolanische Spezialitäten, breite Auswahl an Arepas (gefüllte Maisteigtaschen). Ab 19 Uhr geöffnet, Mo Ruhetag.

Palacio del Vino (16), weit verzweigtes Höhlenrestaurant. In Stollen lagert die umfangreichste Weinauswahl La Palmas. Zum Vino nach Wahl gibt es jede Menge Tapas zur Auswahl. Öffnungszeiten 13–1 Uhr, Di Ruhetag. Avenida Tanausu 21, ✆ 922/463879.

Bar/Bistro Utopia (5), neben der Plaza Chica. Morgens komplettes Frühstück, mittags kleine, hauseigene Kreationen – auch Vegetarisches, abends Cocktailbar. Futuristisches Ambiente in restauriertem Altstadtpalais. Moderate Preise. Mo–Sa 10–15 Uhr, Di–Sa 22–2 Uhr. Calle Fernandez Taño 9.

Tasca La Fuente (14), die „Kneipe am Brunnen" ist in. Da trifft man sich bei Oldies und deutschem Klönschnack im restaurierten kanarischen Haus mit Innenhof. Ab 19 Uhr geöffnet, So geschlossen. Calle Gen. Franco 70.

La Luna (7), das restaurierte kanarische Hofgebäude mit Galerie ist ein beliebter Treffpunkt für den Abend bis spät in die Nacht. Di und Do treten Solisten und Musikgruppen auf. Von Kanarisch über Kubanisch und Brasilianisch bis zu Blues reichen die Klänge. Auf den Tisch kommen Tapas und manchmal auch Asiatisches aus dem Wok. Öffnungszeiten: Mo–Sa 12–14 Uhr, Mo–So ab 19 Uhr. Calle La Luna/Calle Fernandez Taño 26, ✆ 922 401913.

Café Ramos (9), das italienische Café ist ein beliebter Treffpunkt am Vormittag für die, die nicht im Getümmel auf der Plaza sitzen möchten. Hier gibt es italienischen Espresso und selbst gebackene Kuchen. Calle Calvo Sotelo.

Dulce Aroma (6), Teestube mit großer Auswahl an leckeren Teemischungen. Man kann aber auch etwas anderes trinken. Dazu gibt es Kuchen und eine Vielzahl von kleinen Gerichten. Superpreiswert. Calle Fernandez Taño 18.

• *Etwas außerhalb* **Casona de Argual (21)**, das restaurierte Palais aus dem 18. Jh. (vgl. auch Sehenswertes) ist ganz sicherlich eines der schönsten Restaurants. Hoher Anspruch auch bei Speisen (fantasievolle Eigenkreationen und internationale Topküche) und Service. Montags gartenfrische, vegetarische Gerichte. Leider reicht das Können nicht immer an den Anspruch heran. Wir (und auch unsere Leser) haben dort schon ganz unterschiedliche Erfahrungen gemacht. Preise im oberen Bereich. Geöffnet 13–15 und 19–23 Uhr, So nur am Abend, Do geschlossen. Plaza Sotomayor, ✆ 922 401816.

San Petronio, etwas oberhalb von Los Llanos mit super Blick über die Stadt. Die Italienerin Gabriela ist für die Küche zuständig, ihre Stärken sind zweifellos die kleinen Extras – selbst gebackene Kuchen, Vorspeisen, schlicht aussehende, aber wundervoll schmeckende Pasteten. Das alles in einem großzügigen Neubau nach kanarischer Art mit herrlichem Blick auf das Aridane-Tal. Kinderspielplatz mit Minigolf. Und ausreichend Parkplatz. Geöffnet 13–17 und 19–22.30 Uhr, Mo und So geschlossen. Camino Pino Santiago, ✆ 922 462403.

Balcón de Taburiente, der Name ist Programm, denn es gibt wohl kaum einen interessanteren Ort, um zu essen, wenn man einen Tisch auf dem Balkon über der Schlucht des Taburiente erwischt. Nicht nur einige Leser loben die vielseitige, kanarische Speisekarte und das deutsche Bier. Das Lokal über dem Fluss bietet sich zudem als Endpunkt einer Caldera-Wanderung an. Bevor die „Caldera-Straße" von Los Llanos auf den Lomo de Caballo abknickt, biegt links eine Asphaltstraße ab – da liegt das Restaurant, das täglich ab 12 Uhr geöffnet ist. Calle los Cantadores 2, ✆ 922 402195.

Nachtleben (siehe Karte S. 138/139)

Während des Karnevals oder einer der vielen Fiestas tobt ab 24 Uhr der Bär in Los Llanos, ansonsten ist es eher ruhig. Bis 22 Uhr wird noch etwas flaniert, danach versammelt sich die Mehrheit der Gemeinde vor den Fernsehapparaten. Alternativen dazu sind Musikkneipen wie das La Luna oder die Cocktailbar Utopia (s. o.) oder eine der Discos, aber vor 24 Uhr am Wochenende ist auch da nichts los. Die Jugendlichen treffen sich ohnehin lieber (und preisgünstiger) zu „Bottelónes" (= Flaschenfeiern), die sie meist spontan und per SMS außerhalb auf Parkplätzen organisieren.

Das Zentrum des Nachtlebens hat sich zum Kulturhaus **Milenium (1)** verlagert, seit es dort neben zwei Kinos auch noch zwei Diskotheken gibt. Restaurants und Bar finden sich ebenfalls im Gebäude.

Finca Avenida (18), etwas außerhalb des Zentrums in Richtung Argual liegt der angesagte Musikclub für „Oldies" ab 35. Avenida Tanausú.

Einkaufen

• *Lebensmittel* **Mercado**, Markthalle, viel frisches Obst und Gemüse, viele intensive Düfte und viel Atmosphäre. Mo–Sa 8–14 Uhr.

Supermärkte (vgl. Stadtplan) gibt es viele. Die Supermärkte **San Martin** und **Spar** haben Mo–Sa von 8–20 Uhr geöffnet.

Bioladen El Campo, Brigitte, die Bioladenpionierin aus El Paso hat eine Filiale in Los Llanos eröffnet. Hier gibt es neben Vollkornprodukten, frischem Obst und Gemüse auch Naturkosmetik und Naturheilmittel. Avenida Gral. Franco 46.

Im **Café Victoria** sorgt ein deutscher Bäcker und Konditor für Brot und Kuchen, beides auch zum Mitnehmen. In der Kühltruhe lagern deutsche Wurstwaren. Calle Pedro M. Hdez. Camacho 88.

• *Obst und Gemüse* gibt es jeden Sonntagvormittag auf einem kleinen, privaten Gemüse- und Obstmarkt. Er liegt auf dem Platz rechts von der Ortseinfahrt von El Paso kommend.

• *Flohmarkt* Jeden Sonntagvormittag auf der Plaza de Sotomayor in Argual, siehe „Sehenswertes".

• *Internationale Presse* gibt es inzwischen in nahezu jedem Zeitungsladen.

• *Bücher* **Contacto**, größte Auswahl an Reiseführern und deutscher Literatur (s. o.).

• *Fotoläden* z. B. **Koury**, Expressentwicklung (in einer Stunde), in der Calle Doctor Fleming. Hier brennt man Ihnen auch CDs von den Aufnahmen mit der Digitalkamera.

• *Souvenirs* Für Mitbringsel, Souvenirs oder sonstige schicke Kleinigkeiten gibt es in Los Llanos manche gute Adresse. Hier eine Auswahl:

Diseño, direkt hinter der Kirche. Große Auswahl an handgearbeitetem Schmuck, hübsche Kleinigkeiten, schicke Klamotten aus Leinen und Seide und für den, der etwas mehr Geld investieren möchte, Aquarelle, Gouachen, Ölbilder.

Auf der **Plaza Chica** gibt es gleich drei Läden: **Viva!** und **Confetti** mit frecher und eleganter Bekleidung, **Solaris** mit Designerschmuck, Wohnaccessoires aus Italien und Naturkosmetik.

Lando, exotischer Schnickschnack, Schmuck, Dekorationen, Taschen und Tücher usw. Calle Calvo Sotelo.

Teimi, neben der Kirche. Korbwaren und Keramik, Sonnenhüte, Reisebücher und eine riesige Postkartenauswahl, Hübsches und Kitschiges – hier gibt es fast alles.

Dulceria Las Nieves, gegenüber der Post,

Südwesten
Karte Seite 129

hat die besten Zigarren (lose), sagen jedenfalls die Experten.

Die **Kioske** auf dem Paseo der Avenida Doctor Fleming haben die größte Auswahl an CDs mit kanarischer Folklore.

Wanderausrüstung: **Valle verde-Outdoor**, Calle Calvo Sotelo 22.

Sehenswertes außerhalb des Ortszentrums

Argual, der älteste und westlichste Stadtteil von Los Llanos, ist einen längeren Spaziergang wert. Rund um die große, leider reichlich heruntergekommene alte Plaza von Argual, die **Plaza Sotomayor**, stehen die, neben der Kirche von Los Llanos, ältesten großen Bauwerke der Stadt. Die **Casa Sotomayor** beherbergt die Verwaltung einer Bananengesellschaft. Daneben, mit Hilfe von EU-Geldern vollständig restauriert, sehen Sie die **Casa Massieu-Van Dale**. Sie ist das ehemalige Anwesen einer Familie von Zuckerbaronen aus dem 17. Jh., ein richtiger Palast mit wertvollen Holzarbeiten, Innenhof, Galerien und überdachten Wegen. Das Gebäude wird als Touristeninformation und für wechselnde Ausstellungen genutzt (vgl. S. 135) und ist eines der schönsten Beispiele für die Architektur aus La Palmas Gründerzeit.

Öffnungszeiten Mo–Fr 8–15 Uhr.

In der ebenfalls renovierten **Casa Monteverde** schräg gegenüber befindet sich das sehenswerte Lokal „Casonal de Argual" (vgl. Restauranttipps).

Glasstudio Artefuego, hinter der Casa Massieu-Van Dale versteckt sich die Werkstatt des deutsch-italienischen Glaskünstlers Dominic Kessler. Sie können ihm bei der Arbeit an seinen künstlerischen Gefäßen zuschauen. Inspiriert hat ihn der Vulkanismus La Palmas, er spiegelt sich in den Farben seiner Objekte wider, die Sie an Ort und Stelle kaufen können.

Jeden Sonntagvormittag findet auf der Plaza der (überwiegend deutsche) **Flohmarkt** statt.

Wenn Sie zwischen der Casa Monteverde und dem Gebäude der Bananengesellschaft mit anschließender Packstation geradeaus weitergehen, erreichen Sie den alten Kirchplatz von Argual mit der **Kirche San Pedro** aus dem 16. Jahrhundert.

• *Wegbeschreibung* Sie gehen die Plaza España hinunter, queren die Avenida Doctor Fleming und gehen durch die Villenstraße Avenida Tanausu. An der Kreuzung bei der Cepsa-Tankstelle geht es weiter geradeaus. Die Straße ist jetzt breiter und stark befahren, heißt aber immer noch Avenida Tanausu. Der Weg führt an einem kleinen Platz mit zwei auffälligen Araukarien (Nadelbäumen) vorbei. Die Figurengruppe dort zeigt eine typische Tätigkeit der Landarbeiter, bevor Wasserpumpen ihren Weg auch nach La Palma fanden. Mit Kürbisschaufeln wurde Wasser von der unteren in eine obere Leitung geschöpft. Es geht weiter geradeaus. In einer Linkskurve liegt die neuere, mit farbigen Kacheln verzierte und von riesigen Lorbeerbäumen beschattete Plaza von Argual. Das Ziel, die alte Plaza, liegt aber noch etwas weiter unten an der Straße, die hier zur Landstraße nach Tazacorte und Puntagorda wird. Es geht an einem historisch bedeutsamen Aquädukt aus dem 16. Jahrhundert entlang und an der nächsten Kreuzung nach links.

Umgebung von Los Llanos

Mirador El Time: Den schönsten Blick auf Los Llanos, das gesamte Aridane-Tal und die Cumbres bis hinunter in den Süden hat man vom El Time, der Bergwand, die das Tal nach Norden abschließt. Durch die Öffnung, die der Barranco de las Angustias im Kraterrund der Caldera bildet, schaut man sogar in das Zentrum der Insel, die Caldera, hinein.

Anfahrt Sie erreichen den Mirador El Time am besten auf einem Ausflug in den Norden, mit dem Mietfahrzeug. Alle öffentlichen Busse in den Norden fahren übrigens auch über den Mirador El Time.

Caldera de Taburiente: Los Llanos ist der ideale Ausgangspunkt für Wanderungen und Ausflüge in die Caldera de Taburiente. Da diese Hauptattraktion der Insel in einem eigenen Kapitel beschrieben wird, finden Sie dort auch alle Hinweise zu Fahrten in dieses Gebiet (ab S. 236).

Mirador de La Cancelita: Auf dem *Lomo de Caballo*, dem Höhenrücken über Los Llanos, bietet ein Aussichtsplatz mit kunstvoller Natursteineinfassung einen schönen Rundumblick über Los Llanos und die Westküste sowie – eindrucksvoller noch – hinein in die Caldera. Eine ideale Schnuppertour für gerade Angekommene, die sowohl zu Fuß als auch per Auto machbar ist.

Anfahrt Zunächst in Richtung Caldera fahren (siehe Stadtplan). Der aufsteigenden Calle Caldera (Ausschilderung Parque nacional Caldera) folgen, dann rechts in die Calle Cancelita einbiegen und immer geradeaus.

Palmex Kakteengarten: Calle Santa Ana, an der Landstraße von Los Llanos nach El Paso auf das Schild achten, da geht es zweimal nach links. Eigentlich wollte der Vorbesitzer nur einen Privatgarten anlegen. Weil aber die gepflanzten Kakteen unter seiner Pflege und der steten Sonne von La Palma immer höher wuchsen, ist mehr daraus geworden. Auf 16 m Höhe bringen es die Kandelaberkakteen inzwischen. Sie stammen wie fast alle Pflanzen im Garten nicht von der Insel, ihre Heimat sind die mexikanischen Wüsten. So auch eine andere Attraktion seines Gartens: Riesenkugeln von fast 1 m Durchmesser, „Schwiegermuttersessel" genannt, dabei heißen sie eigentlich *Echino cactus grousonii*.

Der Kakteengarten ist ein ruhiger Ort ohne Touristenbusse. Das soll auch so bleiben, denn der Hausherr will nicht auf einem Rummelplatz wohnen.

Öffnungszeiten Di, Mi, Do, 10–18 Uhr. Eintritt ca. 5 €, dafür bekommt man statt einer Eintrittskarte Samentütchen und kann damit, wie eine Leserin berichtete, mehrfach kommen.

Südwesten
Karte Seite 129

Die Straße der Touristen: Los Llanos – Puerto Naos

Oben die Stadt, unten am Meer das Ferienzentrum. Die Straße von Los Llanos nach Puerto Naos entwickelt sich immer mehr zur Hauptstraße der Urlauber.

Die Strecke (LP 213) führt an Bananen- und Avocadoplantagen vorbei, durch die Örtchen La Laguna und Todoque, und passiert Ferienhaus- und Apartmentanlagen, Restaurants, Ferienhausagenturen und Autovermieter.

Richtig hübsch haben La Palmas Straßenbauer den Abschnitt ab Todoque gestaltet. Palmen säumen die Straße und dazwischen setzen Oleander farbige Akzente. Las Norias, ein vorwiegend von Ausländern bewohntes Villenviertel, und der Tennisclub liegen auf dem Weg.

Stacheliges aus Mexiko

Die nächste Kurve gibt dann den Blick frei auf das Meer und die Südwestküste. Ein schlichter Haltepunkt folgt und ein schöner Aussichtspunkt in der nächsten Kurve. Dann geht es direkt hinein in den Badeort Puerto Naos.

Übernachten

Übernachten kann man etwas abseits der Straße in vielen Ferienwohnungen und meist kleinen Apartment- und Bungalowanlagen, auf die mit Schildern längs der Straße hingewiesen wird. Die Reihenfolge der u. g. Adressen entspricht der Lage von Los Llanos aus.

Bungalows Sonvida, im Schatten eines bereits begrünten Vulkans steht eine kleine Bungalowanlage mit Schwimmbad, Tennisplatz und gepflegtem, üppigen Garten. Die sechs Häuser (Wohnzimmer mit integrierter Küche, Essbar, zwei Schlafzimmer, Duschbad, zwei Terrassen, SAT/TV) kosten je nach Jahreszeit und Personenzahl zwischen 355 und 455 € pro Woche. Bei mehreren Wochen gibt es einen Preisnachlass. Am Ortseingang von Todoque führt rechts eine Asphaltstraße hinab – Hinweisschild „Sonvida", Montaña Todoque, 38770 Todoque, ✆ 922 463836, www.bungalowssonvida.com.

Bungalows Paradiso, direkt neben der Anlage Sonvida. Im Garten mit Superaussicht und beheiztem Pool stehen fünf Bungalows, jeweils für zwei bis drei Personen und ein separates Haus mit 2 Schlafzimmern für 4 Personen. Preis pro Bungalow und Nacht je nach Saison: 38–48 €, für das große Haus 50–58 €. Montaña Todoque, ✆ 922 462838 und 922 463243, www.elparadieso.com.

Residencia Las Norias, im Villenviertel Las Norias, in einem 6000 qm tropischen Park mit Pool und Liegewiesen, stehen zehn ganz verschiedene, kleine und große Bungalows. Alle sind sehr geschmackvoll eingerichtet und sehr gut ausgestattet (SAT/TV, Latex-Matratzen u. a.). Jedes Haus hat mindestens eine separate Terrasse. Die meisten Bungalows verfügen über große Wohn-/Esszimmer und ein oder zwei Schlafzimmer für bis zu vier Personen. Es gibt aber auch ein preiswertes Miniapartment, das als Studio firmiert. Die größte Einheit kann man getrost als Villa bezeichnen, mit eigenem Garten und eigenem Pool. Zur Anlage gehört ein Tennis(sand)-platz. Preise ab 40 € für zwei Personen (Studio), 50–70 €, je nach Personenzahl, kosten die mittleren Bungalows und 105–145 € die Villa. Direkt hinter dem Restaurant Las Norias nach rechts abbiegen (ausgeschildert), Las Norias de abajo 26, 38770 Las Norias, ✆ 922 401978, mobil 699 089844, www.Residencia-- LasNorias.de.

Ap. Primavera, zwei Bungalows und zwei große und zwei kleine Apartments für vier bzw. zwei Personen, verstecken sich in einem tropischen Garten mit Pool und Terrassen. Apartments wie Bungalows sind hochwertig und komfortabel eingerichtet, meist mit Geschirrspüler und Waschmaschine. Tagespreise: Apartments mit einem Schlafzimmer ab 48 €, Bungalows und große Apartments ab 55 €. Hinter Residencia Las Norias. ✆ 922 485997, www.lapalma-sonne.de.

Finca Tropical, direkt an der Steilküste, mit tollem Blick aufs Meer, liegt diese Anlage vollkommen ruhig. Ein schöner tropischer Garten mit Pool und Liegewiesen umgibt Studios/Apartments und Bungalows. Sie sind hübsch und originell eingerichtet. Pro Tag und Studio/Apartment/Bungalow je nach Personenzahl zwischen 51 und 78 €. Direkt hinter dem Restaurant Mariposa ausgeschildert. Sie haben dann aber noch eine längere Strecke auf unbefestigten Fahrweg vor sich, immer den gelben Pfeilen folgen. ✆/℻ 922 480162, www.la-palma-tourismus.com.

Musicasa, „Urlauber-WG ohne Pflichten" nennt Hans-Richard Jonitz, den alle nur „Ödi" nennen, seine Pension. Kein Schild weist auf das Haus des Schwaben hin, dennoch sind (fast) immer alle fünf Zimmer belegt. Das hat sicher mit dem Stil des Hauses zu tun: Man frühstückt gemeinsam, manchmal trifft sich die Gästeschar zum Abendessen, und auch sonst kann vieles zusammen unternommen werden. Und das alles kostet 21 € für Erwachsene und Tag, Kinder bis 14 Jahre zahlen 3 €, darüber 9,50 . Da nimmt man schon in Kauf, dass aufs Bad – es gibt zwei Badezimmer – vielleicht mal ein bisschen gewartet werden muss. Das Musicasa ist auch bei Gruppen (Tauchern, Bikern, Wanderern oder Faulenzern) beliebt. Im Haus gibt es SAT/TV und einen PC mit Internetanschluss. Großes, allein stehendes Haus mit Garten, Nr. 10, nach dem Restaurant Mariposa erstes Haus links. ✆/📠 922 463231 und ✆ 922 485786, www.musicasa.de.

Essen/Trinken

El Rinconcito, noch spät abends treffen sich hier die Palmeros zu einem Imbiss. Es gibt nicht einfach nur spanische Tapas, sondern auch kleine Köstlichkeiten, deren Rezepte aus Venezuela und Mexiko stammen. Geöffnet 18–2 Uhr; Do und während des Karnevals geschlossen. Etwas versteckt vor La Laguna; aus Richtung Los Llanos kommend, auf das Reklameschild „Dorada" auf dem Dach achten. Rechts einige Schritte hinab geht es in den Speiseraum oder auf die Terrasse, die etwas versteckt (an zwei Küchen vorbei) liegt und erst gesucht werden muss.

Mariposa, eines der anspruchsvollen Restaurants. Geschmackvoll, gediegen eingerichtet mit umfangreicher Speisekarte. Kanarisch/internationale Küche. Hier werden nicht nur Fleisch oder Fisch auf den Grill gelegt, sondern die Seezunge mit Kräuterbutter gefüllt oder das Samafilet mit Mandelplättchen und Zitronenbutter gebraten. Überwiegend deutsche Gäste. Öffnungszeiten: 13–23 Uhr. An der Straße nach Puerto Naos, kurz hinter dem Abzweig nach Tazacorte, ✆ 922 461836.

Las Norias, großer Speiseraum und große Terrasse mit Panoramablick, von der aus man zuschauen kann, wie die Sonne hinter den Bananenstauden und dann im Meer versinkt, das ist der Vorteil des Lokals. Die Qualität der kanarischen und spanischen Küche bleibt dahinter zurück. Mittlere Preise. Kurz hinter dem Restaurant Mariposa auf der linken Straßenseite, ✆ 922 464330.

Südwesten
Karte Seite 129

Puerto Naos

Größter Badeort am größten Strand La Palmas. Er ist feinsandig, an einigen Stellen auch steinig und schwarz wie überall auf der Insel, hier aber mit Kokospalmen bepflanzt. Sie geben nicht nur Schatten, sondern lassen bei Wind richtiges Südseeflair aufkommen.

Die Promenade mit den Tischen und Stühlen der Bars unter bunt gestreiften Markisen tut ein Übriges, um die Urlaubsstimmung perfekt zu machen. Allerdings Puerto Naos ist nicht unbedingt und überall eine Schönheit. Mehrstöckige Apartmenthäuser unterschiedlicher Stilrichtungen stehen in engen Straßen.

Die Südecke wird optisch vom großen Hotel *Sol Elite La Palma* beherrscht. Mit seinen dunklen Fassadenteilen nimmt es jedoch die Farbe der vulkanischen Umgebung auf und passt recht gut in die Landschaft.

Auch eine richtig romantische Ecke hat Puerto Naos: den nördlichen Teil des Strandes. Etwas abgegrenzt durch einen großen Felsen, wirkt er wie eine eigene Bucht. Hier liegen Fischerboote am Strand, stehen noch die kleinen Ferienhäuser aus der Zeit vor dem Bauboom.

Puerto Naos, das Urlauberzentrum: Dass auf La Palma alles kleiner ist als auf den großen Nachbarinseln Teneriffa und Gran Canaria, gilt auch für Puerto Naos. Gegenüber den Urlaubersilos dort ist es ein kleiner, ruhiger Badeort geblieben. Es gibt noch genügend Platz am Strand, auch wenn am Sonntag und in den Sommerferien die palmerischen Familien kommen. Es ist ruhig und gemächlich, kein marktschreierischer Urlaubsstress mit Angeboten wie Piratenfahrt oder Wasserrutsche, Ponyreiten oder Wasserski – auch in Puerto Naos muss man seinen Urlaub noch selber gestalten. Die Kinder spielen über Nationalitätsgrenzen hinweg zusammen im flachen Wasser oder im feinen Sand.

Drachenbäume gehören zu den beliebtesten Fotomotiven

Liegen und Sonnenschirme sind für 2 € am Strand zu mieten. Toiletten, Umkleideräume und Süßwasserdusche sind ebenfalls vorhanden (siehe Karte S. 147, **2**). Essen und trinken kann man auf der angrenzenden Promenade.

Verbindungen

Mit dem Bus Linie 4 geht es halbstündlich bzw. stündlich vom zentralen Busbahnhof in Los Llanos nach Puerto Naos (Fahrtzeit 20 Minuten). Im Sommer fährt jeder zweite Bus weiter zum Strand von Charco Verde (Fahrtzeit + 10 Minuten). Abfahrtszeiten siehe S. 52/53.

Autoverleih (6), drei verschiedene Anbieter mit vergleichbaren Konditionen.

Bankautomat, am Eingang des MaxCoop-Supermarktes.

Zwei **deutsche Bäckereien (12 & 13)** bieten nach dem üblichen langweiligen Weißbrot Vollkornprodukte, Laugenbrezeln, Torten und Kuchenteilchen, die man mit Kaffee auch vor Ort verzehren kann.

Internationale Presse in den Supermärkten und im Zeitungsladen neben dem Hotel Sol.

• *Sport* **Paragliding**, allein, mit geliehenem oder eigenem Schirm, oder huckepack mit erfahrenen Piloten. Zunächst geht es per Auto auf die Steilküste, die Cumbre oder, wenn das Wetter es erlaubt, sogar höher hinauf auf den Birigoyo, dann durch die Luft zurück an den Strand. Anzutreffen sind die Piloten auf der Promenade auf Höhe von Bar/Restaurant Playa Morena, siehe dazu auch Seite 83/84.

La Palma Bike Station (18), Radverleih, geführte Touren, Reparaturservice (vgl. S. 56).

Tauchpartner (3), bietet Kurse, Gerödelverleih und Tauchgänge, mehr Infos auf S. 85.

Wandern: Der größte Veranstalter **Natour** informiert im Hotel Sol.

Übernachten

Als Badeort verfügt Puerto Naos über ein umfangreiches Zimmer- und Apartmentangebot. Aber nicht alles kann man mieten, denn Puerto Naos ist auch als Wohnort beliebt, und wer es sich leisten kann verfügt hier über eine Zweitwohnung.

Übernachten
1 Ap. Horizonte
4 Ap. Playa Delphin
5 Ap. Los Lajones
9 Ap. Martin
11 Hotel Sol Elite La Palma
14 Ap. Sol La Palma

Essen & Trinken
7 Bar La Nao
8 Rest./Pizzeria Scala
10 Rest. Orinoco
11 Sol Elite La Palma
16 Rest. Il Forno
17 Rest. Michelangelo
19 Rest. Mambo
20 Rest. China Ming
21 Casa Pedro

Sonstiges
2 Sonnenschirm- und Liegestuhlvermietung Umkleidekabinen öffentl. Toiletten
3 Tauchpartner
6 Autovermietung
12 Deutscher Bäcker
13 Deutscher Bäcker
15 La Palma Hola
18 La Palma Bike Station

Puerto Naos

Südwesten Karte Seite 129

Agentur La Palma Hola (15), Yvonne und Doris haben den Überblick, sie wissen, welche Apartments wann in Puerto Naos und Umgebung für Individualurlauber zur Verfügung stehen. Das Angebot reicht vom einfachen Studio für 25 € pro Tag bis zum Luxuspenthaus in der ersten Reihe zum Strand. Im ersten Haus am Ortseingang. ☏ 922 408220, www.lapalmahola.de

******Hotel Sol Elite La Palma (11)**, diese große Hotelanlage hat alles zu bieten, was man von einem Hotel-Giganten erwartet und noch einiges mehr: Bar, Tanz-/Theatersaal, Friseur, Boutiquen, mehrere Restaurants, Goldfischteich im unteren und Kunstausstellungen im oberen Foyer, Abendprogramme mit Animation, mehrere Swimmingpools und Außenbar. Auch die großen Zimmer, alle mit Bad, TV und Telefon, sind üppig ausgestattet. Preise pro Person und DZ, je nach Saison, zwischen 33 und 72,50 € für Übernachtung und Frühstück. Mit Halbpension zwischen 40 bzw 79 €. Da lohnt sich ein Blick in den Katalog, alle großen Reiseveranstalter haben das Hotel im Programm. Punta de Pozo, Puerto Naos, 38760 Los Llanos, ☏ 922 408000, ℻ 922 408014, www.solmelia.com.

Apartmentanlage Sol La Palma (14), die unmittelbar neben dem Hotel gelegene Apartmentanlage ist im Stil eines Dorfes gebaut, mit kleinen Gassen und Plätzen. Alle Einrichtungen des Hotels können genutzt werden. Es gibt verschiedene Wohnungstypen von Studio bis Apartment mit zwei separaten Schlafzimmern. Im Vergleich zu anderen Häusern eher hohe Preise: je nach Saison: 52–116 €; pro Apartment/Studio. Frühstück 8 € pro Person, Halbpension 23 € pro Person extra, Kinder die Hälfte. Anschrift wie oben.

Apartments Playa Delphin (4), sehr gute Lage in der ersten Reihe zum Strand. Neues Haus mit schön eingerichteten Apartments.

Preise je nach Größe, Personenzahl (bis drei Personen), Saison 39–51 €. Rezeption Mo–Fr 10–13 und 17–19 Uhr. Calle José Guzmán Pérez 1, 38769 Puerto Naos, ✆ 922 408194.

Apartments Horizonte (1), in allerbester Lage auf der Steilküste, alle Apartments mit Blick auf Strand und Meer. Eine Treppe führt zum besten Strandabschnitt. Schlafzimmer, Wohn-/Esszimmer mit Küchenzeile sind klein, aber geschickt und schön eingerichtet. SAT/TV. Es gibt Balkons und Terrassen. Preise je nach Personenzahl und Saison 38–46 €. Vermietung über Tamanca, Calle Mauricio Duque Camacho 46, ✆ 922 408147, www.tamanca.com.

Apartmenthaus Los Lajones (5), die 36 Apartments befinden sich in einem halbrunden, modernen Bau, strandfern am nördlichen Rand des Ortes. In der kleinen Außenanlage gibt es einen Swimmingpool. Alle Apartments verfügen über Schlafzimmer, Bad, Wohnraum mit zusätzlicher Schlafcouch, Küchenzeile, Essbereich und Balkon. Die Zimmer sind klein, aber funktional und modern eingerichtet. Preis bei Nutzung durch zwei Personen 33 €, bei mehr Personen (Schlafsofa) 36 €. Los Lajones 4, ✆ 922 401067 und 922 462610. Reservierung im Gebäude selbst oder bei Tamanca, Calle Mauricio Duque Camacho 46, ✆ 922 408147, www.tamanca.com.

Apartments Martín (9), das Apartmenthaus Martín war 1973 das erste Haus am Platze. Inzwischen sind komfortablere Apartmenthäuser hinzugekommen. Immerhin liegt es direkt an der Uferpromenade. In 17 Studios drängen sich Küchenzeile, zwei Betten und eine Schlafcouch auf engstem Raum. Jedes Studio hat ein Bad und einen Balkon. Kürzlich wurde renoviert. In den drei Apartments gibt es ein zusätzliches Schlafzimmer für zwei Personen. Preis in jedem Fall 30 € pro Wohneinheit. Calle Juana Tabares, ✆ 922 408046.

• *Weitere Möglichkeiten in der unmittelbaren Umgebung*

Ap. La Muralla, kleine, hübsche Anlage mit elf Einheiten in guter Lage an der Landstraße oberhalb von Puerto Naos. Die gesamte Anlage wurde kürzlich renoviert, die Apartments neu und hübsch eingerichtet. Zu jedem Apartment gehört eine Terrasse, für alle gemeinsam gibt es einen Garten mit Pool und Liegeterrassen mit tollem Blick auf Puerto Naos. Für zwei bis vier Personen 52–61€. Carretera Puerto Naos, ✆ 922 408300, mobil 669 887576, ℻ 922 460384, www.apartamentoslamuralla.com/web.

Bungalow Miramar, attraktive, ruhige Lage auf der Steilküste. Hier sitzen Sie beim Sonnenuntergang immer in der ersten Reihe, mit dem Wagen ca. 5 Minuten zum Strand. Pro Apartment für 2 Personen je nach Saison 33–39€. Reservierung über Michael Stumpf, ✆/℻ 922 463890, www.miramarparadies.de.

Ap. Margarita, schlichtes Haus mit acht einfachen Studios, in origineller Alleinlage in der Nebenbucht nach Süden. Garten und Terrasse mit Liegestühlen. Die Bucht ist felsig und somit kein idealer Badeplatz, sie hat aber einen Ministrand, zu dem Stufen hinunterführen. Einheitspreis 35 € pro Tag. Reservierung über Contacto in Los Llanos, ✆ 922 463204, www.la-palma.de.

Essen/Trinken/Nachtleben (siehe Karte S. 147)

• *Essen* Kanarische Küche bieten die wenigsten Restaurants. Die Aufstellung erfolgt nach der Lage zum Ortseingang.

China Ming (20), auch Puerto Naos hat seinen Chinesen, und es steht sogar ein echter in der Küche. Dass er zudem sein Handwerk sehr gut beherrscht, freut die wachsende Zahl derer, die sich die gebratene Ente oder die vegetarischen Gerichte schmecken lassen. 13–24 Uhr, sehr günstige Preise.

Casa Pedro (21), eins der Restaurants mit kanarischer Küche, die man auf der Terrasse genießen kann. Normale Preise.

Mambo (19), eine kanarisch-kubanische Koproduktion. Hübsch und solide eingerichtetes Restaurant mit großer Terrasse. Kanarisch-internationale Küche, sehr freundliche Bedienung, angemessene Preise.

Michelangelo (17), einer der drei Italiener. Sein Lokal ist das kleinste und liegt etwas versteckt, der Koch aber hat seine Fangemeinde.

Il Forno (16), der jüngste Italiener am Platz macht dank seiner großen Terrasse seinen Landsleuten im Ort mächtig Konkurrenz. Pizza und Pasta gibt´s wie zu Hause.

La Scala (8), der dritte Italiener, ohne Terrasse und trotzdem immer gut besucht. Das mag an der unschlagbar guten Pizza liegen oder an dem freundlichen Service oder an den ausgefallenen Gerichten, die sich der Koch einfallen lässt.

Orinoco (10), schlichtes Lokal im Halb-

Puerto Naos: Südseeflair am Strand

keller, einfache Einrichtung und trotzdem immer knallvoll. Hier gibt es eine große Auswahl an kanarischer Küche, große Portionen und niedrige Preise. Nicht unbedingt ein Feinschmeckerlokal, aber der Besitzer schafft immer gute Stimmung, an manchen Tagen mit palmerischen Musikeinlagen. Sehr beliebt bei Einheimischen wie Urlaubern.

La Nao (7), im südlichen Promenadenbereich. Das Traditionslokal ist Bar und Restaurant mit Terrasse auf der Promenade in einem. Unweit vom Strand schmeckt hier das kühle Bier ebenso wie die Tapa oder das „Eis auf die Hand". Die Bar hat die beste Auswahl an Tapas aus Meeresfrüchten und verschiedene Fischsalate. Mo geschlossen.

Restaurant Hotel Sol Elite La Palma (11), zweimal täglich bietet das Restaurant ein reichhaltiges Büfett, an dem man sich zum Einheitspreis (ohne Getränke) sattessen kann, inklusive Eis oder Torten, „so viel wie reinpasst". An wechselnden Wochentagen steht der Speisezettel unter einem bestimmten Thema. Das Büfett ist von 13–15.30 und von 18–21.30 Uhr geöffnet.

• *Nachtleben* das bunte Programm oder der Folklorefreitagabend im **Hotel Sol La Palma (11)** gehören zu den wenigen Alternativen zum Strandspaziergang oder dem Plausch in der Bar.

Das einzige **Nachtlokal (8)** finden Sie unter dem Restaurant Scala. Es hat häufig wechselnde Besitzer und Namen und bleibt auch schon mal eine Saison geschlossen. Nur am Wochenende geht zu später/früher Stunde die Post ab.

Baden in der Umgebung

Playa de las Monjas: „Strand der Nonnen" heißt ausgerechnet der einzige *FKK-Strand* der Insel. Er liegt in einer schönen, kleinen Bucht voller feinem Sand, und nachmittags öffnet sogar Thilo seinen Kiosk. Mit dem Auto folgen Sie der an Puerto Naos vorbeiführenden Straße in Richtung Süden und orientieren sich an den Kilometersteinen: Bei Kilometer 11 bzw. 4 biegt der Fußweg zur Playa ab. An der Ecke steht ein zweistöckiges Haus mit Balkon.

Playa de Charco Verde (Grüner Tümpel-Strand), die große und schöne, feinsandige Badebucht liegt ein wenig weiter südlich und ist nicht zu verfehlen – die Landstraße beschreibt einen großen Bogen um sie herum. Eine Mini-Apartmentanlage

Südwesten
Karte Seite 129

(nur über TUI zu mieten) steht oben auf der Steilküste. Ein Kiosko mit kleiner Terrasse bietet Getränke und kleine, gute Gerichte an.

Playa El Remo: Am südlichen Ende der Landstraße liegt der für Mitteleuropäer merkwürdigste Strand. Die lang gezogene, steinige Bucht wirkt eigentlich noch normal, nur nicht zum Baden einladend. Seltsam sind die verstreuten Gebäude, zum Teil einfache Plattenbuden, viele aber nett dekoriert, mit Minigarten und Pergola davor, zum Teil Hütten aus Strandgut, einige halbfertige Häuser aus Hohlblocksteinen, dann wieder ein fertiges, hübsches Haus. Hier wohnen nicht die Armen der Insel, hier haben sich Palmeros Sommer- und Wochenendhäuser gebaut. Einige wenige wohnen auch ständig hier. Im Sommer, wenn die Kinder Ferien haben, sind alle Häuser bewohnt. Dann ziehen die Besitzer mit ihren Familien hinunter an den Strand, dann ist Leben in El Remo. Schrebergartenidylle auf Kanarisch.

• *Essen* El Remo hat mehrere urige **Strandkioske**. Auf den einfachen Terrassen gibt es Fischgerichte, immer mit Papas arrugadas und Salat. Schmackhaft, aber keineswegs preiswerter als in einem Restaurant in Puerto Naos, doch die Atmosphäre ist eine andere, und nur das Meer liegt zwischen Ihnen und dem Sonnenuntergang. Die Empfehlungen wechseln, zuletzt schmeckte es uns am mittleren Kiosko „Arterure" am besten.

Früher waren auch die Strände von Puerto Naos und Charco Verde mit solchen Sommerhaussiedlungen bebaut, im Unterschied zu El Remo jedoch häufig nicht auf eigenem Grund und ohne Baugenehmigung. Für die Verwaltung war es deshalb leicht, diese vielleicht nicht schönen, aber doch liebenswerten Häuschen entfernen zu lassen, als sie den ehrgeizigen Tourismusplänen entgegenstanden, Ähnliches erwartet die Playa Nueva, siehe unten.

Playa de La Bombilla: Dieser Strand ist der Playa El Remo so ähnlich, dass eine Beschreibung sich erübrigt. Sie erreichen ihn, wenn Sie Puerto Naos in nördlicher Richtung verlassen und in der ersten Rechtskurve die nach links abbiegende Straße nehmen, dann geht es weiter nach links unten.

• *Essen* Auch Bombilla bietet drei, allerdings sehr unterschiedliche Möglichkeiten sich zu stärken.

Kiosko Varadero, ausgeschildert, der Nachbarschaftsclub liegt etwas im Hintergrund, bietet dafür aber unverfälschtes Ambiente. Große Karte mit vielen Tapas und kompletten Gerichten.

Kiosko Cocomar, super Lage mit Tischen direkt am Meer. Der palmerisch-kolumbianische Familienbetrieb hat sich nicht lumpen lassen und alles sehr schön ein- und hergerichtet. Große Karte mit Tapas und Fischgerichten. Zum Abschluss des Essens empfiehlt sich eine der kolumbianischen Kaffeespezialitäten. Anders als woanders auf La Palma gibt es hier allein fünf verschiedene „cafés frios" Eiscafés.

Kiosko Las Lajas, ganz am Ende von Bombilla findet sich eine palmerisch-thailändische Koproduktion. Das Lokal ist einfach, es gibt auch eine Terrasse direkt am Meer. Neben palmerisch schlichten Gerichten gibt es hier auch Raffiniertes aus der Thaiküche.

Playa Nueva: Dieser Strand gehörte bei den Einheimischen im Sommer zu den beliebtesten Badeplätzen. Im Winter ist der Sand größtenteils von Steinen bedeckt und zudem die Strömung zu stark – da konnte man zwar entspannt aufs Meer schauen, aber nicht baden. Nachdem die Gemeinde beschlossen hatte, den Strand zu räumen (um dort später eine Apartmentanlage bauen zu können – wird gemunkelt), wurden im Sommer die Steine nicht mehr vom Sand geräumt, und der Strand verlor viel von seiner Attraktivität. Der beliebte Kiosk bekam keine Betriebserlaubnis mehr, und die immer schon fehlende Baugenehmigung für die Strandhäuser verhinderte Renovierung nach einem Brand. Mit dieser Salamitaktik ist es gelungen, die meisten Playa-Nueva-Fans zu vertreiben. Mit massenhaften

Protesten bei einem touristischen Neuanfang an der Playa Nueva ist also nicht mehr zu rechnen.

* *Anfahrt* Sie erreichen den Strand, wenn Sie Puerto Naos in nördliche Richtung verlassen, in der ersten Rechtskurve links abbiegen und sich an der Einmündung wieder links halten. Mit dem Straßenverlauf müssen Sie rechts fahren, dann immer geradeaus bis zur Bananenstation. Dort rechts, an der nächsten Kreuzung dem asphaltierten Hauptweg folgen und geradeaus an einer weiteren Bananenpackstation vorbei.

Tazacorte

Am Ausgang des fruchtbaren Aridane-Tals liegen die größten und die ertragreichsten Plantagen der Insel: heute Bananen, unmittelbar nach der Eroberung der Insel begannen die neuen Herren hier mit Zuckerrohranbau. Ein Erbe aus dieser Zeit sind die erhaltenen Herrenhäuser von Zucker- und Handelsdynastien derer von Monteverde, Massieu und Van Dale.

Tazacorte ist mit knapp 12 qkm und knapp 7000 Einwohnern keine ganz große Gemeinde, aber in der Geschichte La Palmas hat der Ort mehrfach eine besondere Rolle gespielt.

Ortsgeschichte

Am Strand von Tazacorte landeten 1442 *Guillén de Peraza* – er scheiterte mit seinem Eroberungsversuch – und 1492 der dann siegreiche Alonso de Lugo. Im Heerlager in Tazacorte konnte ein knappes Jahr später der Sieg gefeiert werden.

Unverzüglich teilten die Sieger Land und Wasser unter sich auf. Tazacorte, Argual und die Caldera de Taburiente waren die Filetstücke: wasserreich die Caldera de Taburiente, wärmer und ebener als anderswo die Landstriche um Tazacorte. Sie eigneten sich hervorragend für den Anbau und die Herstellung des damals kostbaren Zuckers.

An die Anfangszeiten der spanischen Besiedlung erinnern nicht nur Tazacortes historische Bauten, sondern auch die immer noch volkstümlich scherzhafte Bezeichnung für die Leute von Tazacorte: *Baganates* (Zuckerrohre).

Heute ist Tazacorte ein hübsches, geschlossenes Örtchen mit vielen schmalen, autofreien Gassen, die sich steil den Berg hinaufziehen. Sie haben wohl jemanden an Montmartre erinnert, denn ein Beiname von Tazacorte ist „Paris chiquito" – Klein-Paris.

Die Leute aus Tazacorte nutzen das beständig warme Klima, wann immer es geht: Auf der geschmackvollen Promenade findet Abend für Abend die „Vuelta" statt, Bummel mit Austausch von Klatsch. Wenn Sie Glück haben, spielt gerade dann La Palmas einzige Mariachi-Kapelle auf.

* *Information* Das Informations- und Kunsthandwerkerzentrum liegt im Eckgebäude gleich oberhalb der Plaza España. Öffnungszeiten Mo–Fr 9–13.30 Uhr und 14.30–18.30 Uhr.

* *Verbindungen* Der **Bus,** Linie 2, fährt stündlich zwischen 6 Uhr und 20 Uhr die Route Los Llanos–Tazacorte–Puerto de Tazacorte und zwischen 6.45 und 20.15 Uhr zurück.

Mit dem **Auto** nehmen Sie ab Los Llanos die LP 2, sie führt über Tazacorte nach Puerto de Tazacorte.

* *Übernachten* **Apartamentos Atlantis**, im Haus oberhalb vom Ortszentrum gibt es sechs Studios und 17 geschmackvoll eingerichtete, verschieden große Apartments, eine Dachterrasse und Garten mit Pool. Alle Einheiten sind gut ausgestattet u. a. mit Waschmaschinen, alle haben einen Balkon. Mehr als die Hälfte der Apartments liegen zum ruhigen Garten. Die Anlage wird von Deutschen geführt. Preise: 25 € für Studios, 30 € für Apartments mit einem Schlafzimmer, 40 € für Apartments mit zwei Schlaf-

Immer für ein Schattenplätzchen gut – Pérgola von Tazacorte

zimmern. Calle Mariano Benlliure 14, ☏ 922 480886, mobil 660 043451, 📠 922 406146, www.atlantis-lapalma.com.

Apartamentos Volans auf der Finca Tagomate, im etwas abseits gelegenen Ortsteil San Borodon, mit Pool und Liegeterrassen. Neun Apartments gibt es insgesamt, sieben davon haben einen freien Blick über das Bananengrün auf das Meer. Die Apartments sind unterschiedlich geschnitten – es gibt auch eins über zwei Etagen – einfach und nett mit kompletten Küchen und großen Bädern eingerichtet. Preise: je nach Größe, Saison und Personenzahl 33–39 €. In der Rezeption steht noch eine alte Gofiomühle. Falls Sie dort niemanden erreichen, fragen Sie im Supermarkt nebenan nach. San Borodon 5, Reservierung per Internet oder Fax, wer spanisch spricht, auch per Telefon, ☏ 922 480049, mobil 669 076972, 📠 922 406061, www.apartamentosvolans.com.

• *Essen* In Tazacorte essen gehen, heißt vorrangig zum Hafen und Strand zu fahren und sich dort in passendem Ambiente Fischgerichte schmecken zu lassen.

Im Ort selber gibt es nur ein Restaurant **Oveja Negra,** in einem kleinen Altstadthaus wird kreative Küche zelebriert. Wie der Name schon andeutet, stehen Lammgerichte auf der Karte. 13–15 Uhr und ab 18 Uhr, So geschlossen. Calle Nueva 16, ☏ 922 406133.

Sehenswertes

Alle Sehenswürdigkeiten können Sie im ersten Teil des unten beschriebenen Spaziergangs entdecken. Wunderschön ist der Laubengang auf der erhöhten **Plaza España** vor der **Sankt-Michaels-Kirche**. Sitzbänke, geschmückt mit farbenfrohen Kacheln, werden von leuchtender Bougainvillea in allen Rottönen umrankt. Unterhalb des jetzigen Ortskerns liegen im alten Ortsbereich El Charco die Herrenhäuser aus dem 16. und 17 Jahrhundert. Hervorragend restauriert ist die **Casa Almirante Díaz Pimenta/Van Dale**, sie wird für wechselnde Ausstellungen genutzt. Gegenüber liegt die **Casa Monteverde**, immer noch in Privatbesitz, und ein Stückchen die Gasse hinunter, stößt man auf ein weiteres Bauwerk der Familie Monteverde. Eine Tafel informiert darüber, dass hier 40 Märtyrer übernachteten.

Von Santa Cruz aus stach 1570 ein Schiff in Richtung amerikanische Kolonien in See, an Bord 40 für den Missionsdienst vorgesehene Priester und Kirchenschätze. Kurz nach Verlassen des Hafens nahm ein in der Nähe lauerndes Piratenschiff ihre Verfolgung auf. Es gelang den Flüchtenden mit knapper Not, den rettenden Hafen von Tazacorte zu erreichen. Die Familie Monteverde gewährte ihnen in ihrem Haus Quartier. Als die Luft rein zu sein schien, gingen die Gottesmänner erneut an Bord. Doch die Piraten hatten sich nur in der Nähe verborgen und fielen, kaum war das Schiff auf dem offenen Meer, über Boot, Mannschaft und Mönche her und machten aus Missionaren Märtyrer (vgl. auch unten, Kapelle Nuestra Señora de las Angustias).

Museo de Plátano (Bananenmuseum), am richtigen Ort, inmitten von Bananenplantagen, steht der schöne, kanarische Bau. In ihm wird die Geschichte des noch immer wichtigsten Wirtschaftszweiges erzählt. Da Tazacorte mehr als jeder andere Ort vom Bananenanbau geprägt wurde und immer noch geprägt ist, ist dies gleichsam auch die Geschichte Tazacortes, seiner sozialen und kulturellen Entwicklung. Sie finden das Museum auf unten beschriebenem Spaziergang nach Puerto de Tazacorte.
Öffnungszeiten Mo–Fr 10–13 Uhr und 16–18 Uhr.

Südwesten
Karte Seite 129

Spaziergang nach Puerto de Tazacorte

Sie können einfach der Landstraße folgen, aber schöner ist der folgende Weg, zumal er alle Sehenswürdigkeiten passiert. Keine 30 Minuten dauert der Weg hinunter zu Hafen und Strand.

Ausgangspunkt: die Plaza España. Sie verlassen die Plaza über den Treppenweg nach Westen und überqueren die Straße, gehen ein paar Schritte nach rechts und nehmen die dortige Gasse nach unten in den ältesten Ortsteil, dem Barrio El Charco. Sie folgen der steingepflasterten Gasse und erreichen die o. g. Casas Almirante Días Pimienta und Van Dale und die beiden o. g. Häuser der Familie Monteverde. Sie nehmen die folgende Abzweigung nach links und erreichen bald das inmitten der Bananenplantagen liegende Bananenmuseum. Nach seinem Besuch geht es wieder zurück zur Abzweigung. Sie biegen jetzt links auf den nach unten führenden Weg ein. Bald zweigt eine Straße nach rechts ab, der Sie folgen. An einem Haus mit auffälliger Turmform geht es vorbei. Sie erreichen die Landstraße, die geradeaus überquert wird. Genau auf der anderen Straßenseite beginnt ein alter Verbindungsweg, mit dem es in Serpentinen nach unten geht. Sie erreichen erneut die Landstraße, die Sie überqueren. Auf der anderen Straßenseite beginnt ein angelegter Fußweg, auf dem Sie in wenigen Minuten Puerto de Tazacorte auf Höhe des Hafens erreichen.

Puerto de Tazacorte

Mild sind die Nächte am bedeutendsten Fischereihafen der Insel. Fischerbootromantik findet man im Hafen nicht, doch schauen Sie nicht auf die neue Hafenmauer, sondern steigen Sie hinauf und überblicken Sie die Strände und den kleinen hübsch bunt gestrichenen Ort.

Danach können Sie über die Strandpromenade entlang zur alten Hafenmauer schlendern. Die parallel verlaufende Straße heißt *Avenida de los Emigrantes* und erinnert an die Palmeros, die in den vergangenen Jahrhunderten von diesem Strand aus La Palma in Richtung Kuba und Venezuela verließen. Krisen und Not zwangen sie zu dem Abenteuer, auch in offenen Booten dem Passat folgend, den Atlantik zu überqueren. „Boatpeople" schon vor Jahrhunderten. Der lange Naturstrand bietet reichlich Platz, allerdings ist die Brandung häufig sehr wuchtig. Die meisten Urlauber wie Einheimische verziehen sich deshalb in die schön angelegte, ruhige Strandbucht, die von der alten, wieder aufgebauten Hafenmauer geschützt wird.

Kurz vor der Strandbucht ist bei Ihrem Besuch vielleicht ja schon der Freizeitpark *Parque Atlantico* fertiggestellt. Seit 1987 wird hier an einem Salzwasserschwimmbecken gebuddelt und gewerkelt. Die Schwimmbadidee hat man inzwischen aufgegeben, jetzt soll es nur noch ein Park werden. Dahinter allerdings hat sich viel getan, langjährige La-Palma-Fans registrieren es mit einer Träne im Auge. Die urigen Fischbuden, die hier standen, mussten einer gepflegten Promenade weichen. Antonio und seine Konkurrenten haben neu eröffnet, in richtig feinen Pavillons. Statt auf selbst gezimmerten Stühlen, mit den Füßen fast im Wasser, sitzt man jetzt etwas zurückgesetzt auf feinem Mobiliar. Einheimischen wie Gästen gefällt es, wie der gute Besuch unschwer erkennen lässt. Immer noch kann man hier einen unvergleichlich romantischen Sonnenuntergang erleben und dabei gemütlich bei einem Glas kühlen Weißwein sitzen. Wer auf La Palma Fisch essen möchte, muss mindestens einmal hier gewesen sein und dabei auf das Meer schauen, auch wenn es nicht mehr bis an die Tische spritzt.

Verbindungen siehe „Tazacorte".

Geschützte Strandbucht von Puerto de Tazacorte

Übernachten

Ganz individuell, nahe an der Strandbucht und mitten im Fischerdorf und deshalb auch mit einheimischen Nachbarn, können Sie in folgenden beiden Apartments wohnen:

Ap. Maisonette, in den beiden oberen Stockwerken eines neuen, aber typisch schmalbrüstigen Hauses des Fischerdorfes, in einer Fußgängerzone. Komplett, modern und originell eingerichtet. Neben Küche/Esszimmer, Bad und einem Schlafzimmer in der unteren Etage, hat es oben ein Wohnzimmer mit einer weiteren Schlafgelegenheit und eine Dachterrasse. Wegen der Wendeltreppe und der Dachterrasse ist das Apartment nicht für Familien mit kleinen Kindern geeignet. Kostenpunkt: pro Tag 72 €. Calle Trasera 5 (Reservierung s. u.).

Ap. Piso Taberna, auf der Promenade, keine fünf Schritte vom Strand entfernt, steht das alte kanarische Haus, indem unten das Restaurant Taberna del Puerto liegt. Die dicken Natursteinwände lassen kaum einen Laut nach oben in dieses gemütliche Apartment dringen. Das Haus wurde stilvoll mit handgearbeiteten Fliesen und Mahagonihölzern restauriert. Unter dem massiven Holzdach ist viel Platz für zwei Personen. Pro Tag 72 €. Plaza Castilla 1.

Beide Apartments können im Büro Calle Trasera 3 gebucht werden oder über ✆ 922 480162, www.la-palma-tourismus.com.

Apartamentos Luz y Mar, Puerto de Tazacorte, gegenüber der Platz, aus dem einmal ein richtiger Atlantik-Park werden soll, aber auch nahe am neuen Strand gelegen. 15 komplett eingerichtete Wohnungen, alle mit Balkon. Preis ab 30 € für 2 Personen, 38 € für 3 Personen. Reservierung über Agentur Buen Viaje in Mazo, ✆ 922 428502 und 922 428492, www.buenviaje.net.

Südwesten Karte Seite 129

Essen/Trinken

Als Fischereihafen bietet Puerto de Tazacorte eine Vielzahl von Fischrestaurants, in den meisten kann man mit Blick auf das Meer speisen. Einheimische und Urlauber steuern deshalb den Ort gern an. Mehrere Restaurants sind aus den früheren Kiosken entstanden und servieren nach wie vor fast ausschließlich schlichte Gerichte: Gebratener Fisch, der mit Papas arrugadas und Salat serviert wird. Im angegebenen Preis ist, wenn in der Karte nicht ausdrücklich anders vermerkt, nur die Fischportion enthalten (2007 waren 8 € üblich), Beilagen kosten extra. Da wird das Essen schon mal teurer als in den Restaurants z. B. in Los Llanos. Übrigens, bei Lapas, Napfschnecken, die in Knoblauchsoße gegart werden, sollten Sie zugreifen, die gibt es nicht immer. Unten sind nur drei Restaurants aufgeführt, die Auswahl bedeutet aber nicht, dass Sie in den anderen sieben Restaurants nicht gut essen können.

Playa Mont, an der Uferstraße gegenüber vom Strand, erkennbar am Fahnenwald vor dem Garten. Der eleganteste Kiosko des Ortes, man sitzt ausschließlich draußen. Auch das Ambiente stimmt: gemütliche Holzkabinen, Kachelboden, freundliche Bedienung und auch gute Gerichte ohne Fisch. 11–16 und 18–23 Uhr, Do geschlossen.

Taberna del Puerto, schön restauriertes altes Haus, in dem man kühl und dennoch mit Meeresblick sitzen kann, wenn es draußen auf der großen Terrasse zu warm ist. Umfangreiche Speisekarte mit vielen Gerichten in unterschiedlicher Zubereitung. Auf den ersten Blick etwas teurer, dafür aber alle Speisen mit Beilagen. Sympathisch: Man kann für den kleinen Hunger auch halbe Portionen zum halben Preis bestellen. Große Weinkarte mit einheimischen Produkten und Weinen vom Festland. Täglich 11.30–22.30 Uhr geöffnet.

Kiosko Teneguía, der erste der beiden Pavillons vor der alten Hafenmauer. Es gibt hauptsächlich Fisch und Meeresfrüchte und natürlich die obligatorischen Beilagen wie Papas arrugadas und Salat. Die Fischauswahl sollte man im Glastresen vor der Küche selber treffen, selbst wenn es neuerdings eine Speisekarte gibt. Vielen schmeckt hier der Fisch, mit Knoblauch und Petersilie gebraten, am besten. Auch der grüne Mojo ist so cremig wie nirgends.

Gewöhnungsbedürftig allerdings ist die Bedienung. Nehmen Sie es sich nicht zu Herzen, die anderen Gäste werden genauso unpersönlich behandelt wie Sie. Am Wochenende ist es immer rappelvoll. Täglich 11–23 Uhr geöffnet,

Als die Deutschen La Palma kauften ...

Um ehrlich zu sein, ganz zutreffend ist diese Überschrift nicht. Zunächst erwarben Augsburger Händler nur Teile der Insel, später jedoch planten Berliner Politiker den Gesamtkauf – und heute erstehen Bürger aus Ravensburg oder Rosenheim die Insel parzellenweise.

Es ist also eine lange, verwickelte Geschichte, die 1509 mit *Lukas Rem* beginnt. Der Mitbesitzer des Handelshauses der Welser-Familie aus Augsburg, Konkurrenz-Unternehmen zu den *Fuggern*, brauchte nur eine Woche, um große Teile des Aridane-Tals aufzukaufen. Protegiert wurde er vom damaligen spanischen König Carlos I., dessen Wahl zum deutschen Kaiser (als Karl V.) das Handelshaus durch Zahlung von Schmiergeldern finanziert hatte. Zuckerrohr wurde auf diesen Ländereien angebaut, ein damals besonders süßes Geschäft.

Doch die Welser waren Händler, keine Bauern. Schon bald verloren sie den Geschmack an diesem „verfluocht land". Bereits vier Jahre später verkauften sie die Plantagen an den Kölner Kaufmann *Johann Byse* und dessen Neffen *Jakob Groenenberg*.

Dieser Jakob muss ein wahres Cleverle gewesen sein. Nicht nur, dass er binnen kurzem seinen Onkel aus dem Geschäft geboxt hatte, ihm gelang auch eine profitable Nutzung der ehemaligen Welser-Güter. In Antwerpen, wo der Kölner ein Kontor unterhielt, kannte man ihn alsbald als „Heer van Canarien". Der „Heer" zog nach La Palma und übersetzte seinen Namen schlicht ins Spanische: Als *Jakob de Monteverde* ließ er es sich in Tazacorte gut gehen. Noch heute zeugen einige der schönsten Patrizierhäuser in Tazacorte vom Reichtum der Monteverdes und anderer flämischer Dynastien.

400 Jahre später, zweiter Akt, taucht La Palma erneut in deutschen Plänen auf. Die „Admiralitäts-Politik" des letzten deutschen Kaisers suchte nach atlantischen Stützpunkten für die größer werdende Flotte. Und damals wurde allen Ernstes an Madrid die Anfrage gerichtet, ob La Palma nicht zu kaufen wäre. Diese Pläne, waren sie denn jemals realistisch, verschwanden mit Beginn des Ersten Weltkriegs in den Schubladen Berliner Amtsstuben. (Anmerkung aus militärhistorischer Sicht: Noch heute wollen die Gerüchte nicht verstummen, dass im Zweiten Weltkrieg deutsche Unterseeboote heimlich und entgegen der offiziellen Neutralitätspolitik Franco-Spaniens auf den Kanarischen Inseln ausgerüstet worden seien; ein besonderes Kapitel spielt dabei die sagenumwobene „Villa Winter" auf Fuerteventura).

Und der dritte Akt: Heutzutage kaufen deutsche Wohlstandsbürger das Eiland parzellenweise. Deutsche stellen vor Niederländern, Schweizern, Briten und Skandinaviern die größte Ausländergruppe auf La Palma.

Sehenswertes in der Umgebung

▸ **Kapelle Nuestra Señora de las Angustias**: Das kleine Kirchlein oberhalb des Hafens im Barranco de las Angustias, immer schon ein beliebtes Fotomotiv, ist nach der

Restaurierung mit EU-Geldern noch schöner geworden. Drinnen ist neben dem schmuckvollen Barockaltar eine Bildhauerarbeit aus Flandern (16. Jh.), die den Erzengel Michael darstellt, sehenswert. Im Altarraum hängen daneben Votivgaben in Form von Wachskörperteilen und Schmuck. Interessantes ist in die Marmortafel links vom Altarraum gemeißelt. Sie informiert über das Drama, das sich im Juli 1570 vor der Küste La Palmas abspielte (vgl. S. 152). Calvinistische Piraten ermordeten 40 Missionare, die seither als Märtyrer gelten. Teile ihrer Körper werden in dieser Kapelle als Reliquien verwahrt.

▸ **Bootsausflüge**: Auf einer Insel mitten im Atlantik gehört ein Bootsausflug ins touristische Standardprogramm. Im Hafen von Tazacorte werden Tickets für Schiffsausflüge verkauft. Wenn es Wind, Wellen und Wetter zulassen, gehen je dreimal täglich ein Boot auf dreistündige Törns (alle ab Hafen von Tazacorte). Angelaufen werden auf einer Fahrt längs der Steilküste die *Cueva Bonita*, hineinfahren in die hübsche Höhle kann man nur durch zwei Felstunnel und auch das nur bei ruhigem Wetter und Niedrigwasser. Euphorisch wurde sie schon mit der Blauen Grotte von Capri verglichen, denn bei sinkender Sonne schimmert ihr Wasser tintenblau. Danach geht es zu einem schönen, abgelegenen Sandstrand, mit Badeaufenthalt und zu den Lieblingsgründen der Delfine. Getränke und etwas zum Knabbern gibt es an Bord.

Katamaran Fancy, mit Unterwasserfenster zur Beobachtung der Fische und Delfine und einem extra Bananenboot, auf dem man sich durchs Wasser ziehen lassen kann. Fahrpreis 25 €, Vorverkauf im Hafen, Reservierung unter 922 480448 und mobil 629 165438.

▸ **Hochseeangeln**: Auf die Jagd nach Marlin, einem bis zu 5 m langen Schwertfisch, gehen Profis und solche, die es werden wollen, in einem extra dafür ausgerüsteten Boot, nach vorheriger Reservierung. Maximal vier Personen, Preis pro Person einschließlich Ausrüstung 130 €. Reservierung am Stand oder über die Telefonnummer der Fancy.

Wanderung 4: Alles Banane

Von Los Llanos über Tazacorte nach Puerto de Tazacorte

5 km, – 350 m, 1,5 Stunden. Diese leichte Wanderung – eher ein ausgedehnter Spaziergang – wurde aufgenommen, weil bei so viel „Natur pur" auf La Palma auch ein Streifzug durch die Kulturlandschaft mit ihren Bananenplantagen und den ältesten Ansiedlungen La Palmas nicht fehlen sollte. Sie führt über wenig befahrene Nebenstraßen und Fußwege, ist also keine Tour für Alpinisten.

Ausgangspunkt: Plaza de Sotomayor in Los Llanos/Argual, siehe dort unter „Sehenswertes".

Wegbeschreibung: Sie verlassen die Plaza auf einer Straße, die am Restaurant Casona de Argual und einer Bananenpackstation vorbeiführt. Hinter der Packstation geht es nach links, vorbei an der Laderampe, auf schmalem, asphaltierten Weg durch die Bananenplantagen. Mit einer Minibrücke biegt ein Weg nach links ab, den Sie einschlagen. Bald verbirgt sich die städtische Kläranlage (stinkt aber nicht, denn sie arbeitet biologisch-dynamisch) auf der linken Seite hinter einer Mauer. Weiter geht es geradeaus an einzelnen Häusern vorbei, an einer Kreuzung biegen Sie rechts in die Calle Las Rosas. Immer noch führt der Weg beschaulich an Bananenplantagen vorbei, den unterschiedlichen Stand der Fruchtbildung und Reife kann man so aus unmittelbarer Nähe betrachten. Eine Abzweigung wird ignoriert, dann mündet die Straße in eine etwas größere, namens Cuadro Caminos, in die Sie nach rechts einbiegen. Mäßig steil geht es weiter durch die Plantagen nach unten. Sie treffen kurz vor Tazacorte auf die Landstraße, überqueren sie und gehen geradeaus weiter. Die jetzt steile, schmale Straße ist von kleinen Wohnhäusern und blumengeschmückten Gärten gesäumt, sie führt direkt auf den Kirchplatz von Tazacorte. Unter der malerischen Pergola voller blühender Bougainvilleen lohnt sich eine Rast auf den farbigen Fliesenbänken. Der Kiosko gleich nebenan sorgt für Erfrischungen. Nach einer Pause verlassen Sie die Plaza nach unten, überqueren die Hauptstraße und folgen einem Weg zwischen zwei Häusern in den ältesten Ortsteil. Auf schön gepflastertem Weg passieren Sie die Casa Monteverde und die Casa Van Dale (vgl. Sehenswertes in Tazacorte). Weiter geht es wie oben unter „Spaziergang von Tazacorte nach Puerto de Tazacorte" beschrieben.

Zurück kann man mit dem Bus fahren (stündlich nach Los Llanos vom überdachten Eingang der Casa del Mar gegenüber dem vielleicht noch leeren Becken).

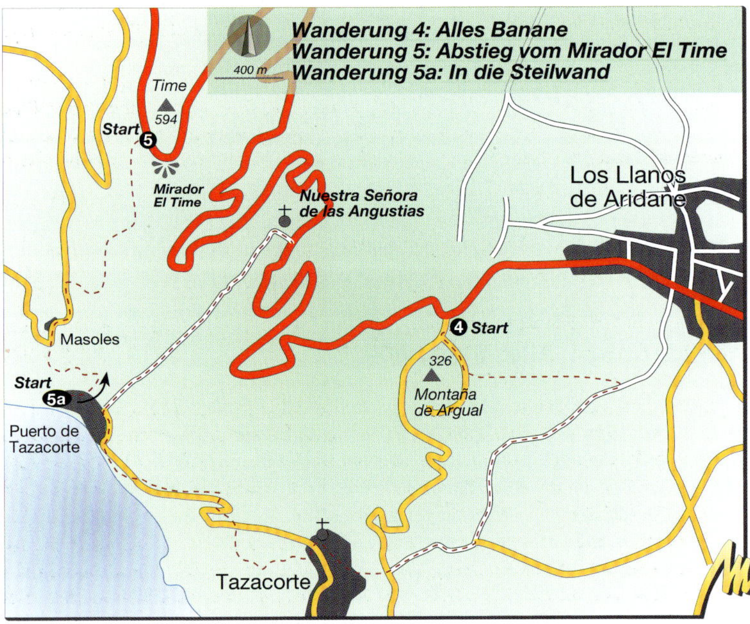

Wanderung 5: Abstieg vom Mirador El Time

Vom El Time nach Puerto de Tazacorte

4 km, – 600 m, 1 Stunde. Sie meinen, zwischen Wellen und Wolken zu schweben, im zweiten Teil dieser Wanderung, für die Sie schwindelfrei sein sollten. Der alte, stellenweise steingepflasterte Verbindungsweg an der Felswand entlang ist jedoch völlig ungefährlich. Der Weg ist ein Abschnitt der Kammwanderung „Camino de la Crestería“ und ist mit GR LP 131 ausgeschildert sowie rot-weiß markiert.

Anfahrt: Von Los Llanos mit dem Bus Linie 2 (vgl. S. 53), der über den Mirador El Time mehrfach täglich nach Norden fährt. Wenn Sie Leihwagen, Moped oder Rad am Mirador El Time parken, müssen Sie den sehr steilen und anstrengenden Rückweg zu Fuß bewältigen.

Wegbeschreibung: Rechts neben dem *Restaurant El Time* führt eine steile, zunächst zementierte Piste abwärts. Nachdem sie in eine Sandpiste übergegangen ist und später zum Weg wird, stoßen Sie auf eine in Plastik eingehüllte Bananenfinca, die Sie rechts umgehen. Sie gelangen jetzt auf eine Asphaltstraße, auf die links eingebogen wird. Vorbei an prächtigen Villen mit ebenso prächtigen Gärten, entdecken Sie links einen schmalen ausgeschilderten Pfad, der an der Ruine einer Bananen-Abpackstation endet. Von hier wurden früher die Stauden mit einer Seilbahn in den alten Hafen (jetzt Strandbucht) geschafft.
Vom Platz neben der Packerei öffnet sich die Bucht von Tazacorte unter Ihnen, und weiter reicht der Blick über das Aridane-Tal mit Los Llanos und El Paso sowie über die Westküste.
Direkt vor der Packerei führt der alte Verbindungsweg – Camino real – abwärts. Die Orientierung ist einfach: 1,5 km lang windet sich der serpentinenreiche Pfad am Felsen bergab. Er endet neben dem *Kiosko Teneguía* auf der Promenade von Puerto de Tazacorte. Zur Rückfahrt nach Los Llanos bietet sich der stündlich verkehrende Bus an.

Wanderung 5a: In die Steilwand

Von Puerto de Tazacorte den El Time hinauf

3 km, +/– 300 m, 1,5 Stunden hinauf und hinunter. Auch wenn es nicht so aussieht, der Weg ist zwar anstrengend, birgt aber keine besonderen Schwierigkeiten, schwindelfrei muss man aber sein.

Es geht darum, das zweite Teilstück von Wanderung 5 zu bezwingen, die Steilwand des El Time. Von oben hat man selbstverständlich eine fantastische Sicht. Da es denselben Weg wieder hinuntergeht, kann man jederzeit umkehren. Der Weg ist ein Abschnitt der Kammwanderung „Camino de la Crestería“ und ist mit GR LP 131 ausgeschildert sowie rot-weiß markiert.

Wegbeschreibung: Zwischen dem Kiosko Teneguía und dem Restaurant Trebol führt ein alter, streckenweise steingepflasterter Weg (ausgeschildert) in vielen Kehren die Felswand hinauf. Am Anfang ist er mehr eine Trittspur, aber sobald man über Kehren etwas höher kommt, wird er zum schönen, alten Camino real, den man problemlos hinaufsteigen kann. Oben angekommen, kann man noch bis zu der aufgegebenen Seilbahnstation einer Bananenpackerei vorgehen und sich dort ein Plätzchen für die Rast vor dem Abstieg suchen. Mittels der Seilbahn wurden früher die Bananenstauden in den Ort hinuntergeschafft, denn Puerto de Tazacorte war nicht nur Fischer-, sondern auch Frachthafen.

Blick vom El Time auf die Westküste

Der Nordwesten

Vom El Time nach Garafía und weiter in Richtung Barlovento

Am schönsten ist der Nordwesten ab Mitte Januar bis Ende Februar. Dann ist die Landschaft übersät von einem weiß-rosa Meer – die Mandelbaumblüte verzaubert diesen abwechslungsreichen Landstrich, der in den küstenfernen Gebieten mit dichten Kiefernwäldern und sanften Hängen an ein deutsches Mittelgebirge denken lässt.

Überall wogen zarte Mandelblüten. Sechs Monate später sieht man die Alten zusammensitzen, wenn sie mit Hammer oder Stein Mandel für Mandel von der harten Schale befreien. Früher eine Gemeinschaftsarbeit, ein Hochzeitsmarkt gar, zu dem alle freien Arbeitskräfte zusammenkamen, ist diese Arbeit heute nur noch Zeitvertreib für Rentner. Sie bringt nicht mehr genug ein, und mancherorts werden die Mandeln nicht einmal mehr geerntet.

Von Los Llanos windet sich die Straße den *El Time*, die lotrecht abfallende Schluchtwand des Barranco de las Angustias, hinauf. Oben angekommen, eröffnet sich bei der gleichnamigen Bar – Time heißt Stirn in der Sprache der Ureinwohner – einer der schönsten Inselausblicke: unten das Panorama über das sattgrüne Aridane-Tal mit El Paso, Los Llanos und Tazacorte, nach rechts der unvergessliche Einblick in die Caldera, links der Ausblick auf den offenen blauen Atlantik, und im Hintergrund rahmen die Gebirgskämme der Cumbres das Bild ein.

Hinter „El Time" verwandelt sich die Landschaft. Der Norden der Insel wird vom zerfurchten Bergrücken der Caldera gebildet. Wind und Regen, Quellen und Bäche hatten Millionen Jahre Zeit, diese Region zu formen. Kaum Ebenen, dafür viele

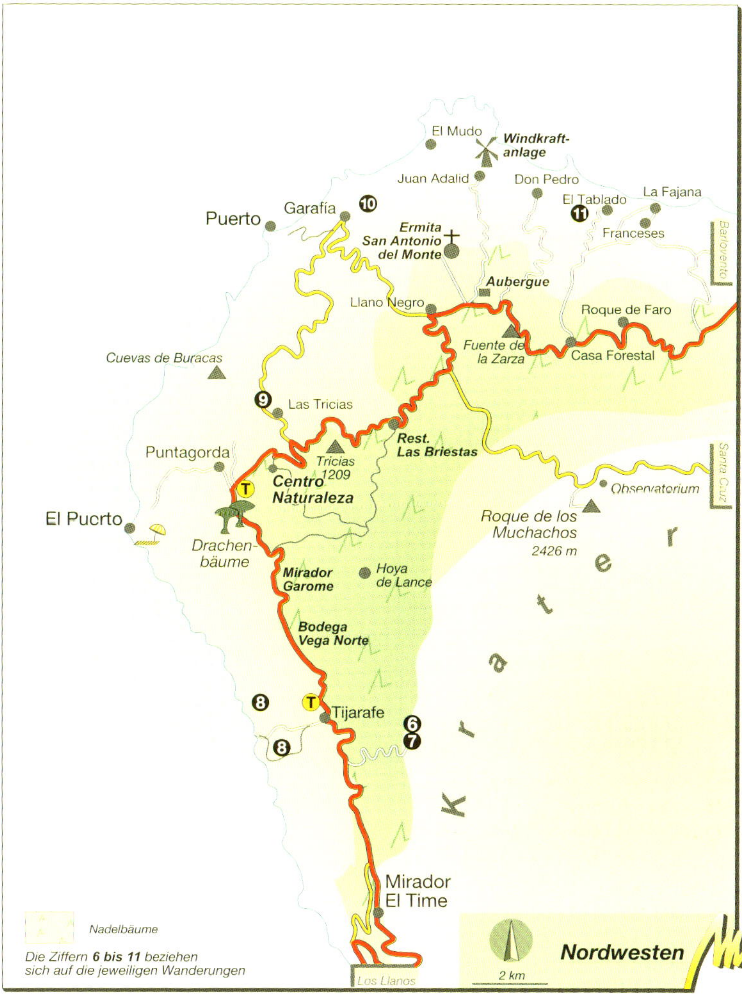

Barrancos, tiefe Schluchten, die den Caldera-Hang zerklüften, überall Steigungen bis hin zur Steilküste, die nur selten etwas Platz für Strände lässt.

Um Mandelbäume, früher der Reichtum des Nordwestens, pflanzen zu können, mussten an Bergrücken und in Schluchten Terrassen angelegt werden. Sie prägen jetzt die Landschaft oberhalb der Straße. Unterhalb, in den tieferen Regionen, sind es in Meeresnähe die unvermeidlichen Bananenplantagen, später säumen Apfelsinen- und Avocadobäume die kurvenreiche Straße. Ab 900 Höhenmetern sind die Hänge grün von den ausgedehnten Pinienwäldern des El Pinar, einem herrlichen, weniger bekannten Wandergebiet. Im Jahr 2000 haben gerade hier Feuer gewütet, aber die kanarischen Wälder erholen sich sehr schnell. Schon ein Jahr später ist die Boden- und Strauchschicht wieder grün, und auch aus den verkohlten Pinienstämmen sprießt es. Schon nach drei Jahren kann man nur noch aus schwarzer Borke auf einen früheren Waldbrand schließen. Den Zugang in die Wälder verschafft man sich am leichtesten mit dem Pkw, Wanderer müssten erst einmal 45 Minuten bergauf gehen, bevor sie attraktive Wege und Pfade erreichen.

Wanderung 6: Durch die Schluchten des El Pinar

Rundweg über der Westküste

10 km, +/– 300 m, 2,5 Stunden, Rundwanderung. Einfache Wanderung, kein Spaziergang, aber auch keine besonderen Schwierigkeiten. Im ersten Teil romantische Schluchtenwanderung auf schmalem, teilweise felsigem Pfad (im ersten Abschnitt sparsame, gelb-weiße Wegmarkierung, LPPR 10), mit mehreren kurzen und einer längeren Steigung, im zweiten Teil gemächlicher Gang auf breitem Forstweg.

Anfahrt/Ausgangspunkt: El Pinar ist durch eine asphaltierte Straße erschlossen, die südlich von Tijarafe mit „Torre Vig. Ninc. del Time" ausgeschildert ist. Später an der ersten Straßenverzweigungen die links hoch führende Variante nehmen. Kurz bevor das Ziel erreicht ist, folgt eine weitere Verzweigung, beide führen zur Wegkreuzung „Cruz de Llano", mit zwei sich gegenüberliegenden Altarhäuschen. Dort, einige hundert Meter unterhalb der Asphaltierung, können Sie parken.

Wegbeschreibung: Von der Kreuzung aus nehmen Sie den mit „Roque de los Muchachos" ausgeschilderten Weg in Richtung Schlucht, er verengt sich bald zu einem schmalen Pfad. Nach einem kurzen Aufstieg zeigt ein Schild mit der Aufschrift „Fuente de Trajocade" nach oben, die Quelle ist mit einem Abstecher schnell erreicht. Der Pfad führt geradeaus weiter in eine zweite Schlucht, die nach einfacher Strecke mit einem etwas längeren Aufstieg verlassen wird. Der Pfad biegt in eine weitere Schlucht. Nach gut 30 Minuten Gesamtweg stößt man beim Verlassen der dritten Schlucht auf einen quer verlaufenden Weg, ein Schild „Camino La Traviesa" zeigt zurück. Es geht nach rechts weiter und auf dem nächsten Pfad (ausgeschildert) nach links in eine weitere Schlucht. Nach gut 45 Minuten Gesamtweg zweigt einige hundert Meter vor einer Felswand ein markierter und mit Steinmännchen versehener Pfad nach links unten. Sie biegen ab und gehen in den Schluchtgrund, unten bieten flache Steine einen schönen Rastplatz. Nun geht es an der Felswand entlang in Richtung Meer. Am Ende der Felswand findet man das Hinweisschild

Auf alten Wegen im El Pinar

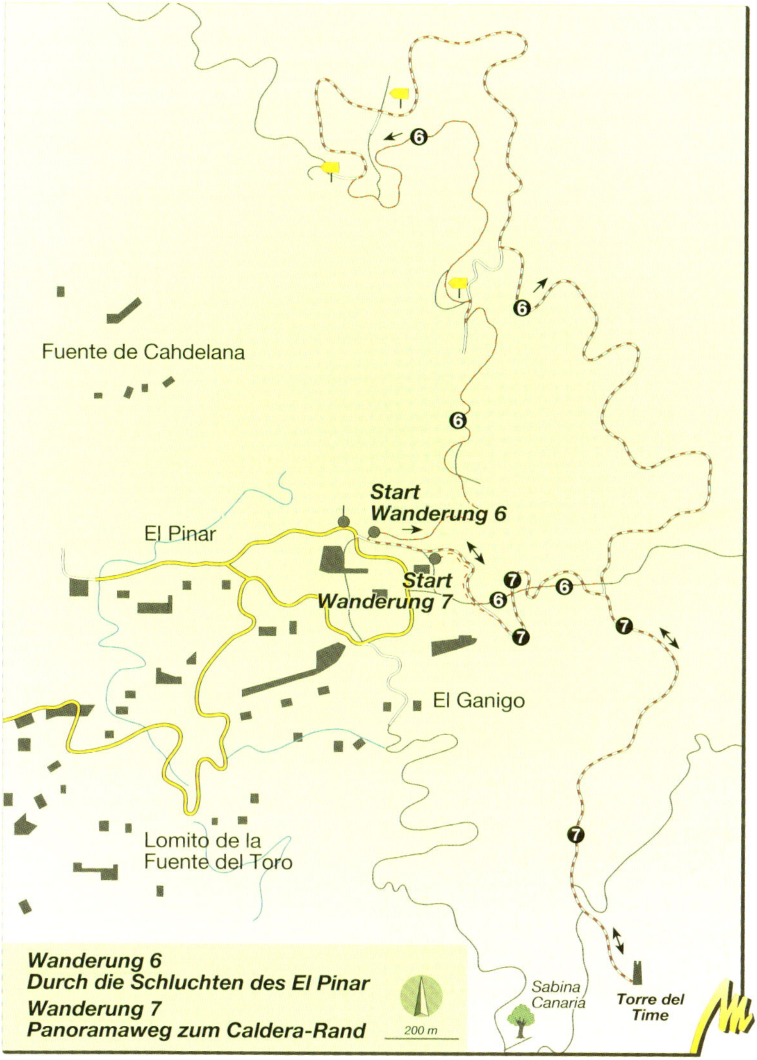

Nordwesten
Karte Seite 161

wieder (Achtung, es kann von Gestrüpp umwuchert sein) und den Pfad, der zunächst stark verwachsen mit einem längeren Aufstieg nach oben führt, an einer schmalen Abzweigung nach rechts hoch, an einer zweiten Abzweigung, der Pfad wird zum breiten Weg, geht es geradeaus. Bei einem Steinmännchen, geradeaus beginnen Obstbaumterrassen, setzt sich der Aufstieg nach rechts oben bis zu einem Forstweg fort. Dort stehen zwei Holzschilder, Sie biegen rechts auf den Forstweg Richtung „Sendero El Pinar, Roque de los Muchachos" ein, den Sie in der nächsten

Stunde nicht mehr verlassen. Zunächst windet er sich mit einigen Kurven nach oben, um sich dann nach Süden zu wenden. An einer Abzweigung nach rechts bietet sich die Möglichkeit, auf den Hinweg zurückzukehren, falls Ihnen eine Wanderung auf dem breiten Forstweg zu anspruchslos ist. Nach gut einer Stunde auf dem Forstweg führt von unten ein weiterer Forstweg herauf. Geradeaus geht es jetzt zum Mirador El Time, nicht zu verwechseln mit dem gleichnamigen Aussichtsplatz an der Landstraße (zusätzlich hin und zurück eine Stunde). Die Rundwanderung aber geleitet Sie zum Ausgangspunkt zurück nach rechts in Richtung El Jesus. Der Forstweg führt in weiten Serpentinen hinab. Er wird zum Asphaltband, das Sie zum Ausgangspunkt zurückführt.

Wanderung 7: Panoramaweg zum Caldera-Rand

Vom Cruz de Llano zum Mirador Torre El Time

+/– 150 m, 1,5–2 Stunden, fast ein Spaziergang. Gemächliche, schöne Wald- und Aussichtswanderung, das Ziel, der Mirador Torre El Time (nicht zu verwechseln mit dem fast gleichnamigen Aussichtspunkt an der Landstraße), liegt am Caldera-Rand und bietet großartige Blicke in die Caldera und über den gesamten Süden.

Ausgangspunkt: Ende des Asphaltbandes, Anfahrt s. o.

Wegbeschreibung: Sie folgen dem Forstweg in Serpentinen hinauf. Wer mag, biegt auf einen mit Steinmännchen gekennzeichneten, schmalen Waldweg, der geradeaus steil hinaufführt und im weiteren Verlauf mehrfach den Forstweg quert. Forst- und Waldweg münden in einen in Nord-Südrichtung verlaufenden, breiteren Forstweg, dem Sie nach rechts folgen (Ausschilderung Mirador Torre El Time). Er führt immer geradeaus zu einem schon von weitem erkennbaren Feuerwachtturm (in den Sommermonaten 24 Stunden besetzt) am Caldera-Rand, dem Mirador El Time. Zurück geht es auf demselben Weg.

Tijarafe

Von der Durchgangsstraße aus wirkt Tijarafe langweilig. Das hübsche kanarische Dorf verbirgt sich direkt oberhalb. Eine steingepflasterte Straße führt hinauf. An respektablen alten Häusern vorbei geht es zum Kirchplatz und zur Iglesia Virgen de Candelaria. In der nach der Schutzpatronin benannten Kirche finden Sie schöne Mudéjar-Arbeiten, so beispielsweise eine hölzerne Kassettendecken-Konstruktion.

Im Dorfzentrum ist in der Casa Del Maestro (Calle 18 de Julio) ein kleines **Ethnografisches Museum** eingerichtet worden. Zeugnisse der vorspanischen Zeit, in erster Linie Keramiken, lassen sich hier anschauen, denn Tijarafe war auch eine Siedlung der Altkanarier.

Öffnungszeiten Mo–Fr 8–15 Uhr, im Sommer 8–14 Uhr, Eintritt frei.

Gleich nebenan kann man im **Centro Gastronómico La Venta**, ebenfalls ein alter kanarischer Bau, Obst, Gemüse und in der Gemeinde hergestellte landwirtschaftliche Produkte wie Mojo, Käse und Wein kaufen. Das mit staatlichen Mitteln geförderte Zentrum soll der Erhaltung der traditionellen Lebensmittel dienen. Öffnungszeiten wie im Museum.

Die aus acht Ortsteilen bestehende Gemeinde mit fast 3000 Einwohnern hat noch zwei weitere Besonderheiten zu bieten:

Versteckt an der Steilküste liegt das alte Schmugglernest

Nordwesten
Karte Seite 161

Tijarafe zählt seit alters her zu den Hochburgen der insularen *Lucha canaria*. In mancher Kneipe zeugen Fotos von den einstigen Größen dieses traditionellen Kampfsports.

Am 7. September feiert der Ort die *Fiesta del Diablo*, das „Teufelsfest". Die Gäste werden von einem Teufel in Menschengestalt erschreckt, der während der ganzen Nacht um die Plaza tanzt und an seinem Körper versteckte Feuerwerkskörper explodieren lässt. Dabei sollten Sie etwas vorsichtig sein, es ist schon zu etlichen Verletzungen, auch unter Touristen, gekommen.

• *Übernachten* Die Gemeinde Tijarafe ist touristisch nicht erschlossen, es gibt hier nur sehr individuelle Übernachtungsmöglichkeiten, in Landhäusern des „Turismo rural", vgl. S. 49/50, und die

Casas La Palmeras. In einem Palmenhain hat Holger Hansen nicht nur sein Haus, sondern auch 2 Ferienhäuser rustikal mit massiven Holzdecken ausgebaut. Ein Ferienhaus hat ca. 40 qm. Es verfügt über Wohnzimmer mit offenem Kamin und Küchenecke sowie 1 Schlafzimmer mit Bad. Kostenpunkt 270 € pro Woche. Das 2. Haus ist ein Studio von ca. 20 qm (1 Raum mit Küche und separatem Bad). Kostenpunkt 170 € pro Woche. Viele Terrassen und ein großer Garten vervollständigen die Anlage. Camino El Lomito 4, La Punta de Tijarafe, ✆ 922 491236, E-Mail: holgerhansen@wanadoo.es.

• *Essen/Trinken* **Bodegón San Antonio**, an der Hauptstraße. Nett und rustikal eingerichtetes Restaurant mit Tapas und kleinen Gerichten. Hier kann man auch gut ein zweites Frühstück zu sich nehmen. Palmerisch niedrige Preise. Täglich 8–22 Uhr.

Rest. La Muralla, das neueste und gleich auch eines der besten Restaurants weit und breit. Sehr gepflegtes Restaurant mit großem Panoramafenster, bei wechselndem Wetter bietet es ein tolles Naturschauspiel. Gute heimische und internationale Küche, es gibt auch vegetarische Gerichte; angemessene Preise und erstklassiger Service. An der LP1 bei Aguatavar, nördlich von Tijarafe.

• *Einkaufen* Supermarkt in Tijarafe an der Landstraße.

▸ **Ausflug/Baden**: Unterhalb von Tijarafe, direkt am Wasser, liegt eine riesige *Höhle*, die einmal ein *Schmugglernest* gewesen sein soll. Heute wird sie ganz harmlos für palmerische Wochenendvergnügen genutzt, wie Baden, Angeln und Bootsfahrten. Richtige Wochenendhäuschen sind unter den Felsvorsprüngen entstanden. Den Weg dort hinunter schafft ein robuster Wagen. Die Fahrt ist genauso abenteuerlich wie die Höhle selbst. Am Ende ist noch ein kurzer Fußmarsch erforderlich. Poris – Anlegestelle – werden solche Zugänge ans Meer genannt.

• *Anfahrt per Pkw* Am nördlichen Ende des Ortskerns, vor einer Rechtskurve, biegt links eine Straße sehr steil nach unten. Sie führt am „Centro de Salud" vorbei. Sie bleiben auf der Straße, die einige Kurven macht und schmaler wird. An einer Kreuzung mit einem weißen Turm, auf einer ehemaligen Pumpstation, nehmen Sie den mittleren, asphaltierten Weg halb links hinunter und bleiben jetzt immer auf diesem Weg, der an Bananenplantagen vorbei in atemberaubenden Kehren steil hinabführt. Die enge Straße wendet sich nach rechts, ist ab hier nur noch eine Betonpiste und endet als Fahrweg ungefähr 50 m oberhalb des Wassers. Jetzt sind es noch wenige Minuten auf einem steingepflasterten Weg nach unten, und Sie stehen in der gewaltigen Höhle.

Wenn Sie die Schmugglerhöhle im Rahmen einer längeren Rundwanderung besuchen wollen, finden Sie unter Wanderung 8 den Wegverlauf beschrieben.

Wanderung 8: Barrancos, Felsküste und ein Schmugglernest

Rundwanderung durch den Barranco Jurado zum Meer hinunter und über die Schmugglerbucht zurück

> Bei Redaktionsschluss wurde bekannt, dass die Tunnel geschlossen wurden. Falls das bei Ihrer Wanderung noch der Fall sein sollte, nehmen Sie bitte die beschriebene Variante 2 ohne Tunnel (siehe S. 169).

13 km, –/+ 800 m, 4 Stunden reine Gehzeit, planen Sie 6 Stunden mit Pausen für die Wanderung ein. Ungemein abwechslungsreiche, aber anstrengende Wanderung. Im ersten Teil der Wanderung müssen fünf teilweise dunkle Tunnel durchschritten werden. Der Abstieg an die Küste erfordert Schwindelfreiheit und Trittsicherheit, der schweißtreibende Aufstieg gute Kondition. Wer all das auf sich nimmt, wird durch hinreißende Ausblicke in den Barranco Jurado, über die Felsküste, auf die Strandsiedlungen der *Playa Jurado* und am *Porís/Cueva Candelaria*, dem einheimischen Namen für die Schmugglerbucht, belohnt. Zur Ausrüstung gehört unbedingt eine Taschenlampe, in einigen der fünf Tunnels ist sie nötig. Und nehmen Sie viel, viel Wasser, ausreichend Proviant und eine Kopfbedeckung mit. Stöcke sind nützlich, Badesachen bei ruhiger See nicht verkehrt. Die Wanderung wurde mit GPS aufgezeichnet. Die im Text genannten Wegpunkte (WPs) entsprechen den Ziffern in der Wegskizze. Abschnitte des Weges entsprechen dem markierten Wanderweg PRLP12.2.

Varianten auch ohne Tunnel sind möglich, siehe unten.

Ausgangs-/Endpunkt: Busstation in Tijarafe am Ortseingang von El Time kommend – Autofahrer können bis WP 3 fahren und damit ca. 25 Minuten (2 km, +/- 100 Höhenmeter einsparen).

WP 1: Sie gehen von der Busstation auf der Straße in Richtung Norden durch den Ort.

WP 2: Eine Straße führt steil nach unten, schräg gegenüber steht ein Kiosk mit Bänken und einem Informationsschild mit einer Übersicht der markierten Wander-

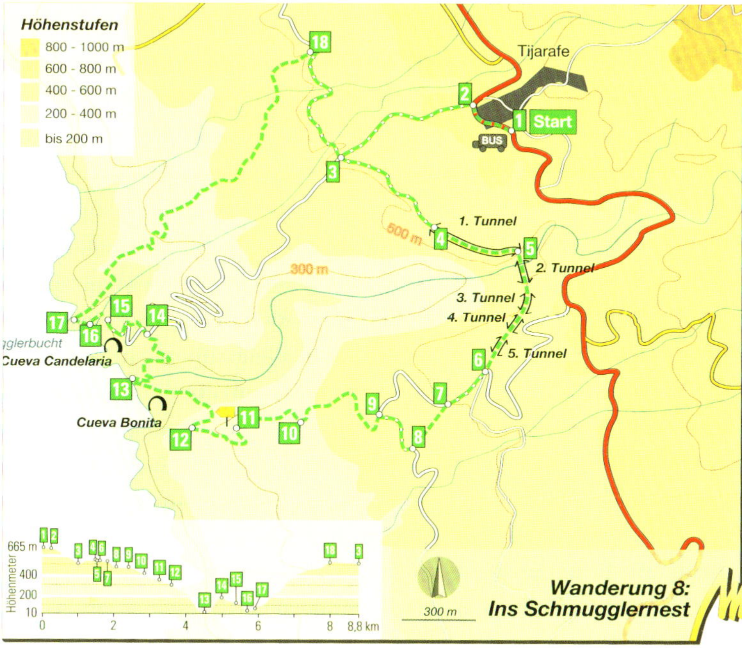

Nordwesten
Karte Seite 161

wege. Nach einem Blick auf die Karte gehen Sie die steile Straße hinunter. Sie ist zuerst asphaltiert, später betoniert und in schlechtem Zustand.

WP 3: Die Straße trifft auf einen quer verlaufenden Fahrweg, von dem aus mehrere Wege bergab führen. Gegenüber steht ein weißes Türmchen. Hier können Autofahrer parken. Sie gehen auf dem Fahrweg nach Süden.

WP 4: Der erste Tunnel ist erreicht, das Gittertor geöffnet. Achtung, dies ist mit ca. 400 m der längste Tunnel, der Boden liegt voller Schutt, ohne gute Taschenlampe können Sie ihn nicht durchqueren!

WP 5: Am Ende des Tunnels stehen Sie am Rande des Barranco Jurada. Es geht auf einem Pfad nach links weiter. Der Pfad ist teilweise verwachsen, Steinmännchen kennzeichnen ihn. Bald durchschreiten Sie den nächsten kurzen und ausreichend hellen Tunnel, ebenso die Tunnel Nr. 3 und Nr. 4. Vor dem nächsten Tunnel ist der Abraum aufgeschüttet. Er ist wieder länger – Taschenlampen sind notwendig. Er hat aber eine Öffnung auf halbem Weg, durch die Sie in die Schlucht schauen können. Nach dem Verlassen des letzten Tunnels folgen Sie einem Pfad. Der Pfad stößt auf einen Fahrweg, dem Sie im spitzen Winkel nach links oben folgen.

WP 6: Eine schmale Straße wird erreicht, auf die Sie nach links einbiegen.

WP 7: Ein Pfad quert die Straße, er ist gelb-weiß markiert, Sie biegen nach links auf den Pfad ein. Ab hier bis WP 18 ist die Wanderung gelb-weiß markiert und streckenweise mit PRLP 12.2 ausgeschildert. Hinter einem Haus ist der Weg als Zufahrt ausgebaut, Sie können sie aber nutzen.

Auf dem Weg in den Barranco Jurado

WP 8: Eine Straße wird erreicht, Sie gehen auf ihr nach rechts weiter.

WP 9: In der 2. Rechtskurve ab WP 8 wird die Straße nach links auf einen Betonweg, später ist er asphaltiert, verlassen.

WP 10: An einer Bananenplantagenmauer wird das Asphaltband auf einen Weg nach rechts unten verlassen. Bald ist der Schluchtrand erreicht, an der gegenüberliegenden Schluchtwand sehen Sie schon den Zickzackweg des 1. Aufstiegs. Sie folgen dem Weg.

WP 11: An einem Wegweiser verlassen Sie den Weg nach links, um gleich darauf nach rechts auf einer Betonpiste weiterzugehen.

WP 12: Die Betonpiste führt zurück an den Barranco-Rand, und Sie verlassen sie auf einen Pfad in die Schlucht hinunter. Der Pfad führt Sie bis an den Strand und ist streckenweise geröllbedeckt und rutschig, Vorsicht ist also angebracht.

WP 13: Der steinige Strand mit einigen Häuschen ist erreicht. Wenn Sie nach links schauen, sehen Sie einen Eingang der Cueva Bonita, vergl. Seite 157, die sich in der mächtig aufragenden Steilwand verbirgt. Für den ersten Aufstieg gehen Sie die kleine Strandsiedlung geradeaus nach oben, vor einem halbfertigen Hohlblocksteinhaus nach links auf einem schmalen Pfad weiter und dann in Serpentinen hinauf.

WP 14: Der Pfad endet an einer Betonstraße, ein Schild weist zum nächsten Punkt dieser Wanderung, der „Cueva Candelaria" – der Schmugglerbucht. Sie folgen ihm nach links in steilen Kehren auf der Betonpiste nach unten.

WP 15: Die Betonstraße endet, es geht geradeaus auf einem Pfad weiter.

WP 16: Sie erreichen auf dem an der Felsküste entlangführenden Pfad die „Schmugglerbucht".
Strandsiedlungen gibt es auf La Palma sehr viele, früher dienten sie den Fischern als Unterschlupf, heute kann man ihre Nutzung am besten mit deutschen Wochenendhäuschen vergleichen. Nirgendwo allerdings sind alle Häuschen gemauert wie in der Schmugglerbucht. Am Wochenende ist hier einiges los, aber während der Woche sind die an den Fels gedrängten Häuschen verschlossen. Lassen Sie sich Zeit, um die faszinierende Atmosphäre der Felsenhöhle zu genießen, und sammeln Sie Kraft für den Rückweg.

Variante 1: Wenn Sie es für den Aufstieg etwas weniger anstrengend gestalten möchten, können Sie auch den betonierten Fahrweg nehmen. Außer am Wochenende wird er wenig genutzt. Er führt Sie auch, allerdings in gemächlichen Kurven zu WP 3.

In jedem Fall gehen Sie zunächst auf dem Pfad zurück, mit dem Sie in die Bucht gelangt sind.

WP 17: Hier knickt nach links oben ein Pfad ab, den Sie nehmen. Er führt im Zickzack nach oben. Beim Aufsteigen haben Sie eine herrliche Aussicht auf die Steilküste. Auf einem kleinen Sattel können Sie den letzten Ausblick nach Norden genießen, bevor die Spur weiter aufsteigt. Lediglich die kleinen Felsüberhänge spenden ein wenig Schatten, und erst wer die Kante der Felsküste erreicht hat, spürt wieder ein laues Lüftchen. Weiter geht es ein Stück nach rechts und dann wieder nach oben. Der mit Steinmännchen markierte Pfad bleibt anstrengend, ein längeres Stück führt auf einem harten Lavaband entlang. Später geht es durch tiefes Gras. Immer der Markierung folgend, gewinnen Sie mehr und mehr an Höhe. Wenn Sie auf terrassiertes Gelände kommen, haben Sie es bald geschafft.

Drago in El Tablado

WP 18 Sie erreichen einen breiten Fahrweg, die Ausschilderung zeigt nach oben, aber Sie gehen nach rechts auf dem Fahrweg weiter. Nach wenigen Minuten haben Sie WP 3 mit dem weißen Türmchen erreicht. Dort wartet entweder Ihr Fahrzeug oder Sie gehen, wie Sie am Anfang gekommen sind, zum Ausgangspunkt zurück.

Variante 2 ohne Tunnel, etwas kürzer und +/- 180 Höhenmeter weniger.

Sie gehen ab WP 3 nicht nach Süden, sondern nach Norden, biegen bei WP 18 nach links unten ab und gehen damit die Wanderung bis WP 14 in umgekehrter Richtung. Bei WP 14 steigen Sie nicht in den Barranco Jurado hinunter, sondern bleiben auf dem Fahrweg, der Sie zurück zu WP 3 bringt. Die Variante hat auch den Vorteil, dass die schöne Landschaft bergab bis in die Schmugglerbucht genossen werden kann.

Durch das Land der Dragos und Mandelblüten

Richtung Norden geht es weiter an Mandelbaumterrassen vorbei, Barranco reiht sich an Barranco, und alle müssen umfahren werden, das übt die Kurventechnik. Die merkwürdig schmalen und astlosen Pinien oberhalb der Straße sind keine besondere palmerische Spezies, auch nicht Opfer der letzten Waldbrände, sondern Krüppel. Sie konnten ihre Äste nicht ausbilden, weil Landwirte die Zweige immer wieder abschneiden, um sie als Einstreu für die Ziegenställe zu nutzen.

Vor dem Dorf Tinizara liegt oberhalb die Weinkellerei **Bodegón Vega Norte**. Aus der gesamten Region werden Trauben hierher gebracht. Sechs Weine produziert die Kellerei: leichten weißen und rosé, herben roten und auch geharzten Wein – Vino de Tea. Er reifte in Fässern aus dem harzreichen Kernholz der Pinie. Sie können direkt in der Kellerei probieren und kaufen.

Öffnungszeiten Mo–Fr 9–14 Uhr, Sa 9–13 Uhr, im Winterhalbjahr zusätzlich Mo–Fr 16–18 Uhr.

Gleich daneben finden Sie die **Casa de Miel**, das Honighaus. Hier können Sie sich über Bienenzucht und Honiggewinnung informieren und selbstverständlich auch Honig kaufen.

Öffnungszeiten täglich 9–13 Uhr.

Drago – der Legendenbaum

Um die wohl bekannteste kanarische Pflanze, den Drachenbaum, ranken sich zahlreiche Sagen und Mythen. Übernatürliche Kräfte wurden zum Beispiel dem zugeschrieben, der den Saft des Baumes trinkt. Der Saft ist rot und trägt deshalb den passenden Namen „Drachenblut“. Heilende Wirkung für die Kranken wird ihm nachgesagt und erhaltende für die Toten – die Guanchen benutzten den Saft zur Mumifizierung.

Doch damit nicht genug, der Saft fand auch beim Färben von Haaren, Stoffen und Gefäßen Verwendung. Das hätte der Pflanze auch fast den Garaus gemacht, denn die spanischen Eroberer zapften und exportierten diese begehrte Flüssigkeit in großen Mengen. Ein Glück für den Drago, dass er schroffe, felsige und damit nur schwer zugängliche Standorte bevorzugt, so blieben genügend Exemplare verschont.

Dracaena draco, kurz Drago (Drache), ist die korrekte Bezeichnung. Es ist kein Baum, sondern ein Agavengewächs. Bis zu 20 m hoch kann er werden, der Umfang seines Stammes soll bis zu 14 m betragen können. Die Blätter wachsen an den Astenden, sind bis zu 60 cm lang, schmal und spitz zulaufend. Auch hier liegt der Vergleich nahe – Schwerter werden sie genannt. Über das Alter der Dragos gibt es ebenfalls mehr Sagenhaftes als Nachgewiesenes. 3000 Jahre alt soll das größte Exemplar der Kanarischen Inseln in Icod auf Teneriffa sein. Da Agavengewächse keine Jahresringe bilden, ist eine genaue Altersbestimmung unmöglich. Einen vagen Anhaltspunkt bieten die Verzweigungen; denn nach ungefähr 15 Jahren trägt die Pflanze erstmals Früchte und verzweigt sich. Alle weiteren Verzweigungen sollten im gleichen Zeitabstand erfolgen. Leider halten sich die Dragos nicht immer daran, fast so, als wollten sie sich der Vermessung und Katalogisierung entziehen.

Vor der letzten Eiszeit war der Drago im gesamten Mittelmeerraum verbreitet. Die Kanarischen Inseln, Madeira und die Kapverden wurden sein Rückzugsgebiet vor der hereinbrechenden Kälte.

Die meisten Dragos stehen auf La Palma in den wohl temperierten Zonen des Nordens und bei Breña Baja im Westen. Die bekanntesten Exemplare der Insel sind die Dragos gemelos (Zwillingsdrachenbäume) etwas südlich von Puntagorda.

Falls Sie sich einen Drago ins Wohnzimmer holen wollen, graben Sie bitte kein Exemplar aus, denn die Pflanze steht unter Naturschutz. Suchen Sie die samentragenden Früchte. Reif sind sie orangefarben, kugelförmig und haben einen Durchmesser von etwa 1 cm. Trocken und warm gelagert, überstehen sie einen Transport. Vor dem Einpflanzen sollten sie in einer wassergefüllten Schale gesäubert werden. Der Pflanztopf braucht eine gute Drainage, und auch später liebt es die Pflanze eher trocken. Etwas Geduld müssen Sie allerdings mitbringen – der Samen keimt frühestens nach vierzig Tagen, es können aber auch schon einmal vier Monate werden.

Am Rand des Barranco Garome lohnt sich ein Stopp am **Mirador Garome**, einem Aussichtplatz. Gehen Sie auch sie Treppen hinunter zur unteren Aussichtsgalerie, sie bietet fantastische Blicke in diese wilde Schlucht.

Direkt gegenüber dem Aussichtsplatz ist die **Zona creativa Hoya de Lance** ausgeschildert. Wer viel Zeit, Getränke und etwas zum Essen dabei hat, sollte der Ausschilderung folgen. Mehrere Kilometer führt die Straße nach oben, dann ist ein herrlicher Waldrastplatz mit Grillhäuschen und mit rustikalen Tischen und Bänken erreicht. Die Pinien duften, und außer am Wochenende, wenn die palmerischen Großfamilien hier grillen, hört man nur Vogelgezwitscher und Waldesrauschen. Vom Rand des Plateaus haben Sie einen weiten Blick auf die Westküste.

Mandelbäume in der Blütezeit

Vom Mirador Garome ist es nicht weit bis zum nächsten Haltepunkt: Kurz vor Puntagorda dürfen Sie nicht versäumen, den Resten der ehemals berühmten *Dragos gemelos* (Zwillingsdrachenbäume) einen Besuch abzustatten. Einen der Zwillinge hat der Wind umgeworfen, an seiner Stelle stehen neu gepflanzte Jungdragos. Der zweite Drago ist „nur" zur Hälfte abgebrochen, er wird mit einer Mauer gestützt, sieht aber auch so noch richtig urzeitlich aus. Trotz dieser Versehrtenliste lohnt ein Besuch, denn von der kleinen, hübschen Anlage aus hat man einen herrlichen Blick in die liebliche Landschaft. Die Dragos stehen links der Straße nach Puntagorda, sie sind mit einer Natursteineinfriedung versehen. An der Straße gibt es einen Parkplatz.

Nordwesten
Karte Seite 161

Puntagorda

Puntagorda ist ein ruhiger, idyllischer Ort, der sich weit verstreut auf mehreren Hügeln nach Nordwesten zieht. Die Lokalpatrioten behaupten, Puntagorda habe das beste Klima der Insel, denn im Sommer wäre es nicht so heiß wie an der Westküste und im Winter nicht so kalt und feucht wie an der Nordküste.

Es lohnt sich, hier von der Straße abzubiegen, sonst sieht man von dem Ort nur die neue, überdimensionale Tankstelle mit kahlem Rastplatz an der Umgehungsstraße. Die rührigen Stadtväter haben ein modernes Kulturzentrum, eine Bibliothek, ein Mustergut und eine Ausbildungswerkstatt für Jugendliche aufgebaut. Dem idyllischen Flair des Ortes mit weniger als 2.000 Einwohnern – Ausländer stellen mehr als zehn Prozent – hat das keinen Abbruch getan.

Puntagorda ist für sein *Mandelblütenfest* bekannt. Das Datum wird jedes Jahr nach dem Blütenstand von der Gemeindeverwaltung festgelegt. Wenn Sie im Januar/Februar auf La Palma sind, sollten Sie danach fragen.

Übernachten

Wie nahezu im gesamten Norden kann man in Puntagorda nur auf individuelle Art Urlaub machen.

Ferienhäuser und Apartments der hier sesshaften Ausländer werden vermittelt von **Elisabeth und Erich Elmer**. „Das ist etwas für Individualisten und Romantiker", beschreibt Erich Elmer die Häuser, die er im Angebot hat – vom kleinen Apartment für zwei Personen bis zu 120 qm großen Ferienhäusern, die vier Personen Platz bieten. Mindestmietdauer eine Woche, Preise je nach Größe und Ausstattung für zwei Personen zwischen 200 und 525 € pro Apartment/Haus und Woche. Barrio, Camino El Hondito 11, 38789 Puntagorda, ✆ 922 493383, www.lapalmaferien.com.

Pension Mar y Monte, eine sehr hübsche, kleine Pension mit fünf DZ und zwei Bädern. In einem separaten Haus im Garten, kann allein oder in Gemeinschaft gekocht und gegessen werden. Viele Sitzplätze im Garten und auf der Dachterrasse, auf der man auch in Hängematten im wahrsten Sinne des Wortes abhängen kann. Die Pension ist ein guter Ort, um Gleichgesinnte kennen zu lernen. Das reichhaltigesFrühstück mit selbst gebackenem Brot, Obst und Avocados ist im Übernachtungspreis enthalten. Zwei Personen im DZ zahlen 48 €, bei Einzelbelegung 25 €. Wir bekamen viele positive Leserberichte. Calle Virgen del Pino 7, 38789 Puntagorda, ✆/℻ 922/493067, www.la-palma-marymonte.de.

- *Turismus rural* Auch in Puntagorda kann man Häuser des Projektes „Turismo rural" mieten. Reservierung über die Agenturen auf Seite 49/50.
- *Zelten/einfache Hütten* **Centro de Naturaleza La Rosa**, rechts, oberhalb der Straße nordwärts von Puntagorda hat die Umweltorganisation des Inselnordens, *Aire libre*, ihren Sitz (ausgeschildert). Um ein renoviertes Bauernhaus mit den Büros sind ein Zeltplatz, ein offenes Kochhaus, Freiluftduschen (das Wasser wird mit Solarzellen erhitzt) und Komposttoiletten sowie ein überdachter Picknickplatz entstanden. Wer kein Zelt dabei hat, kann für 10 € Grundpreis eine einfache Holzhütte (für max. vier Personen) mieten, pro Person kommen dann noch 5 € hinzu. Übernachten im eignen Zelt kostet ebenfalls pro Person 5 €. Die Umweltaktivisten vermieten zudem Mountainbikes (5 € pro Tag) und organisieren Wanderungen. Information/Anmeldung: Centro de Naturaleza La Rosa, ✆ 922/493306, mobil 689/64906264, Anmeldung auch vor Ort im Büro, Öffnungszeiten: Mo–Fr 9–12 und 18–20 Uhr.

Essen

El Pino, rustikales Lokal, in dem häufiger Familienfeste gefeiert werden, das zeigt schon der große Speiseraum mit seinen langen Tischen und Bänken. Schöner sitzt man aber im Innenhof. Unter Bougainvillearanken oder dem großen Orangenbaum kann man die typische kräftige Küche der Gegend genießen, z. B. deftige Suppen (2–2,50 €). Nach einem Teller Sopa de Garbanzas (Kichererbsensuppe) oder Rancho Canario (Gemüseeintopf) sind Sie bestimmt schon satt. Hier gibt es auch die geschmorten Fleischgerichte Cabrita (Zicklein, gibt es von Oktober bis April) oder Conejo (Kaninchen) en salsa (Fleischportionen 6–12 €). Öffnungszeiten: täglich 12–23 Uhr. Calle Virgen del Pino 6.

La Brasa, im nördlichen Teil des Dorfes, nahe der Casa de la Cultura. Aus dem Innenhof wurde leider ein wartesaalähnlicher Speiseraum. Den palmerischen Familien, die vorzugsweise am Sonntagmittag hier einkehren, ist das recht. Sie kommen um Fleisch von der „Brasa" vom offenen Holzkohlegrill zu genießen. Große Portionen gibt es ab 6 €. Öffnungszeiten nur am Wochenende. Camino de Pinar.

Jardín de los Naranjos, der totale Gegensatz zu den rustikalen Restaurants Puntagordas. Klein aber fein ist die Devise der Besitzer. Im stilvoll restaurierten, alten kanarischen Haus sitzt man an edel gedeckten Tischen. Serviert wird internationale und vegetarische Küche. Öffnungszeiten: Mo-Fr 13–16 Uhr und 18–23 Uhr, Sa, sonn- und feiertags 12–23 Uhr. Carretera Fayal 33, ✆ 619 571125 (mobil).

Selbst an der Steilküste wurde Platz für Höfe geschaffen

Nordwesten
Karte Seite 161

Einkaufen

Mercadillo, Erzeugermarkthalle. Nördlich außerhalb von Puntagorda, im Ortsteil El Fayal, ausgeschildert, baute die Gemeinde eine reichlich bemessene Markthalle für den Direktverkauf der Bauern, aber auch der Kunsthandwerker. Es gibt ein reichhaltiges Angebot auch an ökologisch angebautem Obst und Gemüse sowie allerlei Selbstgebackenes, Destilliertes und Eingelegtes. Im hinteren Teil haben sich die örtlichen – überwiegend deutschen – Kunsthandwerker etabliert. Draußen kann man beim Kaffee über weitere Einkäufe nachdenken. Öffnungszeiten Sa 15–19 Uhr, So 11–15 Uhr.

Sehenswertes in der Umgebung

Miradores und Refugios: Die Landschaft um Puntagorda ist besonders reizvoll, grün und hügelig, während sie sich nur wenige Kilometer weiter nach Norden oder Süden eher rau und wild präsentiert. Die Umgebung von Puntagorda ist deshalb ein sehr beliebtes Ausflugsziel der Städter aus Los Llanos an den Wochenenden. Gemeinde und Inselverwaltung haben mehrere *Refugios* (Rastplätze) eingerichtet, auf denen man grillen kann, einer davon liegt in El Fayal, genau gegenüber dem Mercadillo. Die Gemeindeverwaltung hat ab El Fayal einen ca. einstündigen Rundweg markiert. Mehrere *Miradores* (Aussichtsplätze) bieten weite Blicke über Wälder, Küste und Meer. Alle sind mit rustikalen Holzschildern ausgewiesen, z. B. der *Mirador de Miraflores* oberhalb des Restaurants El Pino oder der *Mirador de los Matos*, der einen hinreißenden Blick auf die Steilküste bietet. Um ihn zu erreichen, fährt man in den nördlichen Teil des Ortes, an Bar/Restaurant La Brasa vorbei, und an der Bäckerei die nächste Straße nach rechts. Das ist schon die Straße Los Matos, die zum Aussichtsplatz führt. Er thront unübersehbar auf einem Hügel, den man noch erklimmen muss.

Kirche und Ruine des Bischofssitz San Mauro: Das alte Puntagorda war im 17. Jh. unterhalb des jetzigen Ortskerns rund um die Kirche San Mauro entstanden. Bis vor wenigen Jahren standen dort nur noch Ruinen. Seit 2003 erstrahlt die Kirche in altem Glanz. Vom ehemaligen Haus des Bischofs sind nur einige Mauerteile eingesunken. Durch die Lücken kann man sehr schön die innere Hausanlage betrachten. Vorsicht, keinesfalls betreten! Wunderschön macht sich der alte Holzbalkon vor den hohen, schlanken Palmen. Sie können San Mauro mit dem Pkw erreichen, siehe unter „Baden in der Umgebung".

Baden in der Umgebung

Puerto: Obwohl von Steilküsten umgeben, hat Puntagorda am alten Hafen auch einen Badeplatz mit kleinem Naturschwimmbecken zu bieten, das selbst zum Plantschen für Kleinkinder geeignet ist. (Das gilt jedoch nur für den Sommer – im Winter wälzt sich manches Mal der Atlantik in Riesenwellen in den alten Hafen; mehrfach schon kam es zu tödlichen Unfällen!)
Badeplatz und Naturschwimmbecken finden Sie am wildromantisch gelegenen Puerto ganz unten an der Küste, zu der Sie allerdings erst einmal absteigen müssen. Sie fahren vom nördlichen Ortsteil an der großen Pinie vorbei bis zum Restaurant El Pino und biegen hinter dem Restaurant nach rechts. Bis zum Staubecken nur noch der Straße folgen, vor dem Staubecken nach rechts und dann gleich links (ein Abstecher geradeaus bringt Sie zur Kirche und Ruine von San Mauro, s. o.). Es geht jetzt die Küstenstraße entlang. Nach rund 3 km gabelt sich die Straße, nun scharf rechts dem blauen Pfeil an der Leitplanke folgen. Bei einem kleinen Schrein auf der rechten Seite einer Linkskurve sollten Sie stoppen. Von hier haben Sie einen unglaublichen Blick auf die Steilküste und die vorgelagerte Felsengruppen. Kurze Zeit später endet die Straße. Jetzt kommt man nur noch zu Fuß weiter: die steile, gewundene Treppe hinunter, an kleinen Hütten vorbei, in denen die Einheimischen ihre Geräte verwahren. Kein großer Hafen erwartet Sie unten, sondern ein Platz, an dem die Boote zu Wasser gelassen werden können, sowie die Badestellen nebst Naturschwimmbecken, aber beides in grandioser Umgebung.

Rauer Norden

Je weiter Sie nach Norden kommen, desto waldreicher und rauer wird die Landschaft: Barrancos durchschneiden die Pinienhänge, und schroffer fällt die Steilküste ins Meer.

Unterhalb der Waldgrenze wachsen einheimische Tabaibas, Veroden, Sträucher und im Frühjahr wilde Blumen: Lavendel, Mohn, Platterbsen (trotz des merkwürdigen Namens blühen sie wunderschön, wie dunkelrote Wicken), Gladiolen und duftende Freesien. Weiden begrünen die Hänge, die einzige nennenswerte Viehwirtschaft der Insel wird hier betrieben. Kühe und Ziegenherden begegnen Ihnen, auch Schafe hier und da.

Der hohe Norden, der die Gemeinden Garafía und Barlovento umfasst, gilt noch immer als eine Gegend, in der sich Fuchs und Hase gute Nacht sagen. Erst vor we-

Auf einer der schönsten Etappen des Inselrundweges bei Los Gallegos

nigen Jahren wurde eine durchgehende Asphaltstraße angelegt, die ihn mit den Städten Los Llanos und Santa Cruz verbindet. Immer noch gibt es Dörfer an der Nordküste, die nur über unbefestigte holperige Fahrwege zu erreichen sind. Bei soviel Abgeschiedenheit blieben die Orte unverändert. Tourismus gibt es hier fast nur als „Turismo rural" in restaurierten Bauernhäusern und in einer Pension. Am ruhigen, ländlichen Tourismus möchten die beiden Gemeinden gern teilhaben. Sie bauen deshalb eine entsprechende Infrastruktur auf mit dem Museumspark La Zarza und Minibauernmärkten bei San Antonio del Monte und La Laguna bei Barlovento.

Für die Weiterfahrt ab Puntagorda gibt es zwei Varianten: Die *Hauptstrecke* (LP 1) führt oben weiter durch den Wald. Grün ist es hier, felsige, dicht mit Pinien bewachsene Schluchten werden umrundet, und im Januar/Februar wartet hinter (fast) jeder Kurve ein neues Mandelblütenmeer. Eine ausgeschilderte Asphaltstraße führt rechts hinauf zum *Observatorium* auf dem Roque de los Muchachos (siehe Caldera, S. 241f.). Diese Strecke ist kürzer als die über Mirca nahe Santa Cruz.

In der Bar des *Restaurants Bailador*, kurz hinter der Abfahrt zum Observatorium, mixt man gute, frische Obstsäfte. Auf Höhe von Llanos Negro, mit alter Windmühle, biegen Sie auf die Landstraße (LP 112) nach Garafía. Die Gegend ist bis vor kurzem der abgelegenste Teil der Insel gewesen, herb und fast unberührt. Seit die Straße gut ausgebaut ist, kommen mehr Besucher und Inselrundfahrer.

Die *Nebenstrecke* (LP 114): Wen die Reste der Zwillingsdrachenbäume vor Puntagorda auf den Geschmack gebracht haben, und wer jetzt keine halben, sondern ganze Dragos sehen will, der sollte bald hinter Puntagorda nach Las Tricias abbiegen und von dort in Richtung Garafía fahren. Hier, in den tiefer liegenden, wärmeren Zonen, fühlt sich der Drago besonders wohl. Diese Straße führt durch schroffe Schluchten und an abgelegenen Höfen vorbei zum Hauptort des Nordens, nach Garafía.

Vorher aber passieren Sie **Las Tricias**, ein Dorf, dessen große Höfe verstreut an der Straße und auf den Hügeln liegen.

In der Ferne in Richtung Meer ragen die Flügel einer *alten Windmühle* in den Himmel und zeigen an, dass hier einmal in großem Umfang Getreide angebaut wurde. Heute liegen die Felder brach und verwandeln sich ab Januar in bunte Frühlingswiesen. Las Tricias war wie Garafía ein Siedlungszentrum der *Benahoritas*, der *Altkanarier*. Einer der schönsten Wanderwege führt von hier an Drachenbäumen vorbei zu ihren ehemaligen *Wohnhöhlen*.

• *Einkaufen* **La Tahona**, gleich hinter der Kirche von Las Tricias wurde ein altes Natursteinhäuschen restauriert. Es beherbergt einen Laden für Kunsthandwerk aus der Umgebung. Im Angebot sind Lederwaren, Keramik und Schmuck. Öffnungszeiten: Mo–Sa 10–14 Uhr, außer Mi 16–18 Uhr.

• *Übernachten* In dieser Zone gibt es kein Hotel und keine Pension, sondern ausschließlich Häuser des Turismo rural, siehe Seite 50.

• *Essen* Zwischen Puntagorda und Garafía: **Las Briestas**, an der Landstraße (LP 1) in Richtung Norden, auf Höhe der Abfahrt nach El Castillo. An Sonntagen wird man in diesem Ausflugslokal kaum einen freien Tisch finden, denn dann zieht es die palmerischen Familien hierher. Gegessen wird im großen Speisesaal oder im kleinen, gemütlichen Barraum im rechten Gebäudeteil. Ständig wechselnde Ausstellungen beweisen den Kunstsinn der Besitzer. Bestellen kann man hier Typisches: Leber in scharfer roter Soße oder auch Ropa vieja (alter Flicken), früher ein Resteessen, heute zu neuen Ehren gekommen, denn viele Gewürze machen die „Reste" pikant. Lecker auch der Flan aus eigener Küche. Preise: Suppen und Nachspeisen um 2,50 €, Fleischgerichte ab 5,50 €. Di Ruhetag

Restaurant Azul, Speisen, Ambiente und Ausblick, aber auch die Anfahrt sollten den Besuch dieses Restaurants zu einem eigenen Programmpunkt unterwegs im Norden machen, für den sich etwas Zeit einzuplanen lohnt. Im restaurierten kanarischen Haus, im Wintergarten, auf der Terrasse oder im Garten mit traumhaftem Blick in die Landschaft, können Sie speisen, was Profikoch Robert in der kleinen Küche zaubert. Damit auch Stammgäste die Auswahl haben, gibt es eine wöchentlich wechselnde Karte mit feinen, deftigen oder vegetarischen Gerichten. Mal steht Lammkeule aus dem Ofen, mal steht Ente in verschiedenen Variationen darauf. Alles, auch die Leberpastete, ist hausgemacht. Preise bei der hervorragenden Qualität der Küche selbstverständlich über dem Durchschnitt: Vorspeisen ab 3 €, Hauptspeisen ab 10 €, Vegetarisches 5,50–7,50 €, Nachspeisen z. B. Apfelstrudel 3 €. Reservierung erforderlich!

Öffnungszeiten: Fr–So und feiertags 14–22 Uhr. Anfahrt: Das Restaurant Azul steht im Weiler El Castillo. Von den beiden Landstraßen LP 1, auf Höhe la Briestas, oder LP 114, unterhalb von Las Tricias, folgen Sie der Ausschilderung über jeweils rund 3 km durch die Landschaft, bis Sie den ehemaligen Dorfladen, das jetzige Restaurant, erreicht haben. ✆ 922 400660.

Wanderung 9: Zu den Wohnhöhlen der Benahoritas

Rundweg mit botanischen und archäologischen Höhepunkten

6 km, –/+ 376 m, 2,5 Stunden, planen Sie 4 Stunden ein. Keine besonderen Anforderungen, aber kein Spaziergang. Der Weg führt streckenweise über felsige, steile Pfade, deshalb sind Wanderstiefel erforderlich. Beim Aufstieg kann man schon mal ins Schnaufen kommen. Die Wanderung lohnt sich sowohl in landschaftlicher und botanischer (Sie sehen viele Exemplare des seltenen Drachenbaums) als auch in archäologischer Hinsicht. Unterwegs treffen Sie auf rot-weiße Strichmarkierungen und die Ausschilderung der GR LP 130 Camino de la Costa. Folgen Sie immer der Wegbeschreibung, denn die Ausschilderung gehört zum Weg, der die Insel umrundet, entspricht also nur in kurzen Strecken diesem Rundweg.

Anfahrt: Mit dem Bus Linie 2 ab Los Llanos, über Puntagorda (umsteigen) bis Las Tricias, dann die Hauptstraße etwa 1 km bis zum Ausgangspunkt für Pkws heruntergehen. Im Pkw: An der Landstraße LP 114, unterhalb von Las Tricias, nachdem

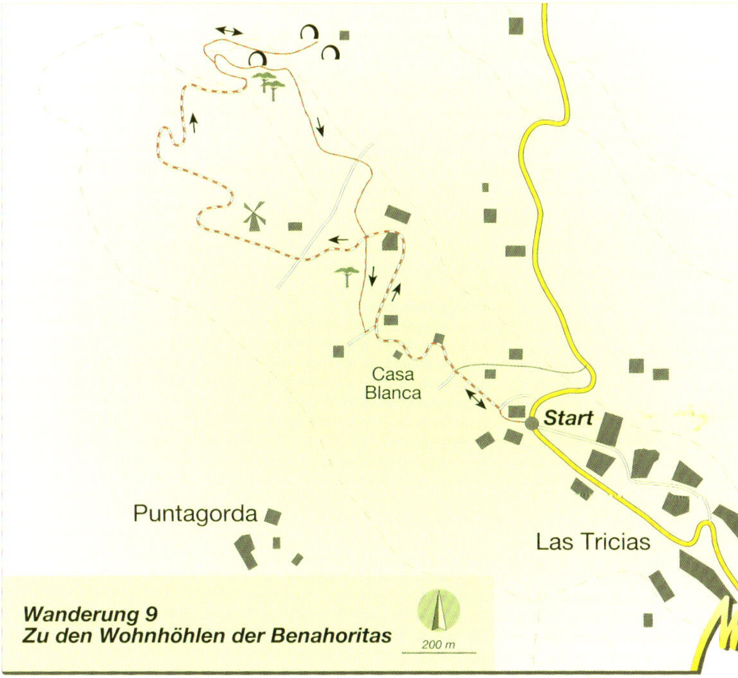

Nordwesten
Karte Seite 161

Sie zwei direkt an der Straße einander gegenüberliegende, alte Häuser und eine Rechtskurve passiert haben, parken.

Wegbeschreibung: Die Wanderung beginnt an einem alten, restaurierten Hof. Sie folgen hier der Ausschilderung GR LP 130 einen Weg hinunter. Der Weg stößt auf einen Fahrweg, Sie folgen ihm geradeaus an einem bewohnten Gehöft (manchmal mit Mandelverkauf) vorbei. Sie bleiben auf dem Fahrweg und passieren die direkt am Barrancorand gelegene Casa Blanca. Sie bleiben immer auf dem Fahrweg (den schmalen Pfad, der mehrfach den Fahrweg quert, nehmen Sie als Rückweg), der in weiten Kurven hinunterführt. Wo ihn ein weiterer Fahrweg durchschneidet, halten Sie sich kurz nach links und dann nach rechts, Ihr Weg führt unterhalb an der Mühle vorbei – Sie haben sie schon von weitem gesehen – und eröffnet bald darauf einen weiten Blick auf die grüne Küste und das Meer. Schon von hier aus sehen Sie einen Drachenbaumhain, den Sie auf dem Rückweg genauer betrachten können. Der Fahrweg endet nach weiteren Kurven an zwei Drachenbäumen. Links von ihnen führt ein Pfad nach oben und trifft dort auf einen weiteren Pfad, den Sie nach links nehmen. Bald darauf weist ein Holzschild an einer Zisterne rechts in den Barranco El Corchete mit der Quelle und den *Wohnhöhlen von Buracas*. Die ersten Wohnhöhlen befinden sich bald rechts am Weg, sie werden zum Teil als Lagerräume genutzt. Der Pfad führt Sie zu den Haupthöhlen; rechts am Weg liegt eine ummauerte Quelle. In der mittleren Höhle finden Sie einen gepflasterten Steinkreis, einen *Tagoror*, den Versammlungsplatz der Ureinwohner. Felszeichnungen der Altkanaren entdecken Sie an den Basaltwänden am Steig oberhalb des Versammlungsplatzes, aber Vorsicht, nicht dort oben herumkrabbeln.

Zurück gehen Sie, wie Sie gekommen sind, aus der Schlucht, nehmen den Pfad nach links und bleiben jetzt darauf. Er führt Sie zum Drachenbaumhain und steil hinauf in eine Schlucht, die grün ist von Terrassenfeldern und weiteren Drachenbäumen. Dies ist einer der schönsten Abschnitte der Wanderung. Im weiteren Verlauf bleiben Sie immer auf dem Pfad, er wird zweimal von Fahrwegen durchschnitten, den Anschluss finden Sie aber leicht. Bevor Sie kurz vor dem Abschluss der Wanderung auf den Fahrweg treffen, gehen Sie an einem der größten und schönsten Drachenbäume La Palmas vorbei. Der Pfad endet unweit der Casa Blanca auf dem Fahrweg, von dem Sie es nicht mehr weit bis zum Ausgangspunkt haben.

Garafía

Eingegrenzt von mächtigen Schluchten, ist Santo Domingo de Garafía mit elf Weilern die „wilde Ecke" der Insel: Die Straße nach Norden – bislang kurven- und furchenreiche Piste – wurde erst 1992 asphaltiert. Hier waren geländegängige Jeeps wirklich nötig.

Wild ist auch die Geschichte – länger als 400 Jahre mussten die Bergbauern um ihr Recht kämpfen. Im Jahr 1576 hatte *Philipp II.* das Land den Bauern gegen die Abgabe des fünften Teils der Ernte, des *Quinto real,* überantwortet. Lange Auseinandersetzungen waren nötig – zwischenzeitlich nahm die Gemeinde den Fünften ein –, bis die *Quinteros,* die mittlerweile eine Kooperative gegründet hatten, 1987 in einem Vertrag mit der kanarischen Regierung ihr Land endlich abgabenfrei zugesprochen bekamen.

Das Zentrum von Santo Domingo de Garafía gruppiert sich um die Plaza mit Namen *Baltasar Martin.* Diesem palmerischen Volkshelden aus Garafía gelang es vor 400 Jahren samt seiner mit Sensen und Dreschflegeln bewaffneten Bauerntruppe, brandschatzende Piraten aus Santa Cruz zu vertreiben. Er aber konnte seinenTriumph nicht auskosten – ein Mönch, der ihn für einen Piraten hielt, erschlug den Erschöpften nach dem Kampf.

An der Plaza, wo es sich lohnt, die gut restaurierte Kirche *Virgen de la Luz,* Baubeginn 1552, anzuschauen, stehen einige zweistöckige Gebäude. Zwei davon beherbergen eine Bar mit Tischen und Stühlen auf der Plaza und geben dem Ort fast ein städtisches Aussehen. Doch gleich dahinter existieren nur noch ein paar Gassen, und Garafía wird wieder so ländlich wie seine Umgebung.

Centro de Interpretación Ethnográfica – Volkskundemuseum. Auch Garafía war ein Wohngebiet der Benahoaritas, der vorspanischen Bewohner La Palmas. Im angrenzenden Barranco de la Luz sieht man noch viele ihrer Wohnhöhlen, heute meist Ziegenställe. Unterhalb des Ortes fand man zahlreiche Petroglyphen (s. u.). Das Museum stellt die Geschichte der Gegend rund um den Ort angefangen bei den vorspanischen Bewohnern bis zum heutigen Zeitpunkt vor. Ein Bereich ist den traditionellen Fiestas gewidmet. Öffnungszeiten: normalerweise Mo–Fr 11–17 Uhr, aber zeitweilig geschlossen, in der Casa de la Cultura, neben der Plaza.

Übernachten

Im Ort gibt es außer den Häusern des Turismo rural keine Übernachtungsmöglichkeiten. Das Angebot an Ferienhäusern finden Sie bei den unter Seite 49/50 angegebenen Agenturen.

Außerhalb von Garafía **Albergue de San Antonio del Monte**, 48 Schlafplätze in vier Sälen und ein Zimmer für vier Personen bietet die jugendherbergsähnliche Unterkunft, die auch für Tagungen und Schulfreizeiten genutzt wird. Außerhalb der Sommermonate muss man einen Steppschlafsack mitbringen. Etwas für Jugendliche und wild entschlossene Wanderer, 12 € pro Übernachtung/Frühstück, 24 € mit Vollpension. Für Einzelpersonen ist die Albergue nicht gedacht, also vorher nachfragen, bevor man sich auf die Unterkunft dort festlegt. Am ausgeschilderten Straßenabzweig „San Antonio" abbiegen, an der Käserei („Centro de machuración y comercialización de quesos") gleich wieder rechts, dann nach wenigen Metern nicht links, sondern bergauf. ✆/℻ 922 400444.

Casa de Huespedes, Pension El Faro, im Dorf Roque Faro. Sechs einfache und ein pompöses Zimmer, ein neues Bad und ein zusätzlicher Waschraum/Toilette. Alles ist sehr sauber. Etwas für Wanderer, Radfahrer und Leute, die die Einsamkeit suchen. Jedes Zimmer kostet 25 €. Die Verwalterin Doña Elsa spricht nur Spanisch, am besten, man schaut persönlich vorbei. Im Dorf gibt es ein Restaurant (s. u.). In einem rosa gestrichenen Haus im oberen Ortsteil. Roque Faro ist an der Landstraße LP 1 ausgeschildert. ✆ 922 400046.

Wild wie ihre Geschichte: die Mühle von Garafía

Essen

Restaurant Bernegal, mit diesem Haus am südlichen Ortsende kann Garafía mit einem der besten Gastronomiebetriebe der Insel aufwarten. Es lohnt sich, das Lokal auf einem Trip in den Norden einzuplanen. Nicht nur die detailgetreue Restaurierung des altkanarischen Hauses, die Räume gruppieren sich um einen Innenhof, ist rundum gelungen, auch die Küche überzeugt: Spezialitäten der Insel (Sopa de Berros, Brunnenkressesuppe, oder kanarische Eintöpfe) sind ebenso zu empfehlen wie Vegetarisches oder Fleischgerichte. Preise leicht über dem Durchschnitt, Suppen ab 3 €, Fleischgerichte und Fischgerichte ab 8 €. Öffnungszeiten: 10.30–18 Uhr, Warme Küche 12–17 Uhr, Mo geschlossen. Das Restaurant ist immer gut besucht, es lohnt eine Tischreservierung. ✆ 922 400480 und 922 400485.

Restaurant Santo Domingo, das kleine Lokal an der Plaza bietet preiswerte kanarische Kost, Suppen ab 2,30 €, Hauptgerichte ab 5 €, Lamm und Zicklein 8 €.

• *Außerhalb von Garafía* An der Hauptstrecke, die den Norden umrundet, liegen zwei einfache Restaurants: **La Mata**, Lesertipp: In diesem von Einheimischen gut besuchten Lokal kann man drinnen und draußen sitzen. Speisen vom Grill werden am offenen Feuer zubereitet. Zwischen den Abfahrten nach San Antonio de Monte und El Tablado ausgeschildert, ✆ 922/400074.

Reyes, in Roque Faro, dem unscheinbaren Ort neben der LP 1 (ausgeschildert), versteckt sich eine urige La-Palma-Kneipe, in der die ganze Palette der kanarischen Küche preiswert angeboten wird. Man kann hier vorzüglich Kaninchen essen und den nur in dieser Gegend produzierten „geharzten Wein"/Retsina trinken. Mo Ruhetag. ✆ 922 400444.

Sehenswertes/Ausflüge in die Umgebung

▸ **An der Steilküste hinunter zum Hafen**: Sie verlassen das Zentrum von Garafía auf der Straße in Richtung Las Tricias, gehen oder fahren hinter der großen Kreuzung noch rund 500 m geradeaus, um dann auf eine rechts abzweigende, zunächst noch asphaltierte Straße, die hinter dem Friedhof zur Piste wird, mit dem Hinweisschild „Puerto" einzubiegen. Die Piste verengt sich bald zu einem Pfad, den auch ein Leihwagen nicht mehr mitmacht. Dieser Weg schlängelt sich die Steilküste hinab, immer wieder tolle Ausblicke auf die Küste und die riesigen Felsbrocken im Meer bietend. Bald kommen die ersten Geräteschuppen, die auf den nahen Hafen schließen lassen. Der ist nicht mehr als ein Platz, an dem Boote ins Wasser gelassen werden. Wagemutige Einheimische baden hier oder gehen mit der Harpune auf Fischfang, obwohl das Meer erheblich gegen die Felsen drückt.

▸ **Parque Cultural La Zarza**: Rund um die interessantesten Petroglyphenfundstellen, in der Nähe der oberen Landstraße LP 1, ist ein archäologischer Park mit Informationszentrum entstanden.

Im kleinen Museum werden Keramik- und Werkzeugfunde gezeigt und mit nachgebildeten Wohnhöhlen das Leben der Urbevölkerung dargestellt. Ein kurzer Film (auch in deutscher Sprache) bietet weitere Informationen.

Aztekenkopf, Fundstelle La Zarzita

Der wichtigste Teil der Anlage, die Felsbildstationen, befindet sich immer noch an den Originalplätzen in der Schlucht und einem Nebental. Man muss sie sich erwandern. Der landschaftlich sehr schöne Fußweg dauert nur gut 40 Minuten. Sie sollten dafür trotzdem festes Schuhwerk tragen, wenn Sie ganz nah an Felszeichnungen herangehen wollten.

Sie gehen durch die Absperrung, folgen dem Pfad und sind nach einer Viertelstunde am Talschluss der kleinen Schlucht La Zarza. Hier stoßen Sie auf die umfangreichsten *Petroglyphenfunde* der Insel. Schon auf dem Boden liegen

Petroglyphen

An rund fünfzig Stellen La Palmas fand man Spiralen und Wellenlinien, von den Ureinwohnern in Basalt geritzt. Die ältesten Zeichen sollen vor 2000 Jahren entstanden sein. Über ihre Bedeutung rätseln die Wissenschaftler noch heute. Sind es Sinnbilder oder Hinweise (Wellenlinien finden sich vornehmlich an Quellen), oder handelt es sich gar um eine Schrift? Geben die Zeichen Auskunft über die Herkunft der Ureinwohner, wie der neueste Fund? Es gibt Parallelen zu Steinzeichnungen in Irland, aber auch in Frankreich – zur Entschlüsselung hat das bisher nicht beigetragen. Für Überraschung sorgten auf La Palma die Funde von La Fajana (dort barg man Sonnenzeichnungen) und von La Zarzita, der einzigen Fundstelle mit figürlichen Darstellungen. Eine davon gleicht einem Aztekenkopf. Gab es eine Verbindung von La Palma nach Mexiko? Sind die Sonnen ein Sonnenkalender oder ein Mondkalender? Zumindest hat eine der Darstellungen 28 Strahlen, einige Kenner vertreten deshalb letztere These.

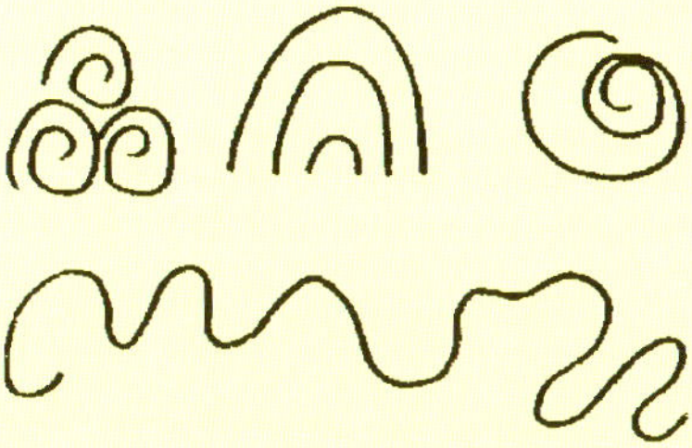

Spiralen und Wellenlinien, typische Felszeichnungen von La Palma

Petroglyphen fanden sich auch auf den anderen Inseln, aber, und auch das erschwert die Arbeit der Wissenschaftler, die Funde weisen mehr Unterschiede als Gemeinsamkeiten auf. Auf El Hierro sind es Zeichen, die an Buchstaben und Zahlen denken lassen, auf Gran Canaria farbige, geometrische Muster und Strichmännchen.

Selbst wenn auch Sie das Geheimnis nicht lösen können – der Besuch einiger dieser Fundstellen lohnt sich. Sie liegen in landschaftlich reizvollen Gebieten und sind als Abstecher bei Ausflügen oder als Ziel einer Wanderung zu erreichen, zum Beispiel die *Cueva de Belmaco* zwischen Mazo und Fuencaliente, *La Fajana* bei El Paso und *La Zarza* und *La Zarzita* oberhalb von Garafía sowie der *Roque Teneguía* an der Südspitze. Leider sind viele Felszeichnungen stark verwittert, anderen wurden moderne Graffiti hinzugefügt. Bis vor kurzem waren bis auf eine Absperrung durch ein Metallgitter bei La Fajana alle Funde frei zugänglich.

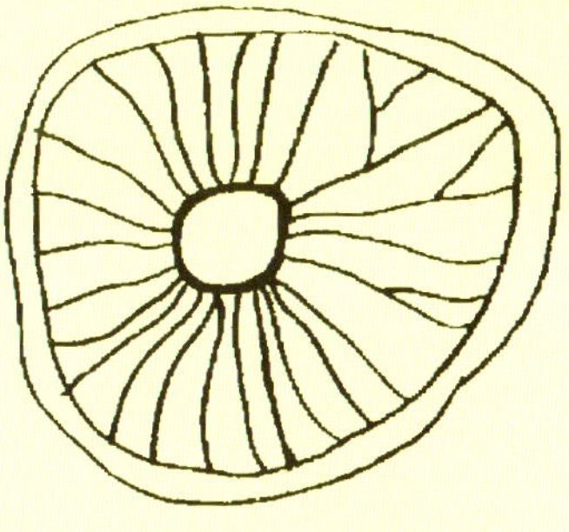

Sonnendarstellung (Kalender?), Fundstelle La Fajana

Nordwesten
Karte Seite 161

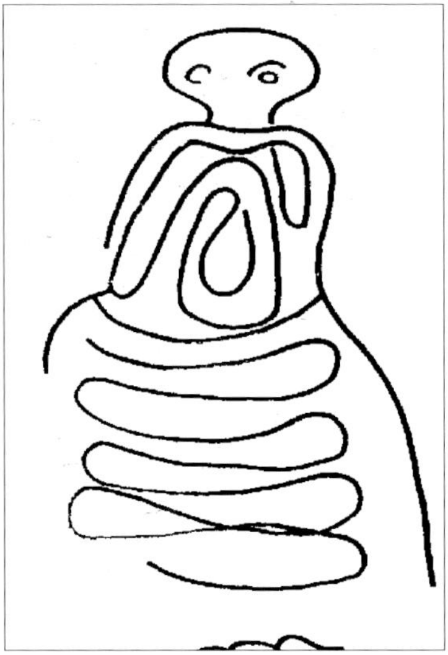

Urmutter, Fundstelle La Zarzita

Felsbrocken mit spiralförmigen Gravuren. Sobald Sie die Galerie erklommen haben, erscheinen die Felswände wie ein vorzeitliches Bilderbuch. Sie sind übersät mit Wellenlinien und Spiralen. Ein schöner Ort ist dieses stille Tal nicht nur für den archäologisch Interessierten. In den feuchten Felshöhlen wachsen Veilchen und Farne.

Die interessantesten Felszeichnungen aber gibt es bei *La Zarzita*. Um dorthin zu gelangen, biegen Sie von La Zarza aus nach Westen in das einzige Nebental ein. Schon auf dem Weg zur Hauptfundstelle können Sie links vereinzelte Felszeichnungen betrachten. La Zarzita finden Sie nach einigen hundert Metern rechts vom Weg, direkt unter einer hoch über das Tal führenden Stromleitung mit drei Drähten, hinter einer Gebüsch- und Baumgruppe. Seit die wichtigsten Fundstellen durch ein Holzgeländer abgegrenzt werden, können Sie sie nicht mehr verfehlen.

Hier soll ein Quellheiligtum gewesen sein, eine der zentralen Kultstätten der Altkanaren. Links sieht man eine kleine, in den Fels gehauene Plattform – vermutlich ein Altar. Hier finden sich die einzigen figürlichen Darstellungen unter allen palmerischen Petroglyphen. Die Universität von La Laguna hat sie nummeriert: Nummer 9 wird als Darstellung der Urmutter bezeichnet, daneben Nummer 10 als aztekischer Männerkopf. Gerade dieser Fund hat den Spekulationen über Verbindungen zwischen den Ureinwohnern La Palmas und denen Mittel- und Südamerikas neuen Auftrieb gegeben.

- *Öffnungszeiten* Im Winterhalbjahr täglich 11–17 Uhr, im Sommerhalbjahr 11–19 Uhr. Eintritt 2 €.
- *Anfahrt* Mit dem eigenen Fahrzeug, an der LP 1 in Richtung Barlovento. In der zweiten Linkskurve (900 m) hinter der Abzweigung San Antonio del Monte sehen Sie rechts ein Hinweisschild sowie unterhalb der Straße ein hellgelbes Haus mit Säulen und Treppe. Wenn Sie aus der Gegenrichtung kommen, sind es 300 m hinter der Abfahrt nach Don Pedro links.

Abstecher nach San Antonio del Monte: Auf jeden Fall lohnt sich ein Ausflug zu dem Weiler im Juni. Auf der riesigen Wiese findet alljährlich der größte Viehmarkt der Insel (Termine legt die Gemeinde leider erst kurz vorher fest) statt, begleitet von einer gewaltigen Fiesta, während der dann ein eigens dafür gebauter Tanzsaal zu Ehren kommt. Während der restlichen 51 Wochen des Jahres besteht der Ort nur aus einer Kirche und wenigen verstreuten Häusern, darunter die unter „Übernachten" (s. o.) genannte Herberge. Neu hinzugekommen ist ein schönes, im kanarischen Stil gebautes Haus, in dem Käse, Fleisch, Teawein (Retsina), Kräuter und andere Produkte der Gegend verkauft werden (auch am Sonntag geöffnet). Geplant ist noch eine Käserei, bei der man die Herstellung von Käse beobachten kann, denn Garafía soll zu einem Zentrum des ländlichen Tourismus ausgebaut werden.

Nordwesten
Karte Seite 161

▸ **Ins malerische El Tablado**: Anfahrt nur mit dem eigenen Fahrzeug. Die Straße nach Tablado zweigt von der LP 1 zwischen der Abfahrt nach Garafía und Barlovento ab. Im Ort gibt es keine Parkmöglichkeit, deshalb lassen Sie ihren Wagen besser am Ortseingang stehen.

Wirklich malerisch zieht sich Tablado auf zwei steilen Höhenrücken entlang. Sie trennen die beiden tiefen Schluchten *Barranco Fagundo* und *Barranco de los Hombres*. Hier scheint die Zeit stehen geblieben zu sein. Alte, zum Teil verlassene Häuser säumen die ruhigen Straßen. Am Straßenende, kurz vor der Steilküste, liegen dann die *Kirche* und die kleine *Plaza*. Am Ende der Straße führt ein Fußweg Richtung Barranco Fagundo an die Steilküste, hier stehen mehrere Drachenbäume, ein toller Blick und ein tolles Fotomotiv bieten sich. Es gibt im Ort nur einen kleinen Laden, in dem auch Kaffee zubereitet wird, und die einzige und reichlich schlichte Bar finden Sie vom Ortseingang aus nach rechts, in Richtung Mirador El Topo. Die Leute von Tablado versorgen sich weitgehend selbst und sind auf Besucher nicht eingestellt. Darauf sollten wiederum Sie sich einstellen und für Ihre Verpflegung schon vorab gesorgt haben. Der Gang zum Mirador lohnt sich, obwohl es an Müll und Schweineställen vorbeigeht, aber am Ende des Weges hat man einen schönen Blick auf das fruchtbare Fleckchen von La Fajana an der Küste und in den dicht bewachsenen Barranco de los Hombres. Von Tablado aus können Sie die schöne Wanderung Nr. 11 machen.

• *Übernachten* In dieser abgelegenen Gegend finden Sie bis Barlovento keine Pension und kein Hotel, aber Häuser des Turismo rural, die Sie über die auf Seite 49/50 angegebenen Agenturen mieten können.

Für die **Weiterfahrt** in Richtung Barlovento gibt es zwei Varianten:

1. Die meist gut ausgebaute Hauptverbindung führt an Roque Faro vorbei, hinunter in Küstennähe und verbindet die alten, kaum veränderten Dörfer Franceses, Gallegos

und den Weiler La Palmita mit der Außenwelt. Sie bietet einen interessanten Abstecher (siehe unten: Ins Geisterdorf La Fajana) und kurz vor Barlovento am Mirador de la Tosca einen traumhaften Blick auf die Nordküste und einen Drachenbaumhain, vgl. dort.

2. Die alte Abenteuerstrecke, die unterhalb von Roque Faro als LP 109 von der LP 1 abzweigt und nach Barlovento führt, ist inzwischen asphaltiert und mit Leitplanken versehen, aber noch immer schmal und sehr kurvig. Sie bietet durch Wälder Naturerlebnis pur und führt kurz vor Barlovento durch drei dunkle Felsentunnel.

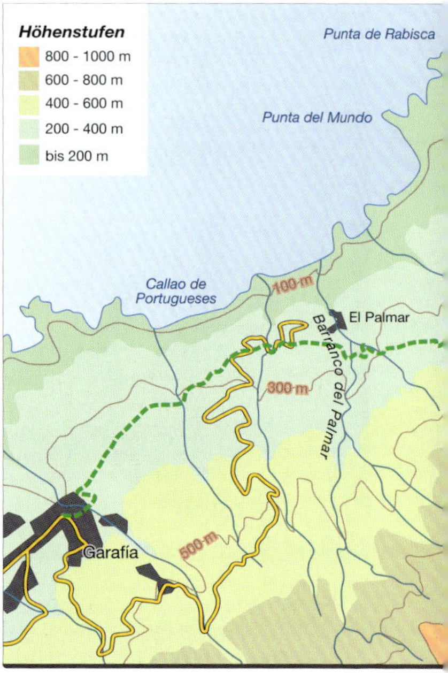

▸ **Ins Geisterdorf La Fajana**: Der Ausflug in das zumindest während der Woche fast gänzlich verlassene Dorf La Fajana (nicht zu verwechseln mit der Naturschwimmbecken-Anlage bei Barlovento) am Ende der Schlucht de la Travieses lohnt sich. Sie biegen zunächst bei der Ausschilderung Franceses von der LP 1 ab und finden auf dem Weg hinunter in den Weiler die Ausschilderung La Fajana. Achtung: Aufmerksamkeit ist erforderlich, denn das Schild ist mehr künstlerisch als ins Auge fallend aus Holz gestaltet. Die über 4 km hinabführende, ausgeschilderte Asphaltstraße gehört zu den romantischsten Wegen auf der Insel: Mal unmittelbar am Hang des Barrancos entlang, mal durch niedrigen Urwald windet sich das Sträßlein 400 Höhenmeter zum Meer hinab. Dort verstecken sich zwischen noch immer bewirtschafteten Bananenplantagen wenige, zum Teil verfallene Häuschen, verlassene Schuppen und ein Schwimmbecken ohne Wasser. Der schmale Sandstrand lockt zum Baden. Schauen Sie sich die Brandung aber vorher ganz genau an, nur selten ist sie so ungefährlich, dass Sie ungestört schwimmen können.

Die Besitzerfamilien kommen fast nur noch an sonnigen Wochenenden hierher (und an die Playa zum Angeln), schließen die Häuser wieder auf, befeuern den Grill und genießen den Tag.

Wanderung 10: Durch die wilden Barrancos

Von Garafía nach Juan Adalid und zurück

10 km, +/– 350 m, 4,5 Stunden. Eine mittelschwere Wanderung, bei der sportliche Naturen ebenso auf ihre Kosten kommen wie botanisch Interessierte. Sie durchqueren drei Barrancos, gehen meist auf alten Pfaden mit schönen Ausblicken in die Schluchten und auf die Steilküste. Wanderstiefel sind wichtig und wie immer ein Anorak, ausreichend Verpflegung und Wasser im Rucksack. Unterwegs werden Sie nur wenige Menschen treffen, denn viele Höfe am Weges-

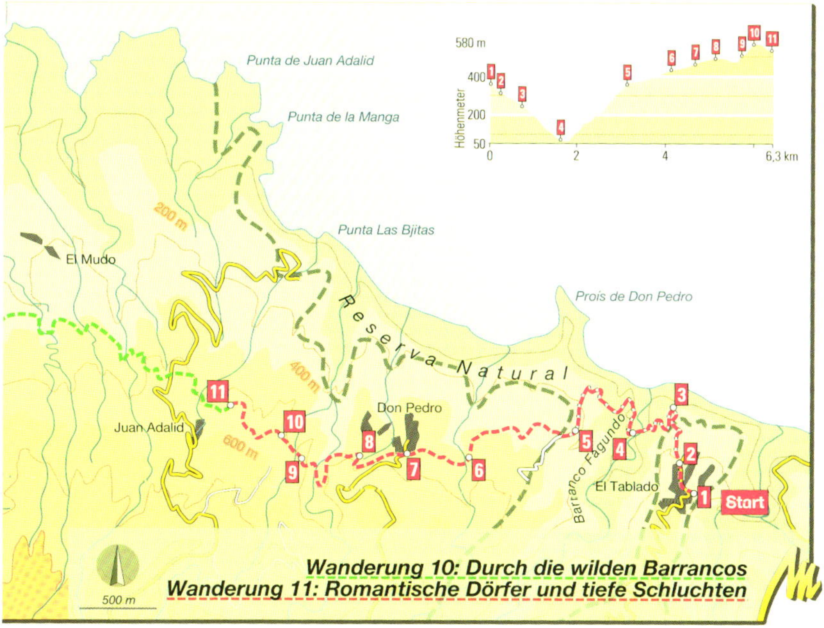

Nordwesten
Karte Seite 161

rand sind verlassen. Die Wanderung entspricht einem Teilstück des Inselrundweges GR 130 und ist rot-weiß markiert.

Variante 1: Wenn Sie nicht soviel Zeit oder Wanderlust haben, können Sie auch nur einen Teil der Wanderung machen, z. B. bis zum *Barranco del Palmar* und zurück. Dieser Abschnitt dauert hin und zurück etwa zwei Stunden.

Variante 2: Sie können der Ausschilderung folgend beliebig, z. B. bis nach Tablado weitergehen (umgekehrte Richtung der folgenden Wanderung). Die Rückkehr zum Ausgangspunkt muss dann aber vorher organisiert werden, siehe auch unten Wanderung 11, Variante 2.

Anfahrt: Nach Garafía mit dem eigenen Fahrzeug oder mit dem Bus von Los Llanos oder Santa Cruz.

Wegbeschreibung: Die Wanderung beginnt am Dorfplatz von Garafía. Sie überqueren die Plaza in Richtung Osten, gehen auf der Straße an den Rand des *Barranco de la Luz,* nach gut 100 m führt ein gepflasterter Weg in den Barranco hinunter und gut erkennbar auf der anderen Seite wieder hinauf. Es geht nach rechts weiter. Nach 150 m stößt der Weg auf eine Piste, der Sie 15 m nach rechts folgen, dann verlässt Ihr Weg nach links die Piste. Es geht vorbei an verlassenen Häusern und Drachenbäumen. 1,5 km nachdem Sie die Piste verlassen haben, stößt der Weg erneut auf eine Piste, der Sie nach links folgen und dabei einen Minibarranco umrunden. Kurz darauf biegen Sie bei einem Hof nach rechts oben auf einen Weg ein, gehen an einem Zaum entlang und erreichen bald den nahen *Barranco del Palmar,* den Sie auf sichtbarem Weg durchqueren.

Auf der anderen Seite vor dem Gehöft rechts hoch und an einer Terrassenmauer mit Palme entlang, der Weg mündet auf eine Piste. Sie gehen nach links, machen die große Rechtskurve mit und sehen dabei unterhalb die Häuser von *El Mudo* (der Stumme). Am Rand des *Barrancos Santo Domingo* zweigt der Pfad in die Schlucht ab. Der Weg durchquert die große und eindrucksvolle Schlucht und geht auf der anderen Seite, von Fayalgestrüpp gesäumt, teils steingepflastert steil hoch. Beim Durchqueren der Schlucht hat man einen schönen Blick auf den nordwestlichen Punkt der Insel, den *Cerro del Cerradero*. Auf der Anhöhe steht eine kleine Kapelle.

Auf der anderen Höhenseite angekommen, im Blick die sieben Windräder von Juan Adalid, versperren mehrere Gatter den Weg. Diese sollen die Ziegen in ihrem Revier halten und können durchschritten werden. Schließen Sie sie unbedingt wieder. Linker Hand kommen Sie an einem großen Gehege vorbei. Bevor Sie die wenigen Häuser des Weilers *Juan Adalid* erreichen, queren Sie noch einen kleinen Barranco und kommen dann auf die neu asphaltierte Straße, die zur 1994 fertig gestellten Windkraftanlage führt, die Sie jetzt nicht nur sehen, sondern auch hören können.

Wanderung 11: Romantische Dörfer und tiefe Schluchten

Von El Tablado nach Juan Adalid und zurück

+/– 750 m, 6 Stunden. Eine schwere, mit vier steilen Aufstiegen schweißtreibende Wanderung für schwindelfreie Wanderer mit guter Kondition. Der wildromantische, grüne, aber auch tiefe *Barranco Fagundo* wird durchquert. Wanderstiefel, Anorak und ausreichend Trinkwasser nicht vergessen.

Wilde Nordküste

Die Wanderung startet in einem der unberührtesten Dörfer der Insel. Spektakulär schmiegt sich *El Tablado* an einen Felsrücken zwischen den *Barranco de los Hombres* und *Barranco Fagundo*. Die Wanderung entspricht einem Teilstück des Inselrundweges GR 130 und ist so ausgeschildert und rot-weiß markiert. Das heißt auch, Sie können der Ausschilderung folgend beliebig weitergehen.

Variante 1: Sie gehen nur bis Don Pedro, reduzieren damit die Wanderzeit auf gut 4 Stunden und 650 Höhenmeter und durchschreiten dennoch den spektakulären Barranco Fagundo.

Variante 2: Sie gehen ab Juan Adalid mit Wanderung 10 in umgekehrter Richtung bis Garafía, 13,5 km, Gesamtwanderzeit 5 Stunden, und nehmen ein Taxi zum Ausgangspunkt zurück. Alternativ können Sie mit Wanderfreunden, die den

Weg von Garafía nach Tablado gehen, einen Autoschlüsseltausch auf halber Strecke vereinbaren.

Anfahrt: siehe El Tablado auf S. 185f.

Wegbeschreibung: Die Wanderung wurde mit GPS aufgenommen. Die Wegpunkte (WPs) entsprechen den Ziffern in der Wegskizze.

WP 01: Ausgangspunkt Ende der Ortszufahrt Tablado. Sie nehmen die linke der beiden ins Dorf führenden Sträßchen.

WP 02: Der Weg gabelt sich, Sie halten sich links. Das Sträßchen wird zum Pfad. Er führt aus dem Dorf hinaus zur Küste.

WP 03: Ein Aussichtspunkt auf der Steilküste ist erreicht. Der Pfad wendet sich in Richtung Barranco Fagundo und führt im Zickzack an dichter Vegetation vorbei hinunter in den Schluchtgrund.

WP 04: Der Schluchtgrund ist erreicht. Abenteuertypen mit viel Zeit können als Abstecher einem Pfad bis ans Meer folgen. Den Strand erreichen Sie aber erst, nachdem Sie eine schwierige Passage auf einer waghalsigen Holzkonstruktion bewältigen. Abstecher hin und zurück ca. 1 Stunde zusätzlich. Die Wanderung setzt sich nun deutlich erkennbar die westliche Schluchtwand hinauf fort, führt Sie an die Steilküste und immer weiter bergauf.

WP 05: Sie erreichen einen phantastisch gelegenen Rastplatz mit eindrucksvollen Aussichten in die Schlucht und über die Küste. Der Weg setzt sich weiter nach oben fort, wendet sich vor einem alten Gehöft nach rechts und wird endlich eben. Sie gehen an einer ausgeschilderten Abzweigung weiter geradeaus! Der Pfad wird zur Fahrspur, das Dorf Don Pedro, ein Zwischenziel, liegt deutlich vor Ihnen. Ein Hof mit einem großen Drachenbaum wird passiert. Dahinter geht es nach links weiter.

WP 06: Achtung, leicht zu übersehen ist der Pfad (Wegmarkierung) rechts von der Fahrspur, auf den Sie einbiegen, um auf ihm direkt nach Don Pedro zu gelangen!

WP 07: Der Hauptplatz von Don Pedro mit der Schule ist erreicht. Es geht auf einer Straße nach links weiter. In der nächsten Linkskurve, mehrere Hinweisschilder, gehen Sie geradeaus weiter und folgen damit der Ausschilderung nach Santo Domingo.

WP 08: Der zweite Ortsteil von Don Pedro ist erreicht. Inmitten der Bauerngärten weist das Schild Juan Adalid/Santo Domingo den Weg hinunter in den Barranco Magdalena. Weiter von der Küste entfernt hat er eine ganz andere Vegetation (Lorbeermischwald) als der Barranco Fagundo. Es geht hinunter und auf der anderen Seite wieder hinauf.

WP 09: Der Gipfel einer Felswand im Barranco ist erreicht. Sie folgen dem Weg, der ein wenig an Höhe verliert, dann wieder bergauf führt.

WP 10: Sie erreichen ein etwas verwittertes Holzkreuz und damit den höchsten Punkt der Wanderung. Von hier haben Sie einen schönen Blick zurück. Der Pfad führt deutlich erkennbar durch eine urwaldartige Passage. Dann wird er freier.

WP 11: Der Pfad stößt gegenüber der Windkraftanlage beim Weiler Juan Adalid auf eine Fahrspur, auf der es nach links weitergeht. Mit der Windkraftanlage hat Juan Adalid eine Straße bekommen, aber ob sie das ewig surrende Geräusch aufwiegt? Wohl nicht.

Ab Windkraftanlage geht es zurück oder mit Wanderung 10 in umgekehrter Richtung nach Garafía.

Nordwesten
Karte Seite 161

Der Nordosten

Von Barlovento nach Puntallana

Der Norden ist nicht nur der grünste, sondern auch der abgeschiedenste und bevölkerungsärmste Landstrich der Insel. Kaum mehr als 10.000 Einwohner zählen die drei Gemeinden Barlovento, San Andrés y Sauces und Puntallana im Nordosten zusammen.

Ein Grund dafür ist die bis vor kurzem noch schlechte Verkehrsanbindung. Inzwischen aber ist die LP 1, sie umrundet die Insel, auch im Norden gut ausgebaut. Zahlreiche Tunnel machen sie bequem, und südlich von Los Sauces führt die größte Brücke La Palmas über den Barranco de Agua.

Dennoch bleibt die Fahrt in den Nordosten spannend: Man umrundet gewaltige Barrancos, oberhalb der Straße begleiten Lorbeerurwälder so manchen Streckenabschnitt. Hier stößt der Passat auf die Insel, hier lädt er seine Wolken ab, hier verhüllen die Nebelwände häufig sogar die Caldera-Hänge. Diese feuchte Wärme hat eine einzigartige Vegetation geschaffen: den *Laurisilva*, den Lorbeerurwald von La Palma.

Mit Mischling Bella unterwegs im Lorbeerwald

Die UNESCO hat den Laurisilva von Los Tilos bereits 1983 zum „Reservat der Biosphäre" erklärt – so der Name für weltweit schützenswerte Natur. Seither wurde das Schutzgebiet ständig ausgeweitet und umfasst inzwischen die gesamte Insel. In Los Tilos unterhält die UN-Behörde eine Forschungsstätte, das *Centro de Investigación*, und beteiligt sich an den Kosten zum Schutz des Waldes, der so auf der ganzen Welt nur noch auf La Gomera und auf Madeira anzutreffen ist. Bis zu 30 m hohe Baumriesen formen mit ihren Kronen ein Dach, unter dem riesige Farne wuchern, Ranken sich verschlingen und Pflanzen, in Westeuropa knapp kniehoch, bis zu 2 m hoch wachsen.

Spannend sind auch die tiefen Schluchten, von Bächen in die Caldera-Hänge gegraben – der *Barranco de Agua* ist so schmal, dass kaum ein Lichtstrahl hineinfällt. Eine Wanderung, mindestens aber ein Spaziergang durch den Lorbeerurwald ist deshalb ein Muss für jeden La-Palma-Besucher.

Der Passat ist überdies für den wahren Reichtum dieser Region verantwortlich: Wasser. Entstanden aus den an Baum-

Nordosten
Karte Seite 189

riesen abgeperlten Passatwolken, sprudelt es aus zahlreichen Quellen. Weniger romantisch wird es nachher durch Kanäle und Rohre geleitet: als Trinkwasser für die Gemeinden, als Kraftquelle für das einzige Wasserkraftwerk des Archipels bei Los Tilos oder zur Bewässerung der Plantagen.

Kein Wunder darum, dass auch die Küstenhänge im grünsten, tropisch anmutenden Grün erscheinen. Zuckerrohr wird hier angebaut, das in der Destillerie von Puerto Espindola zu Rum verarbeitet wird, aber auch Tabak, Gemüse, darunter „ñame„, eine Yamsart mit riesigen, herzförmigen Blättern und essbaren, knolligen Riesenwurzeln – und natürlich Bananen. Jeder Meter, jede Ecke der windgeschützten Barrancos wird genutzt, um Bananen auf Terrassen anzubauen.

Das ist trotz aller Probleme mit der Monokulturfrucht ertragreicher als der Getreideanbau, der früher um Puntallana herum betrieben wurde. Noch heute zeugen zahlreiche unbebaute und schon überwucherte Terrassen davon, dass hier einmal die Kornkammer La Palmas war – auf den zahlreichen Miniterrassen wurde damals Trockenfeldbau betrieben. Heute sind diese Terrassen, auf denen Maschineneinsatz nicht möglich ist, nicht mehr rentabel. Und so bleibt der Nordosten trotz Schnellstraße weiter jener betulich-charmante Zipfel der Insel – mit tiefen Schluchten, steilen, ungepflasterten Wegen, reizvollen Naturschwimmbecken, verschlafenen Dörfern und freundlichen Menschen.

Barlovento

Eine ruhige, ländliche Gemeinde mit einem ruhigen, ländlichen und gleichnamigen Hauptort. Grün ist die Umgebung, Wiesen, Weiden und Gemüsefelder umgeben den Ort, oberhalb wachsen Lorbeermischwald und Pinien. In den wärmeren Zonen weiter unten finden sich Bananenplantagen.

Barlovento heißt übersetzt „starker Wind", denn genau hier in der Nordostecke trifft der Passat auf La Palma. Dennoch muss niemand befürchten, hier von der Straße geblasen zu werden, üblicherweise ist der Passat sanft, nur manchmal kann er aufbrisen.

Der Hauptort der neun Weiler umfassenden Gemeinde mit 44 qkm gehört nicht gerade zu den Höhepunkten einer Inselrundfahrt. Aber wen es hierher zieht, der kommt ohnehin der Landschaft wegen – und die besteht vor allem aus Wald: 55 Prozent der Gemeindefläche nimmt der Waldbestand ein. Und inmitten dieser weiten Pinien-, Lorbeer- und Fayal-Brezal-Zonen finden sich zahlreiche attraktive Ausflugsziele.

Manche lockt alljährlich auch eine besondere Fiesta: Am 7. Oktober findet die *Fiesta del Rosario* statt, bei der die Bewohner Barloventos eine Seeschlacht gegen die Türken aus dem Jahre 1571 nachspielen. In der *Seeschlacht von Lepanto* hatten Spanier und Venezianer in der letzten Galeerenschlacht der Geschichte die Türken vernichtend geschlagen. Was jedoch die Barloventer mit diesem Gemetzel in der Ägäis zu tun haben, wissen wir auch nicht, außer vielleicht, dass es eine der Schlachten Christen gegen Mauren war (bei der die Christen siegten), die überall in Spanien gern nachgespielt werden. Heute erinnert außer dieser Fiesta nur noch ein sehr guter Cognac namens Lepanto an das kriegerische Ereignis.

• *Anfahrt* **Mit dem Pkw**: Barlovento liegt an der LP 1, der die gesamte Insel umrundenden Landstraße.

Mit dem Bus: Linie 2, vgl. S. 53.

• *Übernachten* **Hotel Romántica**, das Hotel gilt zu Recht als eines der schönsten auf der Insel. Im Stil eines Gutshofs erbaut, strahlt es von innen wie außen rustikalen Charme aus. 41 große, komfortable Zimmer, Restaurant, Außen- und Innenpool, Billardraum, Tischtennisplatten, Pools und Sauna schaffen überdies internationales Flair. Mit eigenem Bus-Service werden Ausflüge organisiert. Auf dem Gelände des Hotels stehen auch Bungalows für Individualisten. Soviel Komfort hat seinen Preis je nach Saison: 86–110 € pro DZ mit Frühstück, Bungalows 130–170 €. An der Nebenstrecke LP 111 oberhalb von Barlovento ausgeschildert. Las Llanadas, 38726 Barlovento, ✆ 922 186221, 📠 922 186400, www.hotellapalmaromantica.com.

• *Turismo rural* In diesem ländlichen Gebiet gibt es selbstverständlich auch zu Ferienhäusern ausgebaute Bauernhäuser des Turismo rural, vgl. S. 49/50.

• *Zelten* Einen attraktiven Zeltplatz hat die Gemeinde im Naturpark La Laguna eingerichtet. Sehr schöne Umgebung. Parque La Laguna und weitergehende Angebote s. u.

• *Essen* **Las Goteras**, im Naturpark La Laguna. Das Restaurant im hübschen Steinhaus mit gemütlicher Einrichtung ist eine besondere Empfehlung für typisch palmerische Küche. Sehr große Speisekarte, auch mit Gerichten, die viel Arbeit machen und deshalb selten zu bekommen sind. Queso asado z. B., im Ofen gebackener Ziegenkäse mit grüner Mojo als Vorspeise. Hervorragende, deftige Suppen, die schon reichen, um satt zu werden (ab 2,50 €). Hier gibt es auch ohne Voranmeldung Puchero Canario, den beliebten Gemüseeintopf (6 €). Die Fleischportionen sind groß und gut. Ziegenragout 6 €. Kein Wunder, dass das Restaurant auch bei den Einheimischen sehr beliebt ist. Insbesondere zur Mittagszeit an den Wochenenden ist es hier rappelvoll. Di geschlossen, an allen anderen Tagen von 10–22 Uhr geöffnet.

Pradera, bei Einheimischen beliebtes Lokal für den Sonntagsausflug. Trotz rustikaler Tische und Bänke sowie einem offenen Kamin bleibt eine Wartesaalatmosphäre, da ist das Las Goteras schon netter. Die Portionen sind groß und preiswert wie dort.

El Molino, am Ortsausgang in Richtung Los Sauces. Die Bar im Erdgeschoss erinnert an den langweiligsten aller Wartesäle, aber das eigentliche Lokal liegt eine Treppe tiefer und ist urig-gemütlich. Die täglich wechselnden Gerichte sind auf einer Tafel am Tresen angeschlagen: Fisch, Fleisch, Suppen – alle deftigen Köstlichkeiten der palmerischen Küche gibt es hier, einmalig lecker die Hähnchen (pollo a la brasa). Miguel und seine Familie bieten riesige Portionen zu kleinen Preisen. Geöffnet 12–22.30 Uhr, Mo ab 16 Uhr geschlossen.

Bunt und wild ist jeder Bauerngarten

Romántica, im gleichnamigen Hotel, die einzige internationale Küche weit und breit. Die Preise entsprechen dem Standard.

Kleinigkeiten, Tapas usw. bekommt man im Ort, aber dort isst man nicht in besonderer Atmosphäre.

• *Einkaufen* Im Ort gibt es Supermärkte, aber es lohnt sich, zumindest am Wochenende, auch zum Einkaufen zum Parque La Laguna zu fahren (s. u.).

Umgebung von Barlovento

Parque La Laguna: Zuerst kommt ein Vulkankrater, der in ein Staubecken verwandelt wurde. Das hier gespeicherte Wasser wird über Kanäle bis in den Süden geleitet und bewässert dort die Bananenplantagen.

Das Gelände hinter dem Krater ist als Naturpark angelegt worden. Es gibt einen Teich mit Wasservögeln und Aussichtsplätze. Zahlreiche Grillmöglichkeiten mit Tischen und Bänken, sanitäre Einrichtungen und Wasserstellen machen den Park zu einer wirklich schönen Anlage, auf der man auch zelten kann. Gegenüber dem Eingang finden Sie einen Neubau, der ein **Centro de Artesanía** und ein **Centro de Interpretación** beherbergt. Einheimische Handwerksarbeiten kann man links kaufen, zu einer Ausstellung über die Natur (Geologie, Fauna und Flora) dieser landschaftlich herrlichen Zone geht es nach rechts. Öffnungszeiten täglich 11–19 Uhr. Der Rundbau vor dem Parkeingang ist ein **Minimercadillo**. Hier verkaufen Bauern aus der Umgebung am Wochenende ihre Erzeugnisse. Das Lokal Las Goteras (s. o.) macht die Anlage komplett.

• *Anfahrt* Man erreicht La Laguna über die alte Straße von Barlovento nach Garafía, der LP 111, an der Zufahrt zum Hotel Romántica vorbei, ausgeschildert.

• *Zelten* Es gibt ausreichend Raum für Zelte und Caravans. Wer erst hier auf die Idee kommt, eine Nacht so naturnah zu verbringen, kann im Infobüro eine Cabana, ein Holzhäuschen mit vier Betten, mieten. Es gibt sanitäre Anlagen, Grillplätze und Freiluftküchen mit Tischen und Bänken. Sie machen das Campen geradezu komfortabel, ein preiswertes und gutes Restaurant gibt es ebenfalls vor Ort, das Las Goteras (s. o.). Einziger Nachteil: Außerhalb der Sommermonate kann es kühl und feucht werden. Platzreservierung vor Ort im Informationsbüro täglich 9–20 Uhr, ✆ 922 696023. Preise: pro Zelt 4,50 €, am Wochenende 9€, pro Caravan 8 €, am Wochende 15 €, Holzhausmiete mit Betten 20 €, am Wochenende 30 €, eigene Freiluftküche 5 €.

Las Miembras: Noch einmal 2 km weiter auf der alten Straße LP 111 nach Garafía erreicht man Las Miembras, eine Quelle mit romantischen *Grillplätzen*, die sich im Wald den Hang hinunterziehen. Kleine Sitzecken mit hölzernen Tischen und Bänken laden zum Picknick und die waldreiche Umgebung zum Spaziergang ein.

Mirador de la Montaña del Molino: Wenige Meter hinter der Ortsausfahrt der LP 1 nach Franceses/Gallegos zweigt rechts eine Piste zu dem Aussichtspunkt ab, der einen sehenswerten Überblick über Barlovento, die Nordspitze der Insel und bei selten klarer Sicht auch auf die Caldera-Hänge erlaubt.

Mirador de la Tosca: An der LP 1, etwa 1 km hinter Balovento in Richtung Los Gallegos, kann man vom erhöhten Aussichtspunkt auf den größten Drachenbaumhain hinunterschauen. Zwischen den Drago verstecken sich alte Natursteinhäuschen. Die meisten sind verlassen, aber einige dienen noch als Wochenendhäuschen. Wer Lust hat hinunterzugehen, muss nicht die staubige Piste neben dem Mirador nehmen. Schöner ist eine Kurzwanderung, sie dauert hin und zurück weniger als 1 Std. (siehe Anfang der Wanderung 11).

Wanderung 12: Stiller Norden

Von La Tosca nach Gallegos und zurück

14 km, +/– 930 m, 5 Stunden. Obwohl der Höhenunterschied zwischen Start und Ziel nur 120 m beträgt, gerät man bei dieser Wanderung gehörig ins Schwitzen, aber der Blick auf die Nordküste ist einfach fantastisch. Unablässig geht es bergauf, bergab durch die Barrancos. Wanderstiefel, ausreichender Wasservorrat und ein Anorak sind zu empfehlen. Der Weg ist einer der schönsten Teilabschnitte des Inselrundweges GR 130, sparsam ausgeschildert, sowie rot-weiß markiert, die meisten Hinweisschilder aber sind aus naturbelassenem Holz.

Variante: Sie gehen nicht wieder denselben Weg zurück, sondern nehmen ab Los Gallegos den Bus (wenige Abfahrten) oder gehen zur Landstraße und fahren von dort per Autostopp zum Ausgangspunkt.

Anfahrt/Ausgangspunkt: Mit dem Mietfahrzeug bis Barlovento, von dort in Richtung Gallegos, an der Zufahrt zum Mirador de la Montaña del Molino vorbei und auf die rot-weiße Markierung achten. Dort, wo Sie auf einen Weg nach rechts zeigt, parken, das ist der Ausgangspunkt.

Mit dem Bus nach Barlovento, von dort zu Fuß zum Ausgangspunkt (dann verlängert sich die Wanderung um 1,5 km in jede Richtung) oder mit dem Taxi.

Wegbeschreibung: Sie biegen am Ausgangspunkt halb rechts auf den Weg, der die ersten Meter asphaltiert ist, dann zur Betonpiste wird. Die Betonpiste wird zum Erdweg, Sie gehen bergab und haben schon bald einen grandiosen Blick auf die

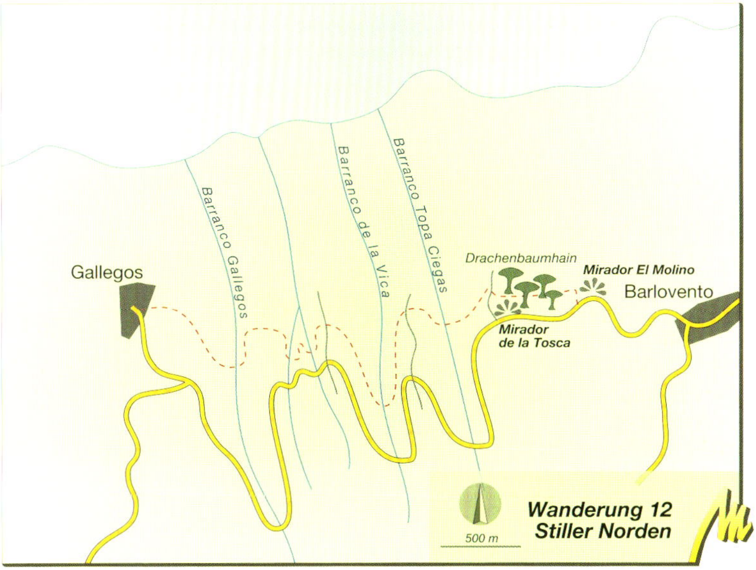

Nordküste. Nach 200 m folgen Sie einem gepflastertem Pfad nach links unten, er ist mit „Camino real de Gallegos" ausgeschildert. Sofort wandern sie mitten in der Landschaft durch Farnfelder in eine Minischlucht. Ein schmaler Wasserlauf wird überquert, und es geht weiter zum Weiler La Tosca, der im größten Drachenbaumhain La Palmas eingebettet auf einem Bergrücken liegt. Der Pfad mündet auf eine Betonpiste im Weiler, der aus überwiegend verlassenen typisch kanarischen Natursteinhäuschen besteht. Ein Rundgang lohnt sich.

Der weitere Wegverlauf führt auf der Betonpiste nach links; bald wird die Piste wieder zum Erdweg. Mehrere Wege zweigen ab, Sie bleiben auf dem Hauptweg und umrunden im oberen Bereich die Schlucht, an deren Rand La Tosca liegt. An einer gemauerten Quelle mit altem Waschplatz gabelt sich der Weg. Sie gehen nach rechts unten. In einer Wegkurve wird ein Haus passiert. Am Ausgang der Kurve verlassen Sie den Hauptweg auf einen schmalen Betonweg (ausgeschildert), der aber kurz darauf wieder zum Erdpfad wird. Der Pfad gabelt sich, beide Varianten laufen aber wieder zusammen. Der Wanderweg führt jetzt in eine größere Schlucht.

Sie ist dicht bewaldet und auf der hineinführenden Seite schattig. Am besonders sonnigen und geschützten Schluchtende wird Wein angepflanzt. Ein Holztor versperrt den Weg, es soll wie auch die noch folgenden Tore verhindern, dass die Ziegen sich verlaufen. Sie können hindurchgehen, sollten es aber hinter sich wieder schließen. Sie verlassen die Schlucht auf ansteigendem Pfad. Sie passieren dabei einen Höhleneingang, ohne Taschenlampe ist eine Erkundung nicht empfehlenswert.

Der Erdpfad stößt auf eine Betonpiste, die Sie nach links oben gehen, um sie nach wenigen Metern wieder nach rechts zu verlassen. Weiter geht es auf einem Erdpfad in die nächste eindrucksvolle Schlucht (nicht den abzweigenden Pfad mit den Steinmännchen nehmen!). Über hundert Meter fallen die Felswände senkrecht ab,

Nordosten
Karte Seite 189

Fischerhütte bei La Fajana

der Pfad aber ist völlig ungefährlich, er führt nur bis auf halbe Höhe hinab und hinauf. Beim Aufstieg passieren Sie eine offene Höhlenanlage in einer Steilwand. Mehrere Gatter sprechen dafür, dass sie als Tierpferch genutzt wird.

Der Pfad gabelt sich, Sie nehmen die Variante nach links oben. Kurz darauf erreichen Sie die Häusergruppe von La Palmita, und auf einem mit Asphalt- und Betonresten bedeckten Weg geht es geradeaus weiter.

Eine Betonpiste wird überquert und die Ausschilderung des Wanderweges FLBL 40 Las Cuevitas – La Laguna de Barlovento passiert.
Nach einem kurzen steilen Aufstieg mündet der Pfad auf eine Erdfahrspur, in die Sie nach rechts einbiegen, kurz darauf wird noch eine Betonfahrspur überquert, auf der anderen Seite geht es weiter. Der Weg gabelt sich erneut, links steht ein Strommast, Sie nehmen den rechten Weg nach unten und sehen schon die Häuser von Los Gallegos, in deren Richtung Sie geradeaus weitergehen.

An einer Einmündung zweigt der Wanderweg nach Los Gallegos im rechten Winkel ab und führt in die bisher tiefste Schlucht hinunter. Eindrucksvoll die Steilabstürze auf der anderen Schluchtseite. Es geht jetzt bis auf den Schluchtgrund, in dem ein Bach Wasserbecken füllt. Auf der anderen Seite geht es auf deutlichem Pfad wieder hinauf. Ein Tor wird durchschritten, ein Ziegenpferch passiert, an dessen Ende geht es nicht durch die Tür, sondern nach links oben. Während des gesamten Aufstieges schauen Sie auf die ersten Häuser von Los Gallegos.

Das erste Haus ist erreicht und, oh Schreck, zwischen Ihnen und dem Ort liegt eine weitere, allerdings ziemlich kleine und flache Schlucht, in die es hinunter und wieder hinaufgeht. In den Höhlen in der Steilwand sind auch hier Ziegenställe untergebracht.

Los Gallegos ist erreicht, eine Gasse führt zu einer kleinen Plaza mit einer Bar, in deren hinteren Räumen sich ein Läden befindet. Hier kann man alles für eine Pausenmahlzeit einkaufen, z. B. geräucherten Ziegenkäse und frisches Brot, und es draußen auf der Bank verzehren.

Wer nicht denselben Weg zurück möchte, kann die Straße vor der Bar zur Landstraße LP 1 hochgehen (1 km) und es dort per Autostopp versuchen. Uns nahm gleich der erste Fahrer mit, obwohl wir zu viert waren. Der Bus hält hier nur einmal am Tag.

Baden/La Fajana

La Fajana: In der *Naturschwimmbecken-Anlage* wurden von der Brandung in das Vulkangestein genagte Vertiefungen mit Mauern abgeteilt, so dass nun gefahrlos geplanscht und geschwommen werden kann. Aber auch der direkte Zugang zum Meer ist möglich. Eintritt und Service sind gratis. Der Blick auf die Steilküstenkulisse aus ockerfarbenem Felsen ist fantastisch.

Die Anlage La Fajana umfasst verschieden große Becken und Plattformen mit Sonnenschirmen und Liegestühlen. Es gibt auch Umkleideräume mit Duschen und Toiletten. Ein Restaurant rundet das Urlaubsvergnügen ab. Auf einer kleinen Fläche dicht bei den Schwimmbecken besteht auch die Möglichkeit zu zelten. Aber es fehlt der Schatten, und darum ist dieser Zeltplatz wenig zu empfehlen. Oberhalb der Badeanlage führt eine nette Promenade an einer einstöckigen Häuserzeile entlang. Wenn Sie den anschließenden Weg weiter gehen, kommen Sie zu einem Naturbadeplatz mit Felsbrücke. Wenn Sie noch weiter geradeaus gehen, können Sie nach ein wenig Kraxelei auf einer von Gischt umsprühten Lavaplatte spazieren. An ihren Rändern zeigen sich häufig flinke rote Krebse.

• *Anfahrt* La Fajana ist über eine Asphaltstraße mit dem eigenen Fahrzeug zu erreichen. Die Abfahrt nahe Barlovento (Schild: „Piscinas de Fajana") ist gut asphaltiert und zweispurig. Es gibt auch einen Fußweg von Barlovento die Steilküste hinab. Da er aber rund 2,5 Stunden dauert und 800 Höhenmeter überwindet, sollten Sie wohl besser, zumindest die Rückfahrt, organisieren. Der Bus vom Hotel Romántica in Barlovento holt die Hotelgäste täglich um 16 Uhr ab. Am besten klären Sie vorher, ob er Sie mitnehmen kann. Dieser Service kostet 2 €. (Natürlich bringt der Hotelbus die Badenden auch hin, um 11 Uhr.)

• *Übernachten* **Apartamentos La Fajana**, die Apartments sind klein und einfach, aber nett eingerichtet. Schlafzimmer, Wohnküche und Bad. Preis pro Apartment 36 €, wer länger als 3 Tage bleibt, zahlt nur noch 30 €. Hier geht es ziemlich familiär zu, wenn noch zusätzliche Personen kommen, werden Klappbetten in die Wohnküche gestellt. Positive Leserstimmen. Die Besitzer führen die unübersehbare Bar/Cafeteria La Fajana an der Promenade. Wenn Sie am Telefon niemanden erreichen, fahren Sie einfach hin, außer in den Sommerferien ist fast immer noch ein Apartment frei. Miguel Ferraz, Apart. La Lajana 25A, 38726 Barlovento, ✆ 922 186162, mobil 646 618136.

• *Essen* **La Gaviota**, neuer, geschmackvoller Bau mit großer Terrasse, von der man einen tollen Blick auf die Steilküste hat. Große Karte mit guten, einfachen Fischgerichten. Wir aßen Choco (Tintenfischart) a La Plancha und Morena frita, jeweils mit Kartoffeln und Salatbeilage, für jeweils 5,70 € und waren damit sehr zufrieden. ✆ 922 186099.

Nordosten
Karte Seite 189

San Andrés y Sauces

Bis auf den heutigen Tag sind die beiden Ortsteile von San Andrés y Sauces gegensätzlich, wie sie nicht gegensätzlicher sein können. Hier das malerische San Andrés an der Küste, dort das städtisch wirkende Los Sauces am Hang. Bis ins 19. Jh. war San Andrés Hauptort und Sitz der Gemeindeverwaltung – hier gab es die erste Schule außerhalb der Inselhauptstadt.

Aber wo Wasser ist auf La Palma, da sind auch Geld und Macht. Als die Bürger von Los Sauces 1903 die Wasserleitung *Marcos y Coderos* von den ertragreichsten Quellen der Insel (siehe Wandertipp) in ihren Ortsteil fertig gestellt hatten, war es um San Andrés' Vormacht geschehen. Dessen Einwohner, lange auf Getreideanbau festgelegt, hatten den rechtzeitigen Bau von Wasserleitungen versäumt. Und so wandelte sich Los Sauces über die Jahre zum einflussreicheren Ortsteil und ist heute Sitz der Gemeindeverwaltung und aller wichtigen politischen, wirtschaftlichen und kulturellen Einrichtungen. San Andrés hingegen wurde eine kleine, verschlafene Stadt, die träge und schön ihren Träumen von vergangener Größe nachzuhängen scheint. Die Gemeinde mit dem Doppelnamen ist 43 qkm groß und zählt etwas über 5000 Einwohner. Fast die Hälfte der Fläche ist Waldgebiet – eben jener berühmte Lorbeerwald. Auf der landwirtschaftlich genutzten Fläche werden vornehmlich Bananen, aber auch Kaffee und Zuckerrohr angebaut, das in der Destille von Puerto Espindola zum wirklich guten Inselrum (*Ron*) verarbeitet wird.

Los Sauces

Die Carretera General, die LP 1, durchschneidet den Ort und macht nicht, wie anderswo üblich, einen Bogen um die Plaza, sondern teilt auch sie in zwei Hälften.

An der Hauptstraße wirkt Los Sauces geradezu großstädtisch mit mehrstöckigen Wohnhäusern, zahlreichen Banken und Bars. Aber an der geteilten Plaza mit Bürgerhäusern eher kleinstädtisch. In den steilen, verwinkelten Nebenstraßen gleich dahinter schon wieder dörflich. Hinter den kleinen Häusern beginnen Obstgärten und Bananenfincas. Die *Kirche Nuestra Señora de Montserrat* wurde bereits 1515 gegründet und seitdem mehrfach neu errichtet und umgebaut. Wenn Sie in der Gegend unterwegs sind und einen Ort für Ihre Pause suchen, möchten wir Ihnen doch lieber San Andrés oder Charco Azul als Los Sauces empfehlen.
Anschauenswert ist die Plaza oberhalb der Durchgangsstraße, mit Brunnen und Blumenrabatten, sie ist von schönen Bürgerhäusern umstanden. Auf der unteren Plaza steht ein hübscher, großer Kiosk, an dem Sie Getränke und einfache Speisen kaufen und an Ort und Stelle verzehren können.

• *Verbindungen* Los Sauces ist gut mit dem Bus von Santa Cruz aus zu erreichen. Nicht nur die Busse mit Endstation „Sauces" halten hier, sondern auch der gesamte Durchgangsverkehr nach Barlovento und Garafía, vgl. S. 53.

• *Übernachten* **El Drago**, das einzige und einfache Hotel am Ortsausgang in Richtung Santa Cruz, über der gleichnamigen Bar. 12 DZ auf vier Etagen, alle mit eigenem Bad. Die sauberen, hellhörigen Zimmer sind nicht modern, aber zweckmäßig mit Betten, Schrank, Spiegelkommode, Tisch und Stühlen eingerichtet. Preise: 27 € kostet das Zimmer. Av. de Los Sauces 36, ✆ 922 450350.

Weitere Ferienquartiere des Turismo rural siehe S. 49/50.

• *Essen* **Rosan**, hinter dem Ort an der Straße nach Barlovento. Ausflugslokal mit Kinderspielplatz, also auf Großfamilien eingestellt, die hier palmerisch schlemmen können, ohne sich finanziell zu übernehmen. Große Tische, große Speisekarte, große Portionen, angemessene Preise. ✆ 922/451337.

Heladería, Eissalon an der Plaza. Nett zum Draußensitzen.

Sehenswertes

El Molino Regente, restaurierte Wassermühle, oberhalb von Plaza und Rathaus (Ayuntamiento). Heute Touristeninformation und Volkskundemuseum mit Werkstatt und Verkauf von örtlichen Handwerksartikeln. Die Arbeitsweise der Mühle und die Schritte zu der für Los Sauces so wichtigen Wassergewinnung aus den umliegenden Schluchten werden in einer Ausstellung erklärt. Calle Los Molinos 33.

Beim letzten Check war die Mühle geschlossen, sie sollte aber spätestens im Juli 2007 wieder eröffnet werden.

Der Lorbeerurwald – Überlebender der Eiszeit

Als in Europa eine Eisschicht das Land bedeckte, erstarrte jegliches Leben, und als viel später die Sahara nach Norden wanderte, verdorrten viele der heimischen Pflanzen für immer. Die westkanarischen Inseln blieben von solchen Klimakatastrophen verschont – sie waren immer die Inseln des ewigen Frühlings, umweht und mit Feuchtigkeit versorgt vom unermüdlichen Passat. Die Eiszeit, die das feuchtwarme Tertiär mit seinen Baum- und Farnriesen verschwinden ließ, fand auf den Kanarischen Inseln nicht statt.
Hier konnten deshalb Pflanzen überleben, die vor vielen Millionen Jahren im Mittelmeerraum heimisch waren, wie Versteinerungen belegen – Drachenbäume ebenso wie die Lorbeerbäume von Los Tilos und La Galga.
Seit der Entstehung der Insel hat sich das feuchtwarme Klima im Nordosten La Palmas kaum verändert. Der Lorbeerwald auf La Palma gehört zu den intaktesten der Welt. Die UNESCO hat ihn deshalb unter ihren besonderen Schutz gestellt.
Kernstück des Reservats ist der *Barranco de Agua*, der bei einer Länge von 9 km auf 1800 m ansteigt. Die steile Schlucht mit ihren von Farnen und Ranken überwucherten Felswänden wurde in mehr als einer Million Jahre durch die Kraft des Wassers in den Caldera-Rücken gegraben. Gleichzeitig bewirkten die ungewöhnlich hohen Niederschlagsmengen ein Abrutschen der Basaltformationen. Der Grund der Schlucht ist deshalb von kleinen und großen Felsbrocken übersät.
Der Erosionsprozess hat sich in den letzten hundert Jahren erheblich verlangsamt. Denn das Quellwasser wird seitdem abgeleitet und zur Bewässerung der Felder und Bananenplantagen genutzt. Nur noch nach starken Regenfällen fließt im ehemals wasserreichsten Barranco mehr als ein Rinnsal. Die Niederschläge von 1000 mm im Jahresmittel sind nicht nur doppelt so hoch wie zum Beispiel in Los Llanos auf der anderen Inselseite, sondern übertreffen auch die Niederschlagsmengen in den meisten Landstrichen Deutschlands.
Niederschlag bedeutet hier aber nicht in erster Linie Regen. Niederschlag kommt hier genauso vom Nebel der Passatwolke, in die der Nordosten häufig gehüllt ist. Und wenn die Sonne scheint, produziert der Laurisilva seinen eigenen Nebel. Aus dem erwärmten Boden steigt die Feuchtigkeit als Dunst auf. Das ist das Klima, das diese Wälder brauchen – kein Wunder also, dass sie auch Nebelwälder genannt werden.

Nordosten
Karte Seite 189

Los Tilos

Los Tilos ist kein Ort, sondern der Lorbeerwald und die Attraktion weit und breit. Hier am Eingang des Barranco de Agua steht ein Forschungszentrum, um Wissenschaftler für den Besuch des *Laurisilva*, des Lorbeerurwalds, zu rüsten. Für Besucher ist dort ein **Informationszentrum** eingerichtet worden. Mit einer Ausstellung und einem Film wird über die Entstehung des Lorbeerwaldes informiert und warum er sich hier und nicht auf dem Kontinent erhalten konnte. Pflanzen und Vogelwelt werden vorgestellt. Das Restaurant unterhalb ist insbesondere an sonnigen Tagen zu empfehlen, dann kann man, unter Lorbeerriesen sitzend, gute kanarische Kost zu sich nehmen. Hier und nahe bei La Galga ist der Lorbeerurwald am besten zu erkunden. Wanderungen oder auch nur gemütliche Spaziergänge in der einmaligen Vegetation sollte kein La-Palma-Besucher verpassen.

Öffnungszeiten Täglich 9–17 Uhr, im Sommer bis 17.30 Uhr.

Zur Erhaltung des Biosphärenreservates wird ein Eintritt von 2 €, Kinder 0,70 €, erhoben.

• *Anfahrt* An der LP 1 südlich von Los Sauces, vor der Brücke, weist ein Schild den Weg.

• *Essen* **Casa Demetrius**, typisch kanarische Gerichte und am Wochenende gibt es Paella, nicht typisch, aber trotzdem gut. Der Kamin im Speiseraum ist nötig, wenn draußen die Nebelschwaden vorbeiziehen. Wenn nicht, bietet der Garten gerade den rechten Ruheort nach einer Wanderung durch den schönen Lorbeerwald. 10–19 Uhr, Mi geschlossen.

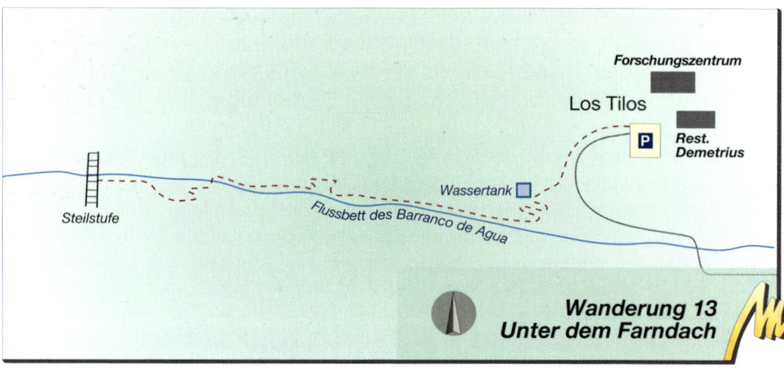

Wanderung 13: Unter dem Farndach

Durch den Barranco de Agua

1,7 km, +/– 100 m, 1 Stunde. Ein kurzer Fußweg, aber kein Spaziergang, denn es müssen zwei Felsabsätze überklettert werden. Dieser Ausflug lohnt sich. Ein Hauch von Abenteuer weht durch die nur wenige Meter breite Schlucht unter einem Dach aus Farnen. Wanderstiefel sind wegen der Kraxeleien empfehlenswert.

Fotofans sollten an lichtempfindliche Filme denken, denn unter dem Farndach ist es relativ dunkel.

Anfahrt: siehe Los Tilos; die Wanderung beginnt am Parkplatz bei dem Restaurant.

Wegbeschreibung: Vom Parkplatz gehen Sie 30 m auf der Straße zurück. In einer Linkskurve gehen Sie vor der Leitplanke über einige Natursteinstufen in Richtung Barranco hinunter. Auf der Spur neben der Wasserleitung wird nach wenigen Metern ein offener Tank erreicht, hier führt eine Trittspur hinab in die Schlucht. Prägen Sie sich diesen Punkt ein, denn so mancher Wanderer hat ihn auf dem Rückweg übersehen. Unten angekommen, wenden Sie sich nach rechts und gehen jetzt nur noch auf dem Grund der Schlucht entlang. 30 Minuten später und nach Überwindung von zwei Felsabsätzen erreichen Sie eine nicht mehr zu überwindende Steilstufe – nach Regenfällen stürzt hier ein Wasserfall herunter. Auf demselben Weg geht es wieder zurück.

Eine der spannendsten Wanderungen führt durch Tunnel und am Kanal entlang

Wanderung 14: Durch den Lorbeerwald

Von Los Tilos über die Forstpiste hinauf und zurück

6 km, +/– 300 m, 2 Stunden. Diese Wanderung ist eher ein Spaziergang, nur die ständige leichte Steigung macht sie etwas anstrengend. Der Weg führt über eine breite Forstpiste und stellt keine besonderen Anforderungen. Anorak und Pulli sollten mitgenommen werden. Wenn die Nebelschwaden der Passatwolke durch den Wald wabern, ist es kühl und feucht. Die Wanderung ist mit PR LP 6 ausgeschildert und gelb-weiß markiert. Die PR LP 6 führt bis hinauf zu den Quellen, vgl. Wanderung 15.

Varianten: Sie können auch weiter hoch- und wieder zurückgehen.

Anfahrt: Siehe Los Tilos; diese Wanderung beginnt ebenfalls am Parkplatz beim Restaurant. Sie können aber auch direkt am Anfang der Forstpiste parken.

Nordosten
Karte Seite 189

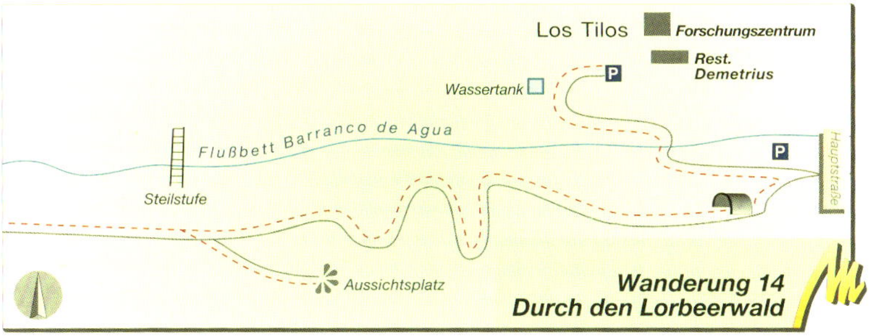

Wegbeschreibung: Vom Parkplatz gehen Sie 500 m auf der Straße zurück, um rechts in eine breite Forstpiste einzubiegen, an deren Anfang ein großes Holzschild auf den Naturpark hinweist. Sie folgen jetzt nur noch der Piste, durch einen Tunnel zunächst, dann auf dem kaum befahrenen Waldweg.

Die Pflanzen im Lorbeerurwald

Wärme (täglich 24 Grad Celsius im Jahresdurchschnitt) und Feuchtigkeit schufen eine außergewöhnliche Vegetation, deren wichtigste Vertreter die Lorbeerbäume sind. Von 300–1000 m Höhe bestimmen sie das Bild des Waldes – vier Arten wachsen im Reservat Los Tilos:

Tilo, korrekt übersetzt „Linde". Sie wurde von den spanischen Siedlern wegen des ähnlichen Holzes so bezeichnet. Bis zu 30 m wird dieser größte Baum des Urwalds hoch. Man erkennt ihn am leichtesten an seinen Früchten, die wie Eicheln in Halbkapseln sitzen.

Loro, auch Laurel oder Azorischer Lorbeer, ist dem Gewürzlorbeer am ähnlichsten. Seine Duftdrüsen auf der Blattunterseite verströmen den typischen Geruch, wenn man das Blatt knickt oder zerreibt. Man erkennt ihn an seinen typischen Lorbeerblättern, die Blätter der anderen Lorbeerbäume sind häufig größer, und an seinen kleineren, etwa fingernagelgroßen Früchten.

Vinatigo ist ein Verwandter des Avocadobaums, aber seine Früchte sind giftig! Seine Zweige enthalten einen Saft, den Ratten lieben – sie saugen das Mark aus, um sich daran zu berauschen. Zernagte Strünke am Boden sind ein sicherer Hinweis auf diesen Baum, und selbst torkelnde Ratten habe ich schon gesehen. Die Blätter des Vinatigo sind deutlich größer als die der anderen Lorbeerarten.

Barbusano ist der einzige Lorbeer, der zum Wachsen viel Licht braucht. Seine jungen Blätter sind kupferrot, die Früchte gleichen schwarzen Oliven.

Neben den Lorbeerbäumen finden Sie auch andere Bäume, zum Beispiel:

Palo blanco, ein Ölbaumgewächs mit großen, breiten Blättern, die kreuzweise angeordnet sind.

Acebino, eine kanarische Stechpalme, deren Blätter häufig ohne Stacheln sind. Die Früchte aber sind leicht an ihrer leuchtend roten Farbe zu erkennen.

Die **Strauchschicht** im Lorbeerurwald ist weniger ausgeprägt, weil es am nötigen Licht fehlt. Wo aber die Sonnenstrahlen hinfallen, wie an den Wegesrändern, wachsen die Sträucher und Blumen um so üppiger, wie zum Beispiel **Schneeball**, **Kanarischer Storchenschnabel**, **Vergissmeinnicht**.

Encimba, eine der kanarischen Endemiten, deren zahlreiche lila Blüten in einer handtellergroßen Fläche zusammenstehen.

Canarina canariensis, ein Busch mit schönen großen, orangefarbenen und glockenförmigen Blüten.

Die vielleicht eindrucksvollste Pflanze im Nebelwald aber ist **Helecha**, ein riesiger, Schatten liebender Farn, dessen Wedel mehrere Meter lang werden.

In den höheren Zonen geht der Laurisilva in die Fayal-Brezal-Zone (Baumheide) über, im unteren Bereich stehen noch **Sauces** (Weiden), deren Zahl aber seit Beginn der Kanalisierung stark rückläufig ist. **Cerraja**, die wie riesiger Löwenzahn aussieht, und **Lechugilla** mit ihren leuchtenden gelben Blüten wachsen zwar auch anderswo, sind aber hier im Frühjahr besonders auffällig.

Nach einer guten Stunde – auf einem Buckel lichtet sich jetzt der Wald – biegt links im spitzen Winkel ein kleiner Pfad, mehr eine Natursteintreppe, nach oben ab. Hier geht es hinauf zu einem Aussichtsplatz mit Wettermessstation, von dem

Sie einen grandiosen Rundblick haben, wenn nicht gerade die Nebel wabern. Von hier geht es auf demselben Weg zurück.

Wenn Sie noch etwas wandern möchten: Die Piste setzt sich noch gut 1 km fort. Nach etwa 10 Minuten erreichen Sie eine Quelle mit herrlichen Farnen. Die Brücke, die Sie zwischen Aussichtsplatz und Pistenende sehen, führt Sie nicht zurück – sie führt hinauf zu den Quellen Marcos y Corderos (vgl. Wanderung 15).

Die Quellen Marcos y Corderos

Zu einem der landschaftlichen Höhepunkte gehören die Hauptquellen des Nordostens, **Marcos y Corderos**, auf fast 1400 Höhenmetern. Sie sprudeln aus dicht bewachsenen Felsen, ja stürzen gar als Wasserfälle hinab. In Wasserkanälen, die durch 13 Tunnel führen, wird das Wasser den Plantagen weiter unten zugeführt. Ins Quellgebiet und entlang der Wasserkanäle zu wandern, ist nicht nur großartig, es setzt auch Erfahrung, Kondition und einige Organisation voraus. In jedem Fall sind Wanderungen zu den Quellen immer Tagestouren und kein Besuchspunkt neben weiteren in dieser Zone. Wir beschreiben unten zwei Wanderungen, die sich auch kombinieren lassen, dann aber mindestens 7,5 Stunden dauern.

Wanderung 15 ist sehr anstrengend und führt von Los Tilos hinauf. Wanderung 16 nähert sich von der Bergseite, Teile der Wanderung können im Geländewagen bewältigt werden.

Wanderung 15: Steiler Aufstieg zu den Quellen

Von Los Tilos zu den Quellen und zurück

Hin und zurück 12 km, +/– 800 m, 5–6 Stunden. Sehr schwere, anstrengende, lange Wanderung. Sie ist mit PR LP 6 ausgeschildert und gelb-weiß markiert. Im ersten Teil ausgebauter Weg, später geht es streckenweise weglos durch das Bachbett. Selbstverständlich brauchen Wanderer für diesen Weg eine volle Ausrüstung mit Wanderstiefeln, Anorak und Verpflegung, Wanderstöcke erleichtern den Abstieg. Für die Tunneldurchquerung benötigen Sie eine Taschenlampe, und größere Personen sind mit einem Schutzhelm gut bedient.
Alle Strapazen lohnen sich, denn der Weg führt an tiefen, dunklen Urwaldschluchten hinauf zu einem kleinen Paradies mit von Blumen und Farnen bewachsenen, sprudelnden Quellen und Wasserfällen. Spannend ist dazu die Tunneldurchquerung.

Wegbeschreibung: Der erste Teil des Weges ist einfach, Sie gehen mit Wanderung 15 bis zu deren Ziel, einem Aussichtsplatz mit Klimamessstation (eine Stunde). Zurück auf dem Wanderweg, geht es gut 10 Minuten geradeaus weiter, dann zweigt ein Weg nach rechts in Richtung Schlucht und überquert sie auf einer Holzbrücke. Ein Schild am Anfang dieses Wege weist darauf hin, das Sie diesen Weg auf eigene Verantwortung betreten. Auf der anderen Seite geht es weiter am Rand der Schlucht entlang nach oben. Der Weg ist nicht immer in gutem Zustand. Nach 20 Minuten auf diesem Weg wird das erste Mal das steinige Bachbett eines Seitentals überquert, danach wird es wieder steil. Der Wald lichtet sich. Die Lorbeerwaldvegetation bleibt zurück, Fayal-Brezal, Gagelbaum und Baumheide, durchmischt mit Pinien, bilden in dieser höheren, kühleren Zone die Vegetation. Sie bleiben weiter auf dem Hauptweg, eine Abzweigung gleich hinter dem Aussichtspunkt lassen Sie links liegen. Bald wird der Barranco de Agua ein zweites Mal auf einer Holzbrücke überquert, danach geht es in ein steiniges Bachbett, achten Sie auf die Mar-

Nordosten
Karte Seite 189

kierungen. Ein roter Balken auf einem Felsen signalisiert, dass es hier nicht weiter geradeaus geht. Sie umrunden die Steilstufe auf einem Treppenweg nach rechts und kehren oberhalb in das Bachbett zurück, das Sie jetzt mehrfach überqueren. Diese Wegstrecke ist besonders anstrengend, sie ist steil, und Steine und Felsen müssen überklettert werden. Bald aber ist der Talschluss in Sicht, und Wasserrauschen kündigt Quellen und das Ziel der Wanderung an. Von unten führt ein weiterer Weg hinauf, Sie aber gehen weiter nach oben und erreichen in 5 Minuten und nach knapp 3 Stunden Gesamtwanderung die Quelle *Corderos*. Eine ausgiebige Pause haben Sie sich jetzt verdient.

Das Wasser ergießt sich in einen Kanal, der mit geringem Gefälle nach links führt. An ihm entlang können Sie jetzt zur zweiten Quelle *Marcos* gehen. Nach 5 Minuten wird es noch einmal richtig spannend, ein dunkler Steintunnel wird durchquert – nur mit Taschenlampe betreten! Der Tunnel ist nicht für hoch gewachsene Wanderer gebaut, an manchen Stellen ragen Steine heraus. Vorsicht! Nach 20 Minuten ab Corderos-Quelle nehmen Sie die linke Abzweigung und steigen in ein Nebental hinunter, aus dem schon die Marcos-Quelle rauscht.
Zurück geht es auf demselben Weg. Für den Abstieg ab Quelle Corderos benötigen Sie weniger Zeit, leichter ist es aber nicht, denn bergab geht es kräftig in die Beine.

Variante: Nur für sehr konditionsstarke Wanderer! Sie gehen nicht denselben Weg zurück, sondern weiter am Wasserkanal von Marcos entlang und verlassen die Schlucht durch zwölf weitere abenteuerliche Tunnel bis zur Casa del Monte. Dieser Streckenabschnitt verläuft über einen schmalen Wartungsweg immer am Wasserkanal entlang. Er ist nicht gefährlich, aber schwindelfrei und trittsicher müssen Sie sein (Wanderung 16 in umgekehrter Richtung). Von der Casa del Monte, der Unterkunft der Kanalarbeiter, führt der Wanderweg PR LP 6 durch herrlichen Lorbeerwald und an Feldern ins Dorf Las Lomadas an der LP 1. Gesamtstrecke 25 km, 7 und mehr Stunden. Leser haben diesen Weg zurückgelegt und schrieben, dass sie heilfroh waren, nach 8 Stunden Gesamtweg auf einen Wagen zu treffen, der Sie das letzte Stück zur Straße mitnahm.

Wanderung 16: Abenteuerliche Tunneltour

Durch 13 Tunnel zu den Quellen Marcos y Corderos und weiter nach Los Tilos

Abhängig davon, wie Sie die Anfahrt organisieren, kann diese Wanderung entweder **8–9 oder 4 Stunden** dauern, **10 beziehungsweise 25 km** lang sein und Höhendifferenzen von **+1100 oder +150 m** aufweisen. Die abenteuerliche Tunneltour beginnt an der Casa del Monte (das Häuschen diente den Kanalbauern als Unterkunft) und ist der 3 bzw. 3,5 km lange Weg an der Wasserleitung entlang, mit der seit 1903 Los Sauces versorgt wird, hin zu den ertragreichsten Quellen der Insel. Es geht durch dichten Lorbeerwald, lange Strecken auf schmalem Pfad in der steilen Schluchtwand. Der Weg ist mit PR LP 6 ausgeschildert und gelb-weiß markiert.

Ausrüstung/Anforderungen: In keinem Fall sollten Sie eine leistungsfähige Taschenlampe vergessen, denn der Weg führt durch 13 Tunnel, von denen einige mehr als 100 m lang sind und in denen es durch die Decke tropft, einmal sogar ein Wasserfall rauscht. Regenfeste Kleidung ist genauso erforderlich wie Wanderstiefel, größere Leute sind mit einem Schutzhelm gut bedient. Verpflegung nicht vergessen. Trittsicherheit und Schwindelfreiheit sind zudem erforderlich.

Anfahrt/Ausgangspunkt: Von Los Sauces führt die Hauptstraße in Richtung Santa Cruz nach 3 km in den Weiler *Verada Las Lomadas*, an dessen Eingang eine ausgeschilderte Straße nach oben abzweigt: *Casa del Monte* und *Nacientes Marcos y Corderos* lautet das Hinweisschild. Bis zur Casa del Monte führt diese Piste, aber auch der Wanderweg PR LP 6 und dort beginnt die eigentliche Attraktion dieser Strecke.

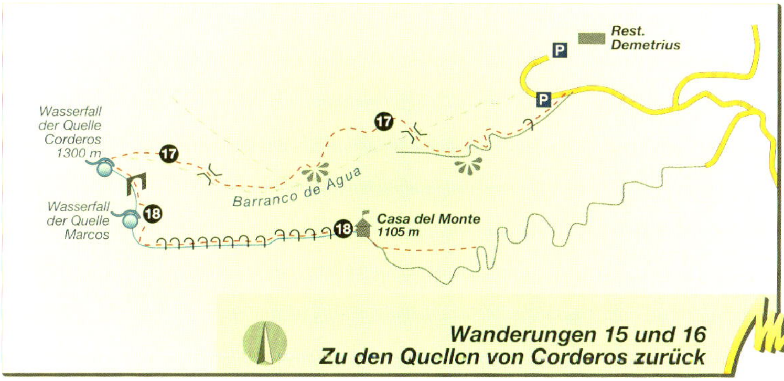

Es gibt vier Möglichkeiten, zur Casa del Monte zu gelangen:

1. Anfahrt mit dem Jeep von Pepe – Domingo Fernández Pérez – ✆ 922 450579 oder mobil 649 945481. Praktisch ist es, den Wagen am Aufstieg zum Waldweg in Los Tilos (Wanderung 14, großes Informationsschild) zu parken, dort ist der Endpunkt der Wanderung und den Jeep dorthin zu bestellen. Man muss nicht viel dazu erklären, da es der normale Treffpunkt für diese Fahrten ist. Anfahrt ca. 1 Stunde, Kostenpunkt 15 € pro Person, mindestens 60 €.

2. Weniger empfehlenswert: Sie gehen ab Verada Las Lomadas die Piste zur Casa del Monte zu Fuß hinauf und benutzen den ausgeschilderten Wanderweg PR LP 6, etwa 1200 Höhenmeter müssen dabei bewältigt werden.

3. Sie gehen den Weg als Verlängerung der Wanderung 15 in umgekehrter Richtung (s. o.).

4. Wanderveranstalter haben diese Tour im Programm und organisieren die Anfahrt bis Casa del Monte, Kostenpunkt etwa 40 € pro Person.

Wegbeschreibung: Ist die Casa del Monte, die ehemalige Unterkunft der Kanalarbeiter, erreicht, geht der Weg unfehlbar nach links, an der Wasserleitung entlang. Er führt dabei durch 13 dunkle Tunnel, die manchmal nur 1,5 m hoch und zum Teil mehrere hundert Meter lang sind. Im vorletzten Schacht ist ein Wasserfall zu unterqueren. Falls die vor dem Tunneleingang lagernden Plastikumhänge wieder einmal als Souvenir herhalten mussten, ist das Duschbad unvermeidlich. Also: Taschenlampe und Regenumhang nicht vergessen.

Nach gut einer Stunde ist *Marcos* erreicht, die größere der beiden Quellen – wie ein Wasserfall schießt sie aus der Felswand. Über einen durch eingehauene Stufen erleichterten Aufstieg gelangen Sie eine halbe Stunde später zur Quelle *Corderos* – nicht minder eindrucksvoll. Jetzt folgt der Abstieg nach Los Tilos im Barranco de Agua (Wanderung 15 in umgekehrter Richtung).

Karte Seite 189

San Andrés: verschlafen, schön und nicht touristisch

San Andrés

Karibischer Traum: Bougainvilleen in glühenden Farben, lila und pink, hüllen Patrizierhäuser ein, die schon bessere Zeiten gesehen haben.

Hibiskus leuchtet rot, rosa und gelb aus dem dunklen Grün der Gärten. Die Plaza neben der Kirche liegt im Schatten schlanker, hoher Palmen. Aus dem Lokal San Andrés – man sitzt draußen neben alten Rosenstöcken – dringen die Geräusche gedämpfter als anderswo, und die mit Natursteinen gepflasterten Straßen scheinen direkt ins Meer zu führen.

San Andrés döst in der schwülen Mittagshitze fast menschenleer. Brächte nicht dann und wann eine Brise vom nahen Atlantik erfrischende Kühle und wären die Straßen staubiger – ich dächte an Macondo, das imaginäre Dorf aus „Hundert Jahre Einsamkeit“ von *Gabriel García Marquéz*. Seit hundert Jahren geht auch an San Andrés das Leben vorbei, seit hundert Jahren wartet es wie eine träge, verlassene Geliebte, immer noch schön, auch wenn sie ihre Falten nicht mehr übertünchen kann.

• *Verbindung* Mit dem öffentlichen Bus siehe S. 52. Mit dem eigenen Fahrzeug: Die LP 104 führt von der LP 1 abwärts nach San Andrés und wieder hinauf. Im Süden noch vor der Abfahrt nach Los Tilos, im Norden direkt vor der Ortseinfahrt nach Los Sauces.

• *Übernachten* Das charmante San Andrés hat kein wirklich professionelles Übernachtungsangebot. Bisher sind lediglich einige der Bewohner auf die Idee gekommen, den anreisenden Individualisten eine Unterkunft im eigenen Haus zu bieten, und haben einfache Zimmer und kleine Apartments dafür hergerichtet. Ihr Standard entspricht nicht dem an Urlaubsorten, auch dann nicht, wenn sie ein offizielles Sternchen vorweisen können. Aus eigener Anschauung und aus Leserbriefen wissen wir, dass nicht immer alles perfekt ist. Über zu weiche Betten und nur oberflächlich gereinigte Küchen wurde von Lesern aus der Pension Martín berichtet. „Wohnen direkt an der

Straße und nach altem kanarischen Stil keine Fenster in der Wand, sondern nur in der Tür, da ist es ganz schön stickig," schrieben andere Leser, die im Las Lonjas übernachtet hatten. Trotz dieser Mängel haben die meisten Leserbriefschreiber ihre Urlaubstage in San Andrés genossen und sich mit den Schwachpunkten arrangiert. Schauen Sie sich also die Unterkünfte an, und entscheiden Sie vor Ort, ob und wo Sie in San Andrés die Nächte verbringen möchten. Mangels Urlaubermasse haben Sie meist die Wahl.

Pension Martín, ein Apartment mit zwei Zimmern, Küche, Bad für 32 €, zwei DZ, eins mit Bad für 24 €, eins ohne Bad für 23 € und ein EZ für 18 €. Bei einem Aufenthalt von mehr als drei Tagen reduzieren sich die Preise. Calle San Sebastian 4, ✆ 922 450539.

Las Lonjas, am südlichen Ortseingang. Die vier einfachen DZ, aber mit eigener Du/WC, kosten je 25 €. Calle San Sebastian 16, ✆ 922 450736 und 922 451621.

• *Essen* **San Andrés**, an der Plaza. Das Restaurant ist im Sommer gerade richtig für den karibischen Traum. Man kann dann im Schatten der Kirche neben alten Rosenstöcken draußen die frischen Fisch- und Fleischgerichte genießen. Mi geschlossen.

Bar Miami, Calle San Sebastian, Treffpunkt der Einheimischen, hier wird das normale Bar-Tapa-Angebot geführt. Von der Terrasse herrlicher Blick auf die Plaza und das Meer.

Sehenswertes

Der alte Ort ist in seiner Gesamtheit sehenswert. Schlendern Sie durch die Straßen und Gassen, an alten Häusern mit tropischen Gärten und an Bananenplantagen vorbei. Ein Rundweg dauert nicht länger als 20 Minuten. San Andrés hat noch einige bauliche Glanzstücke aus seiner Blütezeit bewahrt, und, nachdem sie lange vor sich hin bröckelten, in den letzten Jahren restauriert.

Kirche San Andrés: mitten im Ort und mitten auf der Plaza. Der massive Bau mit Glockenturm im maurisch-kanarischen Stil gehört zu den ältesten Kirchen La Palmas. Bereits 1515 begannen die Arbeiten für eine zunächst noch einfache Pfarrkirche. Die wesentlichen Teile des heutigen Gebäudes stammen aus dem 17. Jh., damals wurde als Grundriss die lateinische Kreuzform geschaffen. Der Turm stammt aus dem 18. Jh. Innen weist die Kirche eine besonders schöne Kassettendecke im Mudéjarstil und einen bemerkenswerten Altar im Inselbarock auf. Wichtigste Kunstschätze sind die beiden flämischen Marienfiguren Virgen de la Victoria und Virgen del Rosario. 1997 war die Restaurierung abgeschlossen, und die Einwohner nutzten die Gunst der Stunde und baten den auf der Insel weilenden König, sie einzuweihen.

Pfarrhaus San Andrés: unterhalb der Plaza. Mit Abstand der prächtigste Profanbau in San Andrés. Ebenfalls erst kürzlich restauriert. Es lässt sich deshalb derzeit nur von außen anschauen. Das kann bei Ihrem Besuch aber schon anders sein.

Alter Kalkofen: Nördlich unterhalb des Ortskerns steht ein auffällig spitzer, turmartiger Bau. Hier brannte man früher Kalk für den Hausbau. Den Kalkofen hat eine Gruppe Jugendlicher im Rahmen eines Ausbildungsprojektes restauriert und betrieben.

Spaziergang entlang der Küste

An der Kalkofenanlage vorbei führt ein hübscher Küstenweg zur Badeanlage Charco Azul und weiter nach Puerto Espindola – eine der ganz wenigen Möglichkeiten, auf La Palma an der Küste entlang zu gehen. Hin und zurück dauert der Weg kaum mehr als eine Stunde. Streckenweise ist er nicht ausgebaut und führt als Trampelpfad über verwilderte Terrassen, Sportschuhe sind deshalb besser als Sandalen.

Wegbeschreibung: Sie gehen die Straße, die nördlich an der Plaza vorbeiführt, hinunter und wenden sich unterhalb der Plaza nach links aus dem Ortszentrum hinaus. Der Weg führt in eine kleine Schlucht. Gehen Sie dann hinüber zum o. g. Kalkofen

Nordosten Karte Seite 189

und auf der anderen Seite wieder hinauf auf den Weg. Sie laufen jetzt immer in Küstennähe geradeaus, auch dann, wenn der Hauptweg nach links abschwenkt. Die Häuserzeile auf der rechten Seite bleibt zurück, während Sie einen fantastischen Blick auf die wild zerklüftete Felsenküste haben. Sehr originelle Privathäuser und der fehlgeschlagene Versuch einer Privatbadeanlage werden passiert. Auf halber Strecke endet der ausgebaute Weg, und Sie gehen auf einem Trampelpfad weiter an der Küste entlang, vollkommen ungefährlich. Dann stoßen Sie kurz vor Charco Azul auf einen herunterführenden Fahrweg, dem Sie geradeaus bis in die Badeanlage folgen.

Weiter nach Puerto Espindola sind es nur wenig mehr als fünf Minuten. Dafür nehmen Sie die Treppe in der Badeanlage ganz nach oben, auch hier steht ein alter Kalkofen. Die Treppe führt zu dem Fahrweg, dem Sie einfach nach rechts folgen. An Bananenplantagen vorbei, erreichen Sie bald die alte Rumdestillerie und gehen an der kleinen Bucht entlang, in die die Brandung schäumend braust, hinüber zum Hafen.

Baden

Charco Azul: Zwar gibt es an den felsigen Küsten um San Andrés hier und da Eisentreppen, die ins Meer führen, aber wer hier schwimmen möchte, tut es am besten in Charco Azul, einer Naturschwimmbecken-Anlage, zwischen San Andrés und Puerto Espindola. Leicht in 20 Minuten zu Fuß von San Andrés und in 5 Minuten von Puerto Espindola zu erreichen (s. o.).

Ähnlich wie bei der Anlage La Fajana wurden natürliche Becken durch Mauern abgetrennt, die zum Meer hin durchlässig sind und bei Flut für ständigen Wasseraustausch sorgen. Eine wirklich schöne Anlage mit Liegeplateaus, Sonnenschirmen, sanitären Anlagen und einem Kiosk, der im Sommer Getränke, Tapas und kleine Fischgerichte anbietet. Eintritt frei.

Puerto Espindola

Der kleine Fischerort ist das genaue Gegenstück zu San Andrés. Nichts ist hier romantisch. Falls es jemals etwas Romantisches gab, ist es jetzt unter Hunderten von Betonblöcken verschüttet, die den Hafen sichern. Dennoch gibt es auch Sehenswertes, das einen Besuch lohnenswert macht.

Zuerst wird die Frage beantwortet: Wie können an einer Steilküste wie dieser die Fischer ihre Boote zu Wasser lassen? Hier wird es vorgemacht mit Hilfe eines altertümlichen Krans. Per Muskelkraft werden die Boote in Schlaufen gezogen, die am Ausleger eines Krans mit Handkurbel hängen; die Bootsbesatzung steigt ein, wird im Boot hochgehievt, über das Wasser geschwenkt und vorsichtig auf den Wellen abgesetzt. Obwohl mit EU-Mitteln eine neue Hafenanlage gebaut worden ist, in der dieses Verfahren nicht mehr erforderlich wäre, meiden die traditionsbewussten Fischer sie (noch) und machen's wie seit jeher.

Zweitens gibt es in Puerto Espindola eine der letzten Destillerien der Insel. Auf einer Anhöhe rechts über der Hafenbucht wird das in der Umgebung wachsende Zuckerrohr zu Rum verarbeitet. *Aguardiente*, den Tresterschnaps, brennt man gleich nebenan. Wenn die Pforten geöffnet sind, schauen Sie ruhig hinein. Zwar ist niemand auf Besucher eingestellt, aber man lässt Sie einen Blick auf die wie eine mittelalterliche Alchimistenküche wirkende Destillerie werfen.

• *Verbindung* Wie San Andrés. Mit dem eigenen Fahrzeug oder zu Fuß finden Sie Puerto Espindola 2 km nördlich von San Andrés.

Essen **Mesón del Mar**, direkt am Hafen. Sehr schönes, im kanarischen Stil gebautes, neues Haus. Selbstverständlich ist, dass immer frischer Fisch serviert wird. Negativ ist höchstens, dass die Aussicht vom schnuckeligen Balkon von Betonquadern, die als Wellenbrecher dienen, versperrt wird. Positiv ist hingegen, dass die Fischpreise trotz örtlichem Monopol nicht über dem Durchschnitt liegen. Hauptgerichte zwischen 5 und 9 €. Di geschlossen, sonst 13–18 und 19–23 Uhr.

Meson del Mar in Puerto Espindola

Lorbeerwald von La Galga

Weniger bekannt als der Lorbeerwald von Los Tilos ist der südlich davon liegende Lorbeerwald oberhalb des Ortes La Galga. Der Name für den Ort und die Schlucht bedeutet nicht etwa „Galgen", sondern „schmale Felswand". In der Schlucht und zu deren Talschluss (*cubo*) kann man herrliche, wenig begangene Spaziergänge und Wanderungen machen. So spektakulär wie die Wanderungen im Barranco de Agua von Los Tilos sind sie allerdings nicht.

Im Ort lohnt ein Abstecher zum **Mirador de San Bartolomé**, der einen tiefen Blick in die Schlucht und einen weiten Blick über die Küste ermöglicht (ausgeschildert).

Anfahrt La Galga liegt an der LP 1 Santa Cruz – Barlovento. Mit Bus, Linie 2 Santa Cruz–Barlovento, zu erreichen.

Essen **Los Roques**, im nördlichen Nebenort Los Galguitos. Das riesige Lokal an der Durchfahrtsstraße überrascht mit venezolanischen Spezialitäten, z. B. mit Pasticho, einer Lasagne-Variante, oder Pabellon, einem Reis-Bohnen-Rindfleisch-Gericht. Aber auch Lamm- und Ziegengerichte sind empfehlenswert. Mithin ein interessantes Angebot zu attraktiven Preisen. 10–24 Uhr, Mo geschlossen. ✆ 922 450416.

Asterio, an der Landstraße zwischen Puntallana und La Galga. Großes, bei den Einheimischen beliebtes Ausflugslokal. An den Wochenenden ist es zur Mittagszeit sehr voll. Hier wird typisch palmerische Kost zu typisch palmerischen Preisen angeboten.

Spaziergang in die Schlucht

6 km, +/– 100 m, 1,5 Stunden. Einfacher, schöner Weg die Schlucht hinauf und wieder hinunter.

Ausgangspunkt: LP 1 vor dem zweiten Tunnel nördlich von La Galga, dort parken.

Wegbeschreibung: Vor dem Tunnel biegt ein Weg auf den Schluchtgrund. Sie gehen die Schlucht hinauf, die im weiteren Verlauf immer grüner und uriger wird, unterqueren ein Aquädukt und überquere im oberen Verlauf mehrfach das Bachbett. Nach 40 Minuten auf diesem Weg biegt in einer Kurve, Sie haben gerade das Bachbett überquert, ein Weg nach links ab, es geht aber auf dem Hauptweg geradeaus. Nach 2 Minuten biegt ein weiterer Weg nach links ab, er ist mit einem Drehkreuz versperrt. Wenn Sie einen der typisch palmerischen Wasserstollen kennen lernen wollen, machen Sie hier einen Abstecher (15 Minuten zusätzlich).

Abstecher: Nach 5 Minuten erreichen Sie zwei Häuschen, rechts davon führt ein Stollen in den Berg. Ein Lichtschimmer zeigt an, dass Sie ihm ca. 100 m auch ohne Taschenlampe folgen können. Dort öffnet sich der Stollen, und Sie können nach links in eine Nebenschlucht schauen. Der weitere Stollen ist versperrt.
Zurück auf dem Hauptweg, erreichen Sie nach wenigen Minuten eine Lichtung mit einem rostigen Metallgerüst. Ein schönerer Rastplatz liegt aber einige hundert Meter weiter: eine Wiese neben einem Felsüberhang. Zurück nehmen Sie denselben Weg.

Puntallana

Zahlreiche, nicht mehr bestellte Terrassen in der Umgebung von Puntallana zeugen vom einstigen Reichtum dieser Gegend, denn Sie fahren durch die ehemalige Kornkammer La Palmas. Heute lohnt der Getreideanbau nicht mehr, weil auf den Terrassen keine Maschinen eingesetzt werden können.

Gerade zehn Prozent der Flächen rund um Puntallana werden noch landwirtschaftlich genutzt, größtenteils zum Bananenanbau in Küstennähe. Den höchsten Anteil am Gemeindeland nimmt auch hier der Wald ein. Der Lorbeerwald bei La Galga steht dem von Los Tilos in nichts nach.

Verwaltungssitz der fünf Dörfer umfassenden Gemeinde ist *San Juan de Puntallana*. Der spröde Charme des Straßendorfs kann auch nicht durch die leidlich gelungene Anlage von Plaza, Rathaus und Schule aufgebessert werden. Die Pfarrkirche San Juan Bautista, die mit EU-Mitteln restaurierte Casa Luján und die Quelle San Juan lohnen das Abbiegen in den alten Ortsteil. Sehenswert in der Kirche ist die Deckenkonstruktion im Mudéjarstil. Die Casa Luján ist besonders dann anschauenswert, wenn man einen Einblick in das bäuerliche Leben des 19. Jh. erhalten möchte.

• *Anfahrt* Die verschiedenen Ortsteile Puntallanas liegen an der LP 1 zwischen Santa Cruz und Barlovento, so dass jeder Ort mit jedem Bus in Richtung Norden erreicht werden kann.

• *Übernachten* In Puntallana gibt es bislang nur Einzelvermietungen im Rahmen des Turismo-rural-Projektes, siehe Seite 49/50.

Sehenswertes

Casa Luján: Der Gutshof unterhalb der Kirche wurde mit EU-Mitteln zu einem kleinen volkskundlichen Museum nebst Aula und Verkaufsraum für Kunsthandwerk umgebaut. Das Haus, einst als Rathaus und zur Zeit des Faschismus gar als Gefängnis benutzt, war im vorletzten Jahrhundert als Gutshof erbaut worden. Die liebevolle Restaurierung von Salon, Speise- und Schlafzimmer sowie der Küche vermittelt einen Eindruck vom großbäuerlichen Lebensstil des 19. Jh. Allerdings gibt es keine Hintergrundinformationen und Beschriftungen, man erhält aber einen kleinen Prospekt.

Öffnungszeiten Täglich 10–13 und 16–18 Uhr, Eintritt frei. Beim letzten Check war die Casa Luján geschlossen, sie sollte aber wieder eröffnet werden

Fuente San Juan: Unterhalb vom neuen und alten Ortszentrum liegt im Talschluss in einer großen, begehbaren Felsspalte die hübsch eingefasste Quelle. Ein romantischer, grüner, mit Farnen bewachsener Ort.

Üppige Farnfelder wachsen im Lorbeerwald

Anfahrt zu beiden Punkten Unterhalb der Kirche führt eine Betonpiste, ausgeschildert mit „Fuente San Juan", bis kurz vor die Quelle. Vorher aber weist ein Schild den Fußweg hinauf zur Casa Luján.

Außerhalb des Ortes

Calderón Cerámica, Töpferwerkstatt und Verkaufsraum. Gearbeitet wird sowohl im Stil der Ureinwohner ohne Drehscheibe und mit eingeritzten Mustern – das Ergebnis sind feine, schwarze Gefäße – als auch in einem ganz eigenen kreativen Stil. Hübsch sind die vielfältigen Teekannenvariationen.

Öffnungszeiten Mo–Fr 10–14 und 16–20 Uhr, Sa und So 10–14 Uhr. Anfahrt: Von der LP 1 nördlich von Puntallana, dem Zeichen Töpferei folgen.

Baden: Lokalpatrioten, darunter auch solche mit deutschem Pass, loben die *Playa Nogales* als einen der schönsten Inselstrände. In der Tat finden Sie nirgendwo auf der Insel einen feineren Sandstrand, und die rötliche Felsenküste gibt eine herrliche Kulisse für einen schönen Strandtag. Den muss man sich allerdings mit einem herrlichen Abstieg an der Felsenküste erarbeiten (ausgebauter Weg mit vielen Treppen), so dass sich nur wenige hierher verirren. Die Sonne verschwindet am frühen Nachmittag hinter einer Felswand. Die vor allem im Winterhalbjahr heftige Brandung ist auch nicht ganz ungefährlich, also Vorsicht.

Anfahrt Sie fahren nach Puntallana hinein und folgen im Ort der ausgeschilderten Abzweigung neben der Bar Halley. Nach 2 km ausgebauter Straße zweigt vor einer Rechtskurve eine schmale, ebenfalls ausgeschilderte Straße nach links unten ab, auf der Sie zwei Wegweiser finden. Hinter dem zweiten Schild folgen Sie nach rechts der Straße, die derzeit an einer Leitplanke direkt über der Steilküste endet. Von hier aus können Sie nur noch zu Fuß weiterkommen. Allerdings wird noch an der Straße gebaut. Gut 15 Minuten Fußweg liegen jetzt zwischen Ihnen und dem Meer, wenn Sie zunächst eine Kehre auf einer Erdpiste und dann den durch Geländer gut befestigten Treppenweg nehmen, der Sie zum Strand hinunterführt. Eine zweite, ebenfalls ausgeschilderte, aber längere und unangenehmere, weil steile und enge Abfahrt zweigt 3,8 km hinter Puntallana von der Hauptstraße Calle Viña grande ab.

Nordosten
Karte Seite 189

Die Cumbres

Die Höhenzüge der Cumbre Nueva (neuer Höhenzug) und der Cumbre Vieja (alter Höhenzug) bilden gemeinsam mit den Nordostwänden der Caldera die Klimascheide der Insel. Sie trennen La Palma in eine Ost- und Westseite.

Die Cumbres sind die Barriere für die Wolken, die der beständige Passat aus Nordosten mit sich führt. Sie machen den Westen der Insel zur Sonnenseite und gleichzeitig zur trockeneren Hälfte. Im „Winter“, in den Monaten November bis April, gelingt es den Wolken häufig, die niedrigere Cumbre Nueva mit ihren 1200 bis 1400 m zu überwinden.

In der Vergangenheit trennten die Cumbres nicht nur die Klimazonen voneinander, sondern auch die Menschen. Die von der anderen Seite waren auch die Anderen, mit denen man kaum verwandtschaftliche oder freundschaftliche Kontakte hatte, mit denen man gar in Konkurrenz lag. Die Tunnel, die inzwischen die Cumbre Nueva durchqueren und damit das Kernstück der Verbindungsstraße von Santa Cruz nach Los Llanos bilden, haben zwar eine schnellere Verbindung zueinander geschaffen, alte Vorbehalte aber nicht beendet. Im Wettbewerb „Wer hat die Nase vorn?“, die traditionsreiche Inselhauptstadt Santa Cruz oder das aufstrebende Zentrum des Westens, gewinnt immer häufiger Los Llanos. Verärgert waren die Einwohner von Santa Cruz, als ausgerechnet im Jahr 1990, dem Jahr, in dem wie alle fünf Jahre die größte Fiesta der Insel in Santa Cruz stattfand, dass ausgerechnet in diesem Jahr die Bürger von Los Llanos die erste Verkehrsampelanlage der Insel installierten! Im Verkehrswesen bildet Santa Cruz weiterhin das Schlusslicht. Während man sich in Santa Cruz erst 1994 entschließen konnte, wenigstens einen Straßen-

Cumbre: ein Erlebnis bei jedem Wetter

abschnitt als gemeinsamen Ausgangspunkt für alle Buslinien zu wählen, hat Los Llanos schon seit 1991 einen zentralen Busbahnhof. Als 2006 die Pläne für einen Autobahnabschnitt zwischen El Paso und Los Llanos bekannt wurden, ging die Modernisierung des Verkehrs aber selbst den Menschen auf der Westseite zu weit. Bürgerinitiativen verhinderten, zumindest vorläufig, die Vorbereitungsarbeiten in El Paso und Los Llanos. Allerdings waren die Menschen auf der Westseite sauer, als das neue Krankenhaus oberhalb von Santa Cruz gebaut wurde und nicht auf ihrer Seite, obgleich der Westen mehr Einwohner hat. Die Cumbres, obwohl Grund für diese Neidereien, liegen ganz unschuldig in der Inselmitte und sind ein Eldorado für Natur- und Wanderfreunde.

Cumbre Nueva

An keiner Stelle der Insel lassen sich die unterschiedlichen Klima- und Vegetationszonen La Palmas so gut beobachten wie im niedrigsten Teilstück der Gebirgsketten, der schmalen Cumbre Nueva. Folgende geradezu klassische Situation kann der Reisende auf einer Fahrt von Osten nach Westen und durch den alten Tunnel erleben:

In engen Serpentinen windet sich die Straße die Cumbre hoch. Die steilen Hänge zu beiden Seiten sind voller Brezo, der hoch wachsenden Erika, und Faya, ihrem unvermeidlichen Begleiter mit den glatten, dunklen Blättern, sowie verschiedener Lorbeerbaumarten. Am Boden stehen dicht an dicht feuchtigkeitsliebende Sträucher und Blumen. Mit zunehmender Höhe wird es kühler, die Feuchtigkeit verdichtet sich zu Nebel. Kurz vor dem Tunnel wird er so dicht, dass manches Mal Nebelscheinwerfer angeschaltet werden müssen. Dann folgt die trotz inzwischen installierter Beleuchtung immer noch etwas abenteuerliche Tunneldurchquerung. Von

Cumbres
Karte Seite 210

oben tropft es, an den Wänden läuft das Wasser herunter. Aber je näher das Tunnelende kommt, umso heller wird es. Die Sonne schickt ihre Strahlen voraus. Vor dem Tunnelausgang breitet sich dann die sonnendurchflutete Landschaft aus. Durch lichte Kiefernwälder geht es in sanften Schwüngen hinunter in Richtung El Paso.

Noch ein Naturschauspiel hat die Cumbre Nueva zu bieten: die *Cascada*, den Wasserfall. Der besteht aber nicht aus Wasser, sondern aus Wolken. Wenn es dem Passatwind gelingt, die Wolken direkt über den Grat der Cumbre zu schieben, fallen sie auf der Westseite herunter. Vielleicht 200 oder 300 m tief, dann werden sie in den wärmeren Luftschichten aufgelöst. Die endlos nach unten stürzenden Wolken, die scheinbar im Nichts verschwinden, gleichen tatsächlich einem riesigen, weißen Wasserfall.

Für den Wanderer ist es allerdings besser, wenn die Wolken da bleiben, wo sie hergekommen sind, im Nordosten nämlich. Denn erst dann lohnt es sich, den Cumbre-Grat entlang zu wandern. Grandiose Ausblicke auf die Ost- und Westseite der Insel, auf die Cumbre Vieja und in den Kessel der Caldera de Taburiente bieten sich auf einem bequemen Weg (s. Wanderung 17, S. 225).

Cumbre Vieja

Die Cumbre Vieja, der alte Höhenzug, macht seinem Namen keine Ehre. Er ist der jüngste vulkanische Teil des gesamten Archipels.

Der 14 km lange Höhenzug wird durch 120 Vulkane gebildet. Sieben Vulkanausbrüche wurden seit 1493 registriert, davon vier allein in den letzten 50 Jahren. Am Ende dieser Reihe steht der erst 1971 ausgebrochene *Teneguía* an der Südspitze der Insel.

1470/1492 (die Spanier und ihre Chronisten waren noch nicht auf der Insel, deshalb keine genauere Angabe) brach die *Montaña Quemada* (verbrannter Berg) am nordwestlichen Ende der Cumbre Vieja aus und schickte ihren Lavastrom in Richtung Meer.

1585 eruptierte etwas weiter unterhalb der *Tahuya* (Name aus der Sprache der Urbevölkerung). Seine Lava bedeckte einen Teil des südwestlichen Gemeindegebietes von El Paso.

1646 schob der Vulkan *San Martín* seinen gelbroten Kegel im Süden auf den Grat der Cumbre Vieja und bildete, nach Osten ausbrechend, den *Monte de Luna*, den Mondberg.

Zwischen **1676** und **1678** brodelte der *San Antonio* im Süden direkt unterhalb von Fuencaliente, auf dessen kreisrunder Krateröffnung man heute gefahrlos spazieren kann.

1712 versetzte der Ausbruch des *El Charco* (die Pfütze) die Bevölkerung rund um El Paso erneut in Angst und Schrecken.

1949 war das Jahr mit den meisten vulkanischen Aktivitäten. Es begann am 24. Juni, dem Johannistag. Oberhalb des Dorfes San Nicolás öffnete sich eine Spalte, glühende Lava wälzte sich den Westhang hinab. Am selben Tag eruptierte auch der alte Krater *Duraznero*, auf dem Grat der Cumbre Vieja, seine Lava floss nach Osten ab. Anfang Juli wurden aus dem ebenfalls alten Krater *Hoyo Negro* (schwarze Grube) Steine und Asche geschleudert. Aus dem *San Juan*, der neue Vulkan wurde nach seinem Geburtstag benannt, floss bis September Lava bis über die Steilküste hinunter zum Meer. Dort bildete sie bei ihrer Erstarrung neues Land, auf dem sich jetzt nicht nur Bananenplantagen befinden, sondern auch Strände wie die Playa Nueva.

... wenn die Passatwolke wie ein Wasserfall über die Cumbre schwappt

Obwohl der Lavafluss oberhalb des Ortes San Nicolás begann, verschonte er, bedingt durch die Geländestruktur, den Kern des Dorfes. Er zog geradezu einen Bogen um das Zentrum und zerstörte „nur“ einige Gehöfte am Dorfrand sowie nahezu zwei Dutzend meist leer stehende Häuser in Las Manchas de abajo, um dann zum Meer zu fließen. Tote waren nicht zu beklagen, denn die Bevölkerung war durch vorangegangene Erdstöße gewarnt worden. In San Nicolás wurde zum Dank für die Rettung des Dorfes auf dem Lavafluss ein Altar für die Jungfrau Maria errichtet. Hier beginnt jedes Jahr im September die Fiesta mit einer Prozession und einer Messe.

Diesen eindrucksvollsten Lavafluss La Palmas kann man von verschiedenen Straßen aus betrachten, z. B von der Verbindungsstraße von El Paso nach San Nicolás oder von der zwischen Los Llanos und Fuencaliente – hier wurde die Straße 2 m tief in die Lava gegraben – oder auch zwischen San Nicolás und Todoque, einer Strecke, die weitgehend auf dem Vulkanfluss erbaut ist.

1971 eruptierte der jüngste Vulkan des Archipels, der *Teneguía*, benannt nach dem heiligen Felsen der Urbevölkerung, dem *Roque Teneguía*. An diesem war eine heilkräftige heiße Quelle entsprungen, die allerdings bereits mit dem Ausbruch des San Antonio 1676 verschüttet worden war.

Der Vulkan Teneguía brach zunächst mit sechs nebeneinander liegenden Öffnungen direkt unterhalb des San Antonio bei Fuencaliente aus. Noch immer dringen aus seinen Spalten heiße, schwefelige Dämpfe, in denen, wer mag und eine Pfanne dabei hat, Eier oder Bananen braten kann. Den besten Blick auf diesen jüngsten Vulkan hat man vom San Antonio aus. Der Ausbruch des Teneguía brachte übrigens eine Neuheit nach La Palma: den ersten Charterflug. Lehrer, Schüler und Eltern der deutschen Schule von Teneriffa hatten einen Flieger gemietet, um den Vulkanausbruch hautnah mitzuerleben.

Cumbres
Karte Seite 210

Die Vulkangipfel der Cumbre Vieja erreichen fast 2000 m Höhe. Sie ragen damit über die Vegetationszone hinaus. Sie zu erwandern – nur für Leute mit Kondition zu empfehlen – gehört zu den eindrucksvollsten Erlebnissen, die La Palma zu bieten hat. Bizarre Landschaften, geformt aus Feuer, Schlacke und Asche, in Schwarz, Rot und Gelb kontrastieren mit den riesigen, grünen Kiefernwäldern und dem Blau des Meeres darunter (siehe Wandervorschläge 21 und 22).

Die Pinie ist ein Überlebenskünstler

La Palma gilt zu Recht als die Waldinsel der Kanaren – mehr als 40 Prozent seiner Oberfläche sind mit Wald bedeckt. Und der mit Abstand wichtigste und am weitesten verbreitete Baum ist die einheimische Kanarische Kiefer (Pinus canariensis). Dreiviertel des palmerischen Baumbestandes werden von diesem Überlebenskünstler gestellt.
Sie wächst auf humusarmem, selbst steinigem Boden bis zur Baumgrenze von 1800 m Höhe. Man trifft die Kanarische Pinie fast überall auf La Palma. Bis zu 30 m hoch können die Baumriesen werden, mit einem Stammdurchmesser von bis zu 2 m. Der immergrüne Baum ist der Hauptverantwortliche, wenn man La Palma die grüne Insel, La Isla verde, nennt. Ein Anpassungskünstler an die klimatischen Bedingungen der Insel ist die Pinie allemal. Immer mehr erweist sie sich zusätzlich als Überlebenskünstler. Hier einige ihrer großartigen Fähigkeiten:

Ihre bis zu 30 cm langen Nadeln wachsen immer in Büscheln zu dritt. Damit kann die Pinie wie kein anderer Baum die Wolken und Nebelschwaden, die der Passatwind an ihr vorbei treibt, „melken". Man hat im Waldboden unter den Pinien dreimal mehr Wasser gemessen als unter anderen Bäumen.

Die außerordentlich dicke, mehrfach geschichtete Rinde wirkt nicht nur gegen Feuchtigkeitsverluste, sondern verhindert auch, dass bei den häufigen Waldbränden die Flammen durch die Rinde an das Holz dringen. Der Baum, dessen Kern, das so genannte *Tea-Holz*, zudem besonders harzreich ist, verbrennt deshalb auch bei heftigstem Feuer selten. Wenn er noch so schwarz aussieht, unter der angekohlten Fläche lebt er weiter.

Dass die Pinie die Waldbrände meist überlebt, verdankt sie einer weiteren, besonderen Eigenschaft: Sie kann selbst nach einem Brand, bei dem sie ihre Äste verloren hat, direkt am Stamm wieder ausschlagen. Achten Sie einmal bei Ihren Wanderungen oder Fahrten durch Kiefernwälder darauf – aus kohlschwarzen Stämmen dringt frisches Grün.
Diese relative Feuerfestigkeit verdankt die Pinie sicher der vulkanischen Geschichte der Kanaren. Wie sonst hätte sie sich gegen die zahlreichen Vulkanausbrüche schützen, wie sonst überleben können?

Noch ein Wort zu den herab gefallenen Kiefernnadeln. Sie versäuern den Waldboden und verhindern so einen üppigen Unterwuchs. Sie finden deshalb in den Kiefernwäldern fast nur die rosafarbene, im April bzw. Mai blühende *Zistrose*, die weiß blühende Tagaste und die Sträucher des ebenfalls im Frühjahr blühenden Codeso. Er setzt dann leuchtend gelbe Akzente.
Auch für den Wanderer kann der glatte Teppich aus Kiefernnadeln ungünstig sein; man rutscht leicht auf ihm aus.

El Paso am Eingang zur Caldera

Wer es weniger anstrengend mag, dem bieten die Hänge der Cumbre Vieja auch leichtere Wandermöglichkeiten. Der Westhang, vollständig mit Kiefernwäldern bedeckt, und der Osthang, der die gleiche Vegetation wie die Cumbre Nueva aufweist, sind jeweils auf Forstpisten zu erwandern.

El Paso

Der Durchgang, der Pass, der Weg und noch viele andere Bedeutungen hält das Wörterbuch für „El Paso" bereit. Eins machen alle Übersetzungen deutlich – man kann El Paso nicht verfehlen.

Auf halbem Weg von Los Llanos zur Cumbre liegt der Ort. Entsprechend leicht können Sie ihn erreichen: Der Bus von Santa Cruz nach Los Llanos hält hier. Auch per Mietwagen, Moped oder Fahrrad führt Ihr Weg immer über El Paso.

Ein Straßendorf ist El Paso deshalb noch lange nicht. Dank der mangelnden Voraussicht früherer Straßenbauer – denen reichte es, wenn zwei bepackte Maultiere aneinander vorbeikamen – musste, als das Automobil auch auf La Palma seinen Siegeszug antrat, eine Umgehungsstraße gebaut werden. Die führt am Ortsrand vorbei und lässt den Ortskern unberührt und unversehrt. Die alte Straße, jetzt asphaltiert, gibt es immer noch, zur Freude von Liebhabern steiler Bergstraßen. Sie führt über das Zentrum von El Paso in gerader Linie hinunter, an alten Höfen und schön restaurierten Häusern vorbei, direkt nach Los Llanos.

Cumbres
Karte Seite 210

Information/Verbindungen/Einkaufen (siehe Karte S. 216)

• *Information* Im Frühjahr 2007 war das hübsche Häuschen unterhalb von Busstation und Stadtpark fertiggestellt, sein Eröffnungstermin als **Touristeninformation** stand aber noch nicht fest.

Infocenter La Palma, Informationsbüro und Anlaufstelle für Touristen (geöffnet 9–20 Uhr). Es wartet mit einem breiten Angebot

auf: einem Bistro mit kleinen, feinen Gerichten, gleichzeitig ein Internetcafé, Kunstausstellungen und einem breiten Angebot von Reiseführern, Landkarten, Kochbüchern, Postkarten, deutschen Zeitungen und Briefmarken. Daneben werden sportliche Aktivitäten wie Biken, Reiten, Tauchen, Wandern, Angeln und Bootsausflüge vermittelt. Man kann über das Infocenter Autos und Apartments mieten. An der LP 3, am Ortsausgang Richtung Los Llanos, ✆ 922 497468, www.la-palma.com.

Auch in Berlin ist das Infocenter aktiv: ✆ 030/89748979, info@la-palma.com.

• *Verbindungen* **Bus-Linie 1**, Los Llanos – Santa Cruz, Haltestelle, am Stadtpark.

Taxistand, in der Avenida José Antonio, ✆ 922 485003.

Mietwagen: Auto Narki **(2)**, ✆ 922 485335, www.autosnarki.com. Rent a car Hermosilla, ✆ 922 402203, mobil 639 110545, www.hermosilla-car.de.

• *Einkaufen* **El Campo (9)** und **Alegria (1)**, Naturkostläden, in denen neben den üblichen abgepackten Produkten, Obst und Gemüse von La Palma, frisches Vollkornbrot und Kuchen, frische Biomilch und -joghurts, biologisches Fleisch und Naturkosmetik angeboten werden.

Centro de Ahorro, eines der größten Einkaufszentren der Insel, mit Supermarkt. Geöffnet von 8–20 Uhr.

La Tarta (6), ein Laden für Leckermäuler. Martina backt Torten nach deutschen und spanischen Rezepten. Wer es nicht süß mag, hält sich an die Quiches und Gemüsekuchen, die täglich frisch aus ihrer Backstube kommen. Vollkornbrot und Brötchen sind auch im Angebot.

Sorpresa (8), Boutique für Kunsthandwerk und Souvenirs. Hier gibt es Schönes zum Anziehen und Hinstellen aus Keramik, Lavastein, Leder, mit Pflanzenfarben gefärbte Seide und ein großes Angebot an Wanderkarten und Reiseführern.

Übernachten

Pension La Tienda (4), etwas oberhalb vom Ortszentrum frönt Siglinde von Kentzingen ihrer liebsten Beschäftigung: Gäste verwöhnen. In einem alten, restaurierten, aber immer noch nostalgisch verwinkelten Bau, betreibt sie eine Edelpension. Die Zimmer sind mit Antiquitäten eingerichtet, alle haben neue, schöne Bäder bekommen. Im

Innenhof kann man inmitten von Blumen frühstücken und danach in einer der vielen hübschen Ecken oder am Pool der mehr als 6000 qm großen Finca ausspannen, auf der es sich auch drei Esel gut gehen lassen. Zur Verfügung stehen sechs DZ (alle mit ADSL-Anschluss), eins davon rollstuhlgerecht (pro Person 25 €, bei Einzelbelegung 35 €), ein Apartment für 60 € und eine Suite mit zwei Schlafzimmern (bei Belegung mit zwei Personen 70 €). Wer möchte, kann am reichhaltigen Frühstück mit Obst aus dem Garten teilnehmen (8,50 €). La Rosa/Cruz Grande 1, 38750 El Paso, ✆/℡ 922 497342, mobil 667 534810, www.lapalma-pension.de.

Ap. Casa Elida (10), kleine Ferienhausanlage oberhalb des Ortszentrums. In einem subtropischen Garten stehen fünf Häuser im kanarischen Stil von ganz unterschiedlicher Größe. In der früheren, jetzt zu einem gemütlichen Ferienhaus umgewandelten Bäckerei können auf 110 qm bis zu sechs Personen wohnen, im kleinen Studio nur zwei Personen. Preise 35–69 € pro Haus. Calle El Pilar 3, 38750 El Paso, ✆ 922 486165, mobil 610 987344, www.casaelida.de.

Außerhalb, aber im Gemeindegebiet

Apartamentos Hermosilla, hübsche Terrassenanlage mit Pool, 6 Apartments und Bungalows, die jeweils zwei bis drei Personen Platz bieten, sowie einem Studio mit franz. Bett. Die unterschiedlich großen Bungalows haben alle Bad, Küche und liegen in einem schönen Garten. Preise je nach Größe, Saison und Personenzahl 39–52 €, Studio 35 €. Das Plus der Anlage: Im Haus kann man gleich sein Auto mieten bei Rent a car Hermosilla. Wenn man Unterkunft plus Leihwagen mietet, bekommt man einen Sonderpreis. El Paso de abajo 5, 38750 El Paso, ✆/℡ 922 485741, www.hermosilla.de.

Apartamentos La Luna Baila, im üppig blühenden Garten mit Pool gibt es vier Bungalows, ein Studio und das Haus der Familie Kaas, die sich persönlich um das Gästewohl kümmert. Die unterschiedlich großen, im kanarischen Stil erbauten und komplett eingerichteten Häuser kosten zwischen 65 und 80 € pro Tag für zwei Personen. Calle Echedey 24, 38750 El Paso, ✆/℡ 922 485997, www.lapalma-sonne.de.

Turismo rural In der ländlichen Gemeinde El Paso kann man selbstverständlich auch restaurierte, alte Bauernhäuser des Turismo rural als Ferienhäuser mieten. Adressen der Agenturen, die sich darauf spezialisiert haben, finden Sie auf S. 49/50.

Essen/Trinken (siehe Karte S. 216)

Rest. Kenya (5), zugegeben, es ist etwas schwer zu finden, aber es lohnt sich, die Suche nach El Pasos neuestem und besten Restaurant aufzunehmen. Im alten oberen Ortsteil haben Charo und ihre Kinder eine alte Villa restauriert und mit großer Terrasse ausgebaut. Innen wird in mehreren kleineren Räumen gegessen, (abgeschlossener Nichtraucherbereich), im oberen Teil ist eine gemütliche Cocktailbar entstanden, dem Namen entsprechend afrikanisch dekoriert. Jede Speise wird in der Küche frisch zubereitet, auch die Nachspeisen und Torten sind hausgemacht. Aus der Küche kommen spanische und internationale Gerichte und eigene Kreationen. Umfangreiches Angebot an Vorspeisen (2,50–3€), Hauptgerichte an die 8 €, Filet mit verschiedenen feinen Soßen ab 18 €. Öffnungszeiten Di–Sa 12–24 Uhr, So 12–17 Uhr, Calle La Rosa 49, ✆ 922 486522. Anfahrt: Sie fahren an der LP 3 in die gegenüber dem Rest. La Cascada liegende Calle Ungrafir, folgen ihr an der folgenden Kreuzung versetzt geradeaus und an deren Ende rechts in die Calle La Rosa.

Tasca Barbanera (3), gemütliches kleines Restaurant. Hinter dem Wort *Tasca* – Kneipe – verbirgt sich eine Untertreibung, denn hier steht einer der Fernsehköche La Palmas am Herd und bereitet am liebsten kanarische und spanische Leckereien (Tapas) zu. Es gibt aber auch große Gerichte. Zu den Essenszeiten am Wochenende meist voll mit Ortsbewohnern (Lärmpegel!). Der Service entspricht nicht der Qualität der Speisen. Öffnungszeiten: 10–24 Uhr, Mo geschlossen. Avenida José Antonio, gegenüber der Casa de la Cultura, mobil 665 978361.

Tasca Catalina (11), als Geheimtipp inzwischen so bekannt, dass es ratsam ist, vor dem Besuch Plätze reservieren zu lassen. Im rustikalen Innenraum oder auf der Terrasse isst man ausschließlich iberische Tapas. Mit dem üblichen Imbiss haben sie aber allerdings nur den Namen gemeinsam. Hier werden sie frisch zubereitet und sind von hoher Qualität und Vielfalt. Täglich 17–23 Uhr, Fr und Sa bis 24 Uhr.

Cumbres
Karte Seite 210

Überwiegend deutsche Gäste. Unterhalb des Ortszentrums, an der Straße nach Los Llanos ausgeschildert, Calle Miramar, ✆ 922/486569.

Adagio (7), an der Durchgangsstraße in Richtung Cumbre. Hier fühlen sich Urlauber fast wie zu Hause beim Italiener. Die Pizza aus dem Holzkohleofen wird auf der ganzen Westseite gelobt. Auf der Speisekarte sind auch Fisch- und Fleischgerichte. Gemütlich mit gutem Blick sitzt man im Wintergarten. 12.30–15 und 18–23 Uhr, Mi Ruhetag.

La Cascada, ein gemütliches Lokal mit großem Schankraum, daneben aber auch kleine Separées, in denen deftige palmerische Kost auf den Teller kommt. Das Lokal ist bei Palmeros sehr beliebt. Besonders zu empfehlen sind die Fleischportionen vom Grill (Preise nach Kilo), die Hähnchen (pollos) und der hausgemachte Flan. Vorspeisen 2,50–4,50 €, Hauptgerichte ab 8 €. Öffnungszeiten 8–23 Uhr, So 10–23 Uhr, Do geschlossen, an der LP 3 oberhalb von El Paso.

Sehenswertes

Knapp 7500 Einwohner zählt El Paso und gehört damit zu den bevölkerungsreichsten Gemeinden. Die meisten Menschen wohnen auf dem Lande und längs der alten Verbindungsstraße, die von der Cumbre Nueva über El Paso nach Los Llanos und weiter bis Tazacorte führt. Das Ortszentrum hat sich um die Kreuzung alte Landstraße/Avenida José Antonio gebildet, an der alle öffentlichen Gebäude stehen: das Rathaus, die Schule, das Kulturzentrum, die Mehrzweck-Plaza (mal Schulsportplatz, mal Konzertsaal unter freiem Himmel), ein kleiner Stadtpark im kanarischen Stil, Banken, etliche Läden und Bars. Die Kirche, **Iglesia de Bonanza**, steht einen Straßenzug weiter oberhalb. Ihr auffällig hoher Glockenturm schlägt die Stunde im Big-Ben-Sound. Ansonsten ist sie eher ein belangloser Bau aus den dreißiger Jahren des 19. Jh. Immerhin hat man den Kirchenplatz wie eine Terrasse angelegt, die einen weiten Blick bis hinunter zur Küste bietet. Auch wenn Sie die Kirche nicht besuchen möchten, sollten Sie von der Avenida José Antonio die Calle Manuel Taño hinaufgehen und einen Minirundgang durch El Paso machen.

In einem der schönen alten Gebäude auf der rechten Seite befindet sich das **Seidenmuseum Las Hilanderas**. Hier kann man nicht nur Ausstellungsstücke und Schautafeln anschauen. In diesem Museum wird gearbeitet. Alle Schritte der Herstellung, vom Abwickeln der feinen Fäden vom Kokon bis zum Nähen z. B. von Krawatten, kann man live mitverfolgen. Alles ist Handarbeit und deshalb haben die Produkte, die man an Ort und Stelle auch erwerben kann, stolze Preise.
Auf La Palma, mit Zentrum in El Paso, hat die *Seidenraupenzucht, Seidenherstellung* und *-verarbeitung* Tradition. Bevor preiswertere Seide aus China den europäischen Markt eroberte, belieferte La Palma die europäischen Höfe. Das Gewerbe war ein entscheidender Wirtschaftsfaktor, auf der Insel standen mehr als 3000 Webstühle. Die vielen Maulbeerbäume (*Moras*, sie sehen wie gedrungene Linden aus, die Blätter sind größer), die in der Gemeinde El Paso immer noch am Straßenrand stehen, erinnern daran.

Öffnungszeiten Mo–Fr 10–13 Uhr, Di und Do 17–19 Uhr, Eintritt 2,50 €, Kinder bis 14 Jahre frei. Calle Manuel Taño 6.

Die Vorläuferin der großen Kirche, die kleine **alte Iglesia de Bonanza** aus dem 17. Jh., ist ein wahres Schmuckstück kanarischer Architektur. Sie steht an der Kreuzung hinter dem Seidenmuseum und erstrahlt im Glanz ihrer restaurierten Fassade. Es gibt wohl kein vergleichbar reichhaltig verziertes Mauerwerk auf den Kanaren, zumindest nicht auf La Palma. Gegenüber, erkennbar an der Heiligenfigur auf dem Dach, steht das Gebäude der ersten **Tabakfabrik** El Pasos. Wenige Schritte weiter finden Sie dann die neue Kirche, mit ihrem aussichtsreichen Platz.

Die Laus im Lippenstift

Warum sind so viele Opuntien auf La Palma mit einem weißen, wie Schimmel wirkenden Belag bedeckt? Das ist die Cochenille-Schildlaus, die einen einst begehrten karminroten Farbstoff liefert. Probieren Sie es selber einmal aus: Streifen Sie ein wenig „Schnee" ab, zerdrücken ihn auf einem Blatt Papier oder – besser noch – kochen ihn später auf. Sie werden überrascht sein über das kräftig leuchtende Rot.

Mit diesem Farbstoff wurde ehedem viel Geld verdient. Die Opuntie, auch Feigenkaktus (seine Früchte sind essbar), wurde eigens im 16. Jh. aus Mexiko eingeführt, um die Cochenille (auch Koschenille) zu züchten. Farbgewinnung war auf den Kanaren schon immer ein lohnender Wirtschaftszweig. Jean de Béthencourt, der erste Eroberer der Kanaren, war auch Färbereibesitzer und wurde nicht zuletzt von der Färberflechte auf den Kanaren angelockt, die ein vortreffliches Violett abgab.

Aber erst im 19. Jh. ging man auf La Palma an die gewerbsmäßige Nutzung der Cochenille. Ihre Zucht auf der Opuntie, die auch auf steinigen Böden wächst, ist einfach und erlaubte die Zuarbeit von Frauen und Kindern – aus damaliger Sicht ein Produktivitätsgewinn. Drei bis vier Kilogramm – das sind rund 500.000 Läuse – streift der Erntearbeiter pro Tag von den Opuntien. Wobei der eigentliche Farbstoff aus den Larven kommt, dem „Schnee". Sie werden gekocht oder auf heißen Blechen geröstet. Der Rotton der Karminsäure ist durch Zusatz verschiedener Chemikalien in Hellrot oder Scharlachrot variierbar.

Das große Geschäft mit der Schildlaus war die Verarbeitung als Farbstoff für Wolle und Seide; die Seidenproduktion spielte vornehmlich in El Paso lange eine beherrschende Rolle. Als jedoch 1862 mit der chemischen Herstellung von Anilin-Farben begonnen wurde, war die Cochenille-Zucht bald nicht mehr lukrativ – um 1880 brach der Wirtschaftszweig auf La Palma zusammen. Heute wird Farbgewinnung aus der Laus nur noch vereinzelt, vor allem auf Lanzarote, betrieben. Aber wenn das Umweltbewusstsein auch in Bezug auf Chemiefarben weiter wächst, könnte sogar der Naturfarbstoff der Schildlaus wieder zu Ehren kommen. Und wenn Sie von oben bis unten in Leder gewandete Kinder und Frauen durch Opuntien-Felder streifen sehen – Sie wissen dann Bescheid. Auch wenn Sie Ihren nächsten Campari schlürfen oder Lippenstift auflegen – denken Sie an Cochenille: Das Rot könnte aus der Schildlaus kommen.

El Paso war immer eine reiche Gemeinde, davon zeugen die alten, prächtigen Höfe entlang der Straßen. Der Ort liegt mitten im Aridane-Tal, einem der fruchtbarsten Täler der Insel. Lange bevor weiter unten der Bananenanbau die wirtschaftliche Blüte brachte, wurden hier auf 400 bis 800 Höhenmetern Obst- und Mandelbäume gepflanzt und nicht zuletzt der beste *Tabak* der Insel geerntet. Er wächst noch immer im Kessel der Caldera, die auch zur Gemeinde El Paso gehört. Verarbeitet wird er heute noch vor Ort und in Breña Alta sowie in Santa Cruz per Hand, genau wie die Havannas. Aus Havanna stammt diese Fertigkeit auch: Heimkehrende Auswanderer früherer Jahrhunderte haben sie auf die Insel gebracht. Die Qualität dieser Zigarren, die hier *Puros* heißen, soll der der kubanischen kaum nachstehen. Im Ort

Cumbres
Karte Seite 210

verarbeiteten 300 Beschäftigte, im einzigen größeren Industriebetrieb der Insel, bis Ende 2000 Tabak zu Zigaretten der Marke „Winston“, dann wurde die Produktion nach Deutschland verlagert.

Umgebung von El Paso

Felsbildstation La Fajana: Zu den interessantesten Petroglyphenfunden (vgl. S. 180) La Palmas gehören die Sonnen und/oder möglicherweise auch einen Mondkalender darstellenden Felsbilder bei El Paso. Sie können Sie bei einem Spaziergang besichtigen oder mit dem Fahrzeug in die Nähe fahren und nur den Rest des Weges zu Fuß gehen.

• *Anfahrt* Für die Anfahrt mit dem Fahrzeug müssen Sie im Ortskern von El Paso die alte Verbindungsstraße nach Los Llanos (s. Stadtplan, S. 216) hinunterfahren. Dann der Ausschilderung nach rechts folgen, an der nächsten Einmündung links, an einer weiteren Einmündung schließlich nach rechts abbiegen. Auf der Höhe von zwei großen Flachdach-Privathäusern endet die asphaltierte Straße. Hier müssen Sie parken und zu Fuß weitergehen. Geradeaus auf einem schmalen Pfad, der an einem lang gestreckten Betonblock-Gebäude vorbeiführt. Nach wenigen hundert Metern steht links ein größeres Wohnhaus mit Palme. Sie finden den weiteren Weg mühelos, wenn Sie die Skizze anschauen.

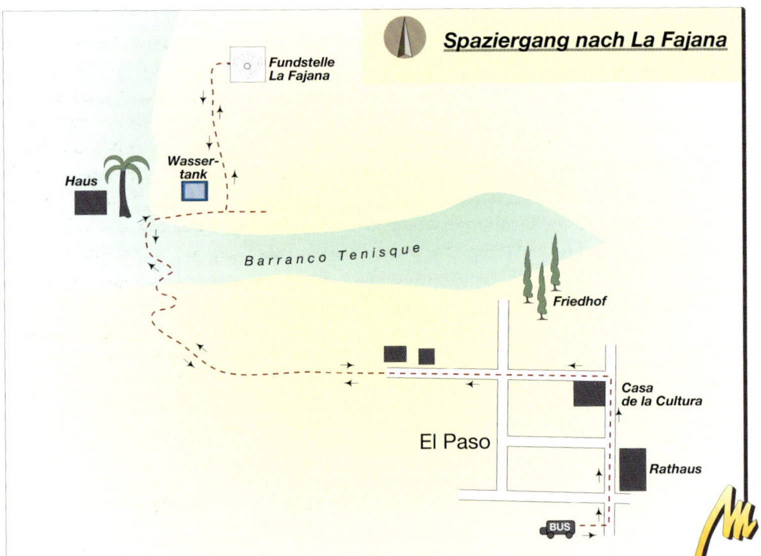

Spaziergang von El Paso zu den Felsbildfunden La Fajana

Hin und zurück 3 km, eine knappe Stunde. Leichter Weg, der keiner besonderen Vorbereitung bedarf. Feste Schuhe sind aber nötig, denn der Weg ist teilweise voller Geröll. Sie gehen von der Busstation auf der Hauptstraße von El Paso, der *Avenida José Antonio*, nach Norden, am Rathaus vorbei, weiter geradeaus und biegen an der *Casa de la Cultura* links in die *Calle Capote*. Dieser folgen Sie, bis zu den letzten

Häusern des Ortes. Hier wird die Straße zu einem steingepflasterten Weg, der hinunter zum *Barranco Tenisque* führt. Ein großes Haus mit hoher Palme erleichtert die Orientierung. Hinter dem Haus führt ein Pfad nach oben an einem Wassertank vorbei. Sie biegen bei erster Gelegenheit links ab und erreichen eine mit Metallgittern geschützte Felswand: die Fundstelle.

Mehrere Sonnendarstellungen finden sich hier, sie werden mit dem Sonnenkalender der Azteken verglichen, sind aber weniger kunstvoll. Es wird auch die Auffassung vertreten, dass hier nicht Sonnen dargestellt sind, sondern dass zumindest eine Felszeichnung einen Mondkalender zeigt, wie ihn auch die Phönizier kannten. Dafür spricht, dass die Darstellung genau 28 Strahlen aufweist. Zufall? Daneben wurden Wellenlinien und Mäandermuster, die auch Augen oder Fische darstellen könnten, in den Fels geritzt. Zurück nehmen Sie denselben Weg.

In Richtung Los Llanos

Vogelpark El Paraiso de los Aves: Den Besuch lohnen schon der üppige subtropische Garten und das Tropenhaus. Mehr als 1500 Pflanzen (250 Arten) wachsen hier, von Orchideen bis zum seltenen rot blühenden Eukalyptus. Sie bilden den schönen Rahmen für die Vögel des Parks. *Balistare* und *Molukenkakadus* gibt es hier, *Krontauben*, die bis zu 80 cm groß werden, aus Papua Neuguinea. Noch größer werden *Malabahornvögel*, sie schaffen es bis auf 1 m. Das Ziel der Besitzer ist aber nicht, gefiederte Sensationen vorzuführen, sondern vom Aussterben bedrohte Vogelarten zu retten. Gemeinsam mit anderen Zoos der Welt beteiligen sie sich an der Erhaltung und Auswilderung gefährdeter Arten. Zu dem Programm gehört der *Edwardsfasan*, der in seiner Heimat Vietnam in der freien Natur schon nicht mehr vorkommt. In der letzten Zeit werden immer häufiger Vögel aus privatem Besitz im Park abgegeben, die sich teilweise in sehr schlechtem Zustand befinden, z. B. 2006 Strauße. Selbstverständlich ist, dass alle Tiere im Park ausreichende Freiflugflächen zur Verfügung haben. Das Leben im Park gefällt auch den einheimischen Vögeln, die hier frei herumfliegen. Wer sie beobachten möchte, muss Zeit mitbringen.

Wir haben zum Vogelpark mehr begeisterte Leserzuschriften (und einen kritischen Brief) bekommen als zu jedem anderen Programmpunkt auf der Insel.

- *Anfahrt* Über die LP 3 von El Paso nach Los Llanos (nicht die alte, steile Verbindungsstraße), ab Höhe des Fußballplatzes ausgeschildert.
- *Öffnungszeiten* Mo–Sa 10–17 Uhr, Eintritt Erw. 6 €, Kinder 3 €, Familien bekommen Sonderpreise. Die Eintrittskarte gilt drei Wochen lang, wenn Sie die Karte abstempeln lassen, können Sie also den Park mehrfach besuchen.

In Richtung Cumbres

Centro de visitantes – Besucherzentrum Nationalpark Caldera de Taburiente: Der klotzige Betonbau an der Landstraße bei der Abfahrt zur Cumbrecita ist nicht zu übersehen. Anfahrt per Bus, Linie 1 Santa Cruz – Los Llanos, per Auto und Fahrrad einfach die Landstraße(LP 3) von El Paso in Richtung Tunnel hinauf.

Im Besucherzentrum gibt es eine Ausstellung zur Geologie, Geschichte, Flora und Fauna der Caldera, im Kinosaal laufen regelmäßig Filme zur Entstehung der Kanarischen Inseln und der Caldera (Informationen via Kopfhörer auch in Deutsch). Es steht ausreichend Personal zur Verfügung, das Fragen beantwortet. Im Außenbereich wurde ein Garten mit inseltypischen Pflanzen angelegt. Wer in der Caldera zelten möchte, muss sich hier anmelden.

Öffnungszeiten täglich 9–14 und 16–18.30 Uhr; Information unter ✆ 922 497277.

Cumbres Karte Seite 210

Im Anschluss an den Besuch des Centro de visitantes bietet sich ein Ausflug auf die Cumbrecita und zur Ermita Pino de la Virgen an.

La Cumbrecita

Den wohl schönsten Blick in den Kessel der Caldera de Taburiente hat man von der Cumbrecita (dem tiefsten Punkt des Caldera-Rands) und den beiden von dort zu erreichenden Aussichtsplätzen. Dieser Ausflug gehört deshalb zum Mindestprogramm eines jeden La-Palma-Urlaubers.

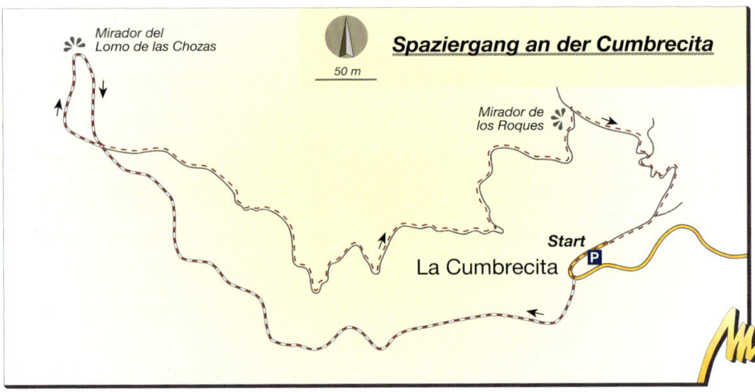

Anfahrt: Sie erreichen La Cumbrecita am einfachsten mit dem Mietfahrzeug. Die Hauptstraße von El Paso in Richtung Tunnel fahren, vor dem Besucherzentrum biegt die Straße links ab, den Hinweisschildern „Parque nacional" folgen. Die Straße führt durch einen schönen Kiefernwald in Serpentinen hinauf zum Parkplatz. Unterwegs passieren Sie die Holzhäuser von Riachuelo, einer Einrichtung für Schulklassen und Jugendgruppen.

Wer mit dem öffentlichen Bus anreist, steigt am Besucherzentrum aus und muss, wenn er keine Mitfahrgelegenheit findet, den (allerdings schönen) Aufstieg zu Fuß bewältigen, das ist dann eine richtige Wanderung. Ungefähr 2,5 km auf der Asphaltstraße den Schildern „Cumbrecita" folgen, dann am Schild „Fuente de pino" nach rechts abbiegen und kurz darauf das Bachbett nicht überqueren, sondern im Bachbett nach links oben abbiegen. Es gibt keinen Wanderweg auf die Cumbrecita, den man hier beschreiben könnte, aber viele Trampelpfade und das Bachbett, in dem man gehen kann und gelegentlich etwas klettern muss. Eigeninitiative ist also gefordert. Sie können sich nicht verlaufen, denn Sie haben das Ziel, den Einschnitt in der Caldera-Wand, immer vor Augen. Notfalls können Sie jederzeit auf die Straße zurückgehen. Aufstieg etwa zwei Stunden, Abstieg ungefähr anderthalb Stunden.

Information: Am Parkplatz steht ein Informationshäuschen, das tagsüber mit einem Mitarbeiter des Nationalparks besetzt ist. Hier bekommen Sie Infomaterial und Tipps sowie Hinweise zum Zustand der Wanderwege.

Schon der Blick vom Parkplatz zurück auf die Cumbre Nueva und das Tal, durch das Sie hochgekommen sind, ist hinreißend, der Blick in den Kessel einfach atemberaubend. Sie stehen mitten im Kreis der bis zu 2426 m hohen, steil aufragenden

Steilhang der Caldera

Kraterwände, haben unter sich den von Schluchten durchzogenen Krater, aus dem sich Felswände und Felsnadeln erheben. Die berühmteste ist der *Roque Idafe*, der heilige Fels der Urbevölkerung.

Hier dampft nichts mehr; nichts erinnert an den vulkanischen Ursprung dieser Landschaft. Im Gegenteil, die Caldera ist üppig grün, die Kiefern wachsen bis in 1800 m Höhe, im Frühjahr blühen die Codesobüsche leuchtend gelb und die Zistrosen rosa. Wer nicht gerade im Sommer oder Frühherbst hier ist, hört das Rauschen der Bäche und Wasserfälle.

Den *Mirador de las Chozas*, der auf einem Felsen in die Caldera hineinragt, erreichen Sie auf einem bequemen Fußweg in 15 Minuten, indem Sie dem breiten Weg nach Westen folgen.

Der zweite Aussichtsplatz, der *Mirador de los Roques*, liegt etwas nach Osten versetzt unterhalb der Cumbrecita. Sie nehmen den Pfad am Informationshäuschen vorbei und biegen dann nach links ab. In vielen Stufen und Kehren windet er sich hinab.

Spaziergang: Als *Schnuppertour* empfehlen wir einen schönen Rundgang von etwa einer Stunde, bei dem Sie beide Aussichtspunkte – Miradores – besuchen. Wegen des schmalen Weges und der teilweise rutschigen Wegstrecke sollten Sie Schuhe mit Profilsohle tragen. Sehr empfindliche Wanderer könnten am Hang Schwindelgefühle entwickeln.

Ausgangspunkt ist der Parkplatz Cumbrecita. Sie nehmen den breiten Weg nach Westen und erreichen nach gemächlichen 15 Minuten den mit Holzgittern begrenzten Aussichtsplatz Las Chozas. Nachdem Sie den fantastischen Blick genossen haben, gehen Sie ca. 200 m zurück. Dort zweigt ein schmaler Pfad nach links unten ab, auf dem Sie weiter gehen. Zweimal überqueren Sie kleine Holzbrücken über kleine Schluchten. Nach etwa 40 Minuten Gesamtwanderung stößt der Pfad

Cumbres
Karte Seite 210

auf einen Weg, dem Sie nach links zum Mirador de los Roques folgen. Von dort aus haben Sie einen freien Blick in die Caldera-Runde. Für den Aufstieg zum Parkplatz gehen Sie diesen Weg zurück und folgen ihm geradeaus nach oben über viele Serpentinen zum Ausgangspunkt.

Ermita Pino de la Virgen

In der vor der Kapelle stehenden Pinie soll der Legende nach die Jungfrau Maria erschienen sein. Dieser Baum übertrifft alle umstehenden an Größe und Alter, auf bis zu 600 Jahre wird er geschätzt. Nicht zufällig steht die Kapelle am Fuß des alten, mit Steinen gepflasterten Wegs *Camino real*. Er windet sich steil die Cumbre Nueva hinauf, überquert sie, um auf der anderen Seite wieder hinunter nach Breña oder Santa Cruz zu führen. Früher war er der einzige Verbindungsweg zwischen den beiden Inselseiten. Vor oder nach dem mühsamen Aufstieg konnten die Wanderer in diesem Kirchlein beten. Auch Sie können diesen Weg nehmen. Er ist als Wanderung PR LP 1 ausgeschildert und gelb-weiß markiert. Bis auf den Cumbre-Grat müssen Sie mit einer guten Stunde steilen Anstiegs rechnen, dann geht es bergab. Nach weiteren zwei Stunden erreichen Sie San Pedro.

In dieser Pinie soll die Jungfrau Maria erschienen sein

In der meist verschlossenen Kapelle befindet sich eine *Marienstatue*. Sie wird alle drei Jahre im August in einem prächtigen Umzug, an dem sich alle Gemeinden der Insel mit geschmückten Wagen beteiligen, für eine Woche nach El Paso geführt. Dieses eigentlich kirchliche Fest ist wie auch anderswo Anlass für eine ausgelassene Fiesta mit Tanz, Theater, Folklore und Pferderennen. Die Rückführung der Statue gibt dann noch einmal Gelegenheit, ausgiebig zu feiern. Auf der hinter der Kapelle liegenden Waldbühne wird gesungen und musiziert. Im Wald lagern die Großfamilien vom Säugling bis zur Urgroßmutter bei üppigem Essen und Vino.

• *Anfahrt* Sie erreichen die Kapelle, die deutlich sichtbar am Fuß der Cumbre Nueva steht, auf dem Weg zur Cumbrecita. Nachdem Sie von der Landstraße (LP 3) abgebogen sind, nehmen Sie an der ersten Kreuzung die Straße nach rechts, sie führt zur Kapelle.

Centro recreativo Refugio El Pilar

Die Spanier, und die Palmeros besonders, lieben die Natur. Sie lieben es, in der Schönheit ihrer Landschaft mit der ganzen Familie den Sonntag zu verbringen. Sie lieben es, im Freien zu grillen, zu kochen, zu essen und zu trinken und danach ein Nickerchen zu machen, während die Kleinen sich im Wald oder auf dem Spielplatz tummeln. Kein Wunder also, dass an den schönsten Orten der Insel Plätze geschaffen wurden, auf denen man all diese schönen Dinge tun kann, ohne dass die Waldaufsicht mit Verboten kommt und ohne dass die anderen hundert Familien, die genau das Gleiche vorhaben, störend nahe wären. Solche Plätze heißen *Refugios* oder bürokratischer (auch auf den Hinweisschildern) *Centro/Nucleo recreativo*.

Das Refugio El Pilar ist ein solcher Ort. Am Grenzpunkt der beiden Cumbres auf einer großen Waldlichtung gelegen, bietet es alles, was das Herz des Picknickfreundes begehrt. Rustikale Tische und Bänke, Grillplätze mit Feuerholz, Frischwasserquellen, feste Gebäude mit Toiletten, einen schönen Waldspielplatz und viel Platz, um sich auf weiche Kiefernnadeln zu betten. Wer länger bleiben möchte, findet gegenüber einen Zeltplatz. Bevor das Zelt aufgestellt wird, muss man sich allerdings eine Genehmigung besorgen (vgl. „Zelten“, S. 51). Das Refugio El Pilar ist Ausgangspunkt für die Wanderungen 17 und 20.

• *Anfahrt* Sie erreichen das Refugio El Pilar mit dem **eigenen Fahrzeug**, wenn Sie von El Paso aus an der Zufahrt zum neuen Tunnel vorbeifahren und dem weiteren Straßenverlauf folgen, Ausschilderung „Zona recreativa“. Schon die Fahrt ist den Ausflug wert. Sie führt nicht nur durch einen schönen Wald und später durch die Lava- und Aschefelder *Llanos de Jable* des Vulkans *Montaña Quemada*, sie gibt auch ständig herrliche Ausblicke auf El Paso und das Aridane-Tal frei.

Im **öffentlichen Bus** erreichen Sie das Refugio El Pilar, wenn Sie den Bus am Abzweig halten lassen und den Weg hinaufwandern. Planen Sie 1,5 Stunden pro Strecke ein.

Wanderung 17: Über die Cumbre Nueva

Vom Refugio El Pilar zur Punta de los Roques

Länge und Dauer dieser Wanderung können Sie selbst bestimmen, da Sie auf demselben Weg hin- und zurückgehen. Maximal 14 km und 4 Stunden sind Sie in einer Richtung unterwegs, wenn Sie bis zum Ende der Cumbre Nueva, der *Punta de los Roques,* wandern. Während der ersten Stunde überwinden Sie kaum Höhenunterschiede; wer es bis an das Ende der Cumbre schaffen möchte, überwindet Steigungen von bis zu 580 m. Bis zum Reventonpass (8 km) eine einfache Wanderung auf einem Fahrweg ohne besondere Anforderungen, wer bis ganz hinauf zur Punta de los Roques wandert, erlebt anspruchsvollere Wegpassagen und braucht Kondition. Die Wanderung ist Teil der über alle Kämme La Palmas führenden Trekkingtour und mit Ruta la Crestería GR 131 ausgeschildert und rotweiß markiert.

Tipp: Wer so viel Kondition hat, dass er es bis zur Punta de los Roques schafft, sollte sich die anspruchslose Strecke bis zum Reventonpass und zurück sparen und den anspruchsvolleren Aufstieg von der *Ermita Virgen del Pino* wählen.

Anfahrt: Siehe Refugio El Pilar, oben.

Wegbeschreibung: Sie gehen die Straße, die vor dem Refugio verläuft, weiter in Richtung Osten, bis sie nach Süden abbiegt. Sie aber biegen nach Norden, links auf eine Piste ein und bleiben jetzt immer auf diesem eingeschlagenen Weg, der Sie über den Grat der Cumbre Nueva führt. Bald haben Sie nach Westen schöne Ausblicke auf El Paso und das gesamte Aridane-Tal, bald in Richtung Osten auf Santa Cruz. An einer kleinen Kreuzung halten Sie sich auf dem mittleren Weg.

Nach einer gemächlichen Stunde erreichen Sie ein nach rechts unten zur Quelle weisendes Schild: „La Fuente 200 m“. Dieser kleine Abstecher, sicherlich mehr als 200 m, eher 200 Höhenmeter, lohnt sich. Man steigt einen steilen, schmalen Pfad hinab durch einen Urwald aus Fayal-Brezal-Bewuchs und niedrigen Lorbeer-

Cumbres Karte Seite 210

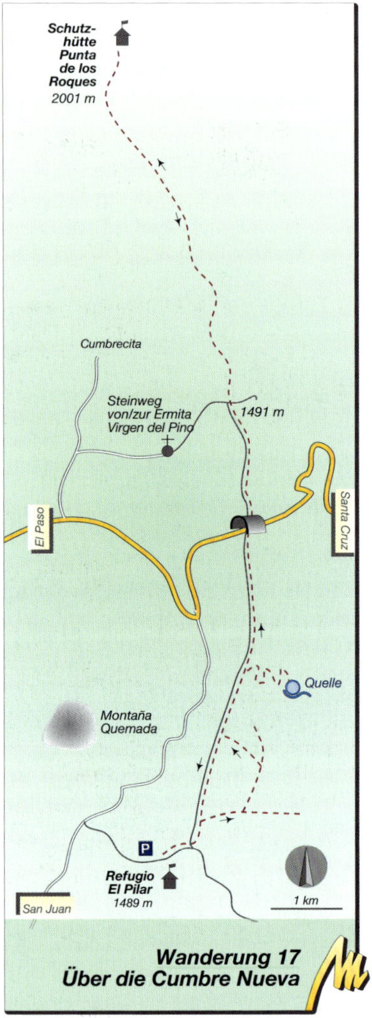

bäumen, um an eine etwas enttäuschende, gemauerte Quelle mit Wasserhahn zu gelangen. Aber der Weg hierher ist richtig spannend.

Wieder auf der Hauptroute zurück, geht es auf dem Panoramaweg weiter, so lange die Kondition reicht. Der letzte Teil zur Punta de los Roques ist nicht nur das steilste, sondern auch das schönste Stück der Wanderung, zumal man von ganz oben – Zielpunkt ist die einzige Schutzhütte auf dem Caldera-Rand – einen grandiosen Blick in den Krater hat. Sie kehren dann auf demselben Weg zum Refugio zurück.

Wanderung 18: Über der Westküste

Von Llanos de Jable nach Fuencaliente

20,5 km, –630 m, 5 Stunden. Für diese Tour brauchen Sie nichts als Ausdauer. Die Strecke – größtenteils 1300 m über der Westküste – führt über einen breiten Forstweg, der, von unwesentlichen Steigungen abgesehen, zunächst flach und im letzten Drittel abschüssig verläuft. Sie laufen überwiegend im Schatten des Pinienwaldes, so dass auch Sonne und Hitze Ihnen nicht allzu sehr zusetzen werden. Es ist eine ideale Wanderung für alle, die ihre Kondition testen möchten oder die sich die schwerere „Route der Vulkane“ (Wanderung 20) nicht zutrauen. Allein der Länge der Wanderung wegen sollten Sie aber ausreichend Wasser und Verpflegung mitnehmen. Und: Die Tour eignet sich bestens als Radwanderung.

Variante: Sie gehen so lange Sie möchten in eine Richtung und dann wieder zurück.

Anfahrt: Sie könnten mit dem Fahrzeug die Straße zur Cumbre hinauffahren (vgl. „Refugio El Pilar“) und in einer fast 90-Grad-Linkskurve an einem Mirador/Aussichtsplatz (kleines, grünes Holzschild „Paso Fuencaliente“) parken. Sie sollten jedoch bedenken, dass Ihr Wagen einen Tag stehen bleibt und Sie ihn am kommenden Tag abholen müssen, wenn Sie bis nach Fuencaliente weiterwandern. Dort sollten Sie gegen 16.30 Uhr eintreffen, um den Bus nach Los Llanos zu erreichen; der nächste Bus fährt erst um 20.45 Uhr. So betrachtet, ist eine Taxifahrt (13 € ab El Paso) zum Ausgangspunkt die bequemere Lösung.

Hinweis: Unterwegs queren mehrfach ausgeschilderte Wanderwege diesen Weg. Sie bleiben immer auf dem beschriebenen Hauptweg, der nicht markiert ist.

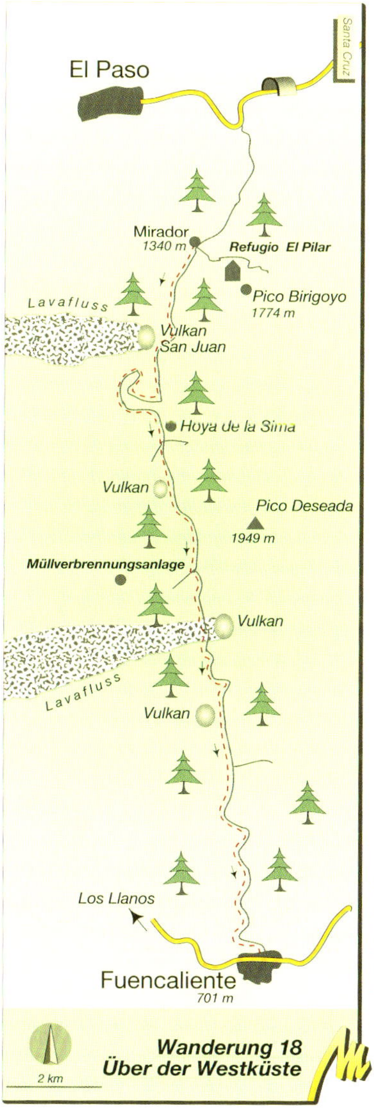

Wegbeschreibung: Über den Forstweg – links über Ihnen der Vulkan *Birigoyo*, rechts unter Ihnen El Paso am Schluss des Aridane-Tales und auf gleicher Höhe die Caldera de Taburiente – führt der Weg noch durch Lavadünen mit nur vereinzelten Brezobüschen und Kiefern. Aber schon nach 20 Minuten ist der dichte Pinienwald erreicht.

Nach einer halben Stunde ist die Lavaspalte des San Juan rechts unter Ihnen sichtbar. 1949 brach der zweitjüngste Vulkan La Palmas an diesem Hang aus. Wegen des starken Gefälles floss die Lava in die Ebene von Las Manchas und weiter zum Meer ab, und es bildete sich kein Vulkankegel. Sie können den Lavafluss bis zu den Bananenplantagen oberhalb von Puerto Naos verfolgen.

Weiter geht es auf dem Forstweg. Auch wenn dieser sich nach einer knappen Stunde rückwärts zu winden scheint – das ist nur eine Serpentine, die gleich wieder die gewohnte Richtung einschlägt. Bald nach der Serpentine kommen Sie an eine Weggabelung, an der Sie links aufwärts gehen.

Die nächste spektakuläre Station ist *Hoyo de la Sima*, eine Höhle links des Weges, die weiträumig mit Holzgeländern gesichert ist. Die Naturstufen, über die Sie zu einer Plattform über der unermesslich tiefen Höhle gelangen, sind ebenfalls gesichert.Bald darauf, an einer Wegkreuzung, schlagen Sie den mittleren, aufwärts führenden Pfad ein. Auch weiterhin, bis kurz vor Fuencaliente, gehen Sie nur noch geradeaus auf dem Forstweg. Alle jetzt noch folgenden Abzweigungen sind als Nebenwege zu erkennen. Wenige Minuten nach der Wegkreuzung taucht an der rechten Seite des Weges erneut ein Krater auf. Über

Cumbres
Karte Seite 210

Wolkenmeer im Osten der Cumbres

ihn hinweg bietet sich ein toller Ausblick über das Aridane-Tal und bei klarem Wetter über El Time bis nach Tijarafe im Nordwesten. Nach zwei Wegstunden erscheinen links oben auf der Cumbre die *Doppelgipfel des Deseadas,* der linke ist mit 1949 m der höchste Cumbre-Gipfel. Eine weitere halbe Stunde später sichten Sie rechts unter sich eine Rauchsäule, manches Mal von üblem Geruch begleitet: La Palmas erste Müllverbrennungsanlage in Aktion. Nach gut 2,5 Stunden Wanderzeit queren Sie ein breites Vulkanband. Auch hier bietet sich Ihnen wieder eine schöne Sicht über die Westküste. Rechts unten sehen Sie einen weiteren Lavafluss am Hang. 1712 schob sich in diesem Gebiet die Lava in mehreren Strömen den Berg hinunter. Metallschilder längs des Weges markieren die Gemeindegrenzen von El Paso und Fuencaliente.

Nach gut drei Wanderstunden erreicht man das erste Holzschild mit der Aufschrift Fuencaliente. Von jetzt an weisen Schilder an allen Abzweigungen den sicheren Weg. 15 Minuten später liegt rechter Hand ein sehr alter Vulkankrater, in dem schon riesige Pinien wachsen.

Die Piste führt stetig abwärts. Durch dichten Pinienwald erreichen Sie nach fünf Wanderstunden die Kirche von Fuencaliente und gleich darunter die Hauptstraße, an der auch der Bus hält. Das Wartehäuschen steht auf der in Richtung Santa Cruz führenden Straßenseite.

Wanderung 19: Rundweg auf den Birigoyo

Kleine Runde auf der Ruta de los Vulcanes

7 km, +/– 400 m, 3 Stunden. Wem die Ruta de los Volcanes (Wanderung 20) zu lang ist, der kann mit dieser Wanderung sowohl in den Vulkankrater schauen als auch herrliche Rundumblicke genießen.

Der erste Teil dieser Wanderung ist mit Ruta la Crestería/Ruta de los Volcanes GR 131 ausgeschildert und rot-weiß markiert, dann folgt ein steiler Aufstieg und, nach grandioser Aussicht, ein steiler Abstieg.

Es gibt mehrere Möglichkeiten, den Aschenkegel des Birigoyo zu ersteigen (siehe Karte). Hier ist die längste Variante beschrieben, sie ist weniger steil und rutschig als die anderen.

Wegbeschreibung: Sie starten am Refugio El Pilar, überqueren den Rastplatz und folgen der rot-weißen Markierung bergauf. Gemächlich ansteigend erreichen Sie nach 10 Minuten eine Weggabelung, Sie halten sich rechts. Es geht weiter bergauf. Von einem Aussichtspunkt haben Sie einen prächtigen Blick auf die Cumbre Nueva und das Valle Aridane. Nach gut 30 Minuten haben Sie die Baumgrenze erreicht und gehen am Geröllhang des Birigoyo entlang. Sie bleiben auf dem Hauptweg. Nach 45 Minuten stößt die Wanderroute auf einen Forstweg, auf den Sie nach links oben einbiegen. Nach einer Stunde macht der Hauptweg einen Bogen nach links, die Ausschilderung Ruta de los Volcanes zeigt geradeaus, Sie aber bleiben auf dem Hauptweg und stehen kurz darauf an einer Schneise, die sich den Hang hinaufzieht. Hier beginnt auf der rechten Seite mit einem Zickzackweg ein mühevoller Aufstieg.

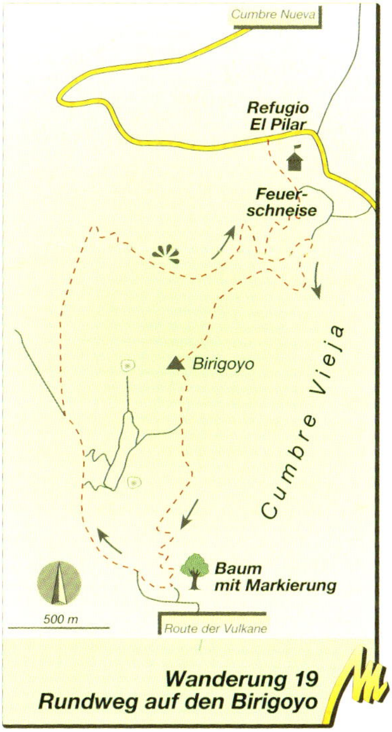

Oben angekommen, stehen Sie am Rand des ersten der drei Krater, dem der Montaña Barquito, die das Birigoyo-Massiv bilden. Bevor Sie weiter gehen, sollten Sie zurückschauen, der Blick auf die Cumbre Vieja ist fantastisch. Weiter geht es nach Osten am Kraterrand entlang. Der verwachsene Pfad senkt sich und steigt wieder an, Sie erreichen den zweiten Krater. Sein höchster Punkt ist der mit einer Vermessungssäule gekrönte Gipfel des Birigoyo. Jetzt haben Sie einen Panoramablick über die südliche Hälfte der Insel und, bei klarer Sicht, auf die Nachbarinseln Teneriffa im Osten und Gomera im Süden.

Nun folgt der steil bergab führende Rückweg. Der Pfad beginnt an der weißen Säule. Sie passieren einen weiteren Krater. Der Pfad führt in den Wald und Sie erreichen das Gegenstück zur ersten Feuerschneise. Der Pfad quert die Schneise. Wer will, geht die Schneise hinunter bis zur Straße, angenehmer aber ist der Pfad, der nach links in den Wald führt. Er trifft auf die erste Weggabelung des Hinweges, die Sie jetzt nach rechts nehmen, und in einigen Minuten erreichen Sie den Ausgangspunkt.

Cumbres
Karte Seite 210

Wanderung 20: Route der Vulkane

Vom El Pilar über die Cumbre Vieja nach Fuencaliente

18 km, + 650 m/– 1550 m, reine Wanderzeit etwa 5 Stunden, planen Sie 7 Stunden mit Pausen ein. Mittelschwere Wanderung, die Kondition erfordert. Mehrfach kleinere und zwei schwierigere Aufstiege. Am Ende ein Abstieg von rund 1200 m. Wanderstiefel notwendig, Kopfbedeckung mitnehmen und einen Wasservorrat von mindestens 1,5 Litern, außerhalb der Sommermonate auch einen Anorak. Auf dem Grat gibt es keinen Schatten und häufig pfeift der Wind.
Ein Wort noch zur Wetterlage: Die Cumbre Vieja, über deren Grat die Wanderung führt, liegt während der Wintermonate häufig in den Wolken. Dann ist die Wanderung nicht so reizvoll, obwohl Teile meist wolkenfrei sind. Für Wanderfreunde mit Kondition ist diese Wanderung eine der interessantesten Routen, die La Palma aufzuweisen hat. Sie bietet Ausblicke über die gesamte Insel, im Westen gar bis nach Teneriffa, und in zahlreiche der 120 Vulkankrater der Cumbre Vieja.

Die Wanderung ist Teil der über alle Kämme La Palmas führenden Trekkingtour und mit Ruta la Crestería/Ruta de los Volcanes GR 131 ausgeschildert und rot-weiß markiert.

Anfahrt: Die Wanderung beginnt am Refugio El Pilar, nehmen Sie bis dorthin ein Taxi (etwa 15 € ab El Paso).

Rückfahrt: Sie sollten die Wanderung so planen, dass Sie mit rund einer zusätzlichen Stunde Pause gegen 16.30 Uhr in Fuencaliente sind. Dann können Sie dort den öffentlichen Bus nach Los Llanos erreichen. Sollten Sie ihn verpassen, fährt um 20.45 Uhr aber noch ein Bus (bitte überprüfen Sie den Fahrplan vorher). Sonst bleibt nur das Taxi. Bitten Sie den Wirt der Bar, in der Sie sich ausruhen, es für Sie zu bestellen, falls am Taxistand gegenüber der Bar Imperial kein Taxi stehen sollte.

Variante: Zweifellos ist die gesamte Route interessant, erfordert aber die Organisation der Anreise. Wenn Sie einen Mietwagen haben, können Sie auch nur die erste Hälfte bis zum *Deseada II* wandern und dann zurückgehen. Sie sehen so die spannendsten Teile der Strecke.

Wegbeschreibung: Sie gehen mit der Wegbeschreibung von Wanderung 19 vom Refugio El Pilar bis zur Ausschilderung Ruta de los Volcanes. Dieser folgen Sie auf einem mit Mäuerchen eingefassten Weg geradeaus. Erst ist der Pfad eben, dann geht es leicht bergauf an einem kleineren Vulkankrater vorbei. Danach wird es steiler, nach 1 km sind ein Kamm und die Waldgrenze erreicht. Der Weg führt steil den Kamm hinauf und auf ihm entlang. Am Ende des Kamms steigen Sie hinunter zum Krater des *Hoyo Negro* (schwarze Grube), der zuletzt 1949 aktiv war. Eine Infotafel beschreibt den Ausbruch und den des Vulkans *Nambroque*, sein Schlot steht östlich von Ihnen. Der Krater wird links halb umrundet. Der Weg, jetzt als Trittspur kaum zu erkennen, führt auf der linken Seite einen Kamm hinauf. Von dort hat man einen schönen Blick auf den *Nambroque*. Bleiben Sie aber auf dem Pfad, der sich jetzt wieder deutlich sichtbar am Hang entlang zieht. Sie gehen an auffällig geformten Kiefern direkt auf den Krater *Duraznero* zu. Ein kleiner Aussichtsplatz links oben neben dem Pfad lässt Sie hineinblicken: Der schwarze Lavafluss stammt von der letzten Aktivität des Vulkans im Jahr 1949. Am Kraterrand entlang führt die Trittspur geradeaus, Sie verlassen die Spur aber nach etwa 300 m in Richtung rechts unten (oder nehmen die unten beschriebene Variante). Steinmännchen und

Hölzer kennzeichnen einen schmalen Weg durch ein scharfkantiges Schlackenfeld. Sie durchqueren ein kleine Senke, danach geht es wieder leicht nach oben zu einer Weggabelung. Hier halten Sie sich links, kommen in ein kleines Tal und gehen die deutliche Trittspur nach links hinauf. Dies ist der letzte steile Anstieg dieser Wanderung. Er führt geradewegs auf den höchsten Punkt, den *Deseada II*, dessen weiße Vermessungssäule auf der Spitze gut zu erkennen ist. Bei klarer Sicht hat man einen herrlichen Blick auf den höchsten Berg Spaniens, den Teide auf Teneriffa.

Die **Variante über den Krater des Duraznero** bietet tolle Einblicke in zwei weitere Vulkankrater. Der Anstieg ist etwas steiler und führt durch lockere Schlacken, aber nicht länger als die Normalroute. Wenn man statt nach rechts abzubiegen geradeaus geht, kann man gut sichtbaren Trittspuren steil aufwärts folgen, die sich dann kurz darauf wieder gabeln. Man hat nun die Wahl, den ersten Krater entweder rechts oder links zu umrunden. Wir wählen den linken Weg (Blick nach Osten ist besser), passen auf die Spalten im Kraterrand auf, werfen einen Blick in den Krater, aus dem noch Schwefelgeruch aufsteigt, und gehen weiter zum Grat, der Deseada I und II verbindet. Dort gabelt sich der Weg wieder, wir gehen nicht nach links zum Hauptgipfel der Deseada, sondern nach rechts zur Deseada II, wo wir wieder auf die Normalroute treffen.

Ab der Vermessungssäule geht es bergab zu einer Informationstafel. Von hier aus können Sie den weiteren Verlauf der Wanderung, den roten Kegel des Vulkans San Martín und an klaren Tagen die Insel El Hierro sehen. Es geht geradeaus nach unten. An einer ausgeschilderten Trittspurkreuzung geht es geradeaus weiter. Es folgt ein kurzer Anstieg, und Sie durchqueren einen

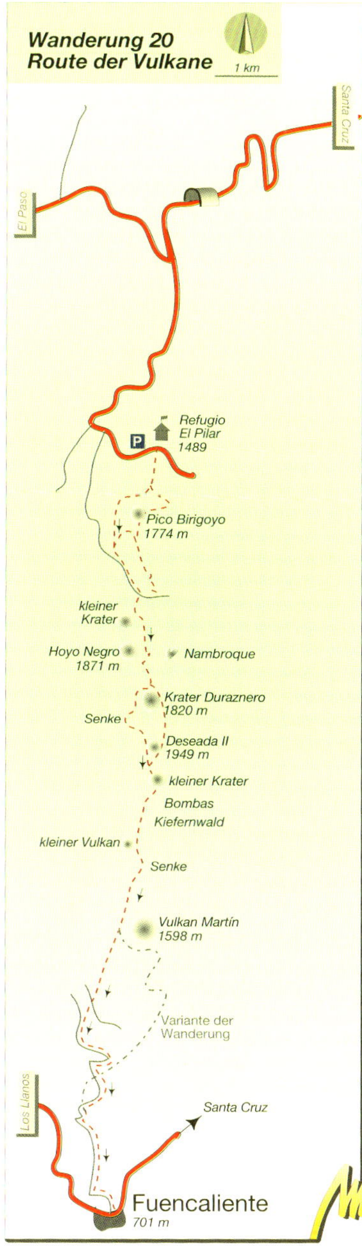

Cumbres
Karte Seite 210

Auf der Route der Vulkane

flachen, kleinen Krater. Auf gut erkennbarem, mit Steinen markierten Weg geht es nun 2 km durch schwarzen Sand leicht bergab nach Süden, durch einen fast parkähnlichen, lichten Kiefernwald. Im Frühjahr leuchten gelb blühende Codesobüsche. Ignorieren Sie hier die Schilder, Sie zeigen den Wegverlauf nicht korrekt an. Ein kurzer Aufstieg beschließt den Wegabschnitt. Nach einer Wegkurve erreichen Sie den Mirador (Aussichtspunkt) de Montaña de Cabra mit einem Informationsschild zu den jüngsten Vulkanausbrüchen. Der rot-gelbe Kegel des Vulkans San Martín liegt vor Ihnen.

Es geht jetzt hinunter, erst durch ein kleines Waldstück, dann auf dem Kamm eines Schlackefelds entlang. Bald darauf gabelt sich der Weg. Ein kleiner Abstecher nach links bis zum Krater ist möglich, nach Fuencaliente aber geht es rechts entlang. Sie kommen an geometrisch gelegten Steinhaufen und künstlichen Höhlen am gegenüberliegenden Hang vorbei – Überreste eines Versuches, hier oben weitere Pinien anzupflanzen.

Bald nachdem Sie den Krater des San Martín passiert haben, gibt es zwei Möglichkeiten: Entweder Sie folgen der Ausschilderung GR 131 nach links (s. u.) oder Sie nehmen die einfachere Möglichkeit, indem Sie geradeaus nach Süden über die schwarzen Sandfelder weitergehen. In der Ferne sieht man schon den Vulkan *San Antonio* von Fuencaliente, aber der ist noch nicht so bald erreicht. 1,5 km hinter dem Vulkan San Martín überqueren Sie einen breiten Weg, gehen also geradeaus weiter, an großen Basaltquadern vorbei, und erreichen, immer abwärts wandernd, die breite, befahrene Waldpiste nach Fuencaliente.

Hier geht es geradeaus. Bis Fuencaliente ist es noch gut eine Stunde, aber immer auf der Piste und immer bergab. Der Weg ist ausgeschildert. Falls einmal ein Schild fehlen sollte: immer nach Süden, immer nach unten. Unterwegs kreuzen Sie mehrfach den mit GR 131 ausgeschilderten Wanderweg und können mit ihm Abkürzungen nehmen. Am Sportplatz vorbei, erreichen Sie Fuencaliente oberhalb der Kirche. Nun sind es nur noch wenige Meter bis zur Hauptstraße.

Variante: Der mit GR 131 ausgeschilderte weitere Wegverlauf ist landschaftlich interessanter, aber auch, weil er streckenweise über sehr geröllige Pfade führt, schwerer zu gehen – und das nach den Anstrengungen, die schon hinter Ihnen liegen. Er ist gut markiert. Wenn Sie ihn unterwegs zu anstrengend finden, können Sie auf den Forstweg überwechseln, den der Wanderweg mehrfach quert (siehe Wegskizze).

Wanderung 21: Auf den Balkon der Caldera

Auf den Pico Bejenado und zurück

17 km, +/– 650 m, 3,5 Stunden. Die Wanderung auf den 1854 m hohen *Bejenado* lohnt nicht allein wegen des schönen Einblicks in den Caldera-Krater; auch während des Aufstiegs bieten sich Ausblicke auf die Cumbre Nueva und die darüber schwappende Passatwolke.

Der Weg ist mit PR LP 13.3 ausgeschildert und gelb-weiß markiert. Wanderstiefel, ausreichender Wasservorrat und Anorak sind Standard für diese Tour. Und wenn Sie nicht schwindelfrei sind, werden Sie die Aus- und Einblicke kaum richtig genießen können.

Anfahrt: Nur mit dem eigenen Fahrzeug. Von der LP 3 der Abzweigung zur Cumbrecita folgen, dann aber links zum Dorf *Valencia* abbiegen. Die Straße ist zunächst asphaltiert, dann kommt ein längeres Stück zerfurchter Piste, dann wieder ein Stück Asphalt. Kurz darauf erscheinen links ein Miniparkplatz und ein Schild mit Hinweis auf den Wanderweg. Wer die zerfurchte Piste seinem Mietwagen nicht zumuten mag und das Auto vorher abstellt, muss mit einer entsprechend längeren Wanderzeit rechnen.

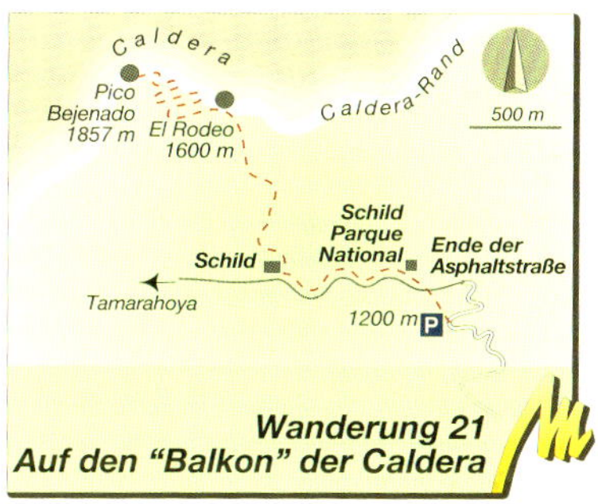

Wegbeschreibung: Sie folgen dem Hinweisschild und treffen nach kurzem Aufstieg auf eine Forstpiste, auf die Sie links einbiegen. Nach einer guten Viertelstunde biegen Sie an der Übersichtstafel der Nationalparkverwaltung nach rechts ab, und von nun an geht's bergauf. Der Kiefernwald hat in den letzten Jahren stark unter Waldbränden gelitten, aber aus den verkohlten Stämmen dringt längst schon wieder frisches Grün. Unterwegs weist ein Schild auf einen kleinen Abstecher zu einer Petroglyphen-Fundstelle hin. Über den gut 1.700 m hoch gelegenen, erneut ausgeschilderten Aussichtspunkt *El Rodeo* geht es serpentinenreich und steil aufwärts. Fast in jeder Kehre lohnt der Ausblick über das Aridane-Tal, hinüber zur Cumbre und weit hinaus auf die Westküste.

Weitere 3 km ständig in Serpentinen bergauf, und Sie haben den Gipfel des *Bejenado* erreicht. Dieser ist so schmal, dass eine Gruppe schon zusammenrücken muss, um darauf Platz zu finden. Wunderschöne Blicke in den Krater, auf das Flussbett des Rio Taburiente und die gegenüberliegende Caldera-Wand sowie weiter östlich auf die Cumbrecita und – ganz weit im Dunst – den Teide auf Teneriffa entschädigen für den Aufstieg. In einem Metallkasten liegt ein Gipfelbuch für Ihren Eintrag bereit.

Der Rückweg ist identisch mit dem Hinweg.

Cumbres
Karte Seite 210

Downhill in der Caldera

Caldera de Taburiente

Sie ist die Attraktion der Insel und das Herzstück La Palmas: die Caldera de Taburiente, der Nationalpark. Wer La Palma besucht und nicht wenigstens einen Spaziergang an der Cumbrecita macht, nicht wenigstens den Blick über den Rand ins Kraterinnere genießt, hat La Palma nicht erlebt.

1000 m hohe Felswände umschließen den 9 km breiten und 10 km langen Kessel. Hochalpin wirken sie, manchen erinnern diese Felswände an die Dolomiten. Mit 2426 m ist der *Roque de los Muchachos* der höchste Gipfel des Kraterrandes. Folgerichtig wurde dort auch das *Observatorium* errichtet, eines der größten der nördlichen Hemisphäre (vgl. „Die Sterngucker“, S. 242).

Auf dem Grund der Caldera verbreitern sich Bäche zu Bassins, donnern Wasserfälle herab (zumindest im Winter), sammelt sich das Wasser von mehr als einhundert Quellen. Es wird ab *Dos Aguas* in Rohren und Kanälen hinunter zu den Plantagen geleitet.

Aber auch innerhalb des Kessels (nichts anderes heißt „Caldera“) sorgt das Wasser der Quellen und die Feuchtigkeit der Passatwolken für verschwenderisches Grün: Pinien natürlich, aber auch Weiden entlang der Wasserläufe, vereinzelt Lorbeerbäume auch hier. Endemische Pflanzen sprießen aus den Felsspalten – Wurze und Tagasten, ein hier heimischer weiß blühender Schmetterlingsblütler, Ginster, Veilchen und selbst Zedern. So viel Grün auf Höhe der Sahara, solche Felswände inmitten subtropischer Pflanzenwelt, solche Stille auf einsamen Wegen – Erholung für jeden gehetzten Mitteleuropäer, wie sie gelungener kaum denkbar ist.

1954 wurde die Caldera de Taburiente zum *Nationalpark* erklärt. Diesem Akt ging ein mehr als 400 Jahre währender Rechtsstreit voraus. Der Eroberer La Palmas, Alonso de Lugo, hatte die Caldera als wertvollstes (weil wasserreichstes) Gebiet der Insel Mitstreitern als Beute für ihren Kampfeinsatz zugesprochen. Gleichwohl

erklärte bald nach ihrer Gründung die Gemeinde El Paso Anspruch darauf. Sie bezweifelt die Rechtmäßigkeit der Besitzurkunden und ging darüber hinaus davon aus, dass die Caldera de Taburiente und damit das Wasser nur öffentlicher Besitz sein könne, weil sich im Kessel die Niederschläge auch der Anrainer sammeln. Der Privatbesitz und damit eine Nutzung des Wassers nach Gutdünken einiger Weniger sei damit auszuschließen. 1953 bestätigte der oberste spanische Gerichtshof die Rechtmäßigkeit der Übereignung. Auf Antrag der Gemeinde El Paso wurde die Caldera de Taburiente 1954 zum Nationalpark erklärt. Dennoch ist sie auch noch heute Privateigentum, unterliegt aber den Gesetzen des Nationalparks und darf innerhalb seiner Grenzen keine private oder wirtschaftliche Nutzungsänderung erfahren. Die Interessen der Besitzergemeinschaft, sie ist im Laufe der Jahrhunderte auf 2000 Personen angewachsen, wurden bei der Ziehung der Parkgrenze berücksichtigt. Sie verläuft z. B. bei *Dos Aguas,* dem Zusammenfluss der Bäche. Damit kann das Wasser nur wenige Meter weiter aufgefangen und in eine der Besitzergemeinschaft gehörende Wasserleitung eingespeist werden.

1981 wurde das zum Nationalpark gehörende Terrain in Zonen eingeteilt. Es gibt Bereiche, die der Öffentlichkeit nicht zugänglich sind, in denen der Schutz der Tiere und Pflanzen Vorrang hat vor dem Erholungsbedürfnis der Urlauber. Das Gebiet um den Roque Idafe ist eine solche Zone. Und es gibt Bereiche, die nur Wanderern offen stehen. Für sie hat die Nationalparkverwaltung Wege und Rastplätze angelegt. In einer solchen Zone kann auch mit Erlaubnis gezeltet werden.

Harmlose Eidechse zwischen den Felsen

Selbst in der Abgeschiedenheit des Nationalparks gibt es keine gefährlichen und kaum wilde Tiere. Wann immer es über Ihnen krächzt, sind *Graja*-Schwärme unterwegs – die einheimische Caldera-Krähe mit rotem Schnabel und roten Füßen. Und wann immer es neben Ihnen raschelt, sind das nur Eidechsen, harmlose Pflanzenfresser. Erwähnenswerte Säugetiere gibt es gerade drei: ausgesetzte, dann verwilderte Katzen, Kaninchen natürlich, wie überall auf La Palma, und schließlich Mufflons, scheue Mähnenschafe, die in den fünfziger Jahren ausgesetzt wurden, damit den Jägern ab und zu etwas Nennenswertes vor die Flinte gerät. Damals dachte man anders über den Naturschutz. Heute werden diese Tiere von Umweltschützern als Plage empfunden, denn sie fressen seltene Pflanzen, und es gibt erbitterten Streit darüber, ob sie aus dem Park entfernt werden oder nicht.

Wasser als Handelsware

„Was mich auf La Palma stört, sind die oberirdischen Rohre und Wasserkanäle, die jedes Grundstück, jede Landschaft durchschneiden.“ Karin aus Bremen ist ehrlich entrüstet über soviel Unordnung und über die Verschandelung der herrlichen Natur. Wenn sie dann auch noch auf hässliche Betonkästen und offene Wassertanks in den Bananenplantagen stößt, ist Karin sicher: „Das ist ja eine komische Wasserwirtschaft hier.“

In der Tat hat die palmerische Wasserwirtschaft bislang wenig mit der deutschen gemeinsam. Es gibt erst seit kurzem eine öffentliche Versorgung mit Wasser; der Großteil der Haushalte und Landwirte muss sich sein Wasser aber immer noch privat beschaffen. Wasser wird überwiegend wie auf dem Markt gehandelt. Jeder Grundstückseigentümer musste von einer Gesellschaft für den privaten oder landwirtschaftlichen Verbrauch ein Wasserrecht kaufen oder mieten. Ein solches „Derecho“ liefert Minute für Minute zwischen 300 und 500 g Wasser, 24 Stunden lang, an 365 Tagen. Das Wasser wird über kilometerlange, betonierte Wasserleitungen oder Rohre von den Quellen oder Wasserstollen zu den Verteilerstationen geleitet, eben jenen hässlichen Betonkästen. Von denen aus hat dann der Käufer oder Mieter für die Weiterleitung „seines“ Wassers auf sein Grundstück zu sorgen. Meist in

überirdischen Rohrleitungen, weil das Absenken in den felsigen Grund viel zu kostspielig wäre.
Das ständig aus der Leitung fließende Wasser muss aufgefangen und für den Verbrauch zwischengelagert werden – in riesigen, meist offenen Tanks für die Landwirtschaft, im *Bidón*, einer geschlossenen Wassertonne auf dem Dach, für den Hausgebrauch.
„Warum deckt man die Wassertanks nicht ab, da verdunstet doch unheimlich viel", wundert sich Karin, „und aus den brüchigen Kanälen sickert's ja überall heraus." Tatsächlich wird auf La Palma, der wasserreichsten Insel des Archipels, mit dem kostbaren Nass manchmal sorglos umgegangen. Der Wasserreichtum (pro Einwohner steht etwa doppelt so viel zur Verfügung wie auf der ebenfalls grünen Insel La Gomera) stammt aus etwa 120 Quellen, die größtenteils in der Caldera de Taburiente entspringen. Auf Schritt und Tritt trifft man dort auf Bäche und Wasserfälle und im Tal auf Stationen, die das Wasser in Kanäle leiten. Das meiste Wasser wird aber in Stollen, *Galerías* genannt, in denen das Wasser, das sonst im Berg versickern würde, gewonnen. Eine geringere Rolle bei der Wasserversorgung der Insel spielen Brunnen. Es entsteht der Eindruck, die Wassermengen seien unerschöpflich, wahr ist aber, dass die Fördermengen geringer werden. Auch der Grundwasserspiegel sinkt.
Noch kann nicht wie auf den östlichen Kanarischen Inseln von Wasserknappheit gesprochen werden. Dennoch werden der beträchtliche Wasserverbrauch der Bananenplantagen sowie die steigenden Touristenzahlen den Wasserbedarf erhöhen. Aber auch auf den Kanaren ändern sich die Zeiten. Die Provinzregierung hat ihre Verantwortung für die Wasserqualität per Gesetz erklärt und begonnen, offene Kanäle abzudecken oder durch Rohre zu ersetzen. Die Cabildos (Inselverwaltungen) beginnen, eigene Wasserreserven anzulegen, indem sie in großen Staubecken Quellwasser auffangen und selbst Galerien in den Fels treiben. Die größeren Orte werden derzeit an ein öffentliches Wasserrohrnetz angeschlossen. Damit brechen sie das bisherige Monopol der Wasseraktien-Besitzer; ein Unterfangen, über das 1990 die sozialdemokratische Regierung noch stürzte. Aber nur so sehen die Kommunalpolitiker eine Chance, langfristig die Wasserversorgung zu sichern.

Geologie der Caldera

Lange Zeit nahm man an, dass die Caldera La Palmas der größte Vulkankrater der Welt sei. Lokalpatrioten behaupten das zwar immer noch, aber inzwischen weiß man es besser.

Bei jener Annahme ging man davon aus, dass die Caldera de Taburiente ein Einsturzkrater sei. Ein Krater also, der dadurch entsteht, dass bei einem Vulkanausbruch der Kegel und die darunterliegende Magmakammer leer geschossen werden und in sich zusammenbrechen. Wie unstrittig diese Theorie war, zeigt sich daran, dass *Caldera* von hier aus zum geologischen Fachbegriff für eben solche Einsturzkrater wurde. Der Name blieb, obwohl inzwischen die Fachwelt davon ausgeht, dass die Form der Caldera auf La Palma nicht durch Einsturz eines einzigen Vulkankraters entstand, sondern durch Erosion von mehreren vulkanischen Gebirgszügen,

Karte Seite 235

Wanderung im Taburiente-Fluss

die sich über Jahrtausende nebeneinander aufgebaut hatten. Wetter und Wasser waren am Werk und haben dieses tadellose Rund entstehen lassen.

Von einem Gewässer stammt der zweite Teil des Namens, vom Fluss *Taburiente*, der als der einzige Fluss der Kanarischen Inseln gilt. Innerhalb der Parkgrenzen schäumt er insbesondere nach Regenfällen breit über sein felsiges Bett, an der Parkgrenze wird sein Wasser abgeleitet und zur Bewässerung der Felder und Plantagen genutzt, übrig bleibt meist nur noch ein Rinnsal.

Entstanden ist dieses gewaltige Bergmassiv 4000 m unter dem Meeresspiegel. Serien von Vulkanausbrüchen und tektonischen Bewegungen haben es in die Höhe geschoben. Beweise dafür findet man auf dem Grund des Barranco de las Angustias. Hier liegt so genannte *Kissenlava*: große, glatte, rundliche, wie riesige Kissen aussehende Gesteinsbrocken, die nur bei einem unterseeischen Vulkanausbruch entstehen. Immer dann also, wenn kaltes Wasser sofort die glühende Lava umhüllt, abkühlt und damit festigt, so dass sie keine Zeit findet, noch auseinander zu fließen.

Auf diesem ehemals *unterseeischen Sockel*, der heute bis auf ungefähr 800 m reicht, lagerten sich Lavaströme späterer, überseeischer Ausbrüche ab. Sie sind größtenteils wasserdurchlässig. Beide Teile werden durch meist vertikal verlaufende Gesteinsgänge miteinander verbunden. Diese Gänge entstanden, als das Gestein bei späteren Vulkanausbrüchen riss und in diese Risse basaltische Lava gedrückt wurde, die dort erkaltete. Zwischen diesen undurchlässigen Gesteinsgängen sickert das Regenwasser bis auf ebenfalls undurchlässige Gesteinsschichten und tritt, wenn es nicht vorher durch eine Galerie (einen Stollen) abgezapft wird, als Quelle zutage.

Erdgeschichtlich ist die Caldera de Taburiente und damit La Palma noch im zarten Kindesalter. Auf zwei bis vier Millionen Jahre wird sie geschätzt. Zum Vergleich: Die Kanareninsel Fuerteventura soll 16 Millionen Jahre auf dem Buckel haben.

Geschichte der Caldera

Die Caldera bildet nicht nur das geografische Zentrum La Palmas, sondern war immer auch ein Ort, der seiner auffälligen Formung wegen einen besonderen Reiz auf die Menschen ausübte.

Bei den Altkanaren bildete die Caldera das Gemeindegebiet Acero, und in ihrem Zentrum stand und steht immer noch der *Roque Idafe*, der heilige Felsen der Urbevölkerung La Palmas. Dieser 200 m hohe, schlanke Monolith ragt phallusförmig aus dem Kraterzentrum hervor. Die damaligen Bewohner der Insel waren in ständiger Sorge, dass er umfallen könnte (!), und bemühten sich, ein solches Ereignis durch häufige Opfergaben zu verhindern. Ein Chronist beschreibt den Vorgang so (aus einer auf La Palma gefundenen Handschrift, übersetzt von dem britischen Reisenden *George Glas*, erstmals veröffentlicht 1777):

„... so oft sie daher ein Schaf oder eine Ziege schlachteten, brieten sie ein Stück davon und schickten es durch zwei Personen dem Felsen als Geschenk. Im Hingehen sang derjenige, der das Opfer trug, die Worte: ‚A Igui da, y Iguan, Idafe!' Das heißt in ihrer Sprache: ‚Er will fallen, Idafe!' Der andere antwortete darauf im nämlichen Ton: ‚Guegerte, y guantaro.' Das heißt ‚Gib ihm, und er wird nicht fallen.' Darauf warfen sie das Fleisch hin, und beide gingen weg; worauf es von den Raben, die um den Felsen herumschwärmten, bald verzehrt wurde."

Dass die Raben, tatsächlich waren es die hier heimischen Grajas, das Opfer verzehrten, war auch beabsichtigt. Sie galten als die Seelen der Verstorbenen und als Mittler zwischen Göttern und Menschen. Ein von ihnen gefressenes Opfer galt als angenommen.

Die entscheidende und letzte Aktion der Eroberung La Palmas fand ebenfalls in der Caldera de Taburiente statt. Der Bezwinger La Palmas, *Alonso de Lugo*, hatte als kluger Feldherr erkannt, dass diese Felsenburg uneinnehmbar sein würde. Er konzentrierte sich deshalb darauf, zunächst alle anderen Stämme der Insel zu unterwerfen. Erst dann versuchte er einen Einfall in das Gebiet Acero, stieß dort aber auf den hartnäckigen Widerstand der Caldera-Bewohner unter Führung ihres Stammesfürsten *Tanausú*.

Schnell erkannte Lugo, dass ständiges Anrennen gegen dieses leicht zu verteidigende Gebiet erfolglos bleiben würde, und versuchte es darum, wie spanische Eroberer noch häufig in der Geschichte, mit Betrug. Unter dem Vorwand, sich waffenlos zu Verhandlungen treffen zu wollen, lockte er Tanausú und seine Unterführer aus dem Kessel, um sie dann in Ketten zu legen. Der Rest war dann schnell erledigt: Tanausú wurde in Richtung Spanien verschifft, entzog sich dem Schicksal einer schmachvollen Gefangenschaft aber durch einen tödlich endenden Hungerstreik. Tanausú ist noch heute der größte Held der Palmeros. Auf seinen Namen werden nicht nur Kinder getauft, auch zahlreiche Geschäfte schmücken sich damit.

Aus Sicht der Eroberer ist diese Geschichte in den historischen Quellen beschrieben; nachzulesen in: „Geschichte der Entdeckung und Eroberung der Kanarischen Inseln", herausgegeben von *George Glas*, Biblioteca Canaria. Der deutsche Wissenschaftler und Autor *Harald Braem* hat sie in den Mittelpunkt eines Romans über das Leben der Altkanaren gestellt: „Tanausú, der letzte König der Kanaren", erschienen im Zech-Verlag (vgl. Büchertipps S. 72f.).

Informationen Das Besucherzentrum des Nationalparks liegt verkehrsgünstig an der LP 3 oberhalb von El Paso, siehe S. 222. Daneben stehen an den Hauptbesuchspunkten Kioske, in denen Mitarbeiter Informationen zu allen interessierenden Fragen, auch zum Zustand der Wege geben. An den Kiosken können Sie sich auch mit Informationsmaterial und Karten versorgen.

Standorte:

– Cumbrecita, vgl. S. 222,

– auf halbem Weg hinunter in den Barranco de las Angustias,

– am Parkplatz auf dem Roque de los Muchachos.

Zusätzlich gibt es ein Informations- und Servicezentrum am Waldcampingplatz in der Caldera de Taburiente, nur über die Wanderungen 22 und 23 zu erreichen (s. u.).

- *Anfahrt* Es fahren keine öffentlichen Busse in den Kessel hinein. Taxifahrer sind eventuell bereit, bis in den Barranco de las Angustias zu fahren, von dort aus können Sie wandern (Wanderung 23). Die Furt erreichen Sie auch mit dem Mietwagen, ab Los Llanos. Wegbeschreibung und Anfahrt zum Aussichtspunkt Los Brecitos siehe unten.
- *Übernachten* Im Barranco de las Angustias, am Nordhang, auf halbem Weg in das Caldera-Rund, sind im verlassenen Dorf „Hacienda de la Cura" mehrere Bauernhäuser zu komfortabel-rustikalen Ferienhäusern umgebaut worden. Wer hier wohnen möchte, sollte aber einen Geländewagen mieten, denn der gesamte tägliche Bedarf muss über die schwierige Wegstrecke herangeschafft werden. Dafür wohnt man hier jedoch so abgeschieden wie nur an wenigen Plätzen. Vermietet werden die Häuser über die „Asociación Turismo Rural – isla bonita" siehe S. 49.

Mitten im Kessel der Caldera gibt es einen wunderschönen **Waldcampingplatz** der Nationalparkverwaltung mit Holztischen und -bänken, oberhalb des Wasserlaufs, der Frischwasser liefert. Das **Informations- und Servicezentrum** bietet nicht nur Informationen und eine Ausstellung über Flora, Fauna und Geologie der Caldera de Taburiente – besonders eindrucksvoll ist ein Modell des Massivs –, sondern auch Toiletten für die Camper. Wer hier zelten möchte, benötigt einen Erlaubnisschein, zu erhalten im Besucherzentrum der Nationalparkverwaltung, siehe S. 222. Die Zahl der zugelassenen Besucher ist begrenzt, man kann also auch abgelehnt werden. Der Platz ist nur nach den Wanderungen 22 und 23 zu erreichen. Vor Ort ist kein Laden, d. h. neben der Zeltausrüstung müssen auch Lebensmittel hinaufgetragen werden. Die Guides der Parkverwaltung bieten kostenlose geführte Touren für Camper in die Umgebung an, fünf Personen müssen es aber mindestens sein.

Ausflüge

Cumbrecita

Der herrliche Aussichtsplatz bietet die einfachste Möglichkeit in das Caldera-Rund zu schauen. Der Ausflug ist auf S. 222ff. beschrieben.

Los Brecitos

Ein herrlicher Aussichtplatz in der nördlichen Caldera-Wand des Kessels. Er ist Ausgangspunkt für die klassische große Rundwanderung (22), motorisiert eine Strecke von etwa 1,5 Stunden ab Los Llanos. Sie kann allerdings nur für geländegängige Fahrzeuge empfohlen werden. Auch für Mountainbiker ist dieser Ausflug geeignet. Zu Fuß müssten Sie 12 km meist die staubige Piste bergauf laufen – sparen Sie Schweiß und Zeit für schönere Touren. Wir empfehlen: Nutzen Sie in der Furt den Jeeptaxiservice – so sparen Sie Nerven, schonen die hier besonders schützenswerte Umwelt und zahlen 12 € für die Strecke. Abfahrten nur bis 12.00 Uhr. Wenn Sie von Los Brecitos mit dem Fahrdienst wieder zurückfahren wollen, müssen Sie das mit dem Fahrer besprechen, denn üblicherweise starten die Mitfahrer von hier aus zur schönsten Wanderung, der großen Caldera-Runde (Wanderung 22).

Anfahrt zur Furt: Los Llanos in nördlicher Richtung verlassen, dann folgen Sie den Hinweisschildern. Ihr Ziel können Sie jetzt nicht mehr verfehlen, Sie folgen nur noch dem Fahrweg. In engen Kurven geht es in den *Barranco de las Angustias* hinunter. Dort können Sie Ihren Mietwagen auf einer großen Parkfläche abstellen und in die Jeeps umsteigen, die Sie nach Los Brecitos hinaufchauffieren.

Doch wenn Sie wirklich bis Los Brecitos weiterfahren wollen, hier die Beschreibung: An der Furt unterhalb des Parkplatzes queren Sie das Flussbett des Taburiente (er kann an manchen Wintertagen so viel Wasser führen, dass eine Überquerung unmöglich ist) und fahren in Serpentinen auf der gegenüberliegenden Seite hinauf. Schon nach kurzer Zeit bietet dieser Weg wunderschöne Ausblicke auf Los Llanos und das Aridane-Tal und etwas später in den Kessel der Caldera. Auf dem Weg zum Aussichtsplatz durchfahren Sie das verlassene Dorf Hacienda de la Cura, dessen frühere Einwohner die umliegenden Plantagen noch bewirtschaften und in dem man heute Urlaub machen kann (s. o.). Am Ende der Piste liegt der Mirador Los Brecitos, von dem Sie herrliche Aussichten in den Kessel und die Berge der Umgebung haben.

Eines der Observatorien auf dem Roque de los Muchachos

Roque de los Muchachos

Als Tagesausflug mit dem Mietwagen. Von Los Llanos aus empfiehlt es sich, diesen Ausflug im Rahmen der kleinen Nordumrundung (siehe S. 67) zu machen. Von Santa Cruz aus können Sie den Roque de los Muchachos direkt über Mirca anfahren. Vom Roque de los Muchachos aus haben Sie bei klarem Wetter fantastische Ausblicke über die gesamte Insel und hinein in den Kessel der Caldera. Selbst wenn Sie Ihren Ausflug an einem wolkigen Tag unternehmen, hat er seinen Reiz. Der Rand der Caldera liegt fast immer über den Wolken. Vom Parkplatz am höchsten Punkt, dem Roque de los Muchachos, kann man einen schönen Spaziergang auf angelegten Wegen am Caldera-Rand machen.

Die Sterngucker

Während eines Stadtrundgangs durch Santa Cruz sollten Sie einen Besuch im *Konvent San Francisco* (vgl. S. 98) nicht versäumen – nicht allein der eindrucksvollen Architektur und des Museums, sondern auch des Gartens im Innenhof wegen: Da finden sich nämlich etliche Bäumchen, die von den gekrönten und ungekrönten Häuptern Europas gepflanzt wurden. Das war 1985, als diese Staatschefs La Palma besuchten, um die Sternwarte auf dem Roque de los Muchachos einzuweihen – die größte der nördlichen Hemisphäre. Das Observatorium ist ein Gemeinschaftsprojekt Spaniens, Großbritanniens, Dänemarks und Schwedens; die Niederlande sind mittelbar beteiligt. Die Bundesrepublik ist seit kurzem mit einem Projekt verschiedener Hochschulen unter der Federführung der Kieler Christian-Albrecht-Universität aktiv. Es befasst sich mit den so genannten „air showers", das sind hochenergetische Strahlen aus dem Weltall. Erforscht werden sollen deren Herkunft und eine mögliche Nutzung. Wenn Sie das Gelände des Observatoriums auf dem Weg zum Roque de los Muchachos durchqueren und sich über die zahlreichen Bienenkörbe rundum wundern, das sind die Messstationen für diese „Luftschauer".

Die Sterngucker finden auf La Palma geradezu ideale Bedingungen vor: klare, saubere Luft, über 2000 m hohe Berge, die in aller Regel über der Wolkendecke liegen, sowie besonders dunkle, nicht durch Streulicht erhellte Nächte. Die Investitionen der auf der Caldera arbeitenden Staaten – genau genommen sind es beauftragte Universitäten der entsprechenden Länder – sind denn auch beträchtlich. Die Briten installierten das „Isaac-Newton-Teleskop" mit 2,5 m Durchmesser ebenso wie das „William-Herschel-Teleskop" mit 4,5 m Spiegeldurchmesser. Das derzeit größte und modernste Teleskop aber installierten 2004 die Spanier, genauer gesagt die Universität von Gran Canaria. Ihr Siegelteleskop besteht aus 38 sechseckigen Spiegeln mit einem Gesamtdurchmesser von 10 m. Die Schweden und Dänen haben besondere Anlagen zur Sonnenbeobachtung auf den Roque geschafft. Und 1997 wurde LEST aufgebaut, ein Sonnenteleskop, das zu den drei leistungsfähigsten der Welt zählt.

Wegen des hohen Interesses der La Palma-Besucher, soll ein Informationszentrum auf dem Gelände des Observatoriums gebaut werden. Bis zu seiner Eröffnung, die bei Redaktionsschluss noch nicht feststand, müssen sich sich Interessierte mit wenigen Tagen der offenen Tür, begnügen. Die genauen Tage erfahren Sie aus der Presse oder bei der Touristeninformation. Aber versprechen Sie sich nicht zu viel von einer solchen Besichtigungstour. Das Observatorium hat mit der Sternwarte unserer Kindertage wenig gemeinsam. Heutzutage werden die Teleskope von Computern gesteuert, und ihre Daten erscheinen – für Laien nahezu unverständlich – direkt auf dem Bildschirm. Den Wissenschaftler, der sich vor dem Fernrohr die Nacht um die Ohren schlägt, werden Sie auf dem Roque de los Muchachos nicht finden.

Wanderung 22: Die große Caldera-Runde

Von Los Brecitos zum Campingplatz und zurück durch den Barranco de las Angustias

Länge: 14,5 km

Dauer: reine Gehzeit 4 Std. 15 Min, planen Sie 6 Stunden ein.

Höhenunterschied -1000m/+100m. Der Weg ist mit PR LP 13 ausgeschildert und gelb-weiß markiert.

Anforderungen: Kondition, Trittsicherheit, empfindliche Wanderer könnten Schwindelgefühle entwickeln.

Da sich immer mehr Wanderer mit geländegängigen Fahrzeugen nach Los Brecitos hinaufbringen lassen (siehe Los Brecitos oben), ist die große Caldera-Runde zu einer der beliebtesten Wanderungen geworden. Wer nur Zeit für einen Wandertag in der Caldera hat, bekommt so den besten Gesamteindruck von der großartigen Landschaft. Ein Spaziergang ist sie allerdings nicht. Der erste Teil der Wanderung bis zum Zeltplatz verläuft einfach, aber meist am Hang entlang. Der Abstieg im mittleren Teil ist zum Teil geröllig, einmal aussetzend. Der letzte Abschnitt führt durch das Flussbett, und es geht immer wieder mit großen und kleinen Sprüngen über den Fluss. Für diesen Teil sind Teleskopstöcke zu empfehlen. An mehreren Stellen gibt es Umgehungswege für wasserreiche oder schwierige Wegabschnitte. Auch Badezeug empfiehlt sich für eine Abkühlung in den Bassins am Zeltplatz.

Hinweis: Für diese Wanderung gelten die unter Stichwort „Wandern" auf Seite 58 genannten Hinweise und eine geeignete Ausrüstung in besonderem Maße. Gehen Sie nicht bei Regen (Wettervorhersage) und auch nicht, wenn es an den vorangegangenen Tagen geregnet hat. Das Wasser der Caldera sammelt sich in ihrem Abfluss, dem Fluss Taburiente, der meist nur ein Rinnsal ist, dann anschwellen und den Ausgang, den Barranco de las Angustias, versperren kann. Der letzte Teil der Wanderung kann auch noch Wochen nach Regenfällen durch hohen Wasserstand mühsam sein und so mancher Fels muss überklettert werden.

Anfahrt: Von Los Llanos bis zur Furt 30 Minuten, Fahrt mit dem Jeep nach Los Brecitos knapp 60 Minuten.

Diese Wanderung wurde mit GPS aufgezeichnet. Die Wegpunkte (WPs) entsprechen den Ziffern in der Wanderskizze.

Start WP 01: am Parkplatz Los Brecitos. Der 1. Abschnitt der Wanderung ist mit „Zona de acampada" ausgeschildert. Sie gehen durch das Drehkreuz auf den Pfad zum Waldzeltplatz, den sie in den nächsten ca. 2 Stunden nicht verlassen. Der Pfad ist immer als Hauptweg zu erkennen, nahezu alle schmalen abbiegenden Pfade gehören zu einer früheren, jetzt nicht mehr begehbaren Trasse.

Gut und sicher zu begehen, schlängelt sich der Pfad fast ständig an der Calderaflanke entlang. Bald wird auf einem Holzsteg eine kleine Schlucht überquert. Nach ca. 50 Minuten begleiten Holzgeländer einen Abstieg, hinter einem runden Felsbrocken gehen Sie ein Schluchtende aus. Nach ca. 1 Stunde erreichen Sie

WP 02: der „Mirador Lomo de Tagaste", ein mit Holzgeländern eingefasster Aussichtpunkt, von dem aus Sie nicht nur einen freien Blick in die Calderarunde, sondern auch auf den legendenumwobenen Felsmonolith „Roque Idafe" haben. Im 2.

Teil der Wanderung kommen Sie dem Roque aber näher. Dann ist er auch fotogener. Sie setzen die Wanderung auf dem Pfad fort.

WP 03: Über einen abbiegenden Pfad können Sie einen Abstecher zu einem Petroglyphen – Steinzeichenfund der Ureineinwohner – machen, 1 km zusätzlich in jede Richtung. Die Wanderung setzt sich auf dem Hauptpfad fort und führt durch ein Gebiet mit auffällig verkohlten Baumstämmen, die anzeigen, dass an dieser Stelle einer der gefürchteten Waldbrände gewütet hat, vergl. Seite 23. Der Pfad führt hinunter in den Barranco de las Bombas, in dem es nach heftigen Regenfällen regelmäßig zu Bergrutschen kommt. Spätestens beim Verlassen der Schlucht ist das Rauschen des Rio Taburiente unüberhörbar.

WP 04: Sie erreichen eine Pfadverzweigung, nach rechts geht es zum Ziel der 1. Etappe, dem Waldzelt und -rastplatz. Der Weg nach links führt zur Hoya Verde, einem imposanten Wasserfall. Die Strecke beträgt 3,2 km, aber es müssen 600 Höhenmeter überwunden werden. Der Abstecher ist deshalb nur Wanderern mit sehr guter Kondition zu empfehlen. Die Wanderung setzt sich also nach rechts fort. Durch eine bewachsene Uferzone erreichen Sie den Rio Taburiente, dessen Überquerung je nach Wasserstand leicht abenteuerliche Züge annehmen kann. Von Stein zu Stein geht es ans gegenüberliegende Ufer. Dort angekommen halten Sie sich in Richtung flussabwärts, bis Sie einen Trampelpfad durch das Weidengebüsch entdecken, er bringt sie eine kleine Steilwand hinauf zu

WP 05: der Zelt- und Rastplatz. Hier lohnt sich eine längere Pause, denn selten werden Sie sich in einer derart eindrucksvollen Landschaft aufhalten können. Wer Lust hat, nimmt ein Bad im Rio Taburiente. Etwas unterhalb der Furt, an der Sie den Fluss überquert haben, bilden sich häufig Wasserbecken, in die man eintauchen kann.

Die 2. Etappe beginnt mit einem Besuch des Informationszentrums der Nationalparkverwaltung, dem etwas oberhalb gelegenen „Centro de servicio de Taburiente". Dort gibt es neben einem Modell der Caldera, Informationen über Geologie, Flora und Fauna auch Toiletten.

Die Wanderung setzt sich nach Süden fort und ist mit „Salida Barranco de las Angustias" ausgeschildert.

WP 06: Der lange Abstieg beginnt in dem Nebenbarranco Almendro Amargo, der Bittermandelschlucht. Der Pfad wird jetzt über kurze Strecken sehr schmal, an einer Stelle ist ein beherzter, großer Schritt notwendig, einige Strecken verlaufen bequem und eben, Sie haben dann auch einen herrlichen Blick auf den Roque Idafe, andere sind sehr geröllig und unbequem zu gehen. Sie erreichen eine Weggabelung, die nach links mit „Salida por Atajo" und nach rechts mit „Salida normal"ausgeschildert ist. Mutige sollten den herrlichen, aber sehr schmalen Pfad „Salida por Atajo" wählen, er umrundet oberhalb des Rio Alemdro eine Felsnase. Nach einem kurzen, steilen Abstieg erreichen Sie den Hauptweg, hier geht es nach links weiter! Auf bequemen, jetzt nur noch sanft abfallendem Pfad erreichen Sie

WP 07: eine weitere Weggabelung. Die Hauptwanderung setzt sich nach rechts fort. Nach links können Sie einen Abstecher in den Barranco del Limonero machen. Sein Wasser ist eisenhaltig und gelb-orange gefärbt. Nach 500 m trifft man dort auf die „Cascada Colorada": eine Steilstufe mit einer durch die Eisenhaltigkeit des Wassers farbigen Cascade. Die Schlucht ist sehr schmal und durch Steinschlag nicht ungefährlich. Auf der Hauptwanderung passieren Sie einen Gedenkstein zur

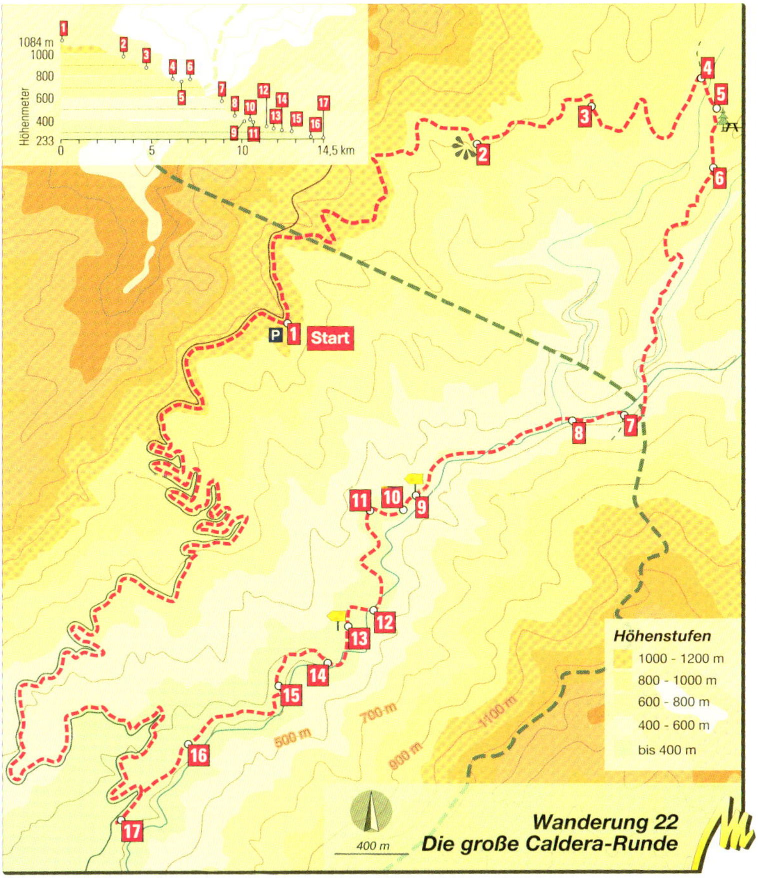

Einweihung des Nationalparks und steigen wenige hundert Meter weiter in das Flussbett des Almendro Amargo. Ab jetzt heißt es, den mehr oder weniger schmalen Fluss per Sprung oder auf Steinen zu überqueren. Nach diesen ersten zweihundert Metern in dieser Art der Fortbewegung erreichen Sie

WP 08 : Dos Aguas. Hier fließt der Rio Almendro Amarga in den Rio Taburiente, der damit kurzzeitig sehr breit wird. Suchen Sie sich die beste Überquerungsmöglichkeit, gegebenenfalls durchwaten Sie den Fluss. Nach einer Pause oberhalb des Flussbettes beginnt die 3. Etappe der Wanderung. Sie führt durch den Barranco de las Angustias, dem Zusammenschluss aller Schluchten der Caldera. Es geht erneut hinunter ins Flussbett und am Fluss entlang. Es gibt nur wenige ausgeschilderte Wegpassagen, denn nach jedem Hochwasser verändert sich der Flusslauf, im Sommer kann er streckenweise ganz versickern. Die besten Wasserüberquerungen müssen Sie sich also selbst wählen, die Richtung ist nicht zu verfehlen, immer flussabwärts. Mal geht es einfach neben dem Fluss her, mal müssen Felsen überklettert werden, mal hüpfen Sie wie zuvor am Rio Almendro Amargo über den Wasserlauf. An besonders engen Flusspassagen, in denen das Wasser höher stehen kann, sind Umgehungswege angelegt worden.

WP 09: Nach links weist das Schild „Salida“ auf eine Umgehung, denn vor Ihnen liegt eine kleine Schlucht, die aus wasserundurchlässiger Pillowlava besteht. Bei hohem Wasserstand ist es sinnvoll die Umgehung zu nehmen. Wenn das Wasser nicht allzu hoch steht, sollten Sie, wie wir, den (kurzen) Weg geradeaus durch die Schlucht nehmen; mit ihren glatten, gerundeten, hellgrau-grünen Wänden ist sie sehr malerisch.

WP 10: Die ausgeschilderte Umgehung trifft auf das Flussbett, es geht weiter geradeaus.

WP 11: Nach links beginnt erneut eine Umgehung. An die gegenüberliegende Felswand ist mit weißer Farbe „Campada“ gepinselt. Pfeile zeigen in Richtung Campingplatz. Die Umgehung führt erst hoch und dann wieder hinunter ins Flussbett und auf der gegenüberliegenden Seite als Fortsetzung der Umgehung wieder nach oben. Mit diesem Abschnitt wird ein ehemaliges Sperrwerk umgangen. Schauen Sie auch hinunter ins Flussbett, denn es ist, besonders in einer enge Kehre der Schlucht, ausgesprochen schön.

WP 12: Die Umgehung bringt Sie wieder ins Flussbett, es geht geradeaus weiter.

WP 13: Dem nächsten Schild „Salida“ auf der linken Schluchtseite sollten Sie auf jeden Fall folgen. Sie umgehen damit eine ca. 2,5 m hohe Felsensteilstufe mit Wasserfall.

WP 14: Wieder im Flussbett angekommen, ist ein Gang nach rechts zurück in die kleine Pillowlavaschlucht bis zum Felsen und zum Wasserfall sehr hübsch. Gegenüber des Abstiegs weist erneut ein Schild auf eine Umgehung. Wenn es nicht viel Wasser im Flussbett gibt, können Sie über die glatte, flache Pillowlava im Flussbett weitergehen und holen sich evtl. bei einer kleineren Steilstufe nasse Füße. Trockenen Fußes kommen Sie mit der Umgehung weiter.

WP 15: Der Umgehungsweg führt wieder ins Flussbett und es geht geradeaus weiter.

WP 16: Links führt eine Abkürzung nach oben. Wenn Sie sie nehmen, gehen Sie immer geradeaus und biegen trotz mehrerer Hinweisschilder nicht nach rechts ab. So erreichen Sie den Parkplatz (WP 17) und den Ausgangspunkt am schnellsten.

Wanderung 23: Auf dem Grund der Caldera

Durch den Barranco de las Angustias nach Dos Aguas und zurück

12 km, +/– 250 m, 4 Stunden, Anfahrt von Los Llanos 30 Minuten. Die Wanderung entspricht dem letzten Teil von Wanderung 22 in umgekehrter Richtung. Alle Hinweise zur Wanderung, mögliche Schwierigkeiten, Anforderungen und Ausrüstung finden Sie im Vortext von Wanderung 22 unbedingt lesen! Wanderskizze auf Seite 245.

Variante: Sie können dem mittleren Teil der Wanderung 22 bis hinauf zum Zeltplatz und zurück folgen, brauchen dann aber erheblich mehr Kondition und **5km, +/-400m und 3,5 Stunden zusätzlich**. Wer bis zum Zeltplatz geht, sollte Badezeug und Handtuch mitnehmen. Wer auf dem Zeltplatz übernachten möchte, muss sich bei der Nationalparkverwaltung anmelden (siehe S. 222). Ruhig ist es auf dem Zeltplatz vor allem während der Arbeitstage, am Wochenende campen auch gerne die Einheimischen dort oben. Denken Sie an ausreichend Verpflegung und Wasser, es gibt keinen Kiosko unterwegs, auch nicht am Zeltplatz.

Blick vom Kraterrand

Der Weg ist mit PR LP 13 ausgeschildert und gelb-weiß markiert.

Anfahrt: Unter "Ausflug nach Los Brecitos" beschrieben, nur parken Sie Ihr Fahrzeug an der Furt auf einem Parkplatz. Zu Fuß kann man die Furt natürlich auch erreichen, dann verlängert sich die Strecke um 1,5 Stunden.

Wegbeschreibung: gehen Sie vom Parkplatz (WP 17) hinunter zur Furt ohne die Abkürzung von WP 16 zu nehmen, so beginnen Sie den Weg interessanter. Sie folgen dem Flussbett rechts in die Schlucht hinauf. Eine Trittspur ist im gesamten Verlauf nur manchmal zu erkennen. Erst nach einigen hundert Metern erscheint der Rio Taburiente als Rinnsal, das zudem häufig wieder versickert. Später wird er dann zum Bach, den Sie, häufig von Stein zu Stein springend, überqueren müssen. Manches Mal (im Winter und im Frühjahr, wenn er mehr Wasser führt) reicht das nicht: Man muss ihn durchwaten oder weiträumig umgehen und dabei Felsen überklettern. Die Parkverwaltung hat an mehreren Stellen – auch um Kletterpartien an Steilstufen zu vermeiden – Umgehungswege angelegt. Der erste beginnt bei WP 15 auf der linken Seite. Bei WP 14 führt er wieder ins Flussbett und auf der anderen Seite als Umgehung einer Steilstufe erneut hinauf. Mit WP 13 gelangen Sie wieder ins Flussbett. Die nächste Umgehung erwartet Sie bei WP 12. Dieser lange Weg quert später das Flussbett und setzt sich auf der gegenüberliegenden Seite fort. Sie folgen weiter dem Text von Wanderung 22 in umgekehrter Reihenfolge und erreichen mit WP 08 das Ziel Dos Aguas. Das Plateau, gegenüber der Wasserleitung, bietet sich für eine Rast an. Zurück geht es auf demselben Weg, der aber beim Abstieg völlig neue Aussichten ermöglicht und deshalb kein bisschen langweilig ist.

Variante: Sie queren den Fluss und gehen in dem von rechts kommenden Flussbett des Rio Almendro Amargo weiter. Verzichten Sie auf die bei Wanderung 22 beschriebenen Abstecher, denn Sie haben den anstrengenden Teil der Wanderung noch vor sich. Es geht weiter wie bei Wanderung 22, immer in umgekehrter Reihenfolge. Der Zeltplatz ist mit WP 5 erreicht.

Wanderung 24: Auf dem Kraterrand der Caldera

Rundwanderung zum Pico de la Nieve

Grandiose Einblicke in die Caldera de Taburiente bietet diese relativ leichte Hochgebirgswanderung.

Länge: 6,5 km, 2 Stunden 15 Min. reine Gehzeit.

Höhen: +/-350m.

Anforderungen: Wer den Blick vom Calderarand und dem Pico de la Nieve genießen möchte, sollte schwindelfrei sein.

Anfahrt über die Landstraße LP 4 (Mirca–Roque de los Muchachos) nur mit dem Pkw möglich.

Startpunkt: Landstraße LP 4 an der Abzweigung der mit La Nieve 1,9 km ausgeschilderten Piste (Feuerwehrzufahrt). Am Straßenrand ausreichend Parkraum. Die Piste ist nicht für die Benutzung durch Pkw geeignet. Sie eignet sich als 1. Abschnitt der Wanderung ebenso wie der neben der Piste ausgeschilderte Wanderweg PR LP 3, den wir hier als Rückweg beschreiben.

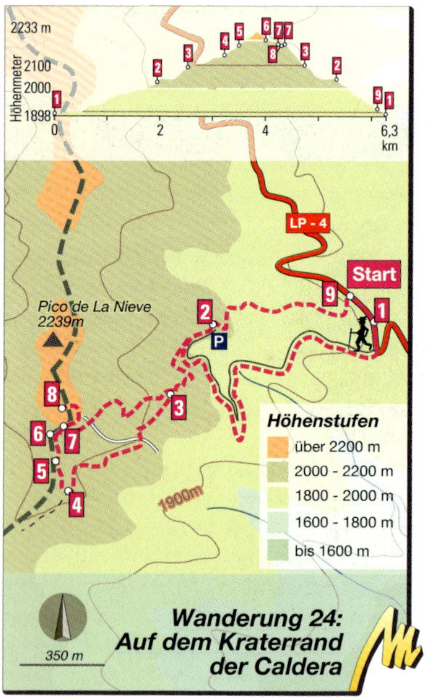

Diese Wanderung wurde mit GPS aufgezeichnet. Die Wegpunkte (WPs) entsprechen den Ziffern in der Wanderskizze.

Start: WP 01: Für den ersten Teil wählten wir die Piste. Sie führt leicht ansteigend durch den Wald und bietet mehrfach schöne Ausblicke auf Teneriffa.

WP 02: ist nach 2km erreicht. Es handelt sich um den Wendeplatz für Feuerwehrfahrzeuge, der auch als Parkplatz genutzt wird. Eine Informationstafel zeigt den Verlauf der Wanderwege in der Umgebung. Ein Pfad steigt hier an, Sie nehmen ihn.

WP 03: Eine Weggabelung wird erreicht. Rechts geht es auf den Pico de la Nieve und weiter zum Roque de los Muchachos, Sie gehen geradeaus weiter in Richtung Ermita Virgen del Pino. Von diesem Wegabschnitt haben Sie bei klarem Wetter einen großartigen Blick über die Ostküste und das Meer bis nach Teneriffa, Gomera und El Hierro sowie die gesamte Cumbre Vieja entlang.

WP 04: Erneut eine Weggabelung. Der Pfad stößt auf den rot-weiß markierten Wanderweg GR 131. Nach rechts geht es auf den Calderarand und in Richtung Pico de La Nieve. Sie steigen diesen Pfad hinauf.

WP 05: Sie erreichen den Calderarand und haben damit erstmals großartige Tief- und Weitblicke. Weiter geht es am Rand entlang leicht bergauf.

WP 06: Ein Felsenrund ist erreicht. Von dort sind es nur wenige Schritte bis zur nächsten Wegausschilderung; dort folgen Sie der Ausschilderung GR 131 La Nieve bergauf.

WP 07: Der Pfad gabelt sich. Sie gehen geradeaus nach oben zum Gipfelkreuz.

WP 08: Das Gipfelkreuz ist erreicht. Genießen Sie die Aussicht vom Plateau des Pico de la Nieve. Zurück geht es bis zur Wegausschilderung bei WP 06 wie Sie gekommen sind, und Sie nehmen jetzt den gelb-weiß markierten Pfad in Richtung Puntallana.

WP 03 des Hinweges wird erreicht: Sie gehen nach links und erreichen den Feuerwehrwendekreis.

WP 02: Am Wendekreis folgen Sie jetzt nicht der Piste, die Sie heraufgekommen sind, sondern den geradeaus mit einigen Stufen bergab führenden Pfad. Etwa einen Kilometer führt er mit Steinen markiert bergab durch den Wald.

WP 09: Besondere Aufmerksamkeit ist nur hier kurz vor dem Ziel/Startpunkt erforderlich. Etwas oberhalb der Straße gehen Sie nicht geradeaus, sondern auf einen im spitzen Winkel abzweigenden Pfad und erreichen auf ihm den Ausgangspunkt.

Im Calderarund

Caldera de Taburiente
Karte Seite 235

Verlagsprogramm

Ägypten

- Ägypten
- Sinai & Rotes Meer

Baltische Länder

- Baltische Länder

Belgien

- *MM-City* Brüssel

Bulgarien

- Schwarzmeerküste

Dominikanische Republik

- Dominikanische Republik

Deutschland

- Allgäu
- Altmühltal & Fränkisches Seenland
- Berlin & Umgebung
- *MM-City* Berlin
- Bodensee
- Franken
- Fränkische Schweiz
- *MM-City* Hamburg
- Mainfranken
- *MM-City* München
- Nürnberg, Fürth, Erlangen
- Oberbayerische Seen
- Ostfriesland und Ostfriesische Inseln
- Ostseeküste – von Lübeck bis Kiel
- Ostseeküste – Mecklenburg-Vorpommern
- Rügen, Stralsund, Hiddensee
- Schwäbische Alb
- Usedom

Ecuador

- Ecuador

Frankreich

- Bretagne
- Côte d'Azur
- Elsass
- Haute-Provence
- Korsika
- Languedoc-Roussillon
- *MM-City* Paris
- Provence & Côte d'Azur
- Südfrankreich
- Südwestfrankreich

Griechenland

- Athen & Attika
- Chalkidiki
- Griechenland
- Griechische Inseln
- Karpathos
- Kefalonia & Ithaka
- Korfu
- Kos
- Kreta
- Kykladen
- Lesbos
- Naxos
- Nord- u. Mittelgriechenland
- Peloponnes
- Rhodos
- Samos
- Santorini
- Skiathos, Skopelos, Alonnisos, Skyros – Nördl. Sporaden
- Thassos, Samothraki
- Zakynthos

Großbritannien

- Cornwall & Devon
- England
- *MM-City* London
- Südengland
- Schottland

Irland

- Irland

Island

- Island

Italien

- Abruzzen
- Apulien
- Adriaküste
- Chianti – Florenz, Siena, San Gimignano
- Dolomiten – Südtirol Ost
- Elba
- Friaul-Julisch Venetien
- Gardasee
- Golf von Neapel
- Italien
- Kalabrien & Basilikata
- Ligurien – Italienische Riviera, Genua, Cinque Terre
- Liparische Inseln
- Marken
- Mittelitalien
- Oberitalien
- Oberitalienische Seen
- Piemont & Aostatal
- *MM-City* Rom
- Rom & Latium
- Sardinien

- Sizilien
- Südtirol
- Südtoscana
- Toscana
- Umbrien
- *MM-City* Venedig
- Venetien

Kanada

- Kanada – der Westen

Kroatien

- Istrien
- Kroatische Inseln & Küste
- Mittel- und Süddalmatien
- Nordkroatien – Kvarner Bucht

Malta

- Malta, Gozo, Comino

Marokko

- Südmarokko

Neuseeland

- Neuseeland

Niederlande

- *MM-City* Amsterdam
- Niederlande

Norwegen

- Norwegen
- Südnorwegen

Österreich

- *MM-City* Wien
- Wachau, Wald- u. Weinviertel
- Salzburg & Salzkammergut

Polen

- *MM-City* Krakau
- Polen
- Polnische Ostseeküste

Portugal

- Algarve
- Azoren
- *MM-City* Lissabon
- Lissabon & Umgebung
- Madeira
- Nordportugal
- Portugal

Schweden

- Südschweden

Schweiz

- Genferseeregion
- Graubünden
- Tessin

Serbien und Montenegro

- Montenegro

Slowakei

- Slowakei

Slowenien

- Slowenien

Spanien

- Andalusien
- *MM-City* Barcelona
- Costa Brava
- Costa de la Luz
- Gomera
- Gran Canaria
- *MM-Touring* Gran Canaria
- Ibiza
- Katalonien
- Lanzarote
- La Palma
- *MM-Touring* La Palma
- Madrid & Umgebung
- Mallorca
- Nordspanien
- Spanien – gesamt
- Teneriffa
- *MM-Touring* Teneriffa

Tschechien

- *MM-City* Prag
- Südböhmen
- Tschechien
- Westböhmen & Bäderdreieck

Tunesien

- Tunesien

Türkei

- *MM-City* Istanbul
- Türkei
- Türkei – Lykische Küste
- Türkei – Mittelmeerküste
- Türkei – Westküste
- Türkische Riviera – Kappadokien

Ungarn

- *MM-City* Budapest
- Ungarn

Zypern

- Zypern

Aktuelle Informationen zu allen Reiseführern finden Sie im Internet unter
www.michael-mueller-verlag.de

Michael Müller Verlag GmbH, Gerberei 19, 91054 Erlangen

Tel. 0 91 31 / 81 28 08-0; Fax 0 91 31 / 20 75 41; E-Mail: info@michael-mueller-verlag.de

Register

A

Abreu, Elias Santos 136
Acebino (Baumart) 200
Aguardiente 206
Aire libre (Umweltorganisation) 172
Anreise mit dem Flugzeug 46
Anreise mit dem Schiff 47
Apotheken 68
Araukarie (Baumart) 18
Arbeitslosigkeit 30
Architektur 39
Argual (Ortsteil von Los Llanos) 142
Asphodeline (Pflanzenart) 14
Ausländer 70
Ausweise 75
Avocados 15

B

Baden 71
Bajada (Fest) 96
Bajada de la Virgen de Las Nieves 35
Bananen 15, 30
Bananenanbau 30
Barbusano (Baumart) 200
Barlovento 190
Barranco de Agua (Schlucht) 197
Barranco de La Luz 185
Barranco de las Angustias 240
Barranco de los Hombres 183, 186
Barranco del Palmar 185
Barranco Fagundo 183, 186
Barranco Jurado 166
Barrancos (geolog. Begriff) 12
Bars 41
Benahoaritas (Urbevölkerung) 24
Benzin 55
Béthencourt, Jean de 28, 219
Bidón 237
Bien me sabe (Nachspeise) 45
Birigoyo (Vulkan) 227
Bootsausflüge 157
Bougainvillea 17
Brandschutz 133
Breña Alta 109
Brezo (Baumheide) 14
Briefmarken 83
Bücher 72
Busfahrplan 52
Busse 52
Byse, Johann 156

C

Cabrita 43
Caldera (Einsturzkrater) 11
Caldera de Taburiente 234
Camino real 224
Camping 51
Canarina canariensis (Pflanzenart) 200
Canario (Kanarienvogel) 20
Carlos I. (= Karl V.) 97
Carne de cerdo (gegrilltes Schweineschnitzel) 43
Casa del Monte 203
Centro de Investigación (Forschungsstätte) 188
Centro de salud/Centro sanitario 69
Cerraja (Pflanzenart) 200
Cerro del Cerradero 186
Charco Azul (Naturschwimmbecken) 206
Charterflüge 46
Chronik 28
Ciempies (Hundertfüßler) 20
Cobertera (geolog. Begriff) 12
Cochenilleläuse 14, 27, 219
Codeso (Pflanzenart) 14
Conejo (Kaninchen) 43
Corderos (Quelle) 201
Correo (Postamt) 83
Cueva de Belmaco (Arch. Park) 116, 181
Cumbre Nueva (Landschaft) 211
Cumbre Vieja (Landschaft) 212
Cumbrecita 222

D

Deseada II (Aussichtspunkt) 231
Díaz, Manuel 97
Dickblattgewächse 15
Drachenbaum (= Drago) 15, 170, 175
Drachenfliegen 83
Dragos gemelos (Zwillingsdrachenbäume) 171
Drake, Francis 27
Duraznero 231

E

Einreisebestimmungen 75
Einsturzkrater (= Caldera) 12
El Charco (Vulkan) 212
El Molino 115
El Mudo 186
El Paso 215
El Pilar (Refugio) 224
El Tablado 183, 186
Encimba (Pflanzenart) 200
Ermita del Virgen del Pino 222, 224
Escuela de Artesanía (Kunsthandwerksschule) 113
Essen 40

F

Fährbuchungen 48
Fahrpläne 52
Fahrräder 56
Fährverbindungen 47
Fauna 18
Faya (Baumart) 15
Fayal-Brezal-Zone 14
Feiertage 76
Feigenkaktus 14
Felszeichnungen (= Petroglyphen) 181, 221
Feuerbignonie 17
Fiesta del Diablo 165
Fiesta del Rosario 190
Fiestas 33
Filme 76
Fisch 42
FKK 72
Flamboyant (Baumart) 18

Fleischgerichte 43
Flieg-&-Spar-Tarif 47
Flora 13
Folklore 35
Fotografieren 76
Franco, Francisco 29
Fremdenverkehrsämter 78
Fuencaliente 117

G

Galerías 237
Gallegos 192
Garafía, Santo Domingo de 178
Garbanza (Kichererbsen) 43
Geldautomaten 77
Geologie 11
Geschichte 24
Gleitschirmfliegen 83
Gofio (kanar. Nationalspeise) 41, 43
Graja (Vogelart) 20
Groenenberg, Jakob 156
Guaguas 52
Guanchen 24, 238
Guanchenkeramik 115
Gummibaum 18

H

Handwebearbeiten 37
Handwerkskunst 37
Helecha (Pflanzenart) 200
Holzschnitzereien 38
Hoyo de la Sima (Vulkanhöhle) 227
Hoyo Negro (Vulkan) 212, 230
Hundertfüßler (Ciempies) 20

I/J

Information 78
Insekten 20
Internet 78
Jacaranda (Baumart) 19
Jagdzeit 78
Jedey 130
Juan Adalid 186

K

Kakteengarten 143
Kaninchen 18
Karl V. (= Carlos I.) 97
Karneval 34
Käse 43
Keramik, schwarze 37
Kinder 78
Kiosko 41
Kissenlava 11, 238
Kleidung 79
Klettergewächse 17
Klima 10
Kochrezepte 43
Kolumbus, Christoph 99
Konsulate 80
Korbflechterei 37
Kreditkarten 77
Kriminalität 80
Kulturpflanzen 15
Kunsthandwerk 37

L

La Fajana (Dorf) 184
La Fajana (Felsbildstation) 181, 220
La Fajana (Naturschwimmbecken) 195
La Galga 207
La Laguna 143
La Laguna (Vulkankrater) 191
La Tosca (Weiler) 192
La Zarza 180
Lagartos (= Eidechsen) 20
Las Indias 121
Las Manchas 130
Las Manchas de abajo 130
Las Miembras (Quelle) 192
Las Nieves 100
Las Norias 143
Las Tricias 175
Laurisilva (= Lorbeerurwald) 188, 197, 200

Le Clerq 27, 89
Lechugilla (Pflanzenart) 200
Lieder 36
Linienflüge 47
Lokale 41
Lorbeer, indischer (Baumart) 18
Lorbeerurwald (= Laurisilva) 188, 197, 200
Loro (Baumart) 200
Los Cancajos 103
Los Llanos de Aridane 135
Los Quemados 121
Los Sauces 196
Los Tilos (Waldgebiet) 197
Lucha canaria (Nationalsport) 26, 165
Lugo, Alonso de 26, 28, 239

M

Malpaís (geolog. Begriff) 12
Malvasier 119
Malvasierwein 26
Mandelbäume 16, 160
Mandelblütenfest 171
Maracuja 18
Marcos (Quelle) 201
Maronen 16
Maroparque (Bot. Garten) 101
Martin, Baltasar 178
Mazo 112
Medien 82
Medikamente 69
Medio ambiente (Umweltschutz) 21
Meeresfrüchte 42
Meeresschildkröten 20
Mencey (Stammesführer) 25
Mercado (Markthalle) 82
Mietwagen 55
Mirador de La Cancelita (Aussichtsplatz) 143
Mirador de la Concepción (Aussichtsplatz) 102
Mirador de la Montaña del Molino (Aussichtsplatz) 192
Mirador de las Chozas (Aussichtsplatz) 223
Mirador de los Matos (Aussichtsplatz) 173
Mirador de Miraflores (Aussichtsplatz) 173
Mirador de San Bartolomé (Aussichtsplatz) 207
Mirador El Time (Aussichtsplatz) 142
Mirador Los Brecitos (Aussichtsplatz) 240
Mirador Los Rodeos (Aussichtspunkt) 233
Mirador Los Roques (Aussichtsplatz) 223
Mojo rojo (Soße) 43
Mojo verde (Soße) 41, 44
Montaña Quemada (Vulkan) 212
Monte de Luna (Berg) 212
Monteverde 28
Mopeds 56
Morera, Luis 132
Motorräder 56
Mountainbike 57
Mudéjarstil 39, 97
Mufflon 18
Müllvermeidung 22
Musik 36

N

Nachspeisen 43
Nacientes Marcos y Corderos 203
Nambroque (Vulkan) 230
ñame (Yamsart) 189
Naturkostladen 90
Naturschutzgebiete 21
Naturseide 38
Notfälle 69

O

Observatorium 234
Öffentliche Verkehrsmittel 52
Öffnungszeiten 80
Oleander 17
Opuntie (Pflanzenart) 14

P

Palmstroharbeiten 37
Palo blanco (Baumart) 200
Papas arrugadas 41, 44
Papayas 15
Papiere 75
Paraíso 130
Parteien 10
Passatwind 10, 13
Passionsblume 18
Peraza, Guillén de 25, 151
Petroglyphen (= Felszeichnungen) 24, 181
Pflanzenarten 13
Philipp II. 97, 178
Pico Bejenado (Berg) 233
Pinie, kanarische 14, 214
Piraten 27
Playa 71
Playa de Charco Verde (Strand) 149
Playa de la Bombilla (Strand) 150
Playa de las Monjas (Strand) 149
Playa del Faro (Strand) 126
Playa Echentive = Playa Nueva (Strand) 127
Playa El Remo (Strand) 150
Playa Nogales (Strand) 209
Playa Nueva = Las Hojas (Strand) 150
Playa Nueva = Playa Echentive (Strand) 127
Politik 10
Post 83
Postlagerung 83
Preise 83
Prunkwinde 18
Puerto de Tazacorte 153
Puerto Espindola 206
Puerto Naos 145
Puerto (Badeplatz) 174
Punta Larga (Bucht) 127
Puntagorda 171
Puntallana 208
Puros 38, 219

Q/R

Quallen 72
Queso blanco (Ziegenkäse) 43
Quinteros 178
Radiosender 82
Refugio 225
Refugio El Pilar 225
Reiseschecks 77
Reiten 85
Rem, Lukas 156
Restaurantes 41
Roque de los Muchachos (Berg) 241
Roque de Teneguía 118
Roque Idafe (Berg) 223, 238
Roques (geolog. Begriff) 12

S

Safran 43
San Andrés 204
San Andrés y Sauces 195